La compatibilidad jurídica entre el derecho del Estado en la sucesión intestada y como titular de bienes vacantes

BELÉN DEL POZO SIERRA

La compatibilidad jurídica entre el Derecho del Estado en la sucesión intestada y como titular de bienes vacantes

Belén del Pozo Sierra

Dykinson, S. L.

Colección "Monografías de Derecho Civil"
Dirección de D. Mariano Yzquierdo Tolsada

Editorial DYKINSON, S.L. Meléndez Valdés, 61 - 28015 Madrid
Teléfono (+34) 91 544 28 46 - (+34) 91 544 28 69
e-mail: info@dykinson.com
http://www.dykinson.es
http://www.dykinson.com

Consejo editorial: véase www.dykinson.com/quienessomos

ISBN: 978-84-9031-727-3
Depósito Legal: M-30554-2013

A mis padres

ÍNDICE

INTRODUCCIÓN 13

CAPÍTULO I. POSICIÓN DEL ESTADO EN LA SUCESIÓN LEGAL 15

I.1. DEL ORDEN DE SUCEDER 15
I.2. ESPECIALIDADES FORALES 21
I.2.1. Navarra 21
I.2.2. Aragón 22
I.2.3. Cataluña 22
I.2.4. Galicia 23
I.2.5. Baleares 23
I.2.6. País Vasco 23
I.2.7. Valencia 25

CAPÍTULO II. FUNDAMENTO DE LA SUCESIÓN DEL ESTADO. SISTEMAS "EX IURE HEREDITARIO" "EX IURE PUBLICUM" 27

II.1. PLANTEAMIENTO 27
II.2. SISTEMAS DE DERECHO COMPARADO 30
II.2.1. Sistemas de adquisición *ex iure hereditario* 31
II.2.1.1. Sistema italiano 31
II.2.1.2. Otros sistemas 32
II.2.2. Sistemas de adquisición *ex iure publicum* 33
II.2.2.1. Sistema francés 34
II.2.2.2. Sistema inglés 37
II.3. TRATAMIENTO DEL FUNDAMENTO DE LA SUCESIÓN EN EL CAMPO DEL DERECHO INTERNACIONAL PRIVADO. ESTADO SOBERANO-ESTADO HEREDERO 39
II.3.1. Ley aplicable a la sucesión con elemento extranjero 39
II.3.2. Caso Maldonado. Estado español-Corona inglesa 43
II.3.3. Sucesión con elemento extranjero y conflicto de leyes interno. Caso Martínez Santiago. Chile-Comunidad Autónoma de Aragón ... 46
II.4. VALORACIÓN 53

CAPÍTULO III. SUCESIÓN DEL ESTADO. DECLARACIÓN JUDICIAL DE HEREDERO. ACEPTACIÓN DE LA HERENCIA 55

III.1. EXIGENCIA DE DECLARACIÓN JUDICIAL DE HEREDERO 55
III.1.1. Marco legal 57

III.1.2. Procedimiento ... 61
III.1.3. Legitimidad de actuaciones previas a la declaración judicial de herederos ... 65
III.1.4. Impugnación declaración de heredero abintestato a favor del Estado ... 68
III.2. ACEPTACIÓN DE LA HERENCIA ... 71
III.2.1. Adquisición de la herencia: sistemas romano y germánico. Sistema del Código Civil ... 71
III.2.2. Especialidades en la aceptación de la herencia por ser el Estado llamado a heredar ... 74
III.2.2.1. Forma de aceptar la herencia: aceptación expresa/tácita. Beneficio de inventario ... 75
III.2.2.2. Invalidez de la aceptación de la herencia ... 80
III.2.2.3. ¿Puede el Estado renunciar a la herencia? ... 82
III.2.2.4. *Ius delationis*- Artículo 1006 Código Civil ... 89
III.2.2.5. Supuesto especial del artículo 3.4. Ley concursal, 22/2003, de 9 de julio. ¿Excluiría la solicitud del concurso por el Estado de la necesidad de resolución judicial de heredero abintestato que exige el artículo 979 Ley de Enjuiciamiento Civil? ... 98

CAPÍTULO IV. RÉGIMEN ADMINISTRATIVO ... 103

IV.1. DECRETO 2091/1971, DE 13 DE AGOSTO, DE SUCESIÓN ABINTESTATO A FAVOR DEL ESTADO ... 103
IV.2. SOLUCIÓN DE REPARTO ALTERNATIVA. ANTEPROYECTO DE LA LEY DE PATRIMONIO DE LAS ADMINISTRACIONES PÚBLICAS. MODIFICACIÓN DE LOS ARTÍCULOS 956 Y 957 DEL CÓDIGO CIVIL ... 107
IV.3. REGLAMENTO GENERAL DE LA LEY DEL PATRIMONIO DE LAS ADMINISTRACIONES PÚBLICAS. REAL DECRETO 1373/2009, DE 28 DE AGOSTO ... 116
V.3.1. Actuaciones administrativas previas a la declaración judicial del Estado como heredero abintestato. Expediente de investigación de bienes ... 118
IV.3.2. Declaración judicial de heredero ... 120
IV.3.3. Administración y enajenación de los bienes y derechos hereditarios ... 120
IV.3.4. Cuenta del abintestato y distribución del caudal hereditario ... 121
IV.3.4.1. Procedimiento de distribución ... 123
IV.3.4.2. Abintestatos acaecidos fuera del territorio nacional ... 124
IV.4. DECRETOS AUTONÓMICOS ... 125

CAPÍTULO V. OBSTÁCULOS QUE PRESENTA LA INSCRIPCIÓN DE LOS BIENES DEL ESTADO EN EL REGISTRO DE LA PROPIEDAD ... 129

V.1. PLANTEAMIENTO ... 129

V.2. PROBLEMA REGISTRAL: INSCRIPCIÓN A FAVOR DEL ESTADO DEL DOMINIO DE UN INMUEBLE CALIFICADO COMO VACANTE ESTANDO LA FINCA INSCRITA SIN QUE EL DERECHO DEL ESTADO TRAIGA CAUSA DEL TITULAR REGISTRAL 133
V.3. TÍTULO INSCRIBIBLE EN CASO DE SER EL ESTADO DECLARADO ÚNICO Y UNIVERSAL HEREDERO DEL TITULAR REGISTRAL .. 151

CAPÍTULO VI. CONSTITUCIONALIDAD DEL LLAMAMIENTO A FAVOR DE LAS COMUNIDADES AUTÓNOMAS 155

VI.1. PLANTEAMIENTO 155
VI.2. NAVARRA 157
VI.2.1 Fuero nuevo de Navarra-Ley 300. Sucesión legal. Ley 304 y 305. Sucesión intestada 157
VI.2.2. Recurso de inconstitucionalidad nº572/08 contra Ley Foral 14/2007, del Patrimonio de Navarra 161
VI.3. ARAGÓN 166
VI.3.1. Sucesión intestada a favor de la comunidad autónoma de Aragón . 166
VI.3.2. Hospital de Nuestra Señora de Gracia. *Domus infirmorum, urbis et orbis* 168
VI.4. CATALUÑA 173
VI.4.1. Sucesión a favor de la Generalidad de Cataluña 173
VI.4.2. Ley 9/1987, de 25 de mayo, de sucesión intestada. Recurso de inconstitucionalidad nº1188/1987 178
VI.4.3. Ley 10/2008, de 10 de julio. Libro cuarto del Código Civil de Cataluña 179
VI.5. GALICIA 180
VI.5.1. Constitucionalidad del desarrollo normativo del Derecho Civil Foral gallego. Recurso de inconstitucionalidad nº 3141/1993 180
VI.5.2. Régimen sucesorio gallego 183
VI.6. BALEARES 184
VI.7. PAÍS VASCO 188
VI.7.1. Ámbito territorial 188
VI.7.2. Vecindad civil 190
VI.7.3. Compilación del Derecho Civil Foral de Vizcaya y Álava, ley de 30 de julio de 1959 193
VI.7.4. Ley 3/1992, de 1 de julio, del Derecho Civil Foral del País Vasco. Derecho a suceder a favor de la Diputación Foral del territorio histórico correspondiente 195
VI.8. VALENCIA 199
VI.8.1. Antecedentes históricos 200
VI.8.2. Doctrina del Tribunal Constitucional sobre el alcance e interpretación del artículo 149.1.8 de la Constitución española 201
VI.8.3. Sentencia del Tribunal Constitucional nº121/1992, de 28 de septiembre 205
VI.8.4. Sucesión intestada a favor de la Generalidad valenciana 209
VI.9. ESTADO-COMUNIDAD AUTONOMA 220

CAPÍTULO VII. ADQUISICIÓN DE INMUEBLES VACANTES 237

VII.1. EVOLUCIÓN HISTÓRICA 237
VII.1.1. Antecedentes legislativos 239
VII.1.2. Antecedentes parlamentarios 248
VII.2. PRESUPUESTOS 251
VII.2.1. Inmueble 252
VII.2.2. Inmueble vacante 253
VII.2.2.1. Supuestos de vacancia 254
VII.2.2.2. Situación registral del inmueble 259
VII.3. MODO DE ADQUIRIR 260
VII.3.1. Planteamiento 260
VII.3.2. Adquisición por ocupación/adquisición por Ministerio de la Ley ... 261
VII.3.3. Adquisición voluntaria/adquisición automática 266
VII.4. TOMA DE POSESIÓN 270
VII.5. PROCEDIMIENTO DE INVESTIGACIÓN 277
VII.5.1. Planteamiento 277
VII.5.2. Límites a la facultad de investigación. Alcance de la facultad. 279
VII.5.3. Procedimiento. Fases 281
VII.5.3.1. Inicio 281
VII.5.3.2. Instrucción 282
VII.5.3.3. Resolución. Archivo de las actuaciones 283
VII.6. RÉGIMEN DE CONTROL JUDICIAL. ORDEN JURISDICCIONAL COMPETENTE 285

CAPÍTULO VIII. EXPEDIENTE DE ABINTESTATO ↔ EXPEDIENTE DE INVESTIGACIÓN PATRIMONIAL 295

VIII.1. PLANTEAMIENTO 295
VIII.2. PRESUPUESTO DE HECHO 297
VIII.3. TÍTULO DE ADQUISICIÓN: SUCESORIO Y LEGAL 302
VIII.4. LEY NACIONAL DEL CAUSANTE 303
VIII.5. PROCEDIMIENTO JUDICIAL-ADMINISTRATIVO A TRAMITAR . 305
VIII.6. ACCESO DEL TÍTULO AL REGISTRO 307
VIII.7. DERECHO DE LAS CCAA 309
VIII.8. POSIBILIDAD DE ARCHIVO 311
VIII.9. OTROS FACTORES A TENER EN CUENTA 316
VIII.9.1. Prescripción de la acción de petición de herencia 316
VIII.9.2. Adquisición por usucapión 317
VIII.9.3. Control judicial 320
CONCLUSIONES 325

BIBLIOGRAFÍA 335

JURISPRUDENCIA Y DICTÁMENES 343

SENTENCIAS EXTRANJERAS 346

DICTÁMENES 347

INTRODUCCIÓN

El punto de partida de la presente monografía es la inseguridad jurídica que la ausencia de herederos al fallecimiento de una persona, así como la existencia de bienes vacantes, puede generar por dejar fuera del tráfico jurídico aquellos inmuebles sobre los que no existe dueño. En tal situación son dos los títulos posibles de adquisición a favor del Estado. De una parte, el Código Civil, a falta de personas con derecho a heredar, le permite instar la declaración judicial de heredero abintestato. De otra, la existencia de un inmueble vacante supone, siempre que concurran los presupuestos legales, un título legal de adquisición automática a favor del Estado, ligado al concepto de soberanía. Dos caminos legalmente compatibles que tienen una finalidad común, como es la integración de los bienes al Patrimonio del Estado lo que evita una situación de abandono a disposición del primer ocupante. Para llegar a ese fin común en la tramitación de ambos expedientes, de abintestato e investigación patrimonial, son de aplicación ramas del derecho claramente diferenciados, quedando reservado el Derecho Privado para la sucesión del Estado y el Derecho Público en caso de bienes vacantes que, por ministerio de la Ley, se excluyen de la ocupación por parte de los particulares.

El objeto de esta monografía es, tomando como punto de partida, el fundamento de la sucesión del Estado, el estudio de los diversos factores a tener en cuenta para optar por el título que resulte más conveniente al interés público. Lo anterior exige conjugar normas de Derecho Privado y Derecho Público, al diferenciarse claramente el planteamiento privatista de la sucesión del Estado, donde tiene encaje la regulación autonómica, de aquel que va ligado a la idea de soberanía cuya titularidad sólo corresponde al Estado. Es por ello que en nuestro estudio es preciso tener muy presente el Estado autonómico que ha provocado una prolija tarea legislativa que recupera un derecho foral dormido. Cobran importancia para el presente estudio los derechos civiles forales que atribuyen la sucesión *in extremis* a la Comunidad Autónoma, con exclusión del

Estado, lo que lleva a plantear si tal atribución respeta el orden de distribución de competencias del artículo 149.1.8 de la Constitución Española.

Se justifica el tema elegido si tenemos en cuenta que los trabajos publicados analizan por separado ambos caminos. Se ha considerado de especial interés dar un paso más y llevar a cabo un análisis que permita una visión de los dos expedientes en conjunto, a través del estudio de los diversos factores que se han de tener en cuenta para optar por el título que permita la integración del bien en el tráfico jurídico. En esta línea es interesante considerar en qué medida dos expedientes tan dispares pueden conectarse en la práctica y, en ocasiones, el archivo de uno deriva en la apertura del otro.

CAPÍTULO I
POSICIÓN DEL ESTADO EN LA SUCESIÓN LEGAL

I.1. DEL ORDEN DE SUCEDER

Decía el Sr. Azcárate[1]: "Hay en la sucesión intestada dos puntos en que todas las legislaciones, unás más, otras menos, piden reformas: la extensión indebida dada á la sucesión de los colaterales, y el derecho que, á falta de éstos, se confiere al Estado".

Sea cual sea el criterio que se adopte en relación a las dos puntos citados, lo que nadie pone en duda es la necesidad de continuar con las relaciones jurídicas que no pueden cesar de forma brusca con la muerte del causante, siendo la sucesión *mortis causa* el camino para que las mismas continúen vigentes y se garantice su continuidad en la persona del sucesor hereditario. Es por ello, que en aras de la seguridad jurídica, se mantiene la necesidad de regular, ante el silencio del causante, el orden de suceder fijado por ley sobre la voluntad presunta del causante "con la seguridad de que aun no expresando su voluntad, sus bienes pasarán a las personas de su mayor afecto, y se cumplen los deberes que el mismo tenía con sus progenitores y próximos allegados, cumpliéndose a la vez las leyes biológicas de la reproducción", palabras de Jaén[2] que llevan al autor a enunciar dos cuestiones: ¿hasta qué grado de parentesco debe llegar? ¿Cuándo esta sucesión debe dejar de ser parental y pasar los bienes del difunto a la colectividad, o sea el Estado, en una u otra forma?

---

[1] Citado por Manresa y Navarro, J.Mª.: *Comentarios al Código Civil Español,* tomo VII, Madrid, 1914, pg. 91.

[2] Jaén, V.: *Derecho Civil. Apuntes y notas de derecho filosófico, histórico y positivo, especialmente español, común y foral,* Madrid, 1928, pg. 809.

Al dar respuesta los autores[3] suelen citar a Cimbali[4] para quién concurren tres elementos en la organización del derecho de sucesiones: el individuo, a través de la libertad de testar; la familia, por la legítima y la sucesión intestada y el Estado consecuencia del impuesto sobre transmisiones hereditarias. Y es a la hora de concretar el concepto de familia donde es común admitir que la tendencia histórica y social lleva a reducir los grados de parentesco; en palabras de Castán [5]"se agotan los derechos de los colaterales por perderse el sentimiento de unidad familiar" y es entonces cuando surge el derecho del Estado.

Tal y como pone de manifiesto Manresa[6] llevar tan lejos un vínculo cuando en la vida real no tiene eficacia supone una incongruencia con los principios que sirven de sustento a la sucesión intestada[7], siendo así que queda lejos de la voluntad del causante[8] el llamamiento de los parientes en décimo y duodécimo

---

[3] De los Mozos, J.L.: *Comentario al Código Civil,* Ministerio de Justicia, Madrid, 1991, pg. 2258. Jaén, V.: *Derecho Civil,* Madrid, 1928, pg. 810.

[4] Cimbali, E.: *La nuova fase del Diritto Civile,* Torino, 1885, pg.215, sobre el fundamento de la sucesión legítima afirma que: *"Tornando col pensiero ai tre coefficienti personali- l'individuo, la famiglia e lo Stato- del diritto di proprietá, che abbiamo sopra posto in rilievo, per ispiegare il fenomeno della successione testamentaria in rapporto alla successione necessaria dei congiunti, ed a quella non meno necessaria dello Stato; possiamo spiegarci benissimo tanto el vero fondamento giuridico della successione legittima, quanto la causa di preferenza di fronte ad essa, che pur costituisce la regola, della successione testamentaria".*

[5] Castán Tobeñas, J.: *Derecho Civil Español, Común y Foral,* tomo I, vol.II, Madrid, 1926, pg. 360.

[6] Manresa y Navarro, J.Mª.: *Comentarios..., Op. cit.,* pg. 92.

[7] Se mantiene la terminología romana de *successio legitima, successio abintestato.* El propio Código Civil utiliza las dos denominaciones indistintamente, destacando que el capítulo tercero del título tercero se titula *"De la sucesión intestada"*, para a continuación en el primero de sus artículos, el 912 disponga *"La sucesión legítima tiene lugar... ".* Lo cierto es que ambas expresiones han sido criticadas; de una parte la sucesión legítima induce a confusión con los derechos de los herederos forzosos (la legítima) y la expresión sucesión intestada deja fuera a las legislaciones forales que admiten la sucesión contractual, e incluso, apunta Castán Tobeñas, J.: *Derecho..., Op. cit.,* pg. 336, no resulta exacta en las que no admiten la sucesión contractual al poderse abrir la sucesión intestada para parte de la herencia existiendo testamento válido.

[8] Frente a la sucesión testada donde existe una voluntad expresa del causante en el caso de la sucesión intestada se ha defendido que deriva de su voluntad presunta.Teoría *individualista,* hoy superada, que defiende estar ante un *testamento tácito* por derivar de la voluntad presunta del causante frente a la testada que deriva directamente de su voluntad expresa. Pensamiento que según Castán Tobeñas, J.: *Derecho..., Op. cit.,* pg. 337, se atribuye a escritores del siglo XVII, Grocio, Puffendorf como representantes de la escuela de derecho natural; a los jurisconsultos franceses del siglo XVIII, Portalis, Treilhard, Chabot, autores de la Codificación; a Savigny dentro de autores extranjeros y a la mayoría de autores patrios, entre otros Azcárate, Sánchez Román y Manresa.

Junto a las teorías individualistas y siguiendo al autor encontramos las llamadas *familiares* que encuentran fundamento de la sucesión intestada en diferentes aspectos vinculados a la familia como son el vínculo de sangre; la comunidad de vida y de deberes o la comunidad de patrimonio.

La teoría patrimonial sobre la figura clásica del condominio romano conciben la familia como una persona jurídica donde a la muerte de su cabeza los bienes vuelven a sus miembros. Teoría que para el profesor Castán choca frontalmente con el sistema sucesorio y el espíritu de la legislación moderna.

grado, puesto que en palabras del autor "no implicando el parentesco en tales casos, ni afecto entre los unidos por el mismo, ni reciprocidad de deberes que tengan preferencia sobre todos los demás, es arbitrario llevar tan allá las consecuencias de un vínculo". Para el autor, la familia no es lo único a tomar en cuenta al disponer de los bienes "como si la amistad, la gratitud, la profesión, la vecindad, la nacionalidad misma y la humanidad, no nos impusieran el deber de pensar en tal caso en las personas á quienes nos unen vínculos más estrechos que el que engendra un parentesco lejano, así como la realización de aquellos fines que con más empeño hemos perseguido en la vida", situación que considera se agrava al llamar a heredar al Estado.

Como claro precedente de la sucesión a favor del Estado llegamos a la Ley de 16 de mayo de 1835, llamada Ley de Mostrencos por regular el destino de tales bienes que no pertenecen a nadie. Lejos de ser nuestra intención entrar en la discusión sobre el alcance de la misma, en relación con los derechos forales, dada su vigencia en toda España sin limitarla a los territorios donde regía el Derecho de Castilla, sí destacamos como novedades en materia de sucesión intestada las siguientes: se llama a los hijos naturales legalmente reconocidos a toda la herencia después de los colaterales hasta el cuarto grado seguidos del cónyuge viudo; se adjudica la herencia al Estado después de los colaterales hasta el décimo grado volviendo al criterio de las leyes de Partidas.

Supuso la atribución de tal derecho a favor del Estado en sustitución del Fisco que reemplazó a la Cámara del Rey. A ella hacen referencia los artículos siguientes: "Corresponden al Estado los bienes de los que mueren ó hayan muerto intestados, sin dejar personas capaces de sucederles con arreglo á las leyes" (artículo 2); "En los casos en que la sucesión intestada pertenezca al Estado, el representante de éste podrá pedir ante el juez competente la segura custodia, inventario y justiprecio de los bienes, y su posesión sin perjuicio de tercero, que se le dará en forma ordinaria" (artículo 3); "Los bienes adquiridos y que se adquieran como mostrencos á nombre del Estado, quedan adjudicados al pago de la Deuda Pública, y serán uno de los arbitrios permanentes de la Caja de Amortización".

Los defensores de la teoría ética entienden que el que muere tiene el deber de favorecer con sus bienes a los familiares. Encuentra su crítica en la defensa de otros deberes como son la amistad, la profesión que se ven excluidos de ese deber ético; unido a la posición que las legislaciones no otorgaban al cónyuge.

Mucius Scaevola defiende la teoría biológica según la cual los hijos son una continuación biológica de los padres lo que provoca la continuidad en el goce de la propiedad; teoría que, sin embargo, no legitima la sucesión de los padres ni del cónyuge. Por último, la llamada teoría orgánica como teoría mixta basada en fundamentos individualistas, familiares y sociales, siendo todas ellas insuficientes de por sí para explicar el fundamento de la sucesión legítima, que defiende Cimbali, E.: *Nuova fase...*, *Op. cit.*, pg. 215.

En cumplimiento del mandato contenido en la Ley de Bases de 11 de mayo de 1888, y en concreto la Base 18, llegamos a la regulación contenida en el Código Civil cuya redacción actual, de la sucesión del Estado, viene de la mano del Real Decreto-Ley de 13 de enero de 1928[9] que sigue el camino de restringir el derecho de los colaterales, adecuándolo a un concepto de familia más pequeña, y que supone limitar el llamamiento de los mismos al cuarto grado. Unánime fue el criterio expresado en la Asamblea Nacional sobre la distribución de los bienes heredados por terceras partes iguales y unánime no conservar el llamamiento hasta el sexto grado entre parientes colaterales. Recoge sobre ello la Exposición que el proyecto se presenta por el Gobierno ante la Asamblea Nacional ante la "frecuencia con que se producen casos de herencias inesperadas, que llegan a manos de personas a quienes ningún lazo de afecto y escasísima porción de sangre unieron con los que forjaron el caudal".

La reforma busca, tal y como recoge su Exposición, "dar al Estado, en el orden de llamamientos a suceder abintestato un puesto más preferente que el que ahora le reconoce el artículo 956 del Código Civil...para que así el Estado sea un sucesor más frecuente en las herencias de los ciudadanos y pueda cumplir con más facilidad sus deberes sociales. Notorio es que el derecho del Estado a heredar abintestato es ahora casi ilusorio. De poco sirve que el artículo 956 estatuya el derecho del Estado a heredar, cuando inmediatamente se establece que los bienes heredados por el Estado se destinen, por el orden de enumeración, en beneficio de los establecimientos descritos en el precepto y que precisa el Real Decreto de 5 de noviembre de 1918 que sólo en el caso extraordinario de que lleguen a cubrirse las necesidades de Beneficencia y de instrucción municipal ha de pasarse a cubrir las necesidades de las instituciones provinciales y en su caso las de carácter general es evidente que se hizo aún más nominal, el derecho del Estado, sustituido, en realidad, por el de las instituciones municipales de Beneficencia y de Instrucción gratuita".

En lo que se refiere al derecho del Estado, mejora su posición al reducir al cuarto grado el derecho de los colaterales, introduce de manera expresa en la reforma del artículo 957 que la aceptación por parte del Estado "se entenderá siempre aceptada la herencia a beneficio de inventario, sin necesidad de declaración alguna sobre ello" y establece un nuevo régimen de distribución de los bienes que responde al ser ilusorio el derecho del Estado con la regulación anterior que anteponía las necesidades de beneficencia e instrucción municipal, provincial y en su caso las de carácter general. Se asigna un tercio de la herencia a instituciones municipales del domicilio del difunto, de beneficencia, instruc-

---

[9] Publicado en la Gaceta de Madrid el 14 de enero de 1928. Aclara la Exposición que se fija su vigencia desde el 1 de julio estableciendo un plazo suficiente para permitir que aquellos que quieran testar a favor de parientes más allá del cuarto grado puedan hacerlo.

ción, acción social o profesionales, de carácter público o privado; un tercio a instituciones provinciales y el tercio restante a la Caja de Amortización de la Deuda Pública, salvo que el Consejo de Ministros atendiendo a la naturaleza de los bienes acuerde darles, total o parcialmente, otra aplicación.

Lo cierto es que desde la promulgación del Código Civil, a salvo el tercio que corresponde al Tesoro, se ha mantenido tal destino a favor de diversos establecimientos vinculados, territorial o personalmente al causante. Regulación que parece ver su fin si tenemos en cuenta la disposición final primera del anteproyecto de Ley de Patrimonio de las Administraciones Públicas que daba nueva redacción a los artículos 956 y 957 del Código Civil y pretende la supresión de las instituciones beneficiarias eliminado la obligación legal de reparto que establece el artículo 957 del Código[10].

Dentro de la sección dedicada a las disposiciones generales a la sucesión intestada encontramos una primera mención al orden de suceder del Estado en el artículo 913, que en su redacción originaria era una reproducción de la Base decimoctava, calificada por Sánchez Román[11] como abreviada, confusa e inútil, al considerar innecesario la remisión a "las reglas que se expresarán". De igual manera sostiene de forma critica la mención de parientes legítimos comprendiendo a los descendientes, ascendientes y los colaterales; la ausencia de referencia al límite del sexto grado respecto de los colaterales y la carencia de finalidad práctica de la simple inclusión del viudo y del Estado. La Ley 11/1981, de 13 de mayo, da nueva redacción al precepto que dispone que "A falta de herederos testamentarios, la Ley defiere la herencia[12] a los parientes del difunto, al viudo o viuda y al Estado". Reforma que trae consigo dos modificaciones de forma expresa y una implícita: en primer lugar se suprime la expresión criticada por Sánchez Román "según las reglas que se expresarán" pero que no excluye la aplicación de las reglas que disponen los artículos siguientes; lo que lleva a Guilarte Zapatero[13] a defender que si bien tal reforma carece en sí de importancia, pues los efectos son los mismos con mención explícita de tal expresión o sin ella, la frase no estorbaba y enlazaba el orden general de llamamientos con

[10] Disposición que fue suprimida como consecuencia de las observaciones que formuló al Anteproyecto de Ley del Patrimonio de las Administraciones Públicas el Consejo de Estado en *Dictamen 805/2003, de 3 de abril de 2003*. El contenido del Dictamen y la justificación de la reforma por la Dirección General del Patrimonio del Estado será abordado específicamente en un capítulo posterior de este trabajo.

[11] Sánchez Román, F.: *Estudios..., Op. cit.,* pg. 1652.

[12] Por un error de imprenta no apareció la expresión *la herencia* en el texto publicado en el BOE, si bien dicha expresión sí se publicó en el Boletín de las Cortes.

[13] Pone como ejemplo a favor de mantener en el artículo 913 la expresión "según las reglas que se expresarán" Guilarte Zapatero, V.: *Comentarios..., Op. cit.,* pg. 55, la referencia a los derechos sucesorios del cónyuge viudo sin límite en el artículo 913 mientras que el artículo 945 lo excluye en caso de estar separado.

las reglas propias de cada uno. La segunda reforma con trascendencia jurídica a todos los niveles viene provocada por el artículo 14 de la Constitución Española: ya no se hace referencia al carácter de legítimos, se introduce el principio de igualdad y no discriminación de los hijos dejando a salvo, como veremos a continuación, la preferencia de los hermanos de doble vínculo sobre los medio hermanos. Como reforma implícita, Vattier[14] cita la preferencia del cónyuge en el orden de llamamientos sobre los colaterales frente a la regulación anterior a la reforma en cumplimiento de la Ley de Bases de 11 de mayo de 1888 cuya Base decimoctava llamaba a suceder al cónyuge en quinto lugar después de los hermanos y sobrinos del causante. Concesión de derechos sucesorios al cónyuge viudo, siendo unánime la Comisión Codificadora al ser necesario corregir una situación calificada por Alonso Martínez[15]"extraña é inexplicable ver en la sucesión intestada relegados por la ley española vigente al viudo ó viuda del cónyuge premuerto á uno de los últimos lugares, postergándolos á los parientes colaterales dentro del cuarto grado civil".

El orden de llamamiento lo fija la ley al ser la sucesión intestada una sucesión legítima donde a falta de última voluntad del causante el ordenamiento jurídico establece, sobre la base de una presunción de afecto y vínculo familiar, el orden de la sucesión. El Código Civil establece el orden de suceder en el capítulo IV, Tít. III, Lib. III, artículos 930 a 958, "Del orden de suceder según la diversidad de líneas", donde a falta de descendientes, ascendientes, cónyuge, la ley llama a los parientes colaterales dentro del cuarto grado[16], "más allá del cual no se extiende el derecho a heredar abintestato" entrando en juego el derecho del Estado.

---

[14] Vattier Fuenzalida, C.: *Comentario..., Op. cit.*, pg. 2211.

[15] Alonso Martínez, M.: *El Código Civil en las relaciones con las legislaciones forales*, Madrid, 1885, pg. 51. Extraño e inexplicable son calificativos que utiliza el autor al partir de la concepción del matrimonio y lo que implica *"une íntimamente á dos seres que se consagran el uno al otro, que viven en común por todo el resto de su vida, que se otorgan recíprocamente sus favores, que comparten juntamente el Ley de Enjuiciamiento Civilho todas sus alegrías y pesares, que se hacen solidarios del honor así como de la fortuna y la desgracia, y que, en el caso ordinario de tener descendencia, se sienten amarrados por un lazo que no pueden romper, formado como está por la naturaleza que ha infundido en el hombre, á la vez que la idea del deber hácia sus propias criaturas, el sentimiento invencible de la paternidad".*

[16] Variaciones ha sufrido por tanto la determinación del grado de llamamiento en el parentesco colateral. En nuestro derecho histórico según la Ley 6ª, Tit. XIII, Partida VI, que reproduce en este punto la Novela 118 de Justiniano, el derecho de los colaterales se extendía hasta el décimo grado. En el Fuero Real (Libro III, Tit.VI, Ley 1ª) no se establece límite de grados. En el Fuero Juzgo (Libro IV, Tit. II, Ley 11ª) se establece el grado séptimo. La Novísima Recopilación lo reduce al cuarto grado y fue la Ley de Mostrencos de 1835 la que lo amplia al décimo. Con la promulgación del Código Civil se fijó en el sexto grado el derecho de los colaterales hasta la reforma operada por el Real Decreto-Ley de 13 de enero de 1928 que lo reduce al cuarto grado siendo unánime el parecer expresado en la Asamblea Nacional sobre la necesidad de no conservar el llamamiento hasta el sexto grado pero estimando prematuro la reducción al tercer grado (Exposición Real Decreto-Ley de 13 de enero de 1928).

I.2. ESPECIALIDADES FORALES[17]

I.2.1. Navarra

El orden de sucesión legal en el Derecho navarro exige diferenciar la naturaleza de los bienes a heredar. La sucesión en los bienes troncales tiene lugar cuando el causante que no haya dispuesto de tales bienes fallezca sin descendientes que le hereden; se llama a suceder a los parientes del causante que pertenezcan a la familia de la que procedan los bienes por el siguiente orden: "1. Los hermanos, sin preferencia de doble vínculo y con derecho de representación. 2. El ascendiente de grado más próximo. 3. Los otros parientes colaterales hasta el cuarto grado, excluyendo los de grado más próximo a los del más remoto, sin representación y siempre por partes iguales; pero si concurrieren con ascendientes no troncales del causante, éstos tendrán, aunque contrajeren nuevas nupcias, el usufructo vitalicio de los bienes troncales. En defecto de estos parientes, la sucesión se deferirá conforme a la Ley 304"[18]. Remisión a la Ley 304 que abre la puerta a la sucesión a favor de la Comunidad Foral respecto de los bienes troncales a falta de parientes dentro del cuarto grado. Cuarto grado que se amplia al sexto respecto de los no troncales, cerrando el orden de sucesión legal el apartado séptimo de la Ley 304 que cierra el orden de sucesión legal atribuyendo la herencia a la Comunidad Foral de Navarra en los siguientes términos: "La sucesión legal en bienes no troncales se deferirá por el siguiente orden de llamamientos, cada uno de los cuales será en defecto de todos los anteriores y excluirá a todos los posteriores: 7) En defecto de los parientes comprendidos en los números anteriores, sucederá la Comunidad Foral de Navarra, que aplicará la herencia a instituciones de beneficencia, instrucción, acción social o profesionales, por mitad entre instituciones de la Comunidad y municipales de Navarra".

Diferencias, según la naturaleza de los bienes, en el fundamento y en el orden de llamamientos siendo el grado límite para suceder a los colaterales, en caso de bienes troncales, superior el recogido en el artículo 954 del Código Civil lo que lleva a algún autor a afirmar que "si se admite que Navarra extienda más allá del cuarto grado la sucesión entre colaterales, por la misma razón, debe admitirse que sitúe la Comunidad foral en lugar de al Estado"[19].

---

[17] Una breve referencia al orden de suceder vigente al dedicarse un capítulo posterior del presente trabajo a un estudio más profundo de los antecedentes legislativos de cada derecho foral y el llamamiento a favor de la Comunidad Autónoma.

[18] Ley 307 de la Compilación del Derecho Civil Foral de Navarra, aprobada por Ley 1/1973, de 1 de marzo.

[19] Hidalgo García, S.: *La sucesión por el Estado. El derecho de las Instituciones de interés general y de algunas comunidades autónomas*, Barcelona, 1995, pg. 414.

I.2.2. Aragón

El orden de sucesión legal en Aragón se encuentra regulado en el texto refundido de las Leyes civiles aragonesas, aprobado por el Decreto Legislativo del Gobierno de Aragón 1/2011, de 22 de marzo, con el título de Código del Derecho Foral de Aragón.

Se califica, en la Exposición de Motivos, la nueva regulación como formalmente completa, sin remisión al Derecho supletorio y sin reformas a destacar respecto del derecho anteriormente vigente. En lo que se refiere al orden de sucesión legal, hay que partir que estamos ante un sistema de devolución sucesoria troncal donde los bienes revierten al tronco de donde proceden siendo un postulado de la sucesión troncal el que la herencia no sube, salvo para determinados bienes procedentes de ellos mismos. Sucesión troncal que lleva a diferenciar la sucesión de los descendientes y, respecto de los bienes no troncales ni recobrables, a favor de los ascendientes, el cónyuge y los colaterales que se regula con el mismo límite del cuarto grado y la anteposición del cónyuge a los colaterales que se introdujo en Aragón con la reforma del Código Civil de 1981. En defecto de los anteriores se mantiene el llamamiento a favor de la Comunidad Autónoma y, siguiendo una larga tradición histórica que se remonta al año 1626, el privilegio concedido entonces por las Cortes de Aragón al Hospital de Nuestra Sra de Gracia.

I.2.3. Cataluña

La Ley 10/2008, de 10 de julio, Libro cuarto del Código Civil de Cataluña mantiene el orden de suceder contenido en la Ley 40/1991, de 30 de diciembre. En la sucesión intestada se defiere la herencia en primer lugar a los hijos y descendientes del causante, sin perjuicio de los derechos del cónyuge viudo que ve mejorada su posición al extender su derecho al conviviente en pareja estable superviviente. En caso de morir el causante sin hijos ni descendientes y sin cónyuge o conviviente, la herencia se defiere a los ascendientes llamando en primer lugar a los padres y en su defecto a los ascendientes de grado más próximo. En defecto de los anteriores se llama a suceder a los parientes colaterales dentro del cuarto grado con preferencia de los hermanos y los hijos de hermanos sobre los demás colaterales. Cierra el orden de suceder el artículo 442-12 que dispone: "1. Si faltan las personas indicadas por el presente capítulo, sucede la Generalidad de Cataluña. 2. En el caso a que se refiere el apartado 1, la herencia es aceptada a beneficio de inventario previa declaración judicial de heredero".

I.2.4. Galicia

Se mantiene el orden de suceder que prevé el Código Civil, a salvo el derecho del Estado, al atribuir la herencia a la Comunidad Autónoma de Galicia a falta de personas con derecho a heredar de acuerdo con lo establecido en el Código Civil (secciones 1ª, 2ª y 3ª del capítulo IV del título III) y "de acuerdo con lo establecido en la presente Ley"[20].

I.2.5. Baleares

En la misma línea que el Derecho Foral Gallego, la Compilación del Derecho Civil de las Islas Baleares, aprobada por Decreto Legislativo 79/1990, de 6 de septiembre, prevé que la sucesión abintestato se regirá por lo dispuesto en el Código Civil.

Remisión estática que no se contradice con una interpretación e integración que tenga presente los principios que informan el Derecho Civil de las Islas Baleares, así como las leyes, costumbres, jurisprudencia y doctrina que encarnan la tradición jurídica de las islas. Sin que se haya considerado conveniente cambiar de criterio habida cuenta del arraigo de la solución jurisprudencial y los casi treinta años de aplicación de la Compilación. En este sentido, el artículo 53 proyectado hace suyo cl orden sucesorio intestado establecido en el citado Código Civil y dado que como se determina en la Disposición Final Segunda (remisión estática) no se ha hecho más que incorporar a nuestro Derecho las normas de la Ley 11/1981, de 13 de mayo, modificativa del Código civil, entre otros, en este punto[21].

I.2.6. País Vasco

Sólo se ocupa de la sucesión abintestato el Libro I del Fuero civil de Vizcaya, Ley 3/1992, de 1 de Julio, del Derecho Civil Foral del País Vasco, capítulo III, artículos 67 a 73. El orden establecido llama en primer lugar a los hijos, por derecho propio, y los demás descendientes, por derecho de representación. La Ley 3/1992 da un paso más en la equiparación de los hijos, proceso de obligado cumplimiento dada la inconstitucionalidad de la norma consecuencia del artículo 39.2 de la Constitución, proceso iniciado, a nivel autonómico, por la

---

[20] Artículo 267 Ley 2/2006, de 14 de junio, de Derecho Civil de Galicia.

[21] Exposición de Motivos de la Ley 8/1990, Compilación del Derecho Civil de las Islas Baleares.

Ley del Parlamento Vasco 6/1988, de 18 de marzo, de libertad de otorgamiento de capitulaciones matrimoniales e igualdad de hijos a efectos sucesorios[22], que establece en su artículo primero la libertad de otorgamiento de capitulaciones matrimoniales y en su segundo y último artículo dispone que "A efectos sucesorios se establece la igualdad de los hijos, independientemente de su procedencia matrimonial o extramatrimonial". Como novedad, la Ley 3/1992 de forma expresa hace referencia a los hijos adoptivos[23], no exenta de polémica. Arriola Arana[24] recoge la contraposición entre los foralistas defensores de la troncalidad que consideran incompatible con la adopción frente a la doctrina mayoritaria favorable a la equiparación[25]. Discusión que tiene valor púramente histórico tras la Ley 3/1992.

A falta de descendientes, se llama a los ascendientes, y aquí entra en juego la troncalidad[26], principio de profundo arraigo en el derecho civil de Vizcaya, que siendo calificada en la exposición de motivos de la Ley 3/1992 como "la más destacada peculiaridad del Derecho civil de Bizcaia", Arriola Arana[27] pone

---

22 En su exposición de motivos se justifica la reforma no sólo en la necesidad de remover obstáculos que sean objetivamente discriminatorios respecto al resto de los vascos y la urgencia de la misma en la existencia de *"datos recientes que obligan materialmente a no demorar ésta en evitación de que la misma se materialice por la vía indirecta de las resoluciones judiciales".*

23 Artículo 53 Ley 3/1992: *"La sucesión forzosa, sin perjuicio de lo dispuesto para la troncalidad, se defiere por el siguiente orden: 1.A los hijos, incluso los adoptivos, y demás descendientes. 2. A los padres y demás ascendientes".*

24 Arriola Arana, J.Mª.: "Ambito territorial y personal de aplicación del Fuero Civil de Bizkaia. La troncalidad y sus efectos en las enajenaciones inter vivos de los bienes troncales: la saca foral" en *El derecho foral vasco tras la reforma de 1992,* Jornadas organizadas por el Ilustre Colegio Notarial de Bilbao, Navarra, 1996, pg. 237.

25 Celaya Ibarra, A.:*Comentarios..., Op. cit.*, pg. 277, recuerda que se entendió que la omisión de la Compilación que no reconocía derecho alguno a los hijos adoptivos era deliberada al considerar que la adopción podía usarse para eludir las normas de troncalidad. Lo cierto, dice el autor, que posteriores disposiciones legislativas (cita la Ley de 24 de abril de 1958, de 4 de julio de 1950 o la de 13 de mayo de 1981) se aprobaron para reforzar la posición del hijo adoptado. Cita igualmente como ejemplo de pronunciamiento constitucional en este sentido la Sentencia de 30 de noviembre de 1977 del Tribunal Supremo (*vid. Jurisprudencia Civil Foral,* tomo II, Universidad de Deusto, pg. 1317).

26 Artículo 68 Ley 3/1992: *"A falta de sucesores expresados en el artículo anterior, la sucesión se ordenará del modo siguiente:*

a)Los bienes troncales de cada una de las líneas paterna o materna corresponderán a los ascendientes tronqueros de la línea de donde procedan, sin perjuicio de lo dispuesto respecto de los comprados o ganados, constante el matrimonio, por el núm. 3 del artículo 20. Si en alguna de las líneas no hay ascendientes tronqueros los bienes corresponderán a los colaterales tronqueros de la misma.

b)*En los bienes no troncales sucederán ambos padres o el que de ellos sobreviviere. En su defecto, se repartirán por iguales partes entre las dos líneas de ascendientes, sea cual fuere la proximidad de los ascendientes en una y otra línea. Si en alguna de ellas no hay ascendientes, la totalidad de dichos bienes corresponderá a los ascendientes de la línea en que los haya".*

27 Arriola Arana, J.Mª.: La sucesión forzosa en la Ley 3/1992, de 1 de julio, del Derecho civil foral del País Vasco", en *El Derecho foral vasco tras la reforma de 1992,* Pamplona, 1994, pg. 215.

de manifiesto que al iniciarse los trabajos de la Comisión se planteó mantener la troncalidad o si debía suprimirse para acercar el sistema jurídico vasco al resto de los demás países europeos; se decide, recoge el autor, mantener la vigencia de la troncalidad que incide de manera especial en la sucesión testada e intestada[28].

A falta de ascendientes y descendientes sucede el cónyuge viudo, con preferencia a los colaterales, en los bienes no troncales, y en los demás casos el cónyuge viudo conserva el usufructo de dos tercios de todos los bienes del causante. Derecho de usufructo que se extingue si contrae ulteriores nupcias o en caso de unión marital de hecho, o si tuviere durante el matrimonio, o con posterioridad al mismo, un hijo no matrimonial, dejando a salvo que el testador haya dispuesto otra cosa. Notable incremento de los derechos del cónyuge viudo que para Arriola Arana[29] supone la novedad más importante al acercarse al concepto actual de familia y que supera una situación injusta que provocaba el régimen anterior en aquellos supuestos en que no estaba sujeto el régimen de bienes del matrimonio a la Comunidad Foral. A falta de ascendientes y cónyuge, los bienes no troncales se reparten por mitad entre las dos líneas colaterales, hasta el cuarto grado, sea cual fuere la proximidad en una u otra. En caso de no haber colaterales en una de las dos líneas los bienes pasaran íntegramente a los colaterales de la otra donde los haya.

Como norma de cierre encontramos el artículo 73 de la Ley 3/1992 que dispone: "En la sucesión abintestato, a falta de colaterales, será llamada la Diputación Foral del Territorio Histórico correspondiente a la vecindad del causante".

En el caso del Fuero civil de Álava (Libro II), más allá de los municipios de Llodio y Aramaio donde rige el Fuero de Vizcaya, y del Fuero civil de Guipuzcoa (Libro III), resulta de aplicación con carácter supletorio el Código Civil sujetándose al orden establecido en los artículos 930 y siguientes.

I.2.7. Valencia

Poniendo en duda la constitucionalidad de la norma valenciana[30], por carecer de competencia legislativa en materia de Derecho Civil, nos remitimos

---

[28] Con un especial énfasis remarca el principio de troncalidad la exposición de motivos de la Ley 3/1992 al expresar que la troncalidad se manifiesta tanto en la sucesión testada como en la intestada, en los actos "*inter vivos* o *mortis causa*", a título oneroso o lucrativo, "*y con una fuerza muy superior a la que se conoce en todos los países de nuestro entorno, incluidas las regiones forales de la zona pirenaica*".

[29] Arriola Arana, J.Mª.: "*La sucesión...*", *Op. cit.*, pg. 238.

[30] Cuestión que es objeto de análisis en un capítulo posterior.

al capítulo correspondiente donde se analizan las cuestiones que en materia de sucesión intestada se plantean cuando estamos ante la sucesión de quién ostente la condición jurídica de valenciano.

Simplemente apuntar que en tanto no se apruebe el Código de Sucesiones al que se hace una referencia expresa en el artículo 37 y disposición transitoria segunda de la Ley 10/2007 al indicar que, "hasta que se apruebe y entre en vigor el Derecho sucesorio valenciano, la referencia al mismo, que se contiene en el artículo 37[31] de la presente ley, se entenderá realizada al Código Civil", la única referencia al orden de suceder lo encontramos en el llamamiento a la Generalidad al exigirse que no concurran personas con mejor derecho. La sucesión de la Generalidad está limitada a falta de personas que tengan derecho a heredar conforme al orden de suceder establecido en los artículos 930 y siguientes del Código Civil por remisión del artículo 22.2 Ley del Patrimonio de la Generalidad 3/1986 "a falta de personas con derecho a heredar según la ley". Es discutible el lugar que ocupa la Generalidad Valenciana en el orden de llamamientos: ¿se antepone al Estado? ¿ocupa su lugar con exclusión del Estado?, cuestión que se analiza en capítulo posterior al valorar la expresión "en los términos que establezca la legislación del Estado" y que viene provocada por la falta de rigor en la redacción de ambos preceptos.

[31] Artículo 37 Ley 10/2007: "*Existirá obligación por parte del donatario de llevar los bienes donados a colación en la herencia del donante, en los términos que resulten de la aplicación del Derecho sucesorio valenciano*".

CAPÍTULO II
FUNDAMENTO DE LA SUCESIÓN DEL ESTADO. SISTEMAS "EX IURE HEREDITARIO" "EX IURE PUBLICUM"

II.1. PLANTEAMIENTO

De los Mozos[32], citando a Cimbali, como precursor de la idea y reconocido autor de gran influencia en la época codificadora, recuerda que los tratadistas enuncian tres elementos que intervienen en la organización del derecho de sucesiones: el individuo, a través de la libertad de testar; la familia, por la legítima y la sucesión intestada, y el Estado, consecuencia del impuesto sobre transmisiones hereditarias.

Discrepa el autor diferenciando la naturaleza jurídico-pública propia del pago de los impuestos frente al llamamiento en último lugar al Estado en la sucesión intestada. Lo cierto es que sin llegar a una asimilación tributaria sí que concurre esa dualidad pública-privada en la propia sucesión del Estado, siendo esencial la naturaleza jurídica pública o privada que defendamos a la hora de legitimar la atribución de tal llamamiento a favor de determinadas Comunidades Autónomas[33] y que, como veremos en el presente capítulo, repercute en el campo propio de las relaciones privadas internacionales.

Existen dos posiciones enfrentadas: la minoritaria, representada por Guilarte Zapatero[34], para quién el fundamento de la adquisición del Estado se encuentra en el *ius imperio* de aquél relacionado directamente con el Derecho Público ligado a la atribución de los bienes vacantes susceptibles de ocupación por el Fisco y que excluye tal regulación al campo del Derecho Civil en los términos del artículo 149.1.8 de la Constitución española. Frente a esta postura, una doctrina mayoritaria que sitúa el derecho del Estado en el ámbito privado y

[32] De los Mozos, J.L.: *Comentarios..., Op. cit.*, pg. 2258.

[33] Este problema será abordado específicamente en un capítulo posterior de este trabajo.

[34] Guilarte Zapatero,V.: *Comentarios..., Op. cit.*, pg. 286.

que supone la atribución de la condición de heredero con los mismos derechos y obligaciones que el resto de los llamados a suceder abintestato, y por tanto, susceptible de regulación por aquellas Comunidades Autónomas con competencia en materia de Derecho Civil Foral.

Autores como Manresa o Sánchez Román[35] encuentran el fundamento de la sucesión del Estado en la necesidad de evitar la situación real de abandono de bienes que, por falta de dueño, quedan a merced del primer ocupante lo que provoca litigios sobre la propiedad. La solución de atribuir los bienes al Estado en palabras de Manresa "parecía justo y natural adjudicar la herencia al Estado como representación de la Nación, de la patria o de la sociedad. En aquellos tiempos en que, así como la Nación la representa el Estado, representaba al Estado el Rey, los bienes de los que morían sin sucesión se entendió que pertenecían al Real ó á la Cámara Real, y más tarde no supo inventarse un destino más útil, y al Rey sustituyó el Estado, pero siempre tomando esta palabra, como sinónima de Fisco, Hacienda ó Tesoro público".

Formalmente quien hereda es el Estado, pero el artículo 956 del Código Civil fija el destino de dos tercios de la herencia a favor de los establecimientos de beneficencia e instrucción[36]. Sánchez Román[37] habla de heredero modal o fiduciario. Solución que volviendo a citar a Manresa "da a la sucesión del Estado un carácter mucho más simpático que el que antes tenía....no aparece ya ante la opinión como sucesor de esa entidad abstracta y mal comprendida del Estado, en la que con razón sólo se alcanzaba á ver la Hacienda, el Fisco, incautándose de bienes de dominio particular que podían aplicarse á más importantes fines, y que estuviesen más en armonía con la presunta voluntad del causante".

---

[35] Manresa y Navarro, J.Mª.: *Comentarios...*, *Op. cit.*, 1914, pg. 166. Sánchez Román, F.: *Estudios de Derecho Civil,* Madrid, 1910, pg. 1670. Sánchez Román,F.: *Estudios...*, *Op. cit.*, pg. 1670, afirma que de no ser sucesor el Estado llevaría a considerar todos los bienes de la herencia *res nullius*, solución que *"pugna con la creencia de aquellos que entienden que la ley debe tener en cuenta la natural presunción de que, cuando los afectados del itnestado no pueden ser aplicados á persona individual y determinada bajo esos influjos del cariño derivados de los vínculos de sangre y del parentesco, es lógico suponer que recaen en el todo social en que aquél vivió, personificados por la idea del Estado y la del domicilio"*.

[36] En el seno de la Comisión se planteó como alternativa sustituir al Estado por la Beneficencia *"hermosa idea"* en palabras de Manresa y Navarro, J.Mª.:*Comentarios...*, *Op. cit.*, pg. 166: *"Y aunque no faltó quien defendiese el derecho preferente del Estado como representante de la sociedad, y aun en último término la inutilidad de la sustitución que se pretendía porque podría llegar el caso de ser vendidos por el Estado los bienes adquiridos por la Beneficencia, el pensamiento fué aceptado por una inmensa mayoría, considerando de escaso valor las razones alegadas en contra, porque aunque los bienes se destinen á fin benéfico, no por ello deja de favorecerse ó preferirse á la Sociedad, de la que es el Estado representación, y porque los abusos del poder en casos excepcionales no justificarían nunca el abandono de una idea desde luego justa y conveniente"*.

[37] Sánchez Román, F.: *Estudios...*, *Op. cit.*, pg. 1670.

Lo cierto es que la preocupación por dar un destino a los bienes a falta de parientes con mejor derecho es común en todos los ordenamientos, pero las soluciones varían a la hora de atribuir al Estado el derecho a suceder *in extremis*. La diferencia más marcada en el Derecho comparado surge de la convivencia de dos sistemas con fundamento público-privado, según se configure el derecho del Estado como un auténtico derecho privado sucesorio *ex iure hereditario* frente a los sistemas que lo sitúan en un marco más propio del campo del derecho público como manifestación del *ius imperio*. Dualidad que altera todo el sistema de sucesión del Estado según nos inclinemos por una u otra opción y cuyas consecuencias van más allá de una mera discusión doctrinal con consecuencias en diversos ámbitos:

1. Una característica de nuestro sistema autonómico es que la determinación de cual es el sistema que rige en nuestro ordenamiento es clave en el análisis de la constitucionalidad del llamamiento autonómico. Si consideramos que el sistema español es como el francés con fundamento en su derecho de soberanía, al ser exclusivo del Estado, no podrían las Comunidades Autónomas atribuirse el derecho de la sucesión a su favor. Si por el contrario se defiende un sistema que confiere al Estado condición de heredero nos moveríamos en el campo del Derecho Privado y en consecuencia sí sería constitucional su regulación autonómica.

2. A nivel de legislación interna aplicable defender uno u otro sistema nos lleva del Código Civil, artículo 956 y siguientes, si el Estado es un heredero más, a la legislación de Patrimonio del Estado por atribución de bienes vacantes y sin dueño conocido si el Estado actúa con *imperium*.

3. Una vez delimitado cual es el Derecho Civil aplicable el problema se traslada al Derecho Internacional Privado. La repercusión que tiene la convivencia de dos sistemas tan distintos que en caso de coincidir en una misma sucesión exige delimitar la ley aplicable, esto es, la ley personal del causante o la *lex loci*. ¿Hereda el Estado en cuyo territorio se encuentren los bienes como manifestación de su soberanía o hereda el Estado que corresponda a la ley personal del causante por ser un derecho hereditario?

Cuestiones todas ellas que van a ser objeto de estudio en el presente trabajo y que exige hacer una referencia previa a los dos sistemas: sistema de adquisición *ex iure hereditario*, cuyo máximo exponente es el sistema italiano; sistema de adquisición *ex iure publicum* destacando el francés y el inglés, para después poder analizar su repercusión práctica en las relaciones privadas internacionales y así tener una visión del panorama donde situar el sistema español.

II.2. SISTEMAS DE DERECHO COMPARADO

La atribución en último lugar de los bienes al Estado no es exclusiva de nuestro Código Civil, pues prácticamente todas las legislaciones reconocen el derecho al Estado. Lo que varía es el destino[38] y la propia naturaleza de la condición de heredero que adquiere el Estado. Frente a sistemas donde es un heredero privilegiado o irregular, en el caso del sistema español el Estado es un heredero más que requiere la previa declaración judicial (artículo 958) y adquiere los mismos derechos y obligaciones que los demás herederos (artículo 957), lo que provoca en palabras de Manresa que el Estado "Al heredar cae bajo el imperio de las leyes de carácter civil, tanto sustantivas como adjetivas. No habría razón para conferir al Estado un privilegio sólo por la importancia de su personalidad, y no se lo confiere la ley"[39]. Derecho privado de naturaleza hereditaria que como expresa De los Mozos[40] es independiente de su fundamento sin que influya la base sobre la que descansa ni el ente, el Estado, llamado a suceder. La consideración del derecho del Estado como un derecho de naturaleza jurídica privada es una constante en los derechos romanistas como el italiano seguido por el alemán, portugués y suizo frente a sistemas como el francés o el inglés donde se asienta en la soberanía del Estado.

En el caso del sistema español siendo, como veremos detenidamente, el Estado un heredero más, entraría dentro de los ordenamientos que siguen el sistema de adquisición *ex iure hereditario*, configurando al Estado como último heredero. Si bien al excluir la adquisición por ocupación de los inmuebles vacantes con fundamento en su derecho de soberanía se aproximaría al segundo grupo, jugando entonces para el Estado el doble camino que le permite instar la declaración judicial de heredero o iniciar un expediente de investigación patrimonial de bienes vacantes, no olvidemos que en definitiva lo que busca es la integración de bienes en el patrimonio del Estado.

---

[38] Distingue Castán Tobeñas, J.: *Derecho civil..., Op. cit.*, pg. 361, tres tendencias: la procedente del derecho romano de destinar los bienes al Fisco o patrimonio del Estado y que aparece en los Códigos de Francia, Bélgica, Holanda, Italia, Portugal, Austria, Alemania, Uruguay, Guatemala, Méjico, Chile y Colombia; una segunda tendencia que aparece en los Códigos de Suiza y Costa Rica donde se atribuye a otras entidades de carácter público, como son los Municipios, y una tercera de destinarlos a fines sociales como la beneficencia e instrucción, propia de nuestro Código Civil y de regulaciones vigentes en Honduras y Venezuela.

[39] Manresa y Navarro, J.Mª.: *Comentarios..., Op. cit.*, pg. 174.

[40] De los Mozos, J.L.: "La Sucesión abintestato en favor del Estado", *Anuario de Derecho Civil*, abril-junio, 1965, pg. 415.

II.2.1. Sistemas de adquisición *ex iure hereditario*

II.2.1.1. Sistema italiano

Máximo exponente del sistema que configura el derecho del Estado como derecho sucesorio encontramos el sistema italiano que exige distinguir dos períodos separados por la reforma del Código Civil en el año 1942 que se caracteriza por recoger las soluciones doctrinales a los problemas que la regulación anterior planteaba[41].

La redacción del artículo 758 del Código de 1865: "A falta de personas llamadas a suceder, según las reglas establecidas en las secciones precedentes, se devuelve la herencia al patrimonio del Estado", permite las dos interpretaciones, pero la doctrina italiana se inclina por la naturaleza hereditaria del derecho del Estado atendiendo a un criterio sistemático y a la posibilidad de adquirir la propiedad mediante ocupación excluyendo el derecho del Estado a los bienes que carecen de dueño[42].

A diferencia de nuestro sistema, que atribuye al Estado los bienes vacantes, o del francés que considera todos los bienes vacantes y sin dueño de dominio público (incluidos los bienes de la herencia que por falta de herederos le corresponde al Estado), el artículo 711 del Código italiano de 1865 permite la adquisición de la propiedad mediante ocupación excluyendo cualquier legitimación que se asiente sobre el derecho de soberanía y concibiendo al Estado como un heredero más.

Interesante resulta la teoría de Santoro-Passarelli[43] que mira hacia la función social que representa la sucesión por el Estado lo que le sitúa en una posición jurídica particular con relación a los demás herederos. Para el autor italiano, descartada en el sistema italiano la teoría del dominio eminente, no supone ne-

---

[41] Hidalgo García, S.: *La sucesión..., Op. cit.*, pg. 84.

[42] Interpretación mayoritaria que tenía sus detractores, Gabba, *Indole del diritto dello Stato nelle succesiioni vacanti,* Foro italiano, I, 1897, citado por Hidalgo, S.: *La sucesión..., Op. cit.*, pg. 86, defiende que el Estado *"asume veste d,erede"*, apariencia externa de heredero pero sin serlo que le lleva a buscar el fundamento de su derecho en el *imperium*, en su derecho de soberanía, al ser los bienes hereditarios *nullius* ante la ausencia de herederos testamentarios. Tesis que, afirma Hidalgo García, S.: *La sucesión..., Op. cit.*, pg. 86, resulta insalvable por la letra del Código italiano que no admite la teoría de la soberanía del Estado como título de adquisición.

[43] En la misma línea Díez Picazo, L y Gullón, A.: *Sistema de Derecho Civil,* vol.IV, Madrid, 2006, pg. 475, afirma que el Estado ostenta un deber, una función social que sirve de fundamento para poder admitir que sea heredero quién no genera mucha simpatía, porque en definitiva quién va a resultar beneficiario son instituciones que sí cumplen esa función social. El problema de la repercusión que tiene en la posible renuncia del Estado al considerar la función social que fundamenta su adquisición será abordado específicamente en un capítulo posterior de este trabajo.

cesariamente que estemos ante un derecho hereditario. La actuación del Estado está encaminada a la satisfacción de intereses de carácter general, no pudiendo ser considerado como un heredero particular. Afirma que el Estado "deve considerarsi investito, piuttosto che di un diritto sovrano, di un dovere dipendente della sua sovranità o potestà sovrana, oppure, per usare una terminologia più commune, di una funzione sovrana, la quale sodista directamente un interesse pubblico obbietivo mpiuttosto che l,interesse dello Stato come ente"[44].

Si se considera que el Estado tiene un deber, una función social, cobra sentido la reforma del año 1942 que establece la adquisición *ipso iure* por el Estado, sin necesidad de aceptación con exclusión de la posibilidad de renuncia, si bien con una responsabilidad *intra vires*[45]. Reforma que rompe con el modelo francés y ratifica desde un punto de vista legislativo la doctrina mayoritaria al disponer su artículo 586 que "In macanza di altri successibili, l,eredità è devoluta allo Stato. L, acquisto si opera di diritto senna bisogno di acettazione e non puo farsi luogo a rinunzia. Lo Stato non responde dei debiti ereditari e dei legati oltre il valore dei beni acquistati".

II.2.1.2. Otros sistemas

Fórmula semejante encontramos en el Código alemán de 1900 (BGB) que en este punto Guilarte Zapatero[46], citando a Binder, pone de manifiesto como se aparta de la tradición germánica para establecer un derecho hereditario a favor del Estado en la regulación contenida en el parágrafo 1936 *Gesetzliches Erbrecht des Staates*: "Si al tiempo del fallecimiento no existiese pariente alguno ni cónyuge o pareja del difunto, será heredero legítimo el Fisco del Estado confederado a que perteneciera el causante en el momento del fallecimiento. Si el difunto perteneciese a varios Estados confederados, serán llamados todos ellos a la sucesión por partes iguales. Si el difunto fuese alemán y no perteneciese a ningún Estado particular, heredará el Fisco del Estado federal".

Junto al sistema italiano y alemán encontramos el contenido en el Código Civil Suizo de 10 de diciembre de 1907 (ZGB) cuyo artículo 466, consecuen-

---

44 Santoro-Passarelli, F.: *Saggi de Diritto Civile, Introduzione di Pietro Rescigno,* tomo.II, Napoli, 1961, pg. 635.

45 Afirma Hidalgo García, S.: *La sucesión..., Op. cit.,* pg. 90, que al ser el sistema italiano el propio del Derecho romano de adquisición de la herencia por aceptación, al establecer la reforma la adquisición automática por el Estado *"introduce un elemento extraño al fenómeno sucesorio general, que era difícil admitir (aunque era la opinión más general) sin que se dispusiera de forma expresa".*

46 Guilarte Zapatero,V.: *Comentarios..., Op. cit.,* pg. 289.

cia de la estructura política del país[47], defiere la herencia al cantón del último domicilio del causante o al municipio designado por el derecho del cantón: "A défaut d'heritiers, la sucesión est dévolue au canton du dernier domicile du défunt ou à la commune désignée par la legislation de Constitución Española canton". La colocación del precepto dentro del título tercero dedicado a los herederos legales supera la confusión que la expresión "A défaut d'heritiers" pueda provocar en la consideración del cantón como un heredero más[48].

Mismo criterio recoge el Código Civil portuguès, aprobado por Decreto-Lei de 25 de noviembre de 1966, que dedica a la *Sucessào do Estado* un capítulo, el IV del título II, artículos 2152 a 2155. Cuatro artículos que dejan claro la condición de heredero del Estado; el artículo 2152 dispone "Na falta de cónyuge e de todos os parentes successíveis, é chamado à heranca o Estado", atribuyendo al Estado, en su artículo 2153, los mismos derechos y obligaciones que cualquier otro heredero. Como novedad introduce el artículo siguiente la adquisición *ipso iure* sin necesidad de aceptación no pudiendo el Estado repudiarla. El Estado es un heredero más en defecto de parientes dentro del cuarto grado y con la limitación de la responsabilidad por las cargas de la herencia. Se coloca así en la línea del sistema italiano, alemán y suizo, así como el propio de nuestro ordenamiento jurídico.

II.2.2. Sistemas de adquisición *ex iure publicum*

Sánchez Román afirma que de no ser sucesor el Estado "la única solución jurídica sería considerar todos los bienes de la herencia como cosas nullius, ya que habían perdido su dueño, hallándose, al morir éste, en su patrimonio, *porque no las enajenó ni dispuso de ellas por acto inter vivos o ni mortis causa*" [49]. Solución que mantienen aquellos sistemas cuyo fundamento para justificar la adquisición por el Estado no diferencia si estamos ante bienes hereditarios o bienes vacantes y sin dueño conocido. Al no considerar al Estado un heredero, los bienes que integran la herencia vacante pasan a ser *res nullius* y al no ser de nadie corresponden al Estado con fundamento en su derecho de soberanía por aplicación de la teoría del dominio eminente. Como manifestación de dicho

---

[47] De los Mozos, J.L.: "La sucesión...", *Op. cit.*, pg. 418.

[48] Hidalgo García, S.: *La sucesión...*, *Op. cit.*, pg. 104, pone de relieve que la colocación sistemática del precepto, la interpretación que la doctrina ha dado al precepto y la indiscutible influencia germánica llevan a incluir el sistema suizo dentro de los sistemas de adquisición hereditaria por el Estado como *ultimo heres*.

[49] Para Sánchez Román, F.: *Estudios...*, *Op. cit.*, pg. 1670, si los bienes se reputan *nullius*, por no ser de nadie, lo que corresponde es su atribución al Estado *"a título de representante jurídico del cuerpo social como solución, además, menos perturbadora que la de la adjudicación de cada uno de ellos á sus respectivos ocupantes"*.

sistema destacar el francés y el inglés, con referencia a otros sistemas que se han visto influidos por los anteriores.

II.2.2.1. Sistema francés

En el sistema francés el fundamento es común si hablamos de sucesión del Estado o de atribución de bienes vacantes, consecuencia de sus antecedentes históricos por encontrar un origen común en el derecho de reversión (*Heimfallsrecht*) en base al cual los bienes volvían al Estado sobre la base de su dominio eminente por pertenencia de todo el territorio al señor o el rey, siendo indiscutible la influencia del feudalismo situando la sucesión del Estado dentro del sistema general de adquisición de bienes vacantes[50].

La regulación de la atribución de los bienes vacantes y sin dueño conocido y de la sucesión del Estado la encontramos, básicamente, en dos preceptos: los artículos 539 y 713 del Code civil de Napoleón; el artículo 539 dentro del Libro II "Des biens et des différentes modifications de la propriété", capítulo tercero "De los bienes en sus relaciones con quienes los poseen" y el segundo ubicado en el libro tercero "Des différentes manieres dont on acquiert la propriété"[51].

El artículo 539 del Code en aplicación del principio *nulle terre sans seigneur* dispone que "Todos los bienes vacantes y sin dueño, y los de las personas que mueren sin herederos, o cuando las sucesiones son abandonadas, perte-

[50] Afirma Grimaldi, M.: *Droit Civil Successions*, Paris, 1998, pg .217, "*Encore qu'il ne s'exerce que rarement, le droit de l'Etat a suscité une vive controverse. Deux thèses se sont opposées sur sa nature. Selon la première, qui exprime la tradition de l'Ancienne France, l'Etat recueille les successions en déshérence en vertu d'un droit, non de succession, mais de souveraineté. Il les aprehénde en qualité, non d'héritier, mais de souveraineté. Il les appréhende en qualité, non d'héritier, mais de souveraineté. Il les appréhende en qualité, non d'héritier, mais de souverain tenu, dans ses fonctions de police, de prévenir le risque de désordre que créerait l'existence de biens n'appartenant à personne. Son droit sur les successions en déshérence n'est ainsi qu'une manifestation particulaière de son droit plus général sur tous les biens vacants et sans maître. Selon la seconde, l'Etat n'exerce sur les successions en déshérence qu'un simple droit de succession. Il est un héritier comme un autre. Simplement, il se situe au bas de la hiérarchie. On dirait, à la limite, qu'il constitue un cinquième ordre. C'est la conception retenue par certains droits étrangers, tels les droits allemand, italien et espagnol*".

[51] Garcia Cantero, G.: "La adquisición de inmuebles vacantes por el Estado", *Revista de Administración Pública,* nº47,1965, pg. 32, menciona varias inexactitudes de los artículos 539 y 713, entre otros, atribuir los bienes al dominio público siendo en realidad patrimoniales; agrupar en un mismo precepto la sucesión del Estado con la atribución de bienes vacantes, lo que se considera sistemáticamente incorrecto; destaca el autor de modo especial pese a la redacción de ambos preceptos la no posibilidad de adquirir por ocupación los bienes inmuebles, solución distinta en relación a los muebles, citando el artículo 715 para la caza y la pesca; el artículo 716 que regula la adquisición del tesoro y el artículo 717 en caso de adquisición de las cosas arrojadas al mar o que el mar arroja a las playas, plantas, hierbas que crecen en las orillas y sobre las cosas perdidas.

necen al dominio público"[52]. El artículo 713 dispone que "Los bienes que no tienen dueño pertenecen al Estado", en linea con el artículo 768 según el cual "A défaut de conjoint survivant, la sucesión est acquise à l'Etat".

Tres preceptos que recogen el principio según el cual los bienes que no tienen señor pertenecen al Estado. En esta línea recoge Baudry-Lacantinerie[53] el discurso que a propósito de tales preceptos se dijo por el ponente y que busca justificar la atribución de todo aquello que carece de dueño sobre el bien común representado en todos los ciudadanos: "Ce qui n'appartient á aucun individu appartient au corps de la societé, qui représente l'universalité des citoyens jouissant pour l'avantage commun, el prévient les désordres qu'entraineraient les prétentions de ceux qui s'efforceraient d'être les premiers occupants d'une succession vacante". Mazeaud[54] parte del derecho histórico que lleva a la atribución de tales bienes en la persona del Rey con fundamento en la teoria del dominio eminente y que llega a nuestros días en el derecho francés.

Para poder entender el sistema francés es clásica la distinción entre la succession en déshérence y la sucesión vacante; la primera supone que en ausencia de herederos y legatarios el Estado una vez aceptada la herencia puede pedir el envoi en posesión que exige el artículo 770 al considerar al Estado como sucesor irregular, no investido de la *saisine* hereditario y obligado a pedir la posesión de los bienes. Ausencia de herederos y legatarios que Hidalgo considera citando a Hemard[55] constituye, y no la muerte de causante, el hecho causal del derecho del Estado adquiriendo por "droit de déshérence". Siendo extensas las discusiones sobre la naturaleza jurídica del "droit de déshérence", recogemos

---

52 De los Mozos, J.L.. "La sucesión...", *Op. cit.*, pg. 403, afirma que hay que precisar que aún encontrando su fundamento en la soberanía *domaine public* hace referencia al dominio privado patrimonial, domaine de l,Etat. De igual manera, en nuestro sistema, tanto si hablamos de adquisición de bienes vacantes, por aplicación de la legislación de patrimonio, como de sucesión del Estado, los bienes integran el patrimonio del Estado no participando de la naturaleza de bienes de dominio público.

53 Baudry-Lacantinerie,G.: *Traité théorique et pratique de Droit Civil. Des succesiions,* tomo I, Paris, 1905, pg. 495.

54 Mazeaud, H, Mazeaud, L y Mazeaud, J.: *Lecons de Droit Civil, Successions, Liberalites,* tomo IV, vol.II, Paris, 1966, pg.658, recoge la repercusión práctica de la cuestión que alcanza tanto al Derecho Internacional Privado como al interno e ilustra la idea sobre un ejemplo extremo. Plantea la validez de una cláusula impuesta por el testador que deshereda <*Tous ses héritiers*> y si la misma afectaría o no al derecho del Estado: *"Par exemple, le de cujus a exhérédé dans son testament <Tous ses héritiers>; l'Etat recueillera la sucesión s'il vient non comme héritier lato sensu, mais en vertu de son droit régalien; s'il est, au contraire, considéré comme héritier, la clause d'exhérédation est nulle parce que impossible á executer (il faut que les biens soient dévolus á quelqu'un), et les biens iront alors aux héritiers les plus proches selon les règles de la succession ab intestat".*

55 Hidalgo García, S.: *La sucesión..., Op. cit.*, pg. 114.

la opinión más admitida en palabras de Colin y Capitant[56] que defienden que el Estado recibe la sucesión "*en virtud de un derecho de soberanía, más bien que en virtud de un derecho de falta de herederos, que en virtud de un derecho de sucesión*".

Para De los Mozos[57] en el sistema francés el Estado no adquiere la herencia *en deshérence* a título sucesorio, pero tampoco se puede hablar de adquisición por ocupación al pertenecer los bienes al Estado por aplicación de los artículos 539, 713 y 768, lo que excluye que estemos ante *res nullius*; se habla entonces de *ocupación privilegiada* fundada en el derecho de soberanía. Dualidad de solución a medio camino entre el Derecho público consecuencia de la soberanía y el Derecho privado con origen feudal de *dominio eminente*[58].

Citando a Hemard[59], el Estado no se puede considerar un heredero porque adquiere en virtud de un título que presupone la ausencia de heredero pero el Estado tiene una situación análoga a la de un heredero al obtener una universalidad jurídica, siendo un *loco heredis*. El artículo 724 del *Code civil* considera al Estado como sucesor irregular, no investido de la *saisine* hereditario y obligado a pedir la posesión de los bienes, exigencia esta última que lleva a De los Mozos[60] a discrepar de la consideración por Mengoni del título de adquisición del

[56] Colin, A y Capitant, H.: *Curso elemental de derecho civil,* Madrid, 1927, pg. 95, junto a la teoría admitida en su mayoría por la doctrina, citan como ejemplo de opinión que defiende que el Estado es llamado *iure hereditario* con el mismo título que el resto de los herederos pero de rango inferior la resolución del Tribunal de París de 13 de diciembre de 1901, D.P. 1902.2.177. Como argumentos a favor de esta postura se alega la necesidad que tiene el Estado de pedir la posesión de los bienes, lo que en palabras de Colin y Capitant, mal se compagina con la idea de un derecho de soberanía; unido a que se le reconoce una facultad propia de los herederos, como es la contenida en el artículo 120; de pedir la posesión provisional de los bienes de un ausente y como último argumento el hecho de que el Estado en ciertos casos ocupa un lugar posterior, baste citar, la Caja de inválidos de la marina que recibe la herencia de los marinos y otras personas que han perecido en el mar a falta de herederos.

[57] De los Mozos, J.L.: "La sucesión…", *Op. cit.,* pg. 405.

[58] De los Mozos, J.L.: "La sucesión…", *Op. cit.,* pg. 405; Guilarte Zapatero, V.: *Comentarios…, Op. cit.,* pg. 289, Hidalgo García, S.: *La sucesión…, Op. cit.,* pg. 114.

[59] Hidalgo García, S.: *La sucesión…, Op. cit.,* pg. 114, recoge las palabras de Hernard que afirma: "*L'Etat ne Peut être un heritier, puisqu'il acquiert en vertu d'un titre qui suppose l'absence d'heritier; mais il a une situation analogue à celle d'un heritier, parce qu'il obtient une universalité juridique comme un heritier, il es loco heredis*". Para el autor francés una sucesión está en *déshérence* cuando a falta de herederos legítimos o naturales o sucesores irregulares la herencia es recibida por el Estado; de otra parte la herencia está vacante cuando no es reclamada por nadie e incluso por el Estado. "*Une sucesión est en déshérence quand, faute d'heritier légitime ou natural et de succeseur irrégulier, elle est recueillie par l'Etat. Elle est vacante quand elle n'est réclamée par personne, pas même l'Etat*".

[60] Para De los Mozos, J.L.: "La sucesión…", *Op. cit.,* pg. 405, el título de adquisición del Estado es derivativo: se ve obligado a pedir la posesión de los bienes; recibe el activo y el pasivo hasta el límite del activo pero sin necesidad de beneficio de inventario; sin entrar en la discusión de si puede o no renunciar, no puede ser compelido por terceros a aceptar o renunciar a la herencia; destacando en último lugar la regulación de un procedimiento especial para pago de deudas.

Estado como originario. Frente a ello cuando concurre un supuesto de sucesión vacante, por aplicación del artículo 811 del Código francés, es preciso que nadie reclame la sucesión, que no existan herederos conocidos o bien existiendo hallan renunciado y que el Estado no lo acepte.

La dualidad del sistema francés tiene importantes consecuencias prácticas. Colin y Capitant[61] trasladan el problema a nivel de Derecho Internacional Privado y plantean el supuesto de ser el causante francés y fallecer en el extranjero sin que el Derecho Internacional Privado del foro disponga a quién le corresponde la herencia. Entienden que el criterio a seguir es el territorial, esto es, hereda el Estado en cuyo territorio haya fallecido como manifestación de su soberanía o bien hereda el Estado francés por ser francés el causante y ser un derecho hereditario que se rige por el derecho personal del causante.

Hidalgo García[62] califica tal argumentación como incompleta por no tener en cuenta el carácter escisionista en materia de sucesión del sistema francés que reclama la pertenencia al Estado francés de los inmuebles situados en Francia sobre la base de la teoría del derecho de ocupación por el Estado de los bienes vacantes. Teoría del dominio eminente que aleja, a diferencia del sistema español, la configuración de la naturaleza del derecho del Estado francés como un derecho privado hereditario. Para concluir recogemos la opinión más extendida que, como venimos diciendo, sobre la base de los artículos citados, 539 y 713 del Código Civil francés, asienta el derecho del Estado en su soberanía perteneciendo al primero de los grupos que analizamos.

La influencia del sistema francés se hace sentir en el belga que fundamenta en su derecho de soberanía la atribución al Estado, sin dejar de mencionar el Código austriaco, que a falta de sucesores o si ninguno adquiere la herencia, el patrimonio, como bien sin heredero, pasa al Estado[63].

II.2.2.2. Sistema inglés

En el caso del Derecho inglés como exponente de la sucesión con fundamento en el derecho de soberanía, hay que partir de una puntualización consecuencia del manejo de conceptos que no se corresponden con nuestro

[61] Colin. A y Capitant. H.: *Curso..., Op. cit.*, pg. 97.

[62] Hidalgo García, S.: *La sucesión..., Op. cit.*, pg. 119.

[63] Artículo 760 ABGB Erblose Verlassenschaft: *"Wenn Kein zur Erbfolge Berechtigter vorhanden ist order wenn niemand die Erbschaft erwirbt, fällt die Verlassenschaft als ein erbloses Gut dem Staate anheim"* (→ Si no existe ningún legitimado para la sucesión hereditaria o si nadie adquiere la herencia, se atribuye el caudal relicto al Estado como un bien vacante *"erbloses"*- sin heredero).

sistema: el concepto de Estado y el concepto de herencia. La palabra Estado resulta extraña al derecho inglés, donde hemos de referirnos a la Corona, the Crown, referida a toda la organización administrativa[64].

De igual manera y sin olvidar que nos encontramos ante un sistema, el anglosajón, alejado de nuestra realidad continental, donde tal y como recoge Hidalgo[65], el propio concepto de herencia tal y como lo entendemos desaparece. A la muerte del causante, la herencia entra en liquidación a cargo del executor designado por el testador o del administrador designado por el juez; y los herederos pasan a adquirir la cuota que les corresponda sin que ocupen la posición jurídica del causante.

Reconociendo el derecho de la Corona es importante detenernos en 1925, por ser clave en su evolución histórica, año en que se publica la Administration of Estates Act. A partir de 1925 el derecho de la Corona deja de considerarse un privilegio feudal con carácter confiscatorio y la Corona adquiere la herencia como bona vacantia, lo que le otorga el dominio sobre todos los bienes vacantes y sin dueño con fundamento en su derecho de soberanía. En palabras de Hidalgo se pasa del privilegio a la legalidad cambiando el sujeto beneficiario de la persona del Rey a la Corona como Estado. Se pasa de un privilegio regio "The King is the owner of everything wich has no other owner" a considerar el derecho de la Corona como uno de sus iura regalia.

Derecho de la Corona sobre los bienes que carecen de dueño que al igual que el sistema francés encuentra su fundamento en el derecho de soberanía y que ha enfrentado al Estado español con el sistema sucesorio inglés en el conocido caso MALDONADO y que exigió en palabras del Juez Barnard J determinar si estamos ante "right occupation or a right of consolidation belonging to the feudal superior, or as trae right of sucesión"[66].

De naturaleza análoga encontramos el sistema estadounidense que influenciado por la política federal al ser una materia regulada por el derecho de cada Estado federado impide exponer un criterio único que comprenda todo el sistema de Estados Unidos. Pero a la hora de encajar su sistema en el primer grupo descrito de adquisición ex iure hereditario o en el segundo que no le atribuye la condición de heredero al Estado si no que considera que estamos ante un derecho de soberanía, un ius ad bona vacantia, si bien se acerca a este segundo grupo presenta una característica propia al no ser los estados soberanos y por

[64] García de Enterría, E.: *Curso de Derecho Administrativo,* Madrid, 2002, pg. 31, cita la clásica frase de Allen: *the estate is not an entity recognised by our law. The State is the crown.*

[65] Hidalgo García, S.: *La sucesión..., Op. cit.,* pg. 123.

[66] Este problema será abordado específicamente en un apartado posterior de este capítulo que analiza la repercusión de los diferentes sistemas en el derecho internacional privado.

tanto si falta la soberanía difícil encaje tiene en un sistema ex iure publicum[67]. Hidalgo García[68] recoge el criterio que fundamenta su derecho en lo que llaman derecho de escheatage, un derecho de propiedad sobre su territorio si no pertenece a nadie, similar al derecho de reversión de la propiedad en beneficio del Estado que es su titular originario.

II.3. TRATAMIENTO DEL FUNDAMENTO DE LA SUCESIÓN EN EL CAMPO DEL DERECHO INTERNACIONAL PRIVADO. ESTADO SOBERANO-ESTADO HEREDERO

La calificación de la naturaleza del derecho del Estado que plantea el fundamento sobre su derecho de soberanía o como último heres, como venimos diciendo, lejos de ser una mera discusión doctrinal tiene una repercusión práctica en el ámbito de las relaciones internacionales privadas que exige nos detengamos en ella para apreciar de qué manera influye en la dualidad adquisición de bienes vacantes por el Estado- sucesión abintestato.

II.3.1. Ley aplicable a la sucesión con elemento extranjero

Determinar la ley aplicable al enfrentarnos a una sucesión con elemento extranjero ve su dificultad en la diferente regulación material de la sucesión mortis causa, que como pone de manifiesto Castellanos Ruiz[69] condiciona las soluciones de Derecho Internacional Privado donde se encuentran tres posibles sistemas: el sistema territorial; el unitario y el mixto, consecuencia de la mayor o menor influencia de la concepción germánica o romana de la sucesión. Siguiendo a la autora, es la concepción germana de la herencia como atribución de la titularidad de un patrimonio la que lleva a determinar la ley aplicable

---

[67] Fallecido intestato un ciudadano de nacionalidad norteamericana se incorpora al expediente de investigación patrimonial una nota de la Embajada de los EEUU de Norteamérica en la que indica que *"esta Embajada desea informar a las autoridades españolas que la legislación estadounidense no prevé que el Gobierno pueda disponer de propiedades inmobiliarias situadas en el extranjero de ciudadanos estadounidenses fallecidos sin testar y sin herederos, lo que se participa a los efectos que las autoridades españolas estimen oportunos, incluyendo la posibilidad de que el Gobierno español sea el heredero final de la propiedad inmobiliaria en España del fallecido"*. Informe de la Subdirección General de lo Consultivo. Abogacía General del Estado-Dirección del Servicio Jurídico del Estado. A.E.H-Patrimonio 6/04.

[68] Hidalgo García, S.: *La sucesión..., Op. cit.*, pg. 135.

[69] Castellanos Ruiz, E.: "Sucesión hereditaria", *Derecho Internacional Privado,* directores Calvo Caravaca, A.L y Carrascosa González, J., Granada, 2010, pg. 360.

sobre el criterio territorial de situación de los bienes, Lex rei sitae[70]. Frente a la concepción germánica de la herencia, la romana la concibe como una universalidad que deriva en la unidad de la sucesión internacional siendo aplicable la ley personal del causante con independencia del lugar de localización de los bienes. Lo que exige dar un paso más y determinar la del último domicilio del causante. A medio camino entre el sistema territorial y el personal encontramos el sistema mixto, vigente en países como Francia, Inglaterra, Bélgica, Canada o EEUU, que aplica la *Lex rei sitae* en caso de inmuebles y el sistema personal para los muebles al ser éstos más difíciles de ubicar territorialmente.

El Código Civil en su artículo 9.8 recoge el sistema unitario de la ley personal al disponer que será la ley nacional del causante en el momento de su fallecimiento la que rija la sucesión por causa de muerte "cualquiera que sea la naturaleza de los bienes", sin distinguir si estamos ante bienes muebles o inmuebles, y "el país donde se encuentren", lo que descarta el sistema territorial. Si bien la regla general es aplicar la ley en el momento de su fallecimiento, se admite la validez de las disposiciones otorgadas anteriormente "hechas en testamento y los pactos sucesorios ordenados conforme a la ley nacional del testador o del disponente en el momento de su otorgamiento conservarán su validez aunque sea otra la ley que rija la sucesión, si bien las legítimas se ajustarán, en su caso, a esta última".

Delimitado a nivel interno el sistema aplicable, y sin olvidar la coexistencia en nuestro sistema de Derecho Civil de ordenamientos forales, en caso de ser extranjero el que fallece en España, o con bienes en nuestro territorio o español con bienes en el extranjero falleciendo en España o fuera, lo cierto es que el legislador sobre el papel y los órganos judiciales en el caso real se enfrentan al problema de determinar qué legislación se aplica, lo que genera una casuística importante. Lo anterior nos lleva a recoger brevemente la jurisprudencia del Tribunal Supremo sobre el reenvío en materia de sucesión y la determinación de la ley aplicable para una posterior mención de casos con relevancia internacional que pueden arrojar luz al trabajo.

[70] Azcárraga Monzonís, C., *Sucesiones Internacionales. Determinación de la norma aplicable,* Valencia 2008, pg. 72, destaca la dificultad práctica del sistema territorial puro que lleva a la escisión de la sucesión al exigir aplicar tantas legislaciones como lugares donde se sitúen los bienes tanto muebles como inmuebles. Sistema que se mantiene en Latinoamérica mencionando el artículo 44 y 45 del Tratado de Montevideo de 1940 y la legislación de Uruguay, Ley nº10.084 Apéndice del Código Civil uruguayo, artículo 2400.

Dos han sido los requisitos que ha exigido el Tribunal Supremo (caso Lowenthal [71]; caso Denney[72]) para admitir el reenvío[73]: el primero es conse-

[71] Sucesión de un ciudadano del Estado de Maryland que fallece en Inglaterra donde tiene su último domicilio, encontrándose la mayor parte de los bienes inmuebles en España. Se discute la posibilidad de admitir el reenvío al ser de aplicación la legislación española según la ley nacional del causante, la Ley de Maryland, que aplica la lex loci rei, ley del lugar de situación de los inmuebles. Solución que sí admitió la Audiencia Territorial de Granada, que estimó el recurso de apelación interpuesto frente a la Sentencia del Juzgado de Primera Instancia nº4 de Málaga de 4 de mayo de 1987. Recurrida en casación, el Tribunal Supremo confirma la de primera instancia rechazando la posibilidad del reenvío que provoca un fraccionamiento legal de la sucesión, choca con los principios de unidad y universalidad propios del sistema sucesorio español y llevaría a una solución no compartida por ambos sistemas jurídicos, el español y el americano, al reconocer este último una gran libertad de testar y no reconocer las legítimas de los hijos. Ausencia de armonía internacional de soluciones que no se puede superar al no ser materia protegida por el orden público la legítima tal y como pone de manifiesto Castellanos Ruiz, E.: "Sucesión..., *Op. cit.*, pg. 368.

[72] Sucesión de un ciudadano inglés, residente y fallecido en España, con bienes inmuebles en España y muebles en el museo de Toulouse (Francia). Formulada demanda ante el Juzgado de Primera Instancia de Jerez de los Caballeros en Sentencia de 30 de enero de 1995 estimó en parte la demanda interpuesta por los hijos del primer matrimonio del finado que solicitaban que la sucesión se rigiese por la legislación española al objeto de reconocerse sus cuotas legitimarias legales. Sentencia recurrida en apelación ante la Audiencia Provincial de Badajoz que en Sentencia de 11 de julio de 1995 estima el recurso y revoca la de primera instancia. Recurrida en casación el Tribunal Supremo en Sentencia de 21 de mayo de 1999 analiza la cuestión definidora del litigio, esto es, la determinación de la ley material por la que ha de regularse la sucesión del padre de los actores, de nacionalidad inglesa, fallecido en Salvatierra de los Barros. El haber hereditario esta integrado por un inmueble en la citada localidad y bienes muebles en el referido inmueble y otro en el Museo de Toulouse (Francia). Se plantea el reenvío a la legislación española por ser de acuerdo con la legislación inglesa la lez rei sitae la aplicable, sobre una interpretación literalista del artículo 12.2 del Código Civil. El Tribunal Supremo matiza la posibilidad del reenvío en los mismos términos que en el caso *Lowenthal: "Si bien una aplicación puramente literalista del artículo 12.2 del Código Civil conduciría a la solución defendida en la demanda, la evolución actual del derecho Internacional Privado, tal como se manifiesta en el derecho comparado y de manera notable en el derecho convencional internacional, implica un tratamiento matizado del reenvío que hace imposible adoptar una actitud indiscriminada de aceptación o rechazo del mismo, sino proceder en su aplicación con un criterio flexible y de aplicación restrictiva y muy condicionada. La aplicación del reenvío en los términos pretendidos en la demanda, es contrario al principio de universalidad de la herencia que rige nuestro derecho sucesorio o impide dar un tratamiento jurídico distinto a la sucesión mobiliaria y a la inmobiliaria; asimismo contradice y deja sin aplicación el principio rector del derecho inglés en materia sucesoria como es de libertad de testar, manifestación de la autonomía de la voluntad. Por otra parte, como señala la Sentencia de esta Sala de 15 de noviembre de 1996, ante supuesto análogo al actual, la aplicación al caso del reenvío de retorno no conseguiría la finalidad que se asigna a este instrumento jurídico, de armonización de los sistemas jurídicos de los Estados, a lo que debe añadirse que en este supuesto la solución que se alcanzaría con esa aplicación tampoco puede afirmarse que entrañe una mayor justicia en relación con los intereses en juego. Por todo ello, debe concluirse que la sucesión del causante don Jhon Anthony D. se rige por su ley nacional, es decir, por la ley inglesa reconocedora de la libertad de testar a sus nacionales"*

[73] No podemos dejar de mencionar el conocido caso *FORGO*, (Datos tomados de Calvo Caravaca, A.L., Carrascosa González, J.: *Derecho Internacional Privado*, vol.I, Granada, 2008, pg. 288) origen de la creación jurisprudencial del reenvío por la Sentencia de 24 de junio de 1878 de la Cour de Cassatio de Francia en un caso de sucesión intestada de un súbdito de nacionalidad bávara que fallece en Francia sin haber otorgado testamento. El conflicto nace de la defensa de su

cuencia de que en el sistema sucesorio español el reenvío se encuentra con dos límites que son los principios de unidad y universalidad de la herencia y en consecuencia mal encaje tiene una solución que provoque el fraccionamiento legal de la sucesión. Así, el primer requisito para admitir la posibilidad del reenvío es que la solución no puede provocar el fraccionamiento legal de la sucesión. Un segundo requisito se ha de buscar al exigir la jurisprudencia que al aplicar la ley española el resultado sea similar al obtenido si se aplica la ley extranjera, lo que excluye la posibilidad del reenvío si se pretende aplicar la legislación española a las legítimas a la sucesión de un ciudadano extranjero cuya ley personal contemple una solución distinta al sistema sucesorio español. Si bien afirma Castellanos Ruiz[74] que la tranquilidad jurisprudencial que se había conseguido a la fecha sobre la admisión del reenvío en materia sucesoria se ha visto alterada por la sentencia de 23 de septiembre de 2002, caso Francois Marie James W[75], donde admitió el reenvío sin cumplir el presupuesto de "armonía internacional de soluciones" necesario para poder aplicar la ley española.

derecho a heredar por parte del Estado francés al amparo del artículo 768 del Código Civil francés que atribuye al Estado el derecho a suceder a los hijos ilegítimos (Forgo era hijo ilegítimo) a falta de descendientes o cónyuge supérstite; derecho del cual discrepan unos parientes bávaros del causante que consideraban de aplicación una norma de conflicto francesa que deriva en la aplicación de la ley bávara por ser la que corresponde al domicilio de derecho del causante. La Cour de Cassation se inclinó por el derecho a favor del Estado francés al tener Forgo el domicilio de hecho en dicho país por reenvío de primer grado a favor del Derecho material francés.

[74] Castellanos Ruiz, E.: "Sucesión…, *Op. cit.*, pg. 370.

[75] Se discute la legislación aplicable a una sucesión de un inglés residente y fallecido en España, propietario de diversos inmuebles adquiridos en España. Vistos los autos de juicio declarativo de menor cuantía ante el Juzgado de Primera Instancia nº1 de Torrox, en Sentencia de 27 de junio de 1995 declara legitimaria a la demandante, hija del finado, admitiendo el reenvío de retorno. Sentencia confirmada en apelación por la Audiencia Provincial de Málaga y confirmada por el Tribunal Supremo en Sentencia de 23 de septiembre de 2002 por considerar, al igual que las instancias judiciales inferiores, de aplicación la Ley española por admitir el reenvío del derecho inglés, respecto de los inmuebles sitos en España. Solución no contraria a lo dispuesto en el artículo 9.8. del Código Civil (entendemos que por error hace referencia al apartado primero del artículo 9) que responde a los principios de unidad y universalidad de la herencia. Para el Tribunal Supremo, tomando como probado en la Sentencia de la Audiencia Provincial de Málaga de 18 de diciembre de 1996 que los únicos bienes del causante son los inmuebles sitos en España no se produce una fragmentación de la regulación de la herencia, *"Por tanto, si como en este litigio ocurre, la herencia del causante se compone únicamente de bienes inmuebles sitos en España, no hay ningún inconveniente en la aceptación del reenvío de la Ley inglesa, pues será la española la única que regula toda sucesión del causante"* (fundamento de derecho segundo). Solución que se separa de anteriores pronunciamientos jurisprudenciales y que es criticada por Castellanos Ruiz, E.: "Sucesión…, *Op. cit.*, pg. 371, lo cierto es que no concurre el requisito de armonización de sistemas jurídicos de los Estados tal y como alegaba el recurrente en casación al afirmar que la ley nacional del causante, la inglesa, otorga al mismo la libertad para dejar sus bienes a quien estime, no estando vinculado por legítimas ni instituciones análogas, restrictivas de la libertad de disposición mortis causa.

II.3.2. Caso Maldonado. Estado español-Corona inglesa

La determinación de la ley aplicable no varía si quien fallece no ha otorgado testamento, ha perdido su validez, los herederos han premuerto o concurre alguno de los supuestos que abren la sucesión intestada. Conforme a las normas conflictuales del sistema español de Derecho internacional privado, la ley aplicable en las sucesiones testamentarias y legítimas es la ley nacional del causante en el momento de su fallecimiento, tal y como dispone el artículo 9.8 del Código Civil; y dada la coexistencia de ordenamientos forales, característico del sistema español consecuencia del Estado autonómico, a la hora de determinar la ley aplicable se ha de tener en cuenta un elemento más, la vecindad civil[76]

[76] Artículo 14 del Código Civil:

"1. La sujeción al derecho civil común o al especial o foral se determina por la vecindad civil.

2. Tienen vecindad civil en territorio de derecho común, o en uno de los de derecho especial o foral, los nacidos de padres que tengan tal vecindad.

Por la adopción, el adoptado no emancipado adquiere la vecindad civil de los adoptantes.

3. Si al nacer el hijo, o al ser adoptado, los padres tuvieren distinta vecindad civil, el hijo tendrá la que corresponda a aquel de los dos respecto del cual la filiación haya sido determinada antes; en su defecto, tendrá la del lugar del nacimiento y, en último término, la vecindad de derecho común.

Sin embargo, los padres, o el que de ellos ejerza o le haya sido atribuida la patria potestad, podrán atribuir al hijo la vecindad civil de cualquiera de ellos en tanto no transcurran los seis meses siguientes al nacimiento o a la adopción.

La privación o suspensión en el ejercicio de la patria potestad, o el cambio de vecindad de los padres, no afectarán a la vecindad civil de los hijos.

En todo caso el hijo desde que cumpla catorce años y hasta que transcurra un año después de su emancipación podrá optar bien por la vecindad civil del lugar de su nacimiento, bien por la última vecindad de cualquiera de sus padres. Si no estuviera emancipado, habrá de ser asistido en la opción por el representante legal.

4. El matrimonio no altera la vecindad civil. No obstante, cualquiera de los cónyuges no separados, ya sea legalmente o de hecho, podrá, en todo momento, optar por la vecindad civil del otro.

5. La vecindad civil se adquiere:

1º Por residencia continuada durante dos años, siempre que el interesado manifieste ser ésa su voluntad.

2º Por residencia continuada de diez años, sin declaración en contrario durante este plazo.

Ambas declaraciones se harán constar en el Registro Civil y no necesitan ser reiteradas.

6. En caso de duda prevalecerá la vecindad civil que corresponda al lugar de nacimiento".

Artículo 16:

"1. Los conflictos de leyes que puedan surgir por la coexistencia de distintas legislaciones civiles en el territorio nacional se resolverán según las normas contenidas en el Capítulo IV con las siguientes particularidades:

1ª Será ley personal la determinada por la vecindad civil.

2ª No será aplicable lo dispuesto en los apartados 1, 2 y 3 del artículo 12 sobre calificación, remisión y orden público.

2. El derecho de viudedad regulado en la Compilación aragonesa corresponde a los cónyuges sometidos al régimen económico matrimonial de dicha Compilación, aunque después cambie su vecindad civil, con exclusión en este caso de la legítima que establezca la ley sucesoria.

El derecho expectante de viudedad no podrá oponerse al adquirente a título oneroso y de buena fe de los bienes que no radiquen en territorio donde se reconozca tal derecho, si el contrato del causante, lo que puede derivar en que no sea el Estado quien herede, si no la Comunidad Autónoma correspondiente si el causante ostenta la vecindad civil aragonesa, catalana, navarra, vasca, gallega o valenciana.

La solución que recoge nuestro Código Civil puede ser perjudicial para el Estado español que no podrá adquirir aquellos bienes situados en países donde se aplica la ley territorial de acuerdo con la doctrina del dominio eminente del Estado[77]. El casuismo de esta materia no es el objeto del presente trabajo, pero sí consideramos de interés citar algunos supuestos que reflejan el conflicto que se puede plantear y que revelan la importancia de delimitar cual es el fundamento sobre el que se asienta el llamamiento a favor del Estado, donde si se le concibe como un heredero más se aplica la ley personal del causante, mientras que si se asienta sobre la soberanía del Estado se aplica la ley del lugar de situación de los bienes.

No podemos dejar de mencionar como reflejo de lo expuesto el conocido caso Maldonado[78] que enfrenta al Estado español con el sistema sucesorio inglés que reclama el derecho de la Corona y que supone un reconocimiento en una resolución judicial extranjera del derecho del Estado español como un derecho sucesorio.

La causante Dª Elvira Maldonado se nacionaliza española, fallece el 11 de octubre de 1924 en España sin parientes dentro del sexto grado (hay que tener en cuenta que hasta la reforma de 1928 el derecho de los colaterales en la sucesión intestada alcanzaba al sexto grado), pero con bienes en Inglaterra (valorados en 13.515,5s,4d custodiadas en el Hambros Bank Ltd London) . Declarado heredero el Estado español al solicitar éste la entrega de los bienes en Inglaterra, es cuando el *Treasury Solicitor* reclama los bienes al considerarlos bona vacantia, que al estar en suelo inglés pertenecen a la Corona inglesa. Para el defensor del tesoro inglés el derecho del Estado español encuentra su fundamento en el derecho de soberanía y no reconoce éste un derecho hereditario que excluiría la posibilidad, por existencia de heredero, de bienes vacantes. Ello contradice la naturaleza del derecho del Estado en la legislación española, artículos 956 y siguientes del Código Civil, la posición dominante en la doctrina española, a excepción de algún

se hubiera celebrado fuera de dicho territorio, sin haber hecho constar el régimen económico matrimonial del transmitente.

El usufructo viudal corresponde también al cónyuge supérstite cuando el premuerto tuviese vecindad civil aragonesa en el momento de su muerte.

3. Los efectos del matrimonio entre españoles se regularán por la ley española que resulte aplicable según los criterios del artículo 9 y, en su defecto, por el Código Civil.

En este último caso se aplicará el régimen de separación de bienes del Código Civil si conforme a una y otra ley personal de los contrayentes hubiera de regir un sistema de separación".

77 De los Mozos, J.L.: "La sucesión..".,*Op. cit.*, pg. 436.

78 Re Maldonado (deceased); State of Spain v Treasury Solicitor. All England Law Reports/1953/Volume 2/Re Maldonado (deceased); Stated of Spain v Treasury Solicitor (1953) 2 All ER 300.

autor como Guilarte Zapatero[79], y de la jurisprudencia que califican el derecho del Estado como un auténtico derecho hereditario.

La polémica llega a la hora de determinar a qué Estado corresponde la propiedad, lo que para el Juez Barnard exige determinar si estamos ante "right occupation or a right of consolidation belonging to the feudal superior, or as true right of successión"[80]. En el primer caso la propiedad va al Estado donde estén situados los bienes y en el segundo caso al que corresponda al domicilio del fallecido. Si bien como punto en común tanto el Estado español como el inglés mantienen la sucesión universal.

La defensa de la Corona considera que la propiedad le corresponde conforme al Derecho Internacional Privado como bona vacantia aplicando la "lex rei sitae" y para ello toma como precedente dos casos aparentemente similares de reclamación de bienes por parte del Tesoro austriaco y del Gobierno turco (ejercitando un derecho de soberanía). Ante la existencia de bienes vacantes la solución es la aplicación de la legislación inglesa:

- El caso *Re Barnett,s Trusts*[81] donde se plantea la sucesión de un austriaco con fondos en Inglaterra que fallece en Viena intestado y sin herederos. De acuerdo con la ley austriaca la sucesión de un ciudadano austriaco es confiscada como propiedad del fisco. El gobierno austriaco reclama la propiedad no sobre un derecho de sucesión, no como heredero, sino en virtud de su derecho de soberanía, lo que excluye la aplicación de la máxima "mobilia sequuntur personam". El fallo da la razón a la Corona por estar la propiedad en Inglaterra y encontrarnos ante bienes vacantes (por ausencia de herederos).
- El caso *In the Estate of Musurus*[82], similar al anterior, donde la causante de nacionalidad turca y domiciliada en Turquía fallece intestada y sin herederos en el año 1915 con propiedades en Inglaterra. Al igual que en el caso anterior la reclamación por parte de Turquía no se fundamenta en un derecho sucesorio, y ante la ausencia de herederos la Corona los reclama como bienes vacantes, siendo el fallo favorable al derecho inglés.

[79] Guilarte Zapatero,V.: *Comentarios..., Op. cit.*, pg. 286.

[80] Re Maldonado (deceased); State of Spain v Treasury Solicitor. All England Law Reports/1953/Volume 2/Re Maldonado (deceased); Stated of Spain v Treasury Solicitor (1953) 2 All ER 300, pg. 3.

[81] Re Maldonado (deceased); State of Spain v Treasury Solicitor. All England Law Reports/1953/Volume 2/Re Maldonado (deceased); Stated of Spain v Treasury Solicitor (1953) 2 All ER 300, pg. 4.

[82] Re Maldonado (deceased); State of Spain v Treasury Solicitor. All England Law Reports/1953/Volume 2/Re Maldonado (deceased); Stated of Spain v Treasury Solicitor (1953) 2 All ER 300, pg. 4.

El sistema español difiere de los anteriores, siendo el fundamento de la reclamación por parte del Estado español la existencia de una resolución judicial que declara al Estado español como heredero abintestato, como último heredero alejado de cualquier ejercicio de soberanía y ello frente a un sistema inglés donde la propiedad pertenece a la Corona como bienes vacantes.

El Treasury Solicitor trata de llevar el asunto al campo del Derecho Internacional Público al afirmar que el Estado español "makes itself owner of property in another state"; argumento que rechaza el juez Barnard al concluir que el Estado español reclama la propiedad de los bienes en Inglaterra como *heir* con arreglo a la ley española de igual manera que cualquier pariente puede reclamar como heredero; tampoco admite como válido el argumento de la defensa de entender que se favorece al Estado español en el conflicto con la Corona inglesa a quién corresponden los bienes vacantes y que es calificado en la resolución como la cuestión esencial afirmando que "I feel satisfied that there is nothing either contrary to English public policy or repugnant to English law in permitting a foreign State to take posession of the movibles of one of its subjects in this country" ; y apela a la justicia natural que le lleva a estar convencido de que la propiedad de una española que muere intestada debe distribuirse among charities de su propia localidad y no que pase a ser propiedad de la Corona, convencido que de acuerdo con la ley española el único y universal heredero es el Estado español.

Ejercicio de un derecho de soberanía frente a un derecho hereditario que puede derivar en una confrontación soberanista como así se planteó en el caso Maldonado. Si la posesión de los bienes muebles situados en Inglaterra por parte del Estado español es un ejercicio de su derecho de soberanía chocaría con el orden público inglés; diferente situación encontramos si lo que se ejercita es un derecho hereditario. El juez Barnard se inclina por entender que corresponde al Estado español como heredero, excluye cualquier interpretación soberanista del derecho y concluye que no atenta contra el orden público inglés[83].

II.3.3. Sucesión con elemento extranjero y conflicto de leyes interno. Caso Martínez Santiago. Chile-Comunidad Autónoma de Aragón

La variedad de situaciones que podemos encontrar pueden llevar a una sucesión donde confluyan el Estado español, una Comunidad Autónoma con regulación a su favor de la sucesión intestada con exclusión del Estado y un país con sistema diferente al contenido en el ordenamiento español. De interés,

---

[83] Re Maldonado (deceased); State of Spain v Treasury Solicitor. All England Law Reports/1953/Volume 2/Re Maldonado (deceased); Stated of Spain v Treasury Solicitor (1953) 2 All ER 1579.

por concurrir en una misma sucesión la cuestión autonómica y la propia de derecho internacional privado donde la defensa de un fundamento basado en el derecho de soberanía o en el derecho propiamente hereditario es clave a la hora de determinar la legislación aplicable y en consecuencia quién hereda: si el Estado español, la Comunidad autónoma de Aragón o el Fisco chileno, encontramos la sucesión de D. Elías Alfredo Martínez Santiago.

Excluida la posibilidad de sucesión del Estado español por haber nacido el causante en Zaragoza[84], se le reconoce la vecindad civil aragonesa, lo que provoca la aplicación del derecho foral aragonés vigente en el momento del fallecimiento el 31 de marzo de 1998, que atribuye a la Comunidad Autónoma de Aragón, con la excepción del privilegio del Hospital de Nuestra Señora de Gracia, el derecho a suceder. Queda el conflicto entre la Comunidad Autónoma de Aragón, a quién se le reconoce el derecho a suceder a falta de parientes dentro del cuarto grado, y el Fisco de Chile por inexistencia de parientes colaterales dentro del sexto grado.

Conflicto que es relatado con maestría por De Pedro Bonet[85] al presentar una crónica jurídica sobre la herencia de Martínez Santiago y se ve completado no sólo por las diversas resoluciones judiciales que han recaído consecuencia del conflicto, si no también por el Dictamen emitido el 26 de enero de 2000 por Illanes Ríos[86].

Como hechos a tener en cuenta destacamos que D. Elías Alfredo Martínez Santiago fallece en Zaragoza (lugar de nacimiento) el 31 de marzo de 1998, a la edad de 66 años. A pesar de las condiciones en las que vivía[87], disponía de un patrimonio de cuatro mil millones de pesetas (equivalente a veinticuatro millones de euros), constituido por acciones que cotizaban en Bolsa, efectivo

---

[84] El problema de la constitucionalidad del llamamiento a las CCAA en general y el derecho foral aragonés en especial será abordado en un capítulo posterior del presente trabajo.

[85] De Pedro Bonet, J.: "Crónica jurídica sobre la herencia de D. Elías Alfredo Martínez Santiago", *Revista de Derecho Civil Aragonés,* 2003/2004-IX-X, pg. 107-121.

[86] Illanes Ríos, C.: "Informe en Derecho", emitido por el Profesor titular de derecho civil de la Facultad de Derecho de la Universidad de Chile, consecuencia de la resolución de 12 de enero de 2000, pronunciada por el Juez del 26° Juzgado Civil de Santiago, en causa Rol V-186-1999 sobre posesión efectiva de los bienes quedados al fallecimiento de D. Elías Alfredo Martínez Santiago. Informe en Derecho acerca de las disposiciones legales españolas invocadas como fundamento de la solicitud de la posesión efectiva de los bienes del causante.

[87] De Pedro Bonet, J.: "Crónica...", *Op. cit.*, pg. 107, refleja una situación que no correspondía con la realidad de su patrimonio y de su tiempo: no disponía de electrodomésticos básicos como nevera, ni televisión; el estado del piso era de total abandono sin que se hubieran realizado reformas necesarias (paredes ajadas, muebles en mal estado, alfombras enrolladas desde hacía tiempo...). La fortuna familiar viene forjada por el abuelo materno del causante en Argentina, heredada por su única hija que incrementó el patrimonio familiar de forma considerable y a la que contribuyó la gestión del causante, lo que como pone de manifiesto el autor, evidencia un conocimiento de la realidad de su patrimonio por D.Elías Alfredo Martínez Santiago.

en cuentas corrientes consecuencia de los rendimientos que las acciones generaban y un inmueble. El problema legal se plantea por un doble camino: de una parte, el patrimonio hereditario estaba repartido a partes iguales entre España y Chile; de otra, por existencia de parientes dentro, no del cuarto grado que establece como límite la legislación española, si no dentro del sexto grado procedentes de distintas líneas colaterales[88], siendo una de ellas línea colateral ligada al abuelo del causante de cuyos bienes se inició la fortuna familiar.

Iniciado por denuncia[89], de 3 de abril de 1998, ante la Fiscalía de la Au-

[88] De Pedro, J.: "Crónica...", *Op.cit,* pg. 121, adjunta como Anexo el árbol genealógico del causante.

[89] La denuncia la formula un pariente lejano del causante que por ello reclama el derecho a un premio de un 10% de la herencia, derecho que recoge el Decreto 2091/1971, de 13 de agosto, en su artículo 21. Decreto de aplicación a las herencias aún siendo discutida el derecho de la Comunidad Autónoma por falta de disposición autonómica. La propia *Sentencia del Tribunal Superior de Justicia de Aragón de 18 de marzo de 2003* no deja lugar a dudas al afirmar *"No existe discusión sobre la normativa aplicable, que será el Decreto 2091/1971 de 13 de agosto, sobre régimen administrativo de la sucesión abintestato a favor del Estado. En dicho Decreto se regulan dos tipos de denuncia o puesta de manifiesto a la Administración de la existencia del fallecimiento de alguna persona intestada que carezca de herederos legítimos, una primera prevista en el artículo 2 que tiene un carácter obligatorio y que se dirige a toda autoridad o funcionario público, cualquiera que sea la Administración para la que preste sus servicios, cuando por cualquier conducto tengan conocimiento del fallecimiento intestado de alguna persona que carezca de herederos legítimos: "está obligado a dar cuenta del mismo a la Delegación de Hacienda de la provincia en que el finado hubiere tenido su último domicilio". Idéntica obligación se extiende a dueños o arrendatarios de la vivienda o establecimiento donde hubiera ocurrido el fallecimiento. A continuación se prevén en los arts. 3 y 4, un tipo de denuncia voluntaria dirigida al resto de ciudadanos, si bien de distinta intensidad".*

Hay que esperar al año 2000 cuando se aprueba el Decreto 191/2000, de 7 de noviembre, sobre regulación de las actuaciones administrativas en la sucesión legal a favor de la Comunidad Autónoma de Aragón, siendo destacable que ha suprimido el derecho a premio recogido en la normativa estatal.

Volviendo al caso que nos ocupa, el derecho a premio reclamado por el denunciante le sería denegado por Orden del Departamento de Economía, Hacienda y Empleo del Gobierno de Aragón, por la que se desestimaba la solicitud del recurrente relativa al derecho a percibir premio por denuncia del fallecimiento. Denegación que fue recurrida en vía contenciosa ante la Sala de lo Contencioso-Administrativo del Tribunal Superior de Justicia de Aragón que dictó sentencia desestimatoria considerando que *"Tanto el artículo 3 como el artículo 4 del Decreto 2091/1971 comparten en que ambos parten de la noticia del fallecimiento intestado de alguna persona, pero el primero añade un plus no previsto en el segundo. A la manifestación debe acompañarse justificación de los extremos que allí prevé: fallecimiento; domicilio y procedencia de la sucesión intestada. Nada de esto se justifica en ninguna de las dos comparecencias del demandante, quien se limita exponer una serie de circunstancias pero no aporta principio alguno de prueba de lo que allí dice y el artículo 3 exige de una manera expresa la aportación de ese principio de prueba cuando dice "al que acompañará justificación de los extremos siguientes", que son los que se han mencionado. Nada de esto se justifica. El precepto le obliga también a presentar una relación de los bienes dejados por el causante con indicación de los administradores, depositarios arrendatario so poseedores de los mismos y a la manifestación de inexistencia de herederos legítimos.*

Nada dijo sobre la inexistencia de herederos legítimos y la indicación de los bienes es extraordinariamente difusa y se ignora si la misma era completa o parcial. Es cierto que todos ellos son datos que de una u otra manera y con mayor o menor celeridad vendrían poniéndose de manifiesto en el procedimiento judicial abierto, pero esta no es la cuestión, ni es lo que se desprende del

Decreto 2091/1971, que para reconocer el derecho al premio previsto en el artículo 21 requiere de una especial actividad, se requiere una especial diligencia del interesado, no solo en la puesta de manifiesto del fallecimiento, sino de facilitar y acreditar datos esenciales en orden a conocer la vocación hereditaria de la Administración por la inexistencia de herederos legítimos; el propio fallecimiento; los bienes de los que disponía. Todas estas circunstancias deben ser facilitadas y en el presente caso no lo han sido, el actor se ha limitado a hacer unas manifestaciones sin nada acreditar", fundamentos que llevan desestimar el recurso contencioso administrativo por ser ajustada al ordenamiento jurídico el acto administrativo impugnado.

También solicitó el derecho a premio en la sucesión que nos ocupa una sobrina del causante que fue nombrada depositaria y administradora de los bienes, siendo este nombramiento el que le excluiría de tal derecho. Así lo recoge la *Sentencia de 18 de noviembre de 2003 de la Sala de lo Contencioso-Administrativo del Tribunal Superior de Justicia de Aragón* que confirma la Orden de 4 de abril de 200 del Departamento de Economía, Hacienda y Función Pública del Gobierno de Aragón. Afirma la sentencia en su fundamento de derechos segundo que "*como quiera que Doña Gema ostentaba el cargo de administradora y depositaria de los bienes del fallecido tras ser nombrada como tal en Auto de 29 mayo de 1998 del Juzgado de Primera Instancia número diez de los de Zaragoza, en autos de Prevención Abintestato, habiéndolo aceptado en la misma fecha, cuando formuló la denuncia de dicho fallecimiento el día 1 de junio, ello formaba parte de sus obligaciones como tal siéndole de aplicación lo dispuesto en el articulo 2 del referido Decreto y en modo alguno el artículo 3 en relación con el 21 del mismo texto legal, de manera que la comunicación a la DGA de la muerte del causante no le suponía derecho a premio alguno sino que, por el contrario, no era sino una carga u obligación aneja al cargo de administradora que voluntariamente acepto y con ello las responsabilidades inherentes e inseparables a dicha situación.*

La actora, por el contrario, considera que al no ostentar dicha cualidad antes del fallecimiento de Don Abelardo, su denuncia debe ser incluida en el artículo 3 del Decreto citado. Pues bien, debe señalarse al respecto que dicha alegación podría haber tenido sentido si la denuncia la hubiera efectuado con anterioridad al nombramiento pero la realidad es distinta; Doña Gema no comunico a la Administración el fallecimiento de aquél sino después de ser nombrada administradora y depositaria de sus bienes pese a haberlo podido hacer con anterioridad sin impedimento alguno. Desde la fecha en que acepta el nombramiento judicial, la comunicación de aquella muerte forma parte de sus obligaciones a los efectos prevenidos en el Decreto 2091/71 y deja de ser una facultad con las consecuencias previstas en su articulo 21. Y a ello no obsta que la prestación de la fianza requerida lo fuera con posterioridad a la fecha de la denuncia pues es lo cierto que el nombramiento había sido efectuado y también aceptado por la actora de modo que tomó posesión del cargo y, valiéndose del conocimiento de la situación de los bienes del causante que aquella situación le proporcionaba, sin mencionarlo, pone en conocimiento de la DGA tanto la muerte como la relación de aquellos.

Si bien el articulo 1007 Ley de Enjuiciamiento Civil, preveía que "Nombrado el administrador y prestada por éste la fianza conforme a lo prevenido en la sección primera de este título, se le pondrá en posesión de su cargo...", lo cierto es que la Autoridad judicial competente, en acta de 29 de mayo de 1998, de forma previa a aquella prestación, dio a la recurrente posesión del cargo y ordenó que copia de dicha acta le sirviera de credencial para su cargo. De hecho, en la misma fecha, consta que aquella comenzó a intervenir en el procedimiento judicial como administradora y depositaria de los bienes, así, delante de la misma y del Juez, se procedió a la apertura de la correspondencia del difunto, siendo examinada en el acto y entregándose a la recurrente la que se consideró oportuno para darle el destino correspondiente. Cosa distinta es que, prestada y ratificada la fianza exigida, se le hizo entrega de llaves, bienes, libros de contabilidad, papeles, etc, pero debe insistirse que el nombramiento controvertido surtió efectos desde el momento en que el día 29 de mayo así lo acordó el juez competente dándole posesión del cargo tras su aceptación". Recurrida en casación por la sobrina de D. Elías Alfredo Martínez el Tribunal Supremo dicta Sentencia de 9 de febrero de 2007 desestimando las pretensiones de la actora por ser "evidente que dicho precepto (el artículo 3 Decreto 2091/1971) tiene por objeto asegurar que el Estado no pierda ninguna sucesión intestada a diencia Provincial de Zaragoza[90] el procedimiento judicial de abintestato , que viene regulado en la Ley de Enjuiciamiento Civil de 1881 (que se mantiene vigente al no haber sido derogados los artículos 997 y siguientes por la Ley de Enjuiciamiento Civil 1/2000, en tanto no se apruebe la Ley de la Jurisdicción Voluntaria), se finaliza mediante Auto de 5 de febrero de 1999, del Juzgado de Primera Instancia nº10 de Zaragoza[91] que "Declara único y universal heredero de D. Elías Alfredo Martínez Santiago a la Comunidad Autónoma de Aragón encarnada en su órgano de Gobierno la Diputación General de Aragón a los efectos del artículo 136.2 de la Compilación de Derecho Civil de Aragón",

la que tenga derecho por desconocimiento del fallecimiento en tales circunstancias. Para alcanzar dicho objetivo se estimula a cualquier persona que denuncie a Hacienda un fallecimiento intestado con indicación de ciertos datos sobre el causante y sus bienes, de tal forma que dicha denuncia permita a Hacienda reclamar su derecho de manera eficaz. Así las cosas, es evidente que no tendría sentido que se otorgase premio alguno a las personas que, por ejercer determinadas funciones públicas o encontrarse en una determinada relación personal o profesional con el fallecido, tienen la obligación legal –estipulada en el artículo 2 del Decreto 2091/1971– de comunicar a Hacienda la sucesión intestada de una persona, circunstancia que han conocido precisamente por razón de su cargo –como lo es un administrador judicial– o de la relación con el fallecido contemplada en la Ley".

90 Lugar de denuncia no idóneo, al no haberse dirigido a la Hacienda de la Comunidad Autónoma, ni siquiera a la Hacienda del Estado, sino que acude al Ministerio Fiscal, quien con su posterior actuación da lugar a una Prevención de Abintestato seguida ante un Juzgado de Primera Instancia de los de Zaragoza. No acude pues, ante la Administración que debe ser llamada a la sucesión intestada; es más, es el Juez de Primera Instancia quien emplaza a dicha Administración para comparecer en aquél procedimiento, y no existe actuación alguna por parte del actor ante la Administración en orden a facilitar su vocación hereditaria (Sentencia de la Sala de lo Contencioso-Administrativo del Tribunal Superior de Justicia de Aragón de 18 de marzo de 2003).

91 Junto a la Comunidad Autónoma de Aragón De Pedro, J.: "Crónica..."., *Op.cit,* pg. 110, recoge la solicitud formulada por dos hermanos parientes de sexto grado del causante que solicitaron que se les declarase herederos troncales previa determinación de bienes de origen troncal, lo que excede del ámbito del procedimiento de declaración judicial de heredero abintestato dada su naturaleza de jurisdicción voluntaria y no contenciosa. "*El procedimiento de declaración de herederos abintestato, en el que se ha dictado el Auto es objeto de recurso, es un procedimiento de jurisdicción voluntaria en el que el juzgado competente ha de determinar los parientes que tienen derecho a heredar al causante, caso de que éste no haya dispuesto mortis causa de sus bienes, en testamento o en contrato sucesorio admitido por la legislación civil. En el trámite establecido al efecto por los artículos 977 y siguientes de la Ley de Enjuiciamiento Civil y, especialmente, en los artículos 980, 981 y 984 de dicha Ley, se contempla la prueba para acreditar el fallecimiento de la persona de cuya sucesión se trate, el parentesco de los solicitantes y el hecho de haber fallecido aquélla sin disposición de última voluntad, para lo que habrá de practicarse prueba documental y testifical; pero no es objeto de este procedimiento la determinación de los bienes y derechos que integran la herencia, ni su naturaleza o procedencia familiar. Por ello, la solicitud de los recurrentes de que, para mejor proveer, se aporte al expediente la documentación contable de un antepasado del fallecido para, a través de ella, acreditar que los bienes de la herencia son troncales de abolorio, ni de esta documentación contable, que fina en el año 1923, podría llegarse a decidir la cuestión planteada. De este modo la declaración de herederos abintestato habría de hacerse conforme al artículo 135 de la Compilación, sin perjuicio de lo procedente respecto a bienes troncales y troncales de abolorio, a decidir en el procedimiento contencioso que, en su caso, se plantee por parte legitimada" Auto del Juzgado de Primera Instancia nº10 de Zaragoza, de 5 de febrero de 1999.*

Auto recurrido en apelación ante la Audiencia Provincial de Zaragoza que desestimó el recurso.

Consecuencia del Auto, la Comunidad Autónoma de Aragón acepta la herencia mediante Decreto 86/1999, de 30 de junio, del Gobierno de Aragón y dada la elevada cuantía se aprobó la Ley de Cortes de Aragón 1/2000, de 17 de marzo, de Autorización de venta de valores mobiliarios de la Comunidad Autónoma de Aragón procedentes de la herencia de D. Elías Alfredo Martínez Santiago.

Herencia que comprendía cualesquiera bienes y derechos del causante tanto en España como en Chile. Sobre los bienes existentes en Chile entra en juego el artículo 27 de la Ley de Impuestos a las Herencias, Asignaciones y Donaciones que dispone: "Cuando la sucesión se abra en el extranjero, deberá pedirse en Chile, no obstante lo dispuesto en el artículo 955 del Código Civil la posesión efectiva de la herencia respecto de los bienes situados dentro del territorio chileno, para los efectos del pago de los impuestos establecidos por esta ley. La posesión efectiva en este caso deberá pedirse en el lugar que tuvo el causante su último domicilio en Chile, o en el domicilio del que pida la posesión efectiva, si aquél no lo hubiera tenido".

Por exigencia del citado precepto se tramita la petición ante el Juzgado Civil de Santiago de Chile, siendo necesario presentar un informe en derecho. Dicho informe fue emitido por el profesor titular de Derecho Civil de la Facultad de Derecho de la Universidad de Chile, Claudio Illanes Ríos, consecuencia de la Resolución de 12 de enero de 2000, pronunciada por el Juez del 26º Juzgado Civil de Santiago, en causa Rol V-186-1999 sobre posesión efectiva de los bienes quedados al fallecimiento de D. Elías Alfredo Martínez Santiago. Informe en Derecho acerca de las disposiciones legales españolas invocadas como fundamento de la solicitud de la posesión efectiva de los bienes del causante y que recoge el régimen jurídico contenido en el Código Civil Chileno, en concreto su artículo 955 que dispone: "La sucesión en los bienes de una persona se abre al momento de su muerte en su último domicilio[92]; salvo los casos expresamente exceptuados. La sucesión se regla por la ley del domicilio en que se abre; salva las excepciones legales". Parte el profesor Illanes de la existencia, a diferencia de sistema civil español donde coexisten derechos forales con el derecho común civil, de una sola ley para todo el territorio, lo que pudiera dar la impresión de ser un precepto inútil. Nada más lejos de la realidad dada su importancia en el campo del Derecho Internacional Privado donde establece como ley personal que debe regir la sucesión la ley vigente del lugar donde

---

[92] Domicilio entendido en sentido jurídico en los términos que establece el artículo 59 del Código Civil Chileno: *"la residencia, acompañada, real o presuntivamente, del ánimo de permanecer en ella"*.

tuvo el último domicilio (aún siendo en un país extranjero) frente a la consideración de la nacionalidad del causante y frente a la lex loci rei sitae, propio de los sistemas que se fundan en la soberanía del Estado y que lleva a romper la unidad de la sucesión (que como vimos es requisito que tiene en cuenta el Tribunal Supremo para rechazar el reenvío). La ley chilena, al atender sólo al domicilio, al igual que el sistema español, mantiene los principios romanos de universalidad y unidad de la sucesión con independencia de la naturaleza y localización de los bienes. En la herencia de D. Elías Alfredo Martínez Santiago, al estar situado su último domicilio en Zaragoza, la ley que rige la sucesión en este caso es el artículo 136.2 de la Compilación de Derecho Civil de Aragón. Lo que deja fuera los posibles derechos del Fisco chileno que tiene derecho a suceder a falta de parientes hasta el sexto grado en la línea colateral (artículo 955 del Código Civil Chileno).

No existe duda al respecto, no sólo por aplicación del artículo 955 del Código Civil Chileno, si no también por la defensa de la doctrina del Estado o Fisco Chileno como heredero, lo que impide que los bienes queden vacantes a disposición del primer ocupante y deriva en la aplicación de la ley personal del causante y no el estatuto real de lugar de localización de los bienes más propio de los sistemas, como el francés, que defienden la soberanía del Estado. Ilustrativas son las palabras de los profesores Domínguez Benavente y Domínguez Aguila, citadas por el profesor Illanes Ríos: "La cuestión tiene una enorme importancia práctica, especialmente atendido a lo dispuesto en el artículo 157 del Código de Derecho Internacional Privado, suscrito y ratificado por nuestro país. De acuerdo con esta norma se aplica a la sucesión, en este caso, la ley personal del causante; pero si se llama al Estado como ocupante de cosas nullius se aplica el derecho local. Por lo tanto, en Chile, a la sucesión intestada en que el Estado es llamado como heredero, en defecto de otros, se aplica la ley personal del causante".

Concluye el informe, de conformidad con lo dispuesto en los artículos 955 y 998 del Código Civil chileno, el artículo 157 del Código de Derecho Internacional Privado (conocido como "Código Bustamante") y el artículo 135 de la Compilación de Derecho Civil de Aragón, que "procede otorgar la posesión efectiva de los bienes pertenecientes a la sucesión de don Elías Alfredo Martínez Santiago, que se encuentran en Chile, a la Comunidad Autónoma de Aragón, que es la que corresponde según el derecho español aplicable como quiera que se trate de un causante que ha tenido su último domicilio en Zaragoza, Aragón, lugar en que se abrió su sucesión, sin que pueda aplicarse la legislación chilena".

El Juzgado Civil de Santiago de Chile confirma la doctrina contenida en el dictamen en Sentencia de 14 de abril de 2000 otorgando la posesión efectiva de la herencia intestada de D. Elías Alfredo Martínez Santiago (dictada en reposición por existir un primer pronunciamiento que denegó el derecho del Estado español a favor del fisco chileno)[93].

II.4. VALORACIÓN

La dualidad de sistemas descrita a lo largo del presente capítulo altera todo el sistema de sucesión del Estado[94] y exige como paso previo delimitar donde encaja nuestro sistema jurídico: dentro de la concepción pública legitimado sobre su derecho de soberanía o se trata de un heredero más con los mismos derechos y obligaciones cayendo el Estado, parafraseando a Manresa[95], "bajo el imperio de las leyes de carácter civil". Resulta indiscutible que existe un reconocimiento en el ámbito del Derecho Internacional Privado reflejado en pronunciamientos judiciales, como el caso Maldonado, donde jueces con competencia internacional han reconocido el derecho del Estado como derecho hereditario privado.

Reconocimiento que no se contradice con la doctrina mayoritaria y el criterio contenido en resoluciones judiciales "nacionales" lo que permite, desde un punto de vista constitucional, que entre en juego el derecho de algunas Comunidades Autónomas, aquellas con competencia en derecho civil, a regular el llamamiento "in extremis". Junto a lo expuesto no podemos olvidar la configuración constitucional de nuestro Estado como un Estado autonómico, donde la soberanía es exclusiva del Estado, siendo una manifestación de ello la atribución a su favor contenida en la legislación de patrimonio sobre los bienes vacantes.

Consecuencia de lo anterior el Estado tiene dos caminos a elegir, que a veces se entrecruzan. Ambos caminos tienen un mismo fin, la integración de los bienes en su patrimonio, pero un fundamento claramente diferente, que pone de manifiesto esa dualidad pública-privada que caracteriza al Estado frente a otro heredero.

Comparando el sistema español y los sistemas mencionados a lo largo del presente capítulo, encontramos aspectos comunes pero también diferencias

---

[93] De Pedro, J.: "Crónica...", *Op.cit,* pg. 118, destaca el papel que la resolución judicial desempeñó en el proceso de transacción.

[94] Existe una Propuesta de Reglamento del Parlamento Europeo y del Consejo relativo a la *"Competencia, la ley aplicable, el reconocimiento y la ejecución de las resoluciones y los actos auténticos en materia de sucesiones y a la creación de un certificado sucesorio europeo"* COM (2009) 154 final- 2009/0157 (COD).

[95] Manresa y Navarro, J.Mª.: *Comentarios..., Op. cit.*, pg. 174.

que impiden incorporar a nuestro derecho una solución de difícil encaje en nuestro ordenamiento cuando se trata de elegir el camino más adecuado con independencia de la causa de vacancia.

El sistema español se asimila al sistema italiano en la regulación de la sucesión del Estado al configurar un auténtico derecho hereditario con los mismos derechos y obligaciones que el resto de los herederos (y algunas particularidades como el beneficio de inventario por ministerio de la ley). Como diferencia a destacar, el artículo 711 del Código Civil italiano que permite la adquisición de la propiedad por ocupación, que en nuestro derecho esta vedada por corresponder por ley al Estado como bienes vacantes. En cualquier caso, ambos sistemas, de clara influencia romanista, se sitúan dentro del grupo de adquisición ex iure hereditario. El sistema francés diferencia la sucesión en déshérence y la sucesión vacante, pero la regulación es única al atribuir ambos bienes al Estado con fundamento en su derecho de soberanía. Se asimila al sistema español por corresponder al Estado, que no a las Comunidades Autónomas, los bienes vacantes al ser la soberanía exclusiva del Estado. Se aleja en la configuración del derecho sucesorio del Estado que al igual que el sistema inglés lo asienta en la soberanía. En el caso inglés se atribuye a la Corona la herencia como bona vacantia lo que le otorga el dominio sobre los bienes vacantes y sin dueño, entendiendo por tales también los que integran la herencia que pasan a ser res nullius y al no ser de nadie corresponden al Estado por aplicación de la teoría del dominio eminente.

Todo ello nos lleva de vuelta a nuestro ordenamiento jurídico para encontrar la vía adecuada frente a los bienes vacantes, con independencia de cual sea la causa de vacancia; eso sí, sin olvidar el doble fundamento de la adquisición por el Estado español: privado para la adquisición de la herencia siendo el derecho del Estado un derecho hereditario, público para justificar la atribución de los bienes inmuebles vacantes y sin dueño conocido.

CAPÍTULO III
SUCESIÓN DEL ESTADO. DECLARACIÓN JUDICIAL DE HEREDERO. ACEPTACIÓN DE LA HERENCIA

III.1. EXIGENCIA DE DECLARACIÓN JUDICIAL DE HEREDERO

Los herederos instituidos en testamento ven justificado su derecho a la herencia a diferencia de los herederos que designa la Ley que han de justificar frente a terceros su mejor derecho por ser parientes más próximos, o siendo el Estado por ausencia de los mismos, y en consecuencia se les exige la oportuna declaración de heredero abintestato. Resulta indiscutible la condición de heredero del Estado que ve como se le iguala con los demás herederos y en palabras de Manresa[96] "Al heredar cae bajo el imperio de las leyes de carácter civil, tanto sustantivas como adjetivas. No habría razón para conferir al Estado un privilegio sólo por la importancia de su personalidad, y no se lo confiere la ley".

Siendo, por tanto, uno de los presupuestos para que tenga lugar la adquisición de la herencia por el Estado la previa declaración judicial de herederos que establece el artículo 958 del Código Civil: "Para que el Estado pueda apoderarse de los bienes hereditarios habrá de preceder declaración judicial de heredero, adjudicándole los bienes por falta de herederos legitimarios". Exigencia de declaración judicial que tiene su origen en la Ley de 1835 de Mostrencos, que en su artículo 9 ordenaba al representante de la Administración pedir la posesión judicial de los bienes hereditarios al disponer: "en los casos en que la sucesión intestada pertenezca al Estado el representante de éste podrá pedir ante el Juez competente la segura custodia, inventario y justiprecio de los bienes, y su posesión sin perjuicio de tercero, que se dará en la forma ordinaria"; por su parte el artículo 10 establecía que "todas las reclamaciones y adquisiciones a nombre del Estado quedan sujetas, desde la promulgación de esta ley, a los principios y formas del Derecho común, bien sea por ocupación o por acción

[96] Manresa y Navarro, J.:*Comentarios...*, *Op. cit.*, pg. 174.

deducida en los juicios universales de intestados, o por reclamación contra los detentadores sin derecho", juicios sobre la materia de la presente ley cuyo conocimiento corresponde a la jurisdicción real ordinaria, siendo competente el juez del partido donde se hallaren los bienes que se reclamen.

Se exige[97] al Estado acudir a la vía judicial, solución que si bien tenía por sana intención, en palabras de Díez Picazo y Gullón[98], colocar al Estado en la misma posición que el resto de los particulares alejando toda sombra de

[97] Bercovitz Rodríguez-Cano, R.: *Comentarios al Código Civil,* Navarra, 2009, pg. 1121, y Busto Lago, J. M.: *Derecho de sucesiones. Legislación, comentarios y jurisprudencia,* Pamplona, 2007, pg. 208, mencionan la Sentencia de la Sala de lo Civil del Tribunal Supremo de 2 de junio de 1952, un supuesto en que el causante en el testamento excluye a los parientes y preveía el destino de los bienes a obras de beneficencia en caso de vacancia de los bienes por premoriencia del heredero nombrado. Traemos a colación, por lo peculiar del supuesto, los fundamentos de la Sala que le llevan a negar la necesidad de declaración judicial de heredero a favor del Estado:

"CONSIDERANDO.- Que en el segundo motivo del recurso formulado por don J. D. V. se aborda el tema de la ejecución de la voluntad del testador en cuanto al destino de obras benéficas para perpetuar su nombre, del resto de los bienes de la herencia una vez terminado el usufructo de ellos conferido a don R. C. R., respecto del cual la sentencia recurrida ha dispuesto que se entreguen al Ministro de la Gobernación como Patrono de la Beneficencia general, y después de combatir la pretensión de los herederos del señor C. R., de ser ellos como continuadores de su padre los encargados de ejecutar aquel mandato del causante, lo que era innecesario porque la sentencia recurrida desestima dicha pretensión por idénticas o análogas razones a las aducidas por este recurrente, impugna la apreciación de la sentencia recurrida de que el ejecutor de aquella voluntad, de haberse terminado normalmente el usufructo por expiración del plazo del mismo, hubiera sido el dicho señor C., como comisario o mandatario del causante, pero coincidiendo con la dicha sentencia en que fallecido el señor C. se extinguió su mandato por ser encargo personalísimo que tal vez lo fue con ciertas instrucciones para cuyo desarrollo lo encomendaba al consejo de los amigos expertos, estima que ha debido aplicarse el artículo 911 del Código Civil y encomendar a los herederos la ejecución de la voluntad del difunto, y como no hay herederos testamentarios insiste en su pretensión de que debe abrirse la sucesión intestada para que los declarados herederos cumplan la función que el artículo citado 911 les encomienda; pero tampoco en este aspecto procedería la apertura de la sucesión intestada, solución que por otra parte nunca estuvo en el ánimo del testador y contrariaría notoriamente su voluntad, porque lo mismo por el contexto del testamento que por lo deducido de las manifestaciones de los testigos recogidas en la prueba por el juzgador de instancia, la intención del causante fue la exclusión de sus parientes de su herencia, y si se tiene en cuenta la especial situación de esta sucesión testamentaria, creada por el fallecimiento inesperado del usufructuario sin haberse cumplido la previsión del testador, en que al quedar los bienes libres del usufructo han de seguir la trayectoria marcada para tal momento y al establecerse que las obras benéficas indicadas lo serían para perpetuar el nombre del testador, se dibuja claramente la creación de una fundación que a falta de otras expresas determinaciones solamente correspondería a la Beneficencia estatal en situación muy similar a la que contempla el artículo 956 del Código Civil y en tal supuesto no parece inaceptable el criterio que estableció el Real Decreto de competencia de 23 de marzo de 1892 en caso análogo al como los dichos bienes van al Estado con un fin determinado, no existiendo la entidad jurídica o persona física que haya de hacer la entrega y distribución de los mismos, se estima que al Estado como heredero al amparo del mismo artículo 911 citado le corresponde la ejecución de la voluntad del causante y no es preciso el medio de abrir la sucesión intestada para el solo trámite de que los declarados herederos hiciesen entrega de la herencia".

[98] Díez Picazo, L y Gullón, A.: *Sistema de Derecho Civil,* vol. IV, Madrid, 2006, pg. 476.

imperio y soberanía, pero es el caso que con él se coloca al Estado en peor situación que a los demás herederos, los cuales no están obligados a solicitar la declaración judicial de herederos abintestato, aun cuando éste sea el medio normal de acreditar su condición, y además tienen el derecho a la posesión por ministerio de la ley de todos los bienes hereditarios (art. 440) sin necesidad de otro requisito que el título de heredero.

III.1.1. Marco legal

El artículo 958 del Código Civil antes citado ha de ser completado con los artículos 979 y 980 de la Ley de Enjuiciamiento Civil de 1881, sección 2ª De la declaración de herederos abintestato del Titulo IV. De los abintestatos[99]:

Art 979. La declaración de que determinadas personas, que sean descendientes, ascendientes o cónyuge del finado, son los únicos herederos abintestato se obtendrá mediante acta de notoriedad tramitada conforme a la legislación notarial por Notario hábil para actuar en el lugar en que hubiere tenido el causante su último domicilio en España y ante el cual se practicará la prueba testifical y documental precisa.

Art. 980. Los demás herederos abintestato podrán obtener la declaración en vía judicial justificando debidamente el fallecimiento de la persona de cuya sucesión se trate y su parentesco con la misma y, con la certificación del Registro general de actos de última voluntad y con la información testifical, que dicha persona ha fallecido sin disposición de última voluntad, y que ellos solos, o en unión de los que designen, son sus únicos herederos.

Para deducir esta pretensión no necesitarán valerse de Procurador, pero sí de Letrado cuando el valor de los bienes de la herencia exceda de 400.000 pesetas.

Dicha información se practicará con citación del Fiscal, a quien se comunicará después el expediente con seis días para que dé su dictamen. Si encontrare incompleta la justificación, se dará vista a los interesados para que subsanen la falta.

También se practicará el cotejo de los documentos presentados con sus originales cuando lo pidiere el Fiscal o el Juez lo estimare necesario.

La redacción de ambos preceptos viene de la mano de la Ley de Medidas Urgentes de Reforma Procesal, 10/1992, de 30 de abril. La reforma se justifica,

[99] Declarada vigente parcialmente hasta la entrada en vigor de la ley de la Jurisdicción Voluntaria por disp. derog. única.1.2ª de Ley 1/2000, de 7 enero, de Enjuiciamiento Civil.

tal y como apunta la Exposición de Motivos[100], en las recomendaciones del Consejo de Europa sobre "eliminación de tareas no propiamente jurisdiccionales del ámbito de actuación de los Tribunales de Justicia, se regula una modalidad de la obtención de la declaración de herederos mediante acta de notoriedad". Reforma procesal que ha supuesto que una competencia tradicionalmente específica de la esfera judicial pase a la institución notarial, si bien lo cierto es que las actuaciones que conlleva la declaración de herederos abintestato no son propiamente jurisdiccionales al no existir conflicto ni intereses contrapuestos. Se pasa de un único procedimiento judicial común[101] a dos procedimientos, notarial o judicial:

1. En caso de descendientes, ascendientes o cónyuge del finado se establece la declaración de únicos herederos abintestato mediante acta de notoriedad. Al no existir un proceso litigioso que exigiría la intervención judicial se transfiere a los Notarios la declaración de heredero abintes-

[100] *"El orden civil tiene hoy en día atribuido el conocimiento de asuntos no jurisdiccionales cuya residencia en sede jurisdiccional dista de ser obligada. Esa atribución tenía sentido en épocas en las que el tráfico jurídico era mucho menor, la judicialización de la vida social menos intensa y las garantías ofrecidas por otras instancias nulas. En una situación como la actual, sin embargo, carece de sentido seguir atribuyendo a los órganos judiciales la realización de tareas no jurisdiccionales; tal cosa no repercute más que en disfunciones para la Administración de Justicia -que se debe primordialmente al desarrollo de su función propiamente jurisdiccional- y para los interesados, que ven cómo un asunto que podría tramitarse fácil y económicamente en otra sede, ha de esperar, para una resolución, el orden de tramitación propio de los órganos jurisdiccionales. En esta línea y de acuerdo con las recomendaciones del Consejo de Europa sobre la eliminación de tareas no propiamente jurisdiccionales del ámbito de actuación de los Tribunales de Justicia, se regula una modalidad de la obtención de la declaración de herederos mediante acta de notoriedad, tramitada ante Notario y se extraen del ámbito judicial determinadas operaciones de legalización de libros"* (Exposición de Motivos Ley 10/1992, de 30 de abril).

[101] La redacción anterior a la reforma operada por la Ley 10/1992 es la que sigue:

"Art. 979. Los herederos «ab intestato» que sean descendientes del finado podrán obtener la declaración de su derecho justificando debidamente el fallecimiento de la persona de cuya sucesión se trate y su parentesco con la misma; con la certificación der Registro General de Actos de Ultima Voluntad y con la información testifical, que dicha persona ha fallecido sin testar, y mediante la referida información, que ellos solos, o en unión de los que designen, son sus únicos herederos. Para deducir esta pretensión no necesitarán valerse de Procurador, pero sí de Letrado cuando el valor de los bienes de la herencia exceda de 25.000 pesetas.

Art. 982. El mismo procedimiento establecido en los tres artículos que preceden se empleará para la declaración de herederos «ab-intestato», cuando lo solicitare alguno de los ascendientes del finado.

En este caso, si de la certificación de nacimiento de dicho finado resultare haber fallecido antes de llegar a la edad legal para poder testar, no será necesaria la aportación de la certificación del Registro de. Actos. de Ultima Voluntad ni la práctica de la información de testigos prevenida en el artículo 979.

Art. 983. También se empleará el mismo procedimiento para hacer la declaración de herederos «ab-intestato», cuando la soliciten parientes colaterales dentro del cuarto grado.

Art. 999. Transcurrido el término del tercer llamamiento sin que nadie se haya presentado, o si fuesen declarados sin derecho los que hubieren acudido reclamando la herencia, se considerará ésta como vacante, y a instancia del Promotor fiscal se le dará el destino prevenido por las leyes.

Art. 1000. En el caso del artículo anterior, se entregarán al Estado los bienes, con los libros y papeles que tengan relación con ellos".

tato. Criterio que recoge la Dirección General de los Registros y del Notariado[102] al afirmar que "El acta notarial de declaración de herederos «ab intestato» -lejos de constituir un proceso- se traduce en un simple expediente a instancia de persona interesada -o de varias con intereses coincidentes- cuyo objeto inicial lo constituye la prueba del «status familiae» de los interesados con su causante, y consecuentemente la declaración notarial de los derechos sucesorios que les corresponden por la mera y automática aplicación de la Ley. No existe por tanto un proceso o acto planteado de naturaleza litigiosa y controvertida que ineludiblemente exigiría la intervención judicial". Las actas de notoriedad tienen por objeto la fijación de los hechos notorios sobre los que pueden ser declarados derechos patrimoniales con trascendencia jurídica; en caso de actas de declaración de herederos abintestato objeto de prueba, sin controversia, es la relación de parentesco. Más que la prueba de un hecho, afirma la Dirección General de los Registros y del Notariado "Su objeto específico lo constituye la demostración suficiente de que los interesados gozan de un determinado estado civil con su causante, el matrimonial y/o el resultante de la filiación, y en la medida que ambos determinan el conjunto de derechos y deberes de las personas en su relación familiar, y entre ellos los de naturaleza sucesoria".

2. Los demás herederos "podrán obtener la declaración en vía judicial". Es por ello que en caso de colaterales, Estado o Comunidad Autónoma se ha de acudir a la vía judicial.

Diferente ha sido la interpretación al precepto para el caso de parientes colaterales, el Estado o la Comunidad Autónoma, dada por algún autor aragonés, como es el caso de Merino Hernández[103], que sostiene que tanto el Estado como las Comunidades Autónomas pueden optar entre la notarial o la judicial sobre una interpretación literal de ambos preceptos por ser más imperativos los términos del artículo 979 Ley de Enjuiciamiento Civil. Llega a tal conclusión tras una valoración crítica de la reforma de la Ley de Enjuiciamiento Civil[104]. Como argumentos en defensa de su tesis sostiene los siguientes: "1° Con anterioridad

---

[102] Resolución de la Dirección General de los Registros y del Notariado de 18 de enero de 1993.

[103] Merino Hernández, J.L.: "La sucesión intestada: aspectos concretos", en *Actas de los segundos Encuentros del Foro de Derecho Aragonés",* El Justicia de Aragón, Zaragoza, 1993, pg. 121.

[104] Merino Hernández, J.L.: "La sucesión intestada...", *Op. cit.,* pg. 118, valora la situación anterior a la reforma. En concreto hasta el año 1970 era práctica entre los Notarios declarar por notoriedad a los herederos intestados del fallecido con base legal en la Ley del Notariado de 1862 y en el Reglamento Notarial aprobado por Decreto de 22 de julio de 1967. La situación cambió consecuencia de la Circular 1 de la Fiscalía General del Estado de 9 de marzo de 1970 que al entender que se estaban invadiendo competencias judiciales obliga a los fiscales a solicitar la declaración de ineficacia por ser contrarias a las leyes y llega más lejos al ordenar el ejercicio de acción penal

a la reforma reciente de la Ley de Enjuiciamiento Civil, y por lo menos desde la reforma del Reglamento Notarial en 1967, los Notarios podían autorizar todo tipo de actas para la declaración de herederos abintestato. Ninguna norma legal o reglamentaria había que las prohibiera; 2º De la misma manera que la ley de 30 de abril de 1992, de Reforma Procesal, no ha podido en el artículo 979 de la Ley de Enjuiciamiento Civil autorizar un tipo de actas de notoriedad, porque ya estaban autorizadas con anterioridad, tampoco en el artículo 980 ha prohibido las colaterales; 3º Por el contrario, este último precepto lo que hace es conceder una opción a los particulares para dirigirse al Juez o al Notario en solicitud de la declaración de herederos. Frente a los términos imperativos con que se pronuncia el artículo 979, este otro es lo contrario: "Los demás herederos abintestato podrán obtener la declaración en vía judicial"". Podrán", pero no vendrán obligados a ello; 4º La lógica impone este criterio; de lo contrario, como antes apuntaba, en las declaraciones con herederos ascendientes o cónyuge y colaterales nos encontraríamos ante un verdadero vacío legal muy difícil de colmar".

Interpretación no compartida por la mayor parte de la doctrina, entre otros, Molins García-Atance[105], que sostiene que el empleo del verbo "podrán" contenido en el artículo 980 Ley de Enjuiciamiento Civil no debe inducir a error, siendo la vía judicial la única a seguir para obtener el reconocimiento de la condición de heredero fuera de los supuestos del artículo 979 Ley de Enjuiciamiento Civil. Afirma que estamos ante una actuación potestativa de los herederos y que la reserva de la vía judicial se justifica al ser supuestos que pueden presentar mayor complejidad.

Nos sumamos a la crítica formulada por el autor aragonés al crear situaciones, si bien no comunes, sí absurdas, como es el supuesto de solicitar la

---

y civil derivada del delito y de nulidad del acta si infringen algún precepto legal. Ante tal amenaza los Notarios no autorizaron más actas de notoriedad abintestato.

Ante la reforma de la Ley de Enjuiciamiento Civil operada en 1992, que tiene por objeto eliminar tareas no propiamente jurisdiccionales del ámbito judicial, establece dos vías, una notarial en caso de descendientes, ascendientes o cónyuge del causante y otra judicial para colaterales o el Estado, se plantea el autor qué vía es la adecuada, notarial o judicial, cuando a un mismo causante tengan derecho a sucederle, simultáneamente, personas de las previstas en los artículos 979 y 980 de la Ley de Enjuiciamiento Civil. Simultaneidad en caso como el sistema aragonés donde la existencia de bienes troncales y no troncales en la herencia puede plantear el supuesto donde tengan derecho a heredar personas de los dos grupos. Siendo el autor claramente crítico con la reforma del legislador español que *"con ese deje de improvisación, de falta de consideración hacia los Derechos civiles territoriales o forales, a que nos tiene acostumbrados desde hace unos años"* parece haberlos olvidado.

A juicio del autor, la interpretación que ha de darse a la reforma de la Ley de Enjuicimiento Civil es pretender levantar el efecto que producía la Circular de la Fiscalía sobre las Actas de Notoriedad para la declaración de herederos y limitar la actuación del Juez sin que atribuyan al Notario facultad que no tuviera anteriormente.

105 Molins García-Atance, E.: "La Reforma...", *Op. cit.*, pg. 50.

declaración de heredero de quién ha fallecido sin haber aceptado la herencia de su marido, lo que deriva en la aplicación del artículo 1006 del Código Civil previa declaración de heredero abintestato del primer causante. La cuestión que se plantea es si el Estado como heredero con arreglo al artículo 956 del Código Civil tiene que acudir a la vía notarial para que declare al fallecido en segundo lugar heredero del primer causante o puede obtenerse en ambos casos la declaración vía judicial[106].

III.1.2. Procedimiento

Es doctrina pacífica que se trata de un procedimiento de naturaleza voluntaria caracterizado por no existir pretensión contra persona distinta del solicitante, no hay demandado, lo que excluye cualquier conflicto entre partes. Su objeto es acreditar unos hechos que permitan un pronunciamiento, declaración de heredero, del que nacen determinadas consecuencias jurídicas.

1. Personación.

La legitimación ad processum corresponde al Abogado del Estado que interviene en nombre del Estado por dos vías, tal y como establece el Reglamento General de la Ley del Patrimonio de las Administraciones Públicas de 29 de agosto de 2009[107]:

a) Realizadas las actuaciones administrativas previas, por la Delegación de Economía y Hacienda a que hace referencia la sección segunda del título I, la Dirección General del Patrimonio del Estado, si considera fundado el derecho sucesorio del Estado, propone a la Abogacía General del Estado que curse las instrucciones oportunas al Abogado del Estado de la provincia respectiva para que inste la declaración de herederos abintestato a favor del Estado ante el Juzgado competente.

b) Por citación judicial al Abogado del Estado una vez constatado en cualquier abintestato la falta de descendientes, ascendientes, cónyuge o parientes dentro del cuarto grado. Citación que tiene por finalidad que el Abogado del Estado en representación de éste, como heredero presunto, se persone en los autos y formule las peticiones que procedan.

Lo cierto es que en la práctica, a pesar del mandato que establecía el artículo 6 del derogado Decreto de 13 de agosto de 1971 de abintestato a favor del Esta-

[106] Este problema será abordado específicamente en un capítulo posterior de este trabajo.

[107] Reglamento que es analizado específicamente en un capítulo posterior, así como el Decreto de 13 de agosto de 1971, sobre régimen administrativo de la sucesión abintestato a favor del Estado, al haber estado vigente durante casi cuarenta años.

do[108], el Juzgado correspondiente no suele citar al Abogado del Estado, lo que provoca que se declare judicialmente al Estado heredero abintestato cuando ni éste ni la Delegación de Economía y Hacienda han formulado alegación alguna, lo que ha provocado en alguna ocasión la declaración a favor del Estado sin que tal condición de heredero corresponda efectivamente al Estado[109].

2. Solicitud.

Al ser un procedimiento de jurisdicción voluntaria no hay litigio, no hay contienda que exija identificar a las personas que pudieran verse perjudicadas por la demanda. Se trata de un procedimiento voluntario que no reviste forma específica más allá de dirigirla al órgano judicial competente, indicar el objeto del procedimiento y acompañar la documentación que justifique el derecho solicitado. Añadir que no existe impedimento legal que impida solicitar en un

---

[108] *"...en los abintestatos en que no deje el finado descendientes, ascendientes o colaterales dentro del cuarto grado ni cónyuge legítimo, el Juez mandará citar al Abogado del Estado para que, en representación de éste, como heredero presunto, se persone en los autos y formule las peticiones que procedan"* (artículo 6 Decreto 2091/1971).

[109] Supuestos que exigen determinar el procedimiento a seguir por no corresponder al Estado la cualidad de heredero y que será abordado específicamente en un capítulo posterior. Cuestión que ha sido objeto de valoración por la Subdirección General de lo Consultivo en Dictamen de la Subdirección General de lo Consultivo. Abogacía General del Estado. Dirección del Servicio Jurídico del Estado. A.G. Servicios Jurídicos Periféricos 15/98; Dictamen de la Subdirección General de lo Consultivo. Abogacía General del Estado. Dirección del Servicio Jurídico del Estado A.E.H- Patrimonio 76/90.

Se solicitó informe a la Abogacía General del Estado sobre la posibilidad de dirigir un escrito a los Juzgados con la finalidad de que se procure dar intervención a la Abogacía del Estado en los procedimientos de declaración de heredero abintestato. Posibilidad que el centro directivo rechazó consecuencia del principio de independencia de Jueces y Magistrados, principio recogido en el artículo 12 de la Ley Orgánica 6/1985, de 1 de julio, del Poder Judicial, apartado 2: *"no podrán los Jueces y Tribunales corregir la aplicación o interpretación del ordenamiento jurídico hecha a sus inferiores en el orden jerárquico judicial sino cuando administren justicia en virtud de los recursos que las leyes establezcan"*, continúa el párrafo tercero *"tampoco podrán los Jueces y Tribunales, órganos de gobierno de los mismos o el Consejo General del Poder Judicial dictar instrucciones, de carácter general o particular, dirigidas a sus inferiores, sobre aplicación o interpretación del ordenamiento jurídico que lleven a cabo en el ejercicio de su función jurisdiccional"*. Si no pueden dar instrucciones a los órganos judiciales inferiores con mayor motivo órganos no integrados en el Poder Judicial pueden dirigirse a Jueces y Magistrados con la finalidad planteada.

Frente a la redacción del artículo 6 del Decreto de 1971 "*...en los abintestatos en que no deje el finado descendientes, ascendientes o colaterales dentro del cuarto grado ni cónyuge legítimo, el Juez mandará citar al Abogado del Estado para que, en representación de éste, como heredero presunto, se persone en los autos y formule las peticiones que procedan*", el artículo 5 del Reglamento de la Ley del Patrimonio de las Administraciones Públicas junto al inicio de oficio contempla la personación por el Abogado del Estado en los "*procesos de declaración de heredero en los que no conste la existencia de testamento ni de herederos legítimos, se personará el Abogado del Estado para que en representación de la Administración General del Estado como heredera presunta, formule las peticiones que procedan"*., pero sin establecer un mandato directo al Juez de citar al Abogado del Estado.

mismo escrito la declaración de heredero respecto de dos personas al amparo de artículo 1006 del Código Civil[110].

La solicitud de declaración de heredero abintestato a favor del Estado se ha de presentar ante el tribunal del lugar en que el finado tuvo su último domicilio y si lo hubiere tenido en país extranjero, en el lugar de su último domicilio en España o donde estuviere la mayor parte de sus bienes, a elección del demandante tal y como establece el artículo 52.1.4º de la Ley de Enjuiciamiento Civil 1/2000, de 7 de enero.

La declaración en vía judicial exige justificar debidamente el fallecimiento de la persona de cuya sucesión se trate y su parentesco y, con la certificación del Registro general de actos de última voluntad y con la información testifical, que dicha persona ha fallecido sin disposición de última voluntad, y que el Estado es el único heredero. Lo anterior exige aportar junto a la demanda la documentación que acredite los siguientes extremos:

---

[110] Cuestión del *"Ius delationis"* que será abordada específicamente en un capítulo posterior de este trabajo. Baste traer a colación el Auto de 24 de noviembre de 2010 de la Audiencia Provincial de Sevilla, que estima el recurso de apelación interpuesto por el Abogado del Estado contra el Auto de 3 de marzo de 2010 del Juzgado de Primera Instancia nº9 de Sevilla, en los autos de jurisdicción voluntaria (declaración de herederos), que inadmite a trámite el procedimiento instado por la Abogacía del Estado para la declaración de herederos abintestato por no existir razones que justifiquen la denegación de la admisión a trámite: "*Por un lado, nos hallamos ante un procedimiento de jurisdicción voluntaria, en el que no se promueve contienda alguna contra partes conocidas y determinadas, por lo que huelga cualquier exigencia de que se identifique a las personas contra las que debería entenderse dirigida la demanda. Es doctrina pacífica la de la naturaleza "voluntaria" de este procedimiento, caracterizado por la ausencia de una pretensión dirigida contra persona determinada y distinta del solicitante. En la declaración de herederos no hay demandados. El procedimiento es el propio de los actos de homologación. Su objeto es la justificación de unos hechos de cuya existencia nacen determinadas consecuencias jurídicas.*

Por otro lado, tampoco hay razón legal basada en algún precepto de la Ley de Enjuiciamiento Civil (RCL 2000, 34 y RCL 2001, 1892) relativo a la acumulación de acciones (arts. 71 a 73) que impida la solicitud de una declaración de herederos respecto de dos personas una de las cuales es, a su vez, heredera de la otra. Si Dª Victoria , fallecida el 23 de abril de 1993, es heredera de D. Isaac que falleció el 29 de septiembre de 1963, cuya herencia nunca llegó a aceptar n repudiar, ningún obstáculo legal ni razón jurídica hay para que no pueda compatibilizarse en una única solicitud y un único procedimiento, la declaración de herederos de la primera y que el solicitante, siendo heredero de ella, a continuación sea declarado heredero de D. Isaac , al amparo de lo dispuesto en el artículo 1006 del Código Civil (LEG 1889, 27) ("por muerte del heredero sin aceptar ni repudiar la herencia pasará a los suyos el mismo derecho que él tenía").

Es evidente la conexión entre ambas pretensiones, que no son excluyentes ni incompatibles entre sí. La solicitud es plenamente coherente y lógica. Se pide la declaración de herederos respecto del causante inmediato (Dª Victoria), y una vez cumplimentados los requisitos para ser declarado heredero de ésta, y a tenor de lo dispuesto en el artículo 1006 del Código Civil, se interesa la declaración de heredero respecto de la persona a quien Dª Victoria tenía derecho de suceder (D. Isaac), declaración que puede hacerse sin obstáculo alguno dentro del mismo procedimiento y en una misma resolución, en cuanto la segunda declaración es consecuencia directa e inmediata de la primera, por transmitirse al solicitante el mismo derecho que Dª Victoria tenía".

- Fallecimiento de la persona de cuya sucesión se trate. Se aporta certificado de defunción expedido por el Registro Civil.
- Ausencia de testamento. Se aporta certificación del Registro General de Actos de Última Voluntad.
- En caso de existir testamento se acredita la premoriencia de los instituidos en el mismo mediante certificado de defunción expedido por el Registro Civil.

Junto a la anterior documentación, indispensable para obtener la declaración de heredero, se adjunta a la demanda la denuncia, en caso de existir, que pone en conocimiento de Patrimonio el fallecimiento intestado; documentación relativa a los bienes que se saben propiedad del causante (nota simple expedida por el Registro de la Propiedad; certificaciones bancarias que reflejen las cuentas…) y la autorización de la Abogacía General del Estado para formular demanda.

3. Información testifical.

El artículo 980 Ley de Enjuiciamiento Civil exige la práctica de prueba testifical con citación de dos testigos, como mínimo, propuestos por la parte actora para que respondan a preguntas sobre inexistencia de testamento ológrafo y de parientes con mejor derecho. Si bien se suele proponer como testigo el denunciante que ha puesto en conocimiento de la Delegación de Economía y Hacienda el fallecimiento, lo cierto es que presenta más de una dificultad la identificación de testigos por parte del Estado cuya relación con el finado ha sido inexistente[111].

4. Dictamen del Ministerio Fiscal.

Practicada la prueba testifical se traslada el expediente al Ministerio Fiscal para que emita dictamen pudiendo considerar insuficiente o incompleta la documentación aportada, lo que provoca que se de vista del mismo al Abogado del Estado para que subsane la falta.

5. Edictos.

Si a criterio del Juez o del Ministerio Fiscal existen motivos fundados que consideren la posible existencia de parientes dentro del cuarto grado con derecho a heredar, se procede al anuncio por edictos en los sitios públicos del lugar de la sede judicial y en los pueblos de fallecimiento del finado, al objeto de poder llamar a los que se crean con mejor derecho.

6. Auto: Contenido y efectos. Eficacia declarativa o no de la declaración de herederos.

[111] La problemática que plantea la búsqueda de testigos se analiza en capítulo independiente.

Finalizadas las actuaciones precedentes el Juez dictará auto otorgando o denegando la declaración de heredero[112]. Resolución que no tiene efecto de cosa juzgada pudiendo los interesados promover un juicio declarativo. Es doctrina jurisprudencial reiterada que la declaración de herederos puede hacerse también en un proceso declarativo, el auto correspondiente no tiene el carácter de resolución definitiva y puede impugnarse por la vía ordinaria[113].

III.1.3. Legitimidad de actuaciones previas a la declaración judicial de herederos

Siendo la declaración judicial de heredero requisito para que el Estado pueda apoderarse de los bienes hereditarios, se plantea si antes de la declaración, iniciado o no el procedimiento de declaración judicial, el Estado puede o no ejercitar acciones en defensa de su interés, acciones que provoquen la apertura de la sucesión intestada. Lo cierto es que se encuentran pocos pronunciamientos judiciales sobre la materia, que de forma unánime admiten la legitimidad de actuaciones previas, y es por ello que resulta de interés su mención:

- Acción de nulidad de un testamento. Sentencia del Tribunal Supremo, Sala de lo Civil, de 17 de noviembre de 1898[114] que reconoce el derecho del Estado a interesar la nulidad de un testamento: "Considerando que no puede desconocerse el derecho del Estado para pedir la nulidad de un testamento, en el supuesto de no haber parientes llamados a la sucesión intestada, porque el título para el ejercicio de su acción arranca del llamamiento que en su favor hace el artículo 956 del Código Civil, sin que pueda estorbarlo la posibilidad de que exista alguna persona con preferente derecho a la herencia, como no puede ser obstáculo para que ejercite la misma acción un pariente por la simple posibilidad de que exista otro de grado más próximo, porque entonces se le colocaría en

[112] Inexcusabilidad de pronunciamiento que es analizada por Fugardo Estivill, J. Mª.:"La declaración judicial de herederos abintestato en acto de jurisdicción voluntaria. Inexcusabilidad del otorgamiento o de la denegación del derecho a los que la hayan pretendido (Auto Audiencia Provincial de Girona, Sección Segunda, de 31 de marzo de 2003)", *La Notaria* (Colegi de Notaris de Catalunya),nº4, 2004, pg. 18 y ss, a propósito de un Auto de la Audiencia Provincial de Girona de 31 de marzo de 2003 que no aprueba el expediente de abintestato promovido por quienes afirman ser parientes del causante y la Generalidad.

[113] Jurisprudencia que recoge la Sentencia de la Audiencia Provincial de Asturias de 19 de diciembre de 2000: *"Es doctrina jurisprudencial reiterada que la declaración de herederos puede hacerse también en un proceso declarativo (s. 30-10-1917, 9-12-92 , 7-9-95 y 6-11-98 entre otras), declarando asimismo la Jurisprudencia que el Auto correspondiente no tiene el carácter de resolución definitiva y puede impugnarse por la vía ordinaria (Auto de 3-7-1915 y Ss. De 9-7-1895, 12-12-1904, 25-10-1968 y 8-11-1991 entre otras)".*

[114] Manresa y Navarro, J.:*Comentarios..., Op. cit.*, pg. 175.

una situación verdaderamente anómala que haría ilusorio su derecho, no pudiendo promover el juicio de abintestato para obtener la declaración de heredero por haber un testamento, ni atacar éste de nulidad por no haberse declarado previamente su derecho a la herencia; por lo que la Sala sentenciadora, al desestimar la excepción de falta de acción opuesta por los recurrentes a la demanda del abogado del Estado, no infringe, como se sostiene en el primer motivo del recurso, el mencionado artículo del Código civil, en relación con la doctrina establecida en la sentencia de 10 de mayo de 1892, donde se declaró que la acción de nulidad por testamento, sólo corresponde a los que, por llamamiento de la ley, ostentan, como parientes más próximos, el concepto de herederos a falta de disposición testamentaria, porque esto se dijo con referencia a un caso en que el actor había reconocido la supervivencia de un pariente más próximo, quien aceptó la validez del testamento en transacción con el heredero instituido, siendo este el fundamento por el que se declaró en aquel pleito la falta de acción del demandante".

- Acción de nulidad por simulación. Sentencia del Tribunal Supremo, Sala de lo Civil, de 23 de julio de 1993, que cita la sentencia anteriormente transcrita como fundamento para rechazar la falta de legitimación activa del Estado por carecer de la cualidad de heredero legitimario para poder instar la nulidad por simulación. Falta de legitimación que en palabras de la Sala "...no puede acogerse ya que parte de un presupuesto jurídico inexacto, la imposibilidad de equiparar el Estado en los supuestos contemplados en el artículo 956 Código Civil a los herederos legitimarios a los efectos del ejercicio de las pertinentes acciones...porque resulta de una evidente dogmática indiscutible la legitimación para el ejercicio de las acciones de nulidad por simulación de todos quienes tengan la cualidad de herederos, sea cual fuere el adjetivo calificativo de su naturaleza (legitimarios, colaterales, testamentarios, abintestato), cita a continuación la Sentencia de 17 de noviembre de 1898 que reconoce el derecho del Estado a interesar la nulidad de un testamento y como último argumento pone de relieve el artículo 24.2 del Decreto de 15 de abril de 1964 que aprueba el Texto Articulado de la Ley de Bases del Patrimonio del Estado que recoge la sucesión del Estado.

- Resolución de la Dirección General de los Registros y del Notariado de 18 de diciembre de 1942, que confirma el auto del Presidente de la Audiencia Provincial que revoca la nota de calificación de Registrador de la Propiedad que no admite la anotación de embargo preventivo por no ser admisible la existencia de herederos desconocidos en las sucesiones intestadas, pues en todo caso, a falta de herederos conocidos, debe serlo el Estado. No siendo competencia del Registrador discutir la falta de personalidad del demandado en caso de demandas que tengan por objeto hacer efectivas obligaciones por quién falleció sin testamento, pueden ser dirigidas contra los herederos indeterminados del deudor, lo que alcanza al Estado aún antes de haber recaído declaración judicial de heredero[115].

---

[115] *"CONSIDERANDO.-*

*Que **las facultades de los Registradores de la Propiedad en la calificación de los documentos judiciales están limitadas, según reiterada doctrina de este Centro Directivo, a la competencia del Juez o Tribunal, a la congruencia del mandato con la correspondiente naturaleza del procedimiento, a los obstáculos dimanantes de los asientos del Registro y a las formalidades extrínsecas de los títulos, siendo lo demás de la incumbencia de los juzgadores**, sin perjuicio de los recursos ordinarios y extraordinarios que las Leyes procesales establecen contra sus resoluciones y de la responsabilidad en que pueden incurrir en el caso de infracciones cometidas en los autos.*

CONSIDERANDO.-

*Que la Dirección General de los Registros y del Notariado, de acuerdo con dicha doctrina, el 5 de mayo de 1894 declaró que no es de la competencia del Registrador calificar si el Juzgado, al decretar la prohibición de enajenar, se atemperó o no a la Ley de Trámites; y el 17 de septiembre de 1914 resolvió **que la falta de personalidad del demandado no puede ser discutida por el Registrador**, porque esto equivaldría a invadir funciones privativas de los encargados de administrar justicia, toda vez que constituye una de las excepciones, que debe ser propuesta en la forma regulada por la Ley de Enjuiciamiento Civil y cuyo conocimiento incumbe a la autoridad judicial.*

CONSIDERANDO.-

*Que la imposibilidad de determinar en ocasiones dónde residen y quiénes son los interesados en una herencia; la circunstancia de que los herederos suceden al causante por el solo hecho de la muerte entodos sus derechos y obligaciones; la opinión de los procesalistas, concordantes con la jurisprudencia civil e hipotecaria, sobre emplazamiento por edictos de los ignorados sucesores de un deudor; las reglas que las Leyes rituarias contienen para tales casos, por evidente necesidad jurídica; las atribuciones de los Jueces y Tribunales para decidir oportunamente acerca de los vínculos entre los demandados y el «de cujus»; el número 3º del párrafo 8º del artículo 20 de la Ley Hipotecaria, sobre inscripción de enajenaciones judiciales otorgadas en nombre de los herederos del ejecutado sin previa inscripción a favor de los mismos y, concretamente, en cuanto a anotaciones preventivas de embargo, con o sin prohibición de enajenar, el párrafo 1º del número 2º del artículo 141 del Reglamento Hipotecario, según el cual en los casos de procedimientos contra herederos del deudor por responsabilidades de éste sólo se requiere la expresión de las circunstancias personales de los demandados cuando sean determinados y ciertos, han servido de base para que las demandas encaminadas a hacer efectivas obligaciones contraídas por quien falleció sin testamento puedan ser dirigidas contra las personas desconocidas que estén interesadas en la herencia, y, por consiguiente, **los Registradores no deben oponerse a cumplir las decisiones judiciales porque el procedimiento se siga contra los herederos indeterminados del deudor, sin que por esto se vulneren los principios fundamentales del tracto sucesivo y del consentimiento.***

CONSIDERANDO.-

*Que la reclamación judicial ha sido entablada no sólo contra las personas desconocidas que tengan interés en la herencia de don Pedro P. B., sino además contra su viuda, doña Elvira G. S., es decir, contra todos los posibles interesados en el caudal relicto, y, por lo tanto, el Juzgado al acordar la anotación preventiva del embargo de bienes reputados gananciales se acomodó a la legislación y a la jurisprudencia anteriores y posteriores a la reforma del Código Civil sobre reducción al cuarto grado del límite del parentesco en la sucesión intestada, **sin que sea procedente denegar la ejecución de esta medida de garantía y no facilitar la rápida administración de justicia afirmando que no pueden existir herederos legítimos desconocidos y de ignorado domicilio, porque ni esto se ajusta a la indicada práctica forense ni en todo caso tal alegación sería útil en el presente recurso, teniendo en cuenta que dicha señora está nominalmente demandada, y la***

III.1.4. Impugnación declaración de heredero abintestato a favor del Estado

Como apuntamos anteriormente, en ocasiones, más numerosas de las deseables, no se da intervención a la Abogacía del Estado en los procedimientos de declaración de herederos abintestato al no ser citados para su personación en autos tal y como prevé el artículo 6 del Decreto de 13 de agosto de 1971. Pudiendo darse el caso de declarar al Estado heredero cuando no le corresponde tal condición por resultar de aplicación normativa autonómica que excluye al Estado en beneficio de determinada Comunidad Autónoma. Resulta de interés exponer la problemática jurídica que ello provoca por no ser de fácil solución la forma de proceder en los casos en que se notifique a la Delegación Provincial de Economía y Hacienda un auto por el que se declare indebidamente heredero abintestato al Estado, por corresponder dicha condición a una Comunidad Autonóma o a otro Estado. Tres son las soluciones que se plantea la Subdirección General de lo Consultivo de la Abogacía General del Estado[116]:

viuda, no separada por sentencia firme de divorcio, sucede abintestato en todos los bienes del cónyuge difunto, a falta de hermanos y sobrinos, con preferencia a los demás parientes colaterales y al Estado, según ordena el artículo 952 del Código Civil.

CONSIDERANDO.-

Que, conforme a lo dispuesto en los artículos 958 del mismo Cuerpo Legal y 4 y 7 del Real Decreto de 23 de junio de 1928, el Estado no puede apoderarse de los bienes hereditarios sin que preceda la declaración judicial de herederos a su favor, por falta de parientes colaterales dentro del cuarto grado y de cónyuge; y que, además, según hace constar el Registrador en su informe, este funcionario dio conocimiento a la Dirección General de Administración de los antecedentes del recurso, para que, en su caso, se pudiesen ejercitar las acciones correspondientes, por lo cual y por lo demás expuesto es inadmisible la negativa a efectuar las anotaciones preventivas de embargo decretadas judicialmente basándose en supuestos perjuicios al Estado.

CONSIDERANDO.-

Que debe ser mantenido el extremo de la nota impugnada relativo a la imprecisión de las responsabilidades pecuniarias que se trata de asegurar por costas e intereses, calificado de defecto subsanable por el Presidente de la Audiencia en atención a que el auto del mismo es firme en este punto a consecuencia de haber sido consentido por el recurrente".

[116] La Subdirección General de lo Consultivo de la Abogacía General del Estado emite informe sobre las actuciones a seguir en caso de haberse declarado indebidamente heredero al Estado y corresponder a la Generalidad de Cataluña (Dictamen A.E.H. Patrimonio 76/90), a la Generalidad Valenciana (Dictamen A.E.H Patrimonio 15/98) o a otro Estado. Situación, esta última, que se plantea ante la Subdirección General de lo Consultivo de la Abogacía General del Estado (Dictamen A.E.H 35/99) ante la existencia de un auto judicial declarando heredero al Estado español teniendo la causante nacionalidad marroquí. Ante la hipótesis de corresponder al Estado marroquí, de acuerdo con el régimen sucesorio marroquí, la condición de sucesor abintestato, lo que procede, afirma el centro directivo, es la entrega de los bienes hereditarios a dicho sucesor: *Ahora bien, dado que previamente había sido declarado heredero el Estado español, la referida entrega podría ser considerada como una cesión gratuita de bienes integrados en el Patrimonio del Estado... a través del Consulado General de Marruecos en Madrid, a lo que ahora conviene añadir que siendo aquellos bienes de naturaleza mueble no existiría reparo en formalizar la entrega mediante documento administrativo, sin necesidad de escritura pública (no sería aplicable lo dispuesto en el artículo*

a) Se plantea en ambos dictámenes como primera solución recurrir en apelación el auto en el plazo de cinco días evitando que adquiera firmeza. Los recursos se arbitran como mecanismos de ataque frente a aquellas resoluciones que provocan al que recurre un perjuicio o gravamen, no siendo admisible recurrir sin causa. No resulta admisible que el Estado recurra un auto que le atribuye un derecho, quedando excluida al ser por ley a beneficio de inventario la posibilidad de una herencia gravosa por ser mayor el pasivo. Anterior consideración que no se ve desvirtuada por ser la resolución judicial no ajustada a derecho, el recurso de apelación no viene configurado en los artículos 381 y siguientes de la Ley de Enjuiciamiento Civil como un recurso de control y defensa abstracta de la legalidad.

b) Excluida la interposición del recurso de apelación, una segunda opción es poner en conocimiento de la Consejería de Economía y Hacienda de la Comunidad Autónoma que corresponda la resolución judicial a fin de que los Servicios Jurídicos de la misma ejerciten las acciones judiciales que estimen en su defensa, pudiendo interponer demanda de juicio declarativo siendo lógico que el Estado se allanase a tal demanda provocando una resolución favorable a la Comunidad Autónoma.

c) Ante la posibilidad de evitar acciones judiciales y resolver la cuestión de manera extraprocesal, la Abogacía General del Estado considera como opción poner en conocimiento de la Consejería de Economía y Hacienda de la Comunidad Autónoma que corresponda la resolución judicial ofreciéndole la entrega de los bienes y derechos hereditarios. Cesión a título gratuito de los bienes que integran la masa hereditaria, esto es, los bienes y derechos y obligaciones que no se extingan por la muerte del causante tal y como establece el artículo 659 del Código Civil.

Siendo el Estado heredero es quién debe asumir las deudas y cargas de la herencia y la cesión a título gratuito de la herencia al no alcanzar a la cualidad de heredero intransmisible dado su carácter personal (salvo que acudiendo a cualquiera de las otras opciones planteadas provocara una nueva resolución judicial declarando heredero a la Comunidad Autónoma lo que supondría la rectificación del heredero), lleva a que sea el Estado como heredero quién deba asumir las cargas de la herencia. La Abogacía General del Estado acude a la regulación contenida en el Código Civil relativa a la venta de la herencia y en concreto al artículo 1534: "El comprador deberá, por su parte, satisfacer al vendedor todo lo que éste haya pagado por las deudas y cargas de la herencia y por

1280.4 del Código Civil, porque, a juicio de este Centro, no se trataría de una cesión de derechos hereditarios por parte del Estado español, al entenderse, en la hipótesis aquí contemplada, que la declaración de éste como heredero fue indebida).

los créditos que tenga contra la misma, salvo pacto en contrario". La asunción de las deudas por la Comunidad Autónoma estaría supeditada al consentimiento de los acreedores al estar ante un supuesto de novación subjetiva por cambio de deudor que puede hacerse sin el conocimiento de éste, pero no sin el consentimiento del acreedor, tal y como establece el artículo 1205 del Código Civil.

Diferente, pero con consecuencias similares, es el supuesto que se plantea si el Estado es declarado heredero y un tercero insta la nulidad del auto por entender que ostenta mejor derecho. Como ejemplo traemos a colación la Sentencia de la Audiencia Provincial de Asturias de 19 de diciembre de 2000, donde inicialmente el demandante no discute que el Estado sea heredero de su hermano, sino que defiende que las fincas lo son de su propiedad y por tanto no forman parte del caudal hereditario, habiendo aceptado tácitamente la herencia por actos posesorios y disposición de parte del caudal hereditario lo que le legitima como propietario para ejercitar las acciones que corresponden en defensa de su propiedad, entre ellas, la declarativa que deduce en la demanda. Resulta interesante el supuesto en el sentido que el recurrente no discute que el Estado sea heredero, pero lo cierto es que al ser hermano de la causante no concurrían los presupuestos del artículo 956 del Código Civil, pues el actor es colateral con derecho a suceder con mejor derecho. Es por ello que la Audiencia Provincial, al existir un título inscrito a favor del Estado, acoge la jurisprudencia que ha dulcificado la exigencia del artículo 38 Ley Hipotecaria y colige del suplico de la demanda que el actor está postulando la nulidad de la declaración de herederos a favor del Estado y estima la pretensión del actor declarando al actor propietario de las fincas y la nulidad del auto de declaración de herederos dictado por el Juzgado de Primera Instancia núm.1 de Oviedo[117].

---

[117] *"El interés legítimo del actor resulta indudable, ya que D. Jose únicamente pudo transmitirle válidamente los predios en su condición de heredero de su hermana Doña Mercedes y para que se declare esta condición, sería necesario anular la declaración obtenida por el Estado a su favor.- Solventada la cuestión atinente a la legitimación, la declaración de nulidad del Auto dictado por el Juzgado de 1ª Instancia de Villaviciosa en lo que respecta a la herencia de Dª. Mercedes no ofrece duda, ya que la documentación antes analizada evidencia que falleció varios años antes que su hermano D. José y que, en el orden de suceder ab intestado a éste le correspondía la herencia de conformidad con lo establecido en el artículo 947 del Código Civil entonces vigente, regulando el artículo 956 la sucesión del Estado a falta de los llamados anteriormente, descendientes, ascendientes, cónyuge y colaterales. De ahí que correspondiendo la herencia de su hermana a D. Jose y habiendo sido ésta aceptada tácitamente por actos posesorios evidentes y por la disposición de parte del caudal hereditario (art. 999) la transmisión que posteriormente efectuó a favor del actor ha de reputarse como válida teniendo éste por consiguiente un título de dominio que le faculta para ejercitar las acciones que defienden la propiedad y, entre ellas, la declarativa que aquí ha deducido".* (Fundamento de derecho cuarto) Sentencia de la Audiencia Provincial de Asturias, de 19 de diciembre de 2000.

A la vista del procedimiento descrito podemos concluir que la naturaleza voluntaria del procedimiento, la ausencia de contienda o litigio con parte contraria y la inexistencia de obstáculos procesales a destacar (por encima de la prueba testifical), nos llevan a afirmar que como procedimiento de jurisdicción voluntaria que es encontramos un factor positivo a tener en cuenta a la hora de optar por instar la declaración judicial de heredero del Estado. La dificultad de la sucesión del Estado no reside en la necesidad de acudir a la vía judicial para obtener la declaración, si no en el paso previo de justificar el derecho de naturaleza sucesoria del Estado.

III.2. ACEPTACIÓN DE LA HERENCIA

III.2.1. Adquisición de la herencia: sistemas romano y germánico. Sistema del Código Civil

Históricamente se han distinguido dos sistemas de adquisición de la herencia: un sistema denominado romano donde el llamado puede aceptar o repudiar la herencia, frente a un sistema germánico donde la voluntad del llamado se ve limitada a la posibilidad de repudiar la herencia no siendo necesaria su aceptación para adquirir la herencia. Una primera aproximación a los preceptos del Código Civil nos acerca a un sistema sucesorio de clara influencia romana en lo que adquisición de la herencia se refiere, frente al sistema germánico de adquisición ipso iure. Cuestión que en nuestra doctrina no ha sido siempre pacífica, al dar pie la regulación de nuestro Código Civil a interpretaciones claramente distintas según los preceptos que sean examinados, y si bien la mayor parte de la doctrina defiende la vigencia en nuestro derecho del régimen romano[118] procede, a nuestro entender, una referencia genérica de ambos sistemas y su reflejo en nuestro código civil.

- SISTEMA ROMANO.

Conocer y entender el sistema romano de adquisición de la herencia exige como presupuesto previo partir de las dos categorías de herederos que establece el derecho romano. Una primera categoría llamada *heredes necessarii* que estaba integrada por los *heredes sui* y los esclavos del testador. La segunda categoría eran los *heredes voluntarii,* que eran todos los demás herederos, llamados *extranei* por carecer del vínculo con el de cuius propio de la otra categoría.

[118] Sin olvidar el derecho foral Navarro donde a la muerte del causante el llamado es heredero provisional con facultad de repudiar. Ley 315 de la Ley 1/1973, de 1 de marzo, por la que se aprueba la Compilación del Derecho Civil Foral de Navarra: *"La herencia se entiende adquirida por el heredero desde el fallecimiento del causante. El heredero podrá renunciar"*.

Los *heredes necessarii*[119] adquirían la herencia automáticamente, no se requería ningún acto de aceptación y la muerte del *de cuius* les atribuía automáticamente la condición de heredero. Siendo la responsabilidad *ultra vires hereditatis* podía generar al heredero una situación negativa en caso de herencias donde el pasivo superaba al activo, y es por ello que con el objetivo de paliar el posible daño que tal regla podía generar se introdujo por el pretor al final de la República el *ius abstinendi* a favor de los *heredes sui* equiparando su situación a la del heredero voluntario renunciante.

Los demás herederos, los *heredes voluntarii* (testamentarios o herederos abintestato) podían aceptar o rechazar la herencia exigiéndose un acto de aceptación o de repudiación de la herencia. La delación tiene lugar en el momento de la muerte del *de cuius* y se produce en fase separada de la aceptación que es posterior generando una situación intermedia en la que la herencia está yacente a la espera de la decisión del llamado a heredar.

-SISTEMA GERMÁNICO.

Como sistema opuesto al romano encontramos el llamado germánico que se caracteriza por la adquisición ipso iure de la herencia sin necesidad de aceptación. Con el fallecimiento del causante de manera automática se produce la adquisición de la herencia por ministerio de la Ley, quedando al heredero el derecho a repudiar la herencia cuyos efectos se retrotraen al momento de la muerte del causante, no siendo entonces el repudiante heredero. Adquisición que comprende no sólo la titularidad jurídica si no también la posesión sin necesidad de acto alguno de aprehensión posesoria de los bienes, conociéndose el estado posesorio como la *Gewere*[120]. No se diferencia la delación de la adquisición, *Anfall* se produce en el mismo instante del fallecimiento del causante y comprende tanto la delación como la adquisición. Consecuencia de lo anterior, la herencia no puede estar yacente ni resulta necesario dar eficacia retroactiva

119 Voci P.: *Diritto..., Op. cit.*, pg. 376, siguiendo la clasificación de los herederos Gayo 152 ss; Ep. Gai II 3, 6; j. (2, 19) enumera como *heredes necessarrii*: a) Los hijos (varon o hembra) del causante que se encuentren bajo su potestad en el momento de la muerte; en lugar de los hijos (varones) que hayan premuerto, por derecho de representación, sus hijos; la misma posición tiene la *uxor in manu* (mujer del hijo premuerto). Se dice precisamente que la *uxor é filiae loco* es la *nurus neptis loco*. Todos ellos son *sui heredes: sui* porque forman parte de la familia del causante y *heredes* por ser sucesores universales por ley o testamento. b) Los esclavos, cuando sean liberados se les instituye herederos de su dueó.

Heredes voluntarii son todos los demás considerando que no forman parte de la familia del causante devienen *extranei*.

Noción civil de *heres* que sirve de paradigma para la otra figura de sucesor universal creada por el pretor el *bonorum posesor*.

120 Institución propia del Derecho germánico que ha sido tratada por infinidad de autores, alemanes principalmente. García Valdecasas, *G*, "La adquisición de la herencia en el Derecho español", *Revista de Derecho Privado*, Madrid, 1944, pg. 97.

a la adquisición. Roca Sastre[121] analiza el sistema germánico, al que le siguen el alemán o el suizo, como una adquisición bajo la especie de condición resolutoria al poder repudiar en un determinado plazo. García Valdecasas[122], como consecuencia de la adquisición ipso iure, señala la necesaria limitación de la responsabilidad del heredero por las deudas de la herencia al importe de la herencia, evitando que le afecte a su patrimonio y que aunque sobreviva poco tiempo al causante ya que al haber adquirido la herencia la transmite a sus herederos. Característico del sistema germánico se atenúan las consecuencias de la adquisición automática con la fijación de un período de treinta días que limita la posibilidad de exigir la división de la herencia o el pago de deudas hereditarias. De igual forma, el heredero no puede exigir a la viuda que salga de la casa del fallecido: es el *Dreissigste* germánico.

-CÓDIGO CIVIL.

Dualidad de sistemas que se enfrentan en dos corrientes interpretativas bien distintas. La doctrina mayoritaria encabezada por Albaladejo[123] y Roca Sastre[124] ha defendido la vigencia en nuestro derecho del régimen romano frente a una corriente, representada por Garcia Valdecasas[125], que considera que en nuestro Código Civil opera un sistema de adquisición automática de la herencia. Díez Picazo y Gullón[126], defensores de seguir nuestro derecho, en líneas generales, el sistema romano, no olvidan las influencias germánicas existentes en nuestra historia jurídica y que se reflejan en el Código Civil sin dejar de respetar su raíz romana. Hidalgo García[127] considera que ninguno de los sistemas citados

---

121 Roca Sastre, R Mª.: "La adquisición y la repudiación de la herencia en el derecho común y en el derecho foral", *Estudios de Derecho Privado II Sucesiones,* Madrid, 1948, pg. 3.

122 García Valdecasas, G.: "La adquisición...", *Op.cit,* pg. 96.

123 Albaladejo Garcia, M.: "La adquisición de la herencia en el derecho español", *Anuario de Derecho Civil,* Madrid, 1955, pg. 1-30.

124 Roca Satre, R.: "La adquisición y la repudiación de la herencia en el derecho común y en el derecho foral", *Estudios de Derecho Privado II Sucesiones,* Madrid, 1948, pg. 1-29.

125 García Valdecasas, G.: "La adquisición..."*Op. cit.*, pg. 89-123; García Valdecasas, G.: "De nuevo sobre la adquisición de la herencia", *Revista de derecho privado*, Madrid, 1951, pg. 991-995, como defensor de la tesis germánica encuentra en el Código Civil preceptos que considera que avalan la aceptación automática de la herencia. Destaca el artículo 440 que establece la transmisión de la posesión de los bienes hereditarios sin interrupción y desde el momento de la muerte del causante; el artículo 657 que dispone la transmisión de los derechos a la sucesión de una persona desde el momento de su muerte ; el artículo 609 que contempla como modo de adquirir la propiedad la sucesión testada e intestada y la expresión por el hecho sólo de su muerte del artículo 661 como principio característico del derecho germánico.

Otro argumento a favor de la tesis germanista puesto de manifiesto por el autor es la exigencia de mayores requisitos para la repudiación que para la aceptación. Y desde un punto de vista semántico encuentra preceptos del Código Civil donde se habla de heredero al que todavía no ha aceptado.

126 Diez Pizcazo, L y Gullón, A. *Sistema de Derecho Civil,* vol.IV, Madrid, 2006, pg. 480.

127 Hidalgo García, S.: *"La sucesión...", Op. cit.*, pg. 165.

se refleja en los ordenamientos jurídicos en estado puro respondiendo más la discusión al campo doctrinal que al de la realidad jurídica.

Cierto es que ninguno de los dos sistemas, ya sea el de adquisición hereditaria por aceptación (romano) o el de sucesión por la delación (germánico), se mantienen sin influencias recíprocas. Dicho lo cual se puede afirmar que en nuestro Código Civil impera el sistema romano de aceptación encontrando su reflejo en otros textos legales como la Ley de Enjuiciamiento Civil o la Ley Concursal[128].

III.2.2. Especialidades en la aceptación de la herencia por ser el Estado llamado a heredar

Vigente en nuestro derecho el sistema romano que exige aceptación y siendo, en caso de ser llamado el Estado, necesaria la vía judicial, varias cuestiones se plantean: 1) Viene el Estado obligado a aceptar o, en su caso se plantea la duda de si puede repudiar la herencia; 2) Cabe hablar de aceptación tácita consecuencia de los actos necesarios para obtener la declaración judicial de heredero y en su caso 3) ¿Se puede aceptar tácitamente a beneficio de inventario? O dicho de otro modo ¿es compatible la aceptación tácita con la previsión legal de que en todo caso se entenderá siempre hecha a beneficio de inventario? (artículos 957 del Código Civil y 20 de la Ley 33/2003 del Patrimonio de las Administraciones Públicas); 4) Si, a la vista de la situación del patrimonio del causante, la aceptación es irrevocable.

[128] La Ley de Enjuiciamiento Civil de 1881, que se mantiene en vigor en tanto no se apruebe la futura Ley de la jurisdicción voluntaria, regula el procedimiento a seguir para obtener la declaración judicial de heredero abintestato a favor del Estado. Por su parte, al admitir la herencia como presupuesto subjetivo del concurso, la Ley Concursal 22/2003, de 9 de julio, como Ley especial recoge las particularidades que en materia de sucesiones surgen si el objeto del concurso es una herencia o si el concursado fallece con la consiguiente apertura de la sucesión. En materia de aceptación y tomando como base el sistema romano, la Ley Concursal admite la declaración del concurso de la herencia "*en tanto no haya sido aceptada pura y simplemente*" (artículo 1.2 LC) que en caso de ser solicitada por un heredero "*La solicitud..producirá los efectos de la aceptación de la herencia a beneficio de inventario*" (artículo 3.4 LC).

El artículo 1.2 de la Ley Concursal exige concretar la situación de la herencia para poder ser declarada en concurso, mientras que la herencia en la que el heredero haya ejercido su derecho al beneficio de inventario (o que venga impuesta por Ley) y la herencia que se encuentra en situación de yacencia pueden ser declaradas en concurso no se admite en caso de haber sido aceptada pura y simplemente donde la consecuencia inmediata es la confusión de patrimonios al formarse una unidad de patrimonio integrado por los bienes de la herencia y los propios del heredero.

III.2.2.1. Forma de aceptar la herencia: aceptación expresa/tácita. Beneficio de inventario

Partimos de que son dos las formas de aceptación de la herencia existentes en el Derecho clásico y que se mantienen en la actualidad: la aceptación expresa cuando el llamado a la herencia manifiesta su voluntad expresa de aceptar y la aceptación tácita derivada de actos realizados por el llamado que implican una voluntad de aceptar actuando en calidad de heredero.

La aceptación expresa requiere una manifestación de voluntad que recoja esa voluntad expresa de aceptar la herencia a la que ha sido llamado. La voluntad de aceptar la herencia que en el Derecho clásico podía estar sujeta a una forma solemne *Cretio* a través de palabras sacramentales: *Quod me Publius Maevius heredem instituit, eam hereditatem adeo cernoque,* impuesta por el testador en la herencia, de forma oral y ante testigos, limitada para los herederos voluntarios pues como hemos visto los llamados *heredere necesarii* adquirían automáticamente la herencia. Junto a la *Cretio* se podía manifestar la voluntad de aceptar sin sometimiento a formalismo alguno. Con la desaparición de la *Cretio* en el Derecho Justinianeo la aceptación expresa no está sujeta a forma predeterminada[129].

La aceptación tácita, *pro herede gestio*, entra en juego cuando el llamado a la herencia realiza algún acto que implica actuar como heredero. A ella se refiere el artículo 1000[130] del Código Civil.

La aceptación expresa por parte del Estado no plantea más problema que determinar a quién corresponde la aceptación de la herencia cuando la misma es a favor del Estado y para ello el artículo 21 de la Ley 33/2003[131] dispone que "1. Corresponde al Ministro de Hacienda aceptar las herencias, legados y donaciones a favor de la Administración General del Estado, salvo los casos

[129] Voci, P.: *Diritto..., Op. cit.*, pg. 558 y ss.

[130] Artículo 1000: *"Entiéndase aceptada la herencia: 1 Cuando un heredero vende, dona o cede su derecho a un extraño ,a todos sus coherederos o a alguno de ellos. 2. Cuando el heredero la renuncia, aunque sea gratuitamente, a beneficio de uno o más de sus coherederos. 3. Cuando la renuncia por precio a favor de todos sus coherederos indistintamente; pero, si esta renuncia fuere gratuita y los coherederos a cuyo favor se haga son aquellos a quienes debe acrecer la porción renunciada, no se entenderá aceptada la herencia".*

[131] Anterior artículo 24 de la Ley del Patrimonio del Estado en la redacción dada a dicho precepto por la Ley 4/1990, de 29 de junio: *"La aceptación de herencias, legados y donaciones a favor del Estado, aunque se señale como beneficiario a algún otro órgano de la Administración, corresponde al Ministro de Economía y Hacienda. Quedan exceptuados los supuestos que con arreglo a la Ley del Patrimonio Histórico Español la competencia corresponde al Ministro de Cultura. La aceptación de herencias se entenderá hecha siempre a beneficio de inventario. La sucesión legítima del Estado seguirá rigiéndose por el Código Civil y disposiciones complementarias".*

que, con arreglo a la Ley del Patrimonio Histórico Español, la competencia esté atribuida al Ministro de Educación, Cultura y Deporte".

La redacción del precepto lleva a ponerlo en relación con la disposición adicional octava de la Ley 16/1985, de 25 de junio, del Patrimonio Histórico Español, siendo competente para la aceptación el Ministro de Educación, Cultura y Deporte si estamos ante "bienes que constituyan expresión o testimonio de la creación humana y tengan un valor cultural, bien sea de carácter histórico, artístico, científico o técnico".

La consecuencia de la aceptación es la integración de los bienes de la herencia en el Patrimonio de la Administración Pública, lo que se hará constar en los registros administrativos y en caso de bienes inmuebles se inscribirán en el Registro de la Propiedad.

Mayores dificultades plantea la aceptación tácita por parte del Estado. Reflejo de ello se pone de manifiesto por la Abogacía General del Estado, Dictamen de la Subdirección General de lo Consultivo, AEH/Patrimonio 45/96, al plantearse si la aceptación de herencias deferidas al Estado por testamento exige Orden del Ministro de Hacienda como paso previo a la entrega de bienes por el Juzgado que prevé el artículo 9 del Decreto 2091/1971 o, por el contrario, si la ejecución de los actos que regulaba el Decreto 2091/1971 (vigente en el momento de emitirse el dictamen), necesarios para poder obtener la declaración de heredero abintestato y darles el destino legalmente previsto supone que estamos ante una aceptación tácita de la herencia sin necesidad de Orden del Ministro de Hacienda (o, en su caso, del Ministro de Educación, Cultura y Deporte).

Si bien la legislación patrimonial no distingue entre sucesión testada o intestada, lo cierto es que como señala el Centro directivo puede defenderse que en la sucesión testada a favor del Estado la aceptación debe ser expresa mediante Orden ministerial, mientras que la exigencia de declaración judicial a favor del Estado en caso de sucesión intestada y posterior tramitación del procedimiento administrativo de enajenación, liquidación y distribución de la herencia implica el ejercicio de facultades que sólo con la condición de heredero puede ejercitar, lo que en palabras de la Abogacía General del Estado equivale a considerar que la incoación del procedimiento de declaración de heredero equivale a la aceptación tácita de la herencia, por ser actos que con arreglo a lo dispuesto en el artículo 999 del Código Civil *"suponen necesariamente la voluntad de aceptar, o que no habría derecho a ejecutar sino con la cualidad de heredero"*.

Partiendo de que la realización por el Estado de las actuaciones previstas tanto en el derogado Decreto de 13 de agosto de 1971 como en el vigente Real Decreto 1373/2009, y más en concreto, la solicitud de declaración de heredero abintestato equivale a una aceptación tácita de la herencia, damos un paso más hacia la discusión que tiene por objeto analizar la compatibilidad de estar ante una aceptación tácita con que la aceptación del Estado sea, por ministerio de la Ley[132], a beneficio de inventario cuando el artículo 999 del Código Civil dispone que la aceptación pura y simple puede ser expresa o tácita sin que exista precepto paralelo a la aceptación a beneficio de inventario.

A la cuestión de si cabe aceptar tácitamente con el privilegio del beneficio de inventario recordamos que por la aceptación pura y simple o aceptación sin más se produce la adquisición de la herencia con todos sus efectos quedando el heredero responsable de las deudas y cargas de la herencia, no sólo con los bienes de la misma sino también con los suyos propios. El efecto fundamental de la aceptación pura y simple es la confusión de patrimonios con responsabilidad ultra vires hereditatis en los términos del artículo 1003 del Código Civil: "Por la aceptación pura y simple, o sin beneficio de inventario, quedará el heredero responsable de todas las cargas de la herencia, no sólo con los bienes de ésta, sino también con los suyos propios".

Se produce una confusión de patrimonios que en caso de pluralidad y diversidad de acreedores deriva en un proceso de liquidación patrimonial de la herencia con un sistema de prelación de créditos propio[133]. Sistema propio, pues como afirma Villagómez Rodil, la confusión de patrimonios, efecto decisivo

[132] Beneficio de inventario por ministerio de la ley, sin dar opción al heredero, que se recoge en el artículo 957 (dentro de la sección cuarta –de la sucesión del Estado– dentro del capítulo cuarto que regula el orden de suceder en la sucesión intestada) y que establece en caso de sucesión a favor del Estado que "se entenderá siempre aceptada la herencia a beneficio de inventario" ; de igual forma se recoge, tanto en caso de sucesión testamentaria como intestada, en el artículo 20 de la Ley 33/2003, de 3 de noviembre, de Patrimonio de las Administraciones Públicas: *"La aceptación de las herencias, ya han sido deferidas testamentariamente o en virtud de ley, se entenderá siempre hecha a beneficio de inventario"*; el artículo 992 Código Civil respecto a las herencias a favor de los pobres "..se entenderá aceptada a beneficio de inventario". Sin olvidar los derechos forales, donde a modo de ejemplo citamos el Decreto Legislativo 2/2000, de 29 de junio, que aprueba el Texto Refundido de la Ley de Patrimonio de la Comunidad Autónoma de Aragón y que en su artículo 51 al igual que la anterior Ley de Patrimonio limita la adquisición mortis causa de la Comunidad Autónoma de Aragón y de los organismos públicos dependientes de la misma, a que el importe de las cargas o gravámenes supere el valor intrínseco de los bienes y derechos a heredar. Artículo 51 que no establece expresamente que la adquisición se entiende a beneficio de inventario; sí lo hace el artículo7 del Decreto 191/2000, de 7 de noviembre, de regulación de las actuaciones administrativas en la sucesión legal a favor de la Comunidad Autónoma de Aragón y en los casos de disposición voluntaria a favor de personas determinadas: "1. Obtenido el testimonio de la resolución firme por la que se declara heredera legal de un causante aragonés a la Comunidad Autónoma de Aragón, el Gobierno de Aragón, a propuesta del Consejero de Economía, Hacienda y Empleo y mediante Decreto, aceptará expresamente la herencia, a beneficio de inventario".

[133] Villagómez Rodil, A.: en *Comentario del Código Civil,* coordinado por Sierra Gil de la Cuesta, I, Barcelona, 2006, pg. 500, recoge el orden que la doctrina viene admitiendo *con más o menos coincidencia el orden siguiente: 1ºAcreedores del causante y de la herencia; 2º Legitimarios (arts 813, 815,818,1037-1 y3); 3º Acreedores de la herencia (arts 1025 y 1027); 4º Legatarios; y 5º Acreedores del heredero.*

de la aceptación pura y simple, no significa confusión y equiparación de los acreedores de la herencia y de los acreedores del heredero.

A pesar de la literalidad del artículo 998 del Código Civil, el beneficio de inventario no es una clase de aceptación distinta de la aceptación pura y simple. O'Callaghan[134] define el beneficio de inventario como un medio que la ley pone a disposición del heredero (antes de aceptar o repudiar e incluso una vez aceptada) y que la somete a una administración y liquidación separada evitando la confusión de patrimonios y respondiendo de las deudas con los bienes de la herencia, *intra vires hereditatis*. Es un beneficio que otorga la ley y que afecta no a la aceptación sino a la responsabilidad del heredero[135].

En la misma línea encontramos la postura defendida por Robles Latorre[136], que frente a la forma tradicional de interpretación por parte de la doctrina del artículo 998, aporta tres datos que llevan a afirmar que de la regulación contenida en el Código Civil se refleja un único tipo de aceptación de la herencia configurando el beneficio de inventario, con clara influencia del Derecho Romano, como el beneficio que confiere a quién ya es heredero. Para el autor, llegar a esta conclusión encuentra su fundamento en lo siguiente: 1) La ausencia de precepto alguno que regule la capacidad necesaria para aceptar una herencia a beneficio de inventario no siendo lógico, si tenemos en cuenta las consecuencias que sobre el patrimonio del heredero se producen, que no se diferencie la capa-

[134] O'Callaghan Muñoz, X.: *Comentario del Código Civil*. Tomo I. Ministerio de Justicia, Madrid, 1993, pg. 2365.

[135] Artículo 1023 CC: *"El beneficio de inventario produce a favor del heredero los efectos siguientes: 1º El heredero no queda obligado a pagar las deudas y demás cargas de la herencia sino hasta donde alcancen los bienes de la misma. 2º. Conserva contra el caudal hereditario todo los derechos y acciones que tuviera contra el difunto 3º No se confunden para ningún efecto, en daño del heredero, sus bienes particulares con los que pertenezcan a la herencia".* Albaladejo Garcia, M.: "La llamada aceptación entendida a beneficio de inventario", *Actualidad* Civil, tomo 1995-2, nª 14, pg. 269, da un paso más y defiende que cuando se dice que la herencia "se entenderá aceptada a beneficio de inventario" se establece la responsabilidad intra vires del heredero sin más trámites de forma automática y sin necesidad de hacer inventario u otro cualquier trámite que se prevén para obtener el beneficio de inventario. El autor afirma que: *"Lo que se está estableciendo no es que cuando se acepte se dé por pedido el beneficio de inventario, pero que aparte de eso haya de seguirse después todos los trámites del inventario, sino que lo que, como creo, están estableciendo es simplemente y sin más, dentro de la aceptación pura y simple, la responsabilidad <intra vires> del heredero sin necesidad de beneficio, de forma que el sucesor de modo automático reciba simplemente los bienes sin que por disposición de la Ley las deudas y cargas hereditarias alcancen a su propio patrimonio, ello sin necesidad alguna ni de pedir el beneficio ni de hacer inventario ni de quedar sujeto el heredero o la sucesión a ninguno de los trámites o efectos de la herencia beneficiaria. O sea el <entender la aceptación beneficiaria>, no es, en absoluto, contraponerla en ningún aspecto a la pura, o diferenciarla de ésta, sino que es decir, con una expresión ciertamente no del todo feliz, que la aceptación del caso no siendo beneficiaria sino pura, es, sin embargo, con responsabilidad limitada intra vires como la beneficiara".*

[136] Robles Latorre, P.: "El concursado heredero", *Anuario de Derecho Concursal*, nº16, enero 2009, Navarra, pg. 152.

cidad necesaria según se acepte pura y simplemente o aceptación con beneficio de inventario. Compartimos la valoración del autor, que tiene en cuenta que el Código Civil, artículo 992, exige para aceptar o repudiar la herencia la libre disposición de sus bienes, lo que conduce a interpretar que si se admiten dos tipos de aceptación, con la diferente repercusión para el patrimonio del causante, lo lógico sería haber establecido una capacidad menor para el beneficio de inventario donde la responsabilidad se limita a la obligación de pagar las deudas y demás cargas de la herencia hasta donde alcancen los bienes de la misma sin que se produzca la confusión de patrimonios y sin embargo el Código Civil guarda silencio al respecto; 2) Un segundo dato deriva de una interpretación literal del artículo 1010 del Código Civil que dispone que "Todo heredero puede aceptar la herencia a beneficio de inventario aunque el testador lo haya prohibido", sólo quién es heredero (por haber aceptado la herencia) puede optar por el beneficio de inventario. Argumento que encuentra su contrario en la utilización a lo largo del articulado del Código Civil de diversos preceptos que utilizan el término heredero refiriéndose a quién no ha aceptado, de momento, la herencia[137]; 3) Como tercer argumento que aporta el autor para defender que nuestro Código Civil recoge, siguiendo el sistema romano, un solo tipo de aceptación, es la concesión de diversos plazos para obtener el beneficio de inventario, y si bien la realidad puede confundir por ser común que tenga lugar en un mismo acto la aceptación de la herencia y la solicitud del beneficio de inventario, lo cierto es que previamente la misma ha de ser aceptada convirtiendo al llamado a suceder en heredero.

A lo anterior añadimos un cuarto argumento sobre la base que el Código Civil, en su artículo 999, tras establecer la libertad de forma para aceptar la herencia, a diferencia de la repudiación que exige forma expresa, limita la aceptación expresa o tácita a la aceptación pura y simple y nada dice de la posibilidad de aceptar tácitamente la herencia a beneficio de inventario. Y ello es así porque el beneficio de inventario, como venimos diciendo, no es una clase de aceptación sino un beneficio que la Ley otorga al aceptante y que en determinados supuestos no lo configura la ley como una facultad, si no que directamente le atribuye a la aceptación ese efecto.

Para una mejor comprensión de lo que pretendemos poner de manifiesto distinguimos dos elementos:

- Primero, relativo a la aceptación misma que sí es tácita pues deriva de actos que implican la voluntad de aceptar. Citar, a modo de ejemplo, el supuesto

---

[137] Por citar alguno, encontramos el artículo 1006 que dispone que *"Por muerte del heredero sin aceptar ni repudiar la herencia pasará a los suyos el mismo derecho que él tenía";* artículo 1007: *"Cuando fueren varios los herederos llamados a la herencia, podrán los unos aceptarla y los otros repudiarla"*.,etc...

contemplado en la Ley Concursal 22/2003, artículo 3.4, donde el acto es la solicitud del concurso que estando legitimados los herederos se entiende que aquel llamado que solicita el concurso está aceptando la herencia.

- Segundo, relativo al beneficio de inventario donde la limitación de los efectos de la aceptación a una responsabilidad *intra vires hereditatis* no se deriva de un acto que implica una manifestación de voluntad de querer una limitación de la responsabilidad, si no de la Ley misma que atribuye ese efecto sin necesidad de manifestación alguna en tal sentido por parte del llamado a la herencia.

Fuera de los supuestos previstos en nuestro ordenamiento, si el heredero quiere acogerse al beneficio de inventario deberá hacerlo de forma expresa tal y como exigen los artículos 1011 y siguientes del Código Civil.

III.2.2.2. Invalidez de la aceptación de la herencia

Analizábamos en el apartado anterior que en caso de solicitarse la declaración en vía judicial de heredero abintestato del Estado no es necesaria la aceptación expresa mediante Orden del Ministro de Hacienda por admitir que estamos ante un supuesto de aceptación tácita. Afirmación que no excluye que de forma voluntaria se dicte acto de aceptación de la herencia por Orden del Ministro de Economía y Hacienda. Se plantea entonces la calificación jurídica del acto por ser de necesario estudio para poder enfrentarse a la hipótesis de que sea inválido por no corresponder al Estado la condición de heredero.

Aunque estemos ante un acto que proviene de la Administración del Estado, se califica como acto jurídico de Derecho Privado[138] de aceptación de una herencia que si bien una vez hecha es irrevocable, el inciso final del artículo 957 del Código Civil permite impugnar la aceptación y la repudiación "cuando adoleciesen de algunos de los vicios que anulan el consentimiento, o apareciese un testamento desconocido". Si por error se considera heredero a la Administración del Estado el paso siguiente es anular el acto de aceptación. Decimos que la calificación del acto es de Derecho Privado y no de acto administrativo lo que excluye, en principio, la revisión conforme a los procedimientos de revisión establecidos en la Ley 30/1992, de Régimen Jurídico de las Administraciones Públicas y del Procedimiento Administrativo Común.

La Subdirección General de los Servicios Consultivos de la Abogacía General del Estado-Dirección del Servicio Jurídico del Estado, informe núm.61/05,

[138] Este problema será abordado específicamente en un capítulo posterior.

no excluye, no obstante su calificación como acto jurídico de Derecho Privado, la aplicación de la Ley 30/1992 por proceder de la Administración del Estado y contemplar en el artículo 105.1 el procedimiento de revocación de actos y rectificación de errores: "Las Administraciones públicas podrán revocar en cualquier momento sus actos de gravamen o desfavorables, siempre que tal revocación no constituya dispensa o exención no permitida por las leyes, o sea contraria al principio de igualdad, al interés público o al ordenamiento jurídico" [139]. Revocación de actos de gravamen o desfavorables para el interesado atendiendo al resultado o efectos del ejercicio de la potestad revisora que redundaría en beneficio del verdadero heredero[140]. Dando un paso más y siendo competencia del orden civil, se puede plantear en caso de impugnación por un tercero de la revocación si ¿no seríacontradictorio que revisara un juez del orden civil un procedimiento puramente administrativo como es el de revocación previsto en el artículo 105 de la Ley 30/1992?

Situación descrita que no se plantea en caso de sucesión intestada, donde una vez dictado el auto de declaración judicial de heredero abintestato cualquier posible revisión del mismo ha de seguir los recursos judiciales[141].

---

[139] Como ejemplo de error en la consideración como heredero del Estado la Subdirección General de los Servicios Consultivos de la Abogacía General del Estado-Dirección del Servicio Jurídico del Estado, Informe A.E.H-Patrimonio 61/05, plantea las actuaciones a seguir en caso de resultar incorrecta la aceptación por haber aceptado en la condición de heredero único correspondiendo también a otra Administración o a un particular.

[140] Cierto es que el acto de aceptación de una herencia no es apriori un acto de gravamen y el resultado beneficia al que corresponda la cualidad de heredero. Criterio del resultado que es defendido por la jurisprudencia del Tribunal Supremo, Sala de lo Contencioso-Administrativo y el Consejo de Estado que diferencia: a) si el resultado de la revisión va a ser más gravoso para el interesado que el propio acto que se revisa se ha de ajustar al procedimiento del artículo 103 de la Ley 30/1992, con independencia de la naturaleza del acto; b) si el resultado es más favorable que el acto se puede acudir al procedimiento del artículo 105 sin necesidad de sujetarse a las garantías del artículo 103 que regula el procedimiento de declaración de lesividad de actos anulables.

"Como se señala en el Dictamen del Consejo de Estado de 3-11-1966, «siempre que se demuestre, objetiva o subjetivamente, que la revisión del acto no es "in peius" para el administrado, la Administración está habilitada, para efectuarla sin atenerse a las garantías formales de los arts. 109 y 110 de la Ley de Procedimiento Administrativo », y se establece por la doctrina de esta Sala -SS. 21-11-1966, 13 febrero y 4 noviembre 1969, 10-5-1973 «la posibilidad de revocar los actos administrativos denominados de gravamen, que restringen la esfera jurídica del administrado, siempre que esa misma revocabilidad no agrave sino que beneficie al administrado, no estando sujeta a los procedimientos formales de revisión»". Sentencia de la Sala de lo Contencioso-Administrativo del Tribunal Supremo de 4 de mayo de 1992.

[141] Las actuaciones a seguir en caso de indebida declaración de heredero del Estado y la posible revisión de la resolución judicial son cuestiones analizadas en un capítulo independiente de este trabajo.

III.2.2.3. ¿Puede el Estado renunciar a la herencia?

El artículo 6.2. del Código Civil sanciona el principio general de renunciabilidad de los derechos, siempre que tal renuncia no sea contraria al interés u orden público ni se haga en perjuicio de tercero. Si estamos ante derechos del Estado la regla general recogida en el articulo 6.2 del Código Civil se transforma en el inverso de irrenunciabilidad salvo que esté autorizada por ley[142], consecuencia del servicio a los intereses de la comunidad a la que está sujeta la Administración del Estado sin que pueda renunciar a un derecho, esto es, realizar actos de disposición sin que lo autorice la ley. ¿Autoriza la Ley al Estado a renunciar a su derecho a la herencia abintestato cuando concurren todos los presupuestos del artículo 956 del Código Civil?

Como premisas, que se han ido desarrollando a lo largo del trabajo, a tener en cuenta para poder dar respuesta a la pregunta formulada señalamos las siguientes:

- Rige en nuestro Código Civil el sistema romano de aceptación de la herencia que exige que el llamado manifieste su voluntad de aceptar o repudiar la herencia para poder ser considerado heredero.
- Para tomar posesión de los bienes el Estado debe instar la declaración judicial de heredero
- La solicitud de la declaración judicial de heredero del Estado y la realización de los trámites necesarios para ello conlleva una aceptación tácita, reservando la necesaria Orden ministerial de aceptación para la sucesión testada a favor del Estado.
- El llamamiento *in extremis* tiene un componente indudable de función social a realizar a través de las instituciones que son las beneficiarias si bien la condición de heredero queda reservada al Estado.

El Estado como heredero ostenta los mismos derechos y obligaciones que los demás y el primer derecho que se le reconoce al que es llamado a la herencia es el derecho a aceptar o repudiarla, el ius delationis[143], siendo varios los caminos que puede emprender el posible heredero: aceptarlo, con la opción

[142] Informe núm. 21/94, pg. 15 (referencia PATRIMONIO) de la Subdirección General de los Servicios Consultivos de la Abogacía General del Estado-Dirección del Servicio Jurídico del Estado. Si bien no existe precepto que expresamente requiera autorización legal para renunciar se trae a colación en el informe, entre otros, el artículo 30.2 del Texto Refundido de la Ley General Presupuestaria, aprobado por Real Decreto Legislativo 1091/1988, de 23 de septiembre que dispone que "tampoco se concederán exenciones, perdones, rebajas o moratorias en el pago de los derechos a la Hacienda Pública, sino en los casos y en la forma que determinen las leyes".

[143] Este problema será abordado específicamente en este capítulo.

(a salvo el Estado que es por ministerio de la Ley) del beneficio de inventario o renunciar a la herencia. En el caso de ser llamado el Estado a la herencia se plantea que al ser el último a falta de parientes con mejor derecho los bienes hereditarios quedarían a merced del primer ocupante, o en caso de ser inmuebles serían bienes vacantes propiedad del Estado lo que provoca un círculo vicioso que excluye, en principio, la posible renuncia por parte del Estado. La cuestión no es pacífica y surgen dos corrientes enfrentadas que pasamos a analizar para poder enfrentarnos al problema con mayor criterio.

a) A favor de la renuncia a la herencia por parte del Estado.

La exclusión en nuestro derecho de la idea de "dominio eminente del Estado", la ausencia de herederos necesarios y la concepción del Estado como otro heredero más son argumentos sólidos para De los Mozos[144], que le llevan a defender que el Estado pueda aceptar (sujeto al beneficio de inventario) y renunciar. Descarta por no convincentes las razones presentadas sobre la cuestión por autores como Roca Sastre o Puig Brutau, y si bien no se menciona expresamente en las normas aplicables, tanto civiles como administrativas, que el Estado pueda renunciar, no existe norma que le obligue a ello. Comparte los argumentos esgrimidos por Lacruz y Sancho Rebullida[145], que parten del hecho de ser necesaria la aceptación de la herencia por parte del Estado para admitir la posibilidad de repudiarla. A la irrenunciabilidad, antes citada, defendida por Roca Sastre o Puig Brutau, Lacruz presenta diferentes argumentos a favor de la renuncia: la existencia de juicio de testamentaria para proteger intereses de terceros; estamos ante herencias que presuponen un saldo positivo, lo contrario frustraría el destino legal de los bienes; y la plena vigencia para el Estado del artículo 988 del Código Civil que dispone que "La aceptación y repudiación de la herencia son actos enteramente voluntarios y libres". Para el autor difícilmente se puede obligar al Estado a aceptar si no lo hace voluntariamente; no es competencia del Estado defender los intereses extrapatrimoniales del causante y un último argumento relacionado con la sucesión testamentaria si es repudiada no parece posible aceptar con arreglo al artículo 1009 del Código Civil.

Opina en este mismo sentido, Guilarte Zapatero[146], quien, una vez valorados los distintos argumentos, concluye que privarle al Estado de la posibilidad de renunciar a la herencia es contrario al principio general recogido en el artículo 988 del Código Civil que configura la aceptación y renuncia a la herencia como actos enteramente voluntarios y libres. Añade que alegar la función pública, que

144 De los Mozos y De los Mozos, J.L.: *Comentario..., Op. cit.*, pg. 2262.

145 Lacruz Berdejo, J.L y Sancho Rebullida, F.A.: *Elementos de Derecho Civil. Derecho..., Op. cit.*, pg. 590: *"Siendo el Estado llamado como heredero, necesita aceptar la herencia, de donde se deduce que también puede repudiarla"*.

146 Guilarte Zapatero, V.: *Comentarios...*, pg. 317.

de igual forma se puede invocar para cualquier llamamiento sucesorio, no es suficiente para privar al Estado de un derecho que como heredero le corresponde. Señalando, asimismo, que la expresión "heredará" que utiliza el artículo 956 del Código Civil es de uso en otros preceptos sin que tenga las consecuencias que se le quieren atribuir de heredero necesario, de igual forma que el uso del adverbio siempre va referido al beneficio de inventario y no a la aceptación misma. Considera que la regulación contenida en las normas administrativas lleva a la conclusión contraria a una adquisición automática por la exigencia de declaración de heredero abintestato regulando el ordenamiento las diversas actuaciones a realizar por la Abogacía del Estado para instar la declaración judicial y en tanto ésta no tenga lugar el Estado es un heredero presunto. [147]

b) En contra de la posibilidad de renunciar a la herencia por parte del Estado.

Díez Picazo[148], ante la pregunta ¿puede el Estado renunciar a la herencia deferida? da una respuesta negativa sobre tres argumentos. Sostiene que el llamamiento al Estado más que un derecho le impone una función basada en el interés público; en palabras del autor, "el Estado no tiene derecho a suceder, sino que debe suceder, porque para la utilidad social del patrimonio, la evitación de la dispersión de éste, la tutela del crédito y en definitiva el orden social, es necesaria la transmisión de la herencia a un sucesor". Como segundo argumento afirma que se produce una adquisición ipso iure de la herencia, sin necesidad de aceptación sobre una interpretación literal del artículo 957 Código Civil ("se entenderá siempre aceptada") y un tercer factor a tener en cuenta, como es la absurda situación que provoca la renuncia por parte del Estado que adquiere los bienes como nullius. Para Puig Brutau[149], el Estado es un servidor

[147] A los anteriores autores se han unido otros, por citar Hidalgo, S.: *La sucesión..., Op. cit.*, pg. 171 y ss, que realiza una completa valoración critica de las diferentes teorías que busca poder *"probar que sí existe un interés en que el Estado sea heredero por la insuficiente protección que supone el medio indicado, aparte del interés nacido de la función propia del derecho de sucesión que es siempre encontrar un heredero que ocupe la posición jurídica del causante"*. Valls Lloret, J.D.: *La sucesión..., Op. cit., intestada a favor del Estado,* tesis no publicada, Universitat de Barcelona, pg. 472, para quién el ejercicio por parte de los acreedores del derecho a aceptarla en nombre del llamado al amparo del artículo 1001 del Codigo Civil evitaría que los bienes devinieran vacantes. Derecho que extiende a las instituciones de beneficencia, que en caso de no aceptar el Estado la herencia, podrían resultar perjudicadas. Si bien no es menos cierto que las instituciones son titulares de una mera expectativa en tanto no se concreten por la Delegación de Economía y Hacienda (Una de las novedades a destacar de la nueva regulación contenida en el Real Decreto 1373/2009 que suprime la distribución a cargo de la Junta provincial distribuidora de herencias y establece en el artículo 14 un procedimiento a cargo de la Delegación de Economía y Hacienda) las instituciones beneficiarias.

[148] Díez Picazo, L y Gullón, A.: *Sistema de Derecho Civil,* vol.IV, Madrid, 2006, pg. 475.

[149] Puig Brutau, J.: *Fundamentos de Derecho Civil Patrimonial,* vol.V, Barcelona, 1964, pg. 431, afirma que: *"El Estado es el único heredero que sin duda no puede repudiar. Esto último no es ninguna rareza, sino la consecuencia natural de estar regulada su sucesión de un modo que*

de la comunidad y no un ente que pueda o deba tener miras egoístas. Salvador Coderch[150] sostiene la necesidad de asegurar al causante un sucesor a título de heredero que se ve cumplida por el mandato por ley al Estado de ser heredero sin que pueda repudiar la herencia. En línea con los anteriores, Albaladejo[151] defiende la irrenunciabilidad sobre la justificación "que siempre alguien ha de recoger la sucesión, aunque sólo sea para liquidarla, y ese alguien debe ser el Estado si no quiere serlo cualquier otro llamado". Roca Sastre[152] se plantea la posible repudiación por parte del Estado al analizar, dentro de los conceptos de designación, vocación y delación sucesorias, el supuesto de vocación con delación sucesiva en el seno de la sucesión intestada. Pone de relieve que la designación del heredero corresponde a la norma legal; que la apertura de la sucesión conlleva la vocación hereditaria de todos los que indica la norma, el Código Civil, pero la delación inmediata únicamente tiene lugar a favor de los designados en primer lugar quedando reservada la delación sucesiva para los del grado siguiente hasta llegar al Estado. Delación última a favor del Estado que en palabras del autor "no puede frustrarse por repudiación hereditaria de éste, por cuya razón el Estado, como heredero abintestato, no puede repudiar, pues al margen de carecer del riesgo por deudas debido a gozar ex lege del beneficio de inventario, si pudiera repudiar los bienes hereditarios pasarían éstos a tener la condición de vacantes, o sea de mostrencos, los que por virtud de la ley de 9-16 de mayo de 1835 corresponderían también al Estado, si bien los haría suyos no como heredero, sino por razón de su poder soberano, con fuertes repercusiones en orden al Derecho Internacional Privado[153]".

Expuestas las dos posturas las llevamos a un campo más práctico al plantearnos ¿por qué el Estado querría no aceptar una herencia? La respuesta parece sencilla por una cuestión económica. Surge entonces una nueva pregunta ¿alguna vez se ha planteado el Estado no aceptar la herencia? La

jamás podrá resultarle onerosa ni existir motivo alguno por el que pueda querer repudiar. Aunque suceda como verdadero heredero, el Estado es, en definitiva, un servidor de la comunidad y no un ente que pueda o deba tener miras egoístas".

150 Salvador Coderch, P.: *Comentarios al Código Civil y Compilaciones Forales dirigidos por Manuel Albaladejo*, tomo XXIX, vol 3, Madrid, 1986, pg. 62, afirma que: *"El Estado sucede así: como último heredero y, en este sentido, como heredero necesario para no frustrar las finalidades de la norma (evitar la vacancia de parte de los bienes, provocar la adquisición iure público de algunos de ellos, excepcionar arbitrariamente la aplicación de las reglas sucesorias). La ley asegura en este caso al causante un sucesor a título de heredero y consiguientemente es un heredero que no puede ser declarado incapaz o indigno, que no puede ser desheredado sin una simultánea disposición positiva, que no puede repudiar la herencia y se entiende que la acepta a beneficio de inventario, que no puede en suma dejar de ser heredero".*

151 Albaladejo Garcia, M.: "La adquisición..."*Op. cit.*, pg. 8.

152 Roca Sastre, R Mª.: "La designación, la vocación y la delación sucesorias", *Problemática de la ciencia del derecho,* Barcelona, 1962, pg. 757.

153 La repercusión en el Derecho internacional privado será abordado en un capítulo posterior de este trabajo.

respuesta es afirmativa al enfrentarse el Estado-heredero a situaciones donde los bienes que integran la herencia son irrealizables generando unos gastos que no puede soportar el caudal hereditario. Parece que la afirmación por parte de Roca Sastre[154] de que el Estado "carece del riesgo por deudas debido a gozar ex lege del beneficio de inventario", se ve superada ante supuestos como el descrito por la Abogacía General del Estado[155] al emitir dictamen en respuesta a la consulta planteada sobre las actuaciones a seguir en los casos en que el inmueble haya resultado irrealizable, al declararse desiertas las tres subastas y haber transcurrido el plazo de dos meses de posible oferta de proposición que cubra, al menos, el 75% del tipo de la tercera subasta, con arreglo al artículo 18, regla séptima del entonces aplicable Decreto 2091/1971. Ante tal situación, el artículo 18 recogía que la Junta Distribuidora de Herencias ofrezca el inmueble a la Administración del Estado y a las Instituciones municipales o provinciales a las que hace referencia el artículo 956 del Código Civil. Se plantea la Abogacía del Estado una solución alternativa a la renuncia, pues plantea lo que denomina renuncia abdicativa al afirmar que "Para el caso de que, por las características del inmueble, ni la Administración del Estado ni ninguna de aquellas Instituciones estuviese interesada en aquél, para destinarlo a los servicios o fines que sean de su incumbencia, cabría considerar, en principio, la posibilidad de que el Estado, por estimar antieconómico mantener la titularidad del inmueble, hiciese renuncia abdicativa del mismo (que no puede confundirse con la renuncia de la herencia), es decir, que hiciese abandono unilateral del derecho de propiedad que ostenta sobre el mismo y sin que dicha renuncia se hiciese a favor de persona alguna, extinguiéndose así su titularidad dominical". Solución que el propio Servicio Jurídico del Estado descarta al provocar tal situación de abandono la atribución por Ley de los inmuebles vacantes al Estado "por lo que sería paradójico y contradictorio con este precepto que el Estado renunciase a la propiedad de un bien de aquella naturaleza, adquiriendo éste la condición de vacante. Dicho de otro modo, se produciría así un circulo vicioso de imposible solución lógica y jurídica"[156].

Descartada la renuncia abdicativa, lo cierto es que la situación descrita difícil solución tiene unido a que se generan unos gastos inherentes a la propiedad del inmueble, como el Impuesto sobre Bienes Inmuebles o gastos de

[154] Roca Sastre R Mª.: "La designación..." *Op. cit.*, pg. 757.

[155] Informe núm. 21/94, A.E.H-Patrimonio de la Subdirección General de los Servicios Consultivos de la Abogacía General del Estado-Dirección del Servicio Jurídico del Estado.

[156] El problema que plantea la renuncia abdicativa del derecho de propiedad y si resulta título inscribible la escritura pública de renuncia será abordado específicamente en un capítulo posterior de este trabajo.

comunidad[157], que no pueden quedar impagados sin olvidar que en todo caso la aceptación de la herencia es por ministerio de la ley a beneficio de inventario.

Si partimos que rige en nuestro Código Civil el sistema romano de adquisición de la herencia que exige al Estado instar la declaración judicial de heredero equivaliendo a una aceptación tácita y que el Estado es un heredero más con los mismos derechos y obligaciones, la única opción sería no instar la declaración judicial y optar por la tramitación del expediente de investigación patrimonial que compruebe la vacancia física y jurídica de los inmuebles pasando a ser propiedad del Estado vía bienes vacantes. La práctica nos lleva a concluir que la opción entre una u otra vía no se sujeta a si los bienes son o no irrealizables, sino como veremos en capítulo independiente, es el problema registral el que plantea, en ocasiones, la constatación del derecho del Estado el que se ha de tener en cuenta a la hora de elegir el expediente a tramitar.

Lo cierto es que el Estado es un heredero con los mismos derechos que el resto de los herederos, mismos derechos pero con una particularidad a destacar; en línea con la defensa de Díez Picazo, el Estado ostenta un deber, una función social que sirve de fundamento para poder admitir que sea heredero quién no genera mucha simpatía, porque en definitiva quién va a resultar beneficiario son instituciones que sí cumplen esa función social. Lo anterior unido a la necesidad de que esté autorizado por ley para poder renunciar sin que el Decreto de 1971 ni la regulación vigente contemplen solución ante una herencia cuyos bienes generen unos gastos a la Administración que no cubran el caudal hereditario y que sin embargo no se puedan dejar de abonar.

Entendemos que la solución teórica no encaja con la realidad práctica. El Estado como heredero puede no aceptar (con los límites del artículo 6.2. del Código Civil y la exigencia de autorización legal); cosa diferente es que deba, si tenemos en cuenta la función social que tal atribución implica. La no aceptación se materializaría no instando la declaración judicial de heredero y

[157] En ocasiones, ante el impago de tales gastos se ha acudido a la vía judicial con la consiguiente condena del Estado sin que se pueda ejecutar, pues siendo condenado el Estado al pago, al ser la aceptación a beneficio de inventario, sólo puede hacerse con fondos de la masa hereditaria. Solución de impago que es objeto de crítica por parte de la Abogacía General del Estado que al emitir dictamen (AEH- Patrimonio 21/94) sobre la cuestión concluye que condenado el Estado al pago de los gastos inherentes a la propiedad debe ser con cargo a los Presupuestos Generales del Estado sobre la base de dos argumentos: 1. El artículo 1023.1 del Código Civil hace referencia a *"deudas y cargas de la herencia"* sin que el IBI o los gastos de comunidad sean gastos de la herencia al devengarse con posterioridad al momento de la muerte del causante (durante el tiempo que la Junta Distribuidora decide sobe el destino de los bienes) imputándose al Estado como titular dominical; 2. Puestos en relación los artículos 1033 y 1026 del Código Civil la herencia aceptada a beneficio de inventario es un patrimonio diferenciado hasta el pago de los acreedores y legatarios. Siendo los gastos de IBI y de comunidad impagados posteriores al pago de los acreedores son a cargo del Estado como heredero.

tramitándose un expediente de averiguación de la situación de vacancia de los inmuebles. En la práctica, al concurrir todos los presupuestos del artículo 956 del Código Civil y tramitarse la correspondiente declaración judicial de heredero, el Estado acepta la herencia, tácitamente, y es después cuando al liquidar la herencia se enfrenta al problema de los bienes que son irrealizables, esto es, cuando ya es heredero es realmente cuando se plantea la renuncia por motivos económicos y siendo la aceptación un acto irrevocable[158] ya no cabe renunciar a su condición de heredero ni la renuncia abdicativa a su derecho de propiedad por ser el Estado propietario por aplicación de la Ley del Patrimonio del Estado.

Diferente sería el supuesto de verse llamado a una herencia donde claramente el pasivo supere al activo; el problema anterior se salva con los límites que implica la aceptación a beneficio de inventario fijados en el artículo 1023 del Código Civil. Lo cierto es que al plantearse la posible renuncia, si bien no se especifica por la doctrina, el pensamiento se dirige hacia aquellas herencias en las que el saldo es negativo por resultar cuanto menos llamativo que se renuncie a una herencia cuyo saldo es positivo. Hidalgo[159], al realizar una valoración crítica de las diferentes opiniones doctrinales, se plantea que no resulta tan descabellado tal hipótesis en el caso del Estado que "tras llevar a cabo un complejo procedimiento, que se va a extender en el tiempo durante años, y que le va a originar pleitos en muchas ocasiones, además de tener que poner en juego multitud de órganos administrativos, finalmente recibe tan solo un tercio de la herencia, bajo tales circunstancias, no es difícil pensar que repudie una herencia aún con saldo positivo". No resulta desacertado tal planteamiento si tenemos en cuenta que coincide con la Dirección General del Patrimonio en su intento de modificar el Código Civil vía Ley del Patrimonio del Estado y que no se materializó por no ser la vía adecuada para modificar el artículo 956 del Código Civil[160].

Consciente de la situación descrita el legislador recoge una posibilidad de evitar un coste innecesario, sin llegar a la tan discutida renuncia a la herencia, en la Ley del Patrimonio de las Administraciones Públicas, al disponer en su

[158] De nuevo encontramos la influencia romana, la máxima de Derecho romano "*semel eres semper eres*", que se mantiene en nuestro Derecho histórico en las *Partidas VI, tit. VI, ley. 11 y ley,* llega a nuestro Código Civil al disponer en su artículo 997 que "*La aceptación y la repudiación de la herencia una vez hechas son irrevocables y no podrán ser impugnadas sino cuando adoleciesen de alguno de los vicios que anulan el consentimiento, o apareciese un testamento desconocido*". En este sentido, el Tribunal Supremo en Sentencia de 23 de mayo de 1955 afirma que el artículo 997 del Código Civil declara irrevocable la aceptación de la herencia "*de tal suerte que, una vez realizado el acto de la aceptación en alguna de las formas autorizadas por los artículos 998 y 999 del mismo Código será ineficaz la posterior renuncia, y esto es así porque la Ley no consiente que de modo temporal se asuma la cualidad de heredero...pues el hecho de solicitar la declaración de heredero abintestato en provecho propio y de los hermanos implica en principio voluntad de aceptar la herencia –sentencia de 23 de abril de 1928–*".

[159] Hidalgo, S.: *La sucesión..., Op. cit.*, pg. 174.

[160] Este problema será abordado específicamente en un capítulo posterior de este trabajo.

artículo ocho que "Si en la masa hereditaria no figurasen bienes inmuebles o éstos no se localizasen, y el valor de los bienes muebles que pudieran formar el caudal previsiblemente no supere los gastos de tramitación del expediente, tales como los de publicación de anuncios, los de depósito de bienes, o los procesales por la práctica de prueba testifical, la Dirección General del Patrimonio del Estado podrá acordar el archivo del expediente, a propuesta de la Delegación de Economía y Hacienda". Archivo del expediente de abinstestato o el no ejercicio de la acción judicial para obtener la declaración de heredero abintestato que provoca que los inmuebles queden sin dueño atribuyéndose al Estado como bienes vacantes.

III.2.2.4. Ius delationis- Artículo 1006 Código Civil

Una vez abierta la sucesión por muerte del causante, o en su caso con la declaración de fallecimiento, la segunda fase de la sucesión es la vocación a la herencia entendido como el llamamiento a la sucesión de una persona de todos los posibles sucesores. Llamamiento que puede tener su origen en la voluntad del hombre manifestada en el testamento o en su caso en la disposición de la ley tal y como prevé el artículo 658 del Código Civil. Tras la vocación se produce la delación de la herencia, que es el ofrecimiento de la herencia a quién tiene la facultad de adquirirla mediante la aceptación y que se dirige a los llamados en primer lugar. El derecho a aceptar o repudiar la herencia que le corresponde al llamado se denomina ius delationis y que es consecuencia lógica de operar en nuestro sistema el modelo romano de adquisición que requiere para que se adquiera la herencia la aceptación, si bien a diferencia del Derecho Romano donde era instransmisible se ha evolucionado en los sistemas civiles, excluida la transmisión inter vivos tal y como recoge el artículo 1000.1 Código Civil al equivaler la transmisión a una aceptación, hacia la transmisibilidad mortis causa.

Define Roca Sastre[161] el llamado derecho de transmisión, o ius transmissionis, como "aquel derecho que tienen los herederos del heredero que fallece en el intervalo comprendido entre la delación hereditaria a su favor y la aceptación o adición hereditaria futura, y en virtud del cual aquéllos hacen suya la facultad de aceptar o repudiar la herencia, o sea, el ius delationis atribuído a éste".

Si el titular del ius delationis fallece sin haber aceptado o repudiado la herencia su derecho se transmite a sus herederos tal y como recoge el artículo 1006 Código civil: "Por muerte del heredero sin aceptar ni repudiar la herencia

[161] Roca Sastre, R.Mª.: *Estudios..., Op. cit.*, pg. 294.

pasará a los suyos el mismo derecho que él tenía". No recoge así nuestro Código Civil la regla general, propia del Derecho Romano, de intransmisibilidad del *ius delationis* a los herederos hereditas nondum adita non transmittitur, o hereditas delata, nondum adquisita, non transmittitur ab heredes, que encuentra su fundamento en el carácter personalísimo de la condición de heredero que no admite que otro pueda adquirir tal condición. Regla propia del Derecho Romano que llegó a recogerse en el Corpus Iuris, pero que encuentra numerosas excepciones que invierten la condición de regla general de la intransmisibilidad. Como excepciones se recogen las siguientes: la transmissio *ex capite in integrum restitutionis*[162], en virtud de la cual se transmite a los herederos el derecho para obtener una *restitutio in integrum* que por causa de dolo, violencia, edad...podía haber obtenido el fallecido; la *transmissio ex capita infantiae*[163], a favor del pater del infante en caso de haber fallecido antes de aceptar la herencia que en vida no podía adir el padre en su nombre pero sí una vez fallecido se entendía que se le transmitía tal derecho; la *transmissio Theodosiana ex iure sanguinis*[164], que al igual que la anterior se le atribuye a Teodosio II y es consecuencia de la prohibición de aceptar antes de la apertura del testamento. En caso de fallecer antes y ser descendiente del primer causante transmitía su derecho a sus herederos descendientes. El emperador Justiniano en el año 529 d.C. da un salto, la transmissio Justinianea, o ex iure deliberando, que establece que en caso de fallecer el heredero antes de haber transcurrido el plazo para deliberar o antes del año siguiente a la delación, sus herederos descendientes podían dentro de dichos plazos aceptar la herencia. Se establece la excepción que se convierte en regla general y que como destaca Jordano Fraga[165] ha sido considerado como el verdadero antecedente de la actual regulación del ius transmissionis contenida en nuestro Derecho en el artículo 1006 del Código Civil.

Actual regulación del ius transmissionis que crea una situación descrita por la Dirección General de los Registros y del Notariado en los siguientes términos: "En virtud de esta situación, los herederos universales del primer llamado entran en posesión de la herencia del primer causante a través del derecho recibido del transmitente y en la misma proporción en que éste los ha instituido, una vez aceptada su herencia, ya que el propio ius delationis es uno de los derechos que integran la masa hereditaria de la persona a la que suceden,

---

162 Roca Sastre, R.Mª.: "*Estudios...*", *Op.* cit., pg. 297; Jordano Fraga, F.: *La sucesión en el ius delationis,* Sevilla-Madrid, 1990, pg. 36; Arias Ramos, J y Arias Bonet J.A.: *Derecho Romano..., Op. cit.*, pg. 901.

163 Roca Sastre "*Estudios...*", *Op.* cit., pg. 298; Jordano Fraga,F.: *La sucesión..., Op. cit.*, pg. 37; Arias Ramos, J y Arias Bonet J.A.: *Derecho... Op. cit.*, pg. 901.

164 Roca Sastre "*Estudios...*", *Op.* cit., pg. 297; Jordan Fraga,F.: *La sucesión..., Op. cit.*, pg. 39; Arias Ramos, J y Arias Bonet J.A.: *Derecho... Op. cit.*, pg. 901.; Albaladejo García, M.: "La sucesión *iure transmissionis*", *Anuario de Derecho Civil,* 1952, pg. 942.

165 Jordano Fraga, F.: *La sucesión..., Op. cit.*, pg. 40.

y por eso, se transmite junto con los demás bienes que forman parte de dicha herencia"(Resolución de 20 de septiembre de 1967)[166].

Así pues y de acuerdo con el artículo1006 Código civil[167], cuando los llamados a una herencia no ejercitan el ius delationis, esto es, no aceptan o repudian

---

[166] La propia Dirección General de los Registros y del Notariado establece las diferencias con el derecho de representación: *"Existen esenciales diferencias entre el ius representationis regulado por los arts.924 a 929 Código Civil y el ius transmisiones a que se refiere el artículo1006 del mismo Cuerpo legal; para el primer derecho se requiere la premoriencia al causante del representado; éste no llega a ser heredero, y el representante sucede directamente a aquél; y por el contrario, el segundo de ambos derechos supone la supervivencia al causante del transmitente y es heredero de éste el beneficiado con el derecho de transmisión, de todo lo cual dimana una dualidad de situaciones jurídicas cuya fundamental diferencia doctrinal y cuya importante consecuencia práctica puso de relieve el TS al declarar reiteradamente que el nieto que herede al abuelo por derecho de representación del hijo premuerto puede aceptar la herencia de éste a beneficio de inventario y la de su abuelo pura y simplemente, con lo cual no queda obligado a responder de las deudas del padre sino hasta donde alcancen los bienes heredados del mismo"* (Resolución de 22 de diciembre de 1949).

[167] Se contempla en este precepto un supuesto de aceptación de la herencia por persona distinta del llamado (habla impropiamente de heredero pues se trata del llamado que todavía no ha aceptado o repudiado la herencia), estamos ante la transmisión del ius delationis, también llamado "derecho de transmisión". Encontramos referencia al ius delationis por parte de los órganos judiciales en los siguientes términos:

Auto de la Audiencia Provincial de Toledo de 4 de abril de 2000:

"En el supuesto del «ius transmisionis» del artículo 1006 del Código Civil, que es el que se da en el caso presente, se produce no una premoriencia del heredero respecto del causante, sino una postmoriencia al mismo; fallece el heredero después que el causante; ya se ha abierto la sucesión y por tanto el heredero antes de fallecer ya tiene vocación y delación hereditaria, posibilidad de aceptar o repudiar la herencia, falleciendo sin embargo antes de hacerlo, transmitiendo entonces a sus herederos el «ius adeundi vel repudiandi» que no ejercitó en vida, derecho que como uno más integra la masa hereditaria de la persona a quien se sucede. Lo característico de esta figura en que a diferencia del derecho de representación, es que el representante sucede directamente del causante y no por intermedio del representado, aquí sin embargo hay dos diferentes sucesiones «mortis causa», la sucesión en el «ius delationis» y la sucesión posterior en la herencia del primer causante. El mecanismo por tanto consiste en que un primer causante fallece y su posible heredero testamentario o intestado, titular del «ius delationis», antes de aceptar o repudiar la herencia del anterior, muere, formando parte de su patrimonio aquel «ius delationis», que se trasmite con todo lo demás a sus herederos testamentarios o intestados. Si estos a su vez aceptan la herencia de su causante, adquieren formando parte del patrimonio del mismo, el derecho a aceptar o repudiar la herencia del primero".

En la misma línea se pronuncia la Audiencia Provincial de Las Palmas en Auto de 22 de diciembre de 2003 y la Audiencia Provincial de Sevilla en auto de 24 de mayo de 1999:

"Por último, aunque el derecho de transmisión suponga la muerte del transmitente después de la del primer causante, tampoco puede fundamentarse en este derecho la petición que se formula, pues, en virtud de éste, recibe el transmisario el contenido de la herencia del primer causante, pero no el título de heredero de éste. Sólo puede ser heredero suyo el transmitente. Como pone de manifiesto la doctrina dominante, la aceptación del transmisario determina que herede el segundo causante, es decir, el primer instituido, y sólo a través de la herencia de éste, produciendo sus efectos en la herencia de éste, como parte de la herencia de éste, llega hasta la esfera jurídica del transmisario la sucesión del primer causante. El transmisario ha recibido del segundo causante el derecho a aceptar la herencia del primero, pero la ley no puede hacer que el transmisario sea

la herencia a la que han sido llamados, este derecho se transmite a los herederos del llamado que, al aceptar la herencia de éste, adquieren por formar parte de la misma, el derecho que les faculta para aceptar o repudiar la herencia a que dicho derecho se refiere, la del causante de su o sus causantes.

Siendo tres los sujetos que intervienen en el esquema del ius delationis ha sido tradicional la discusión doctrinal que pone sobre la mesa la cuestión jurídica de si el transmisario al hacer uso del ius delationis ¿se convierte en heredero del primer causante o es heredero del transmitente o segundo causante?

Frente a la doctrina mayoritaria, es de obligada referencia el completo estudio que realiza Albaladejo[168] al dar respuesta a la pregunta ¿a quién ha sucedido el adquirente? En los siguientes términos: "Se es sucesor del transmitente en el ius delationis y sucesor del primer causante en la herencia de éste. Pero sucesor de éste directamente-recta vía- y no a través del transmitente. Este es sólo un que transmitió el derecho a aceptar". Reconoce que su punto de vista es contrario el que prevalece en la doctrina, entre otros, Roca Sastre, Manresa y Sánchez Román[169] para quien el transmisario sucede al heredero que murió sin aceptar ni repudiar la herencia del primer causante y no a éste.

Para Albaladejo, el ius delationis se encuentra en la herencia del transmitente y al ejercitarlo aceptando sucede al primer causante, siendo evidente, a los ojos del autor, que el transmitente sólo transmite el derecho a adquirir la herencia del primer causante. Considera[170] equivocado defender la retroactividad de la aceptación de la herencia por parte del adquirente del ius delationis que se considere adquirida por el transmitente al momento de la muerte del primer

---

directamente llamado a ella, puesto que el primer causante no ha pensado en él ni lo ha nombrado en el testamento, ni es su heredero «ab intestato». Es heredero del transmitente y no heredero del primer causante.

En un Fundamento de Derecho anterior la Sala señala :

"Pues bien, al igual que el Ministerio Fiscal, que recurrió el Auto de declaración de herederos recaído en la primera instancia, que fue dictado en la forma solicitada por los promotores, considera la Sala que es la situación que exista al momento del fallecimiento del «de cuius» la que hay que tener en cuenta a la hora de efectuar la declaración de herederos, teniendo por tales a quienes lo sean en ese momento, aunque fallezcan con anterioridad a la solicitud. Así se deduce claramente de lo dispuesto en el artículo 758 del citado Código con relación a la capacidad para ser heredero, al disponer que, para calificarla, se atenderá, únicamente, al tiempo de la muerte de la persona de cuya sucesión se trate. Por ello, como al fallecer doña Dolores S. O. vivía aún su hermano don Mariano S. O., el padre de dos de los tres promotores del expediente, don Manuel y don Victoriano S. L., debe ser aquél declarado heredero junto a su hermana doña Josefa S. O., sin perjuicio de que, en el supuesto de que hubiera sido solicitado, y por economía procesal, pudiera haberse efectuado la declaración de herederos de don Mariano en favor de sus hijos, una vez efectuada la de su hermana doña Dolores en su favor y en el de su hermana doña Josefa".

[168] Albaladejo García, M.: "La sucesión... "*Op. cit.*, pg. 912-971.

[169] Sánchez Román, F.: *Estudios..., Op. cit.*, pg. 1785; Manresa y Navarro, JMª.: *Comentarios..., Op. cit.*, pg. 452; Roca Sastre, RMª.: *Estudios..., Op. cit.*,296.

[170] Albaladejo García, M.: "La sucesión...", *Op. cit.*, pg. 953-956.

causante. El adquirente ejercita un derecho propio que se le ha transmitido, un derecho a hacer la herencia del que la aceptase siendo el transmitente un vehículo por el que el ius delationis llega al adquirente. Si se defiende que se sucede al transmitente, ello conlleva que los efectos de la aceptación de la herencia del primer causante se retrotraen sólo hasta la muerte del transmitente lo que resulta inadmisible. Concluye afirmando que estamos ante dos sucesiones de dos personas diferentes, siendo heredero el que sucede a título universal y no sólo el que es llamado.

O'Callaghan[171] comparte del estudio de Albaladejo que la consecuencia de heredar al primer causante conlleva que se le exige la capacidad, dignidad y ausencia de prohibiciones respecto al primer causante para poder adquirir su herencia. Si bien para autores como Manresa[172] que considera que los herederos del heredero no son realmente sucesores directos del primer causante y en consecuencia se deduce que la incapacidad del adquirente respecto del primer causante no es obstáculo para que acepten en nombre del transmitente siempre que éste fuese capaz en la herencia primera. En la misma línea Sánchez Román[173], para quien los herederos incapaces o indignos con relación al transmitente no pueden aceptar ni repudiar la herencia del primer causante, aunque no concurran en el heredero premuerto, pero sí al contrario.

Trasladamos la polémica a la sucesión del Estado donde la situación descrita no cambia si quien es heredero es la Administración del Estado,[174] y de igual forma se plantea ¿a quién hereda el Estado: al primer causante o al transmitente? Pero lo cierto es que con independencia de que adoptemos una u otra postura[175], surgen problemas nuevos ante la especialidad del sujeto que hereda:

---

[171] O, Callaghan, X.: *Comentario del Código Civil,* tomo I, Ministerio de Justicia, Madrid, 1993, pg. 2384.

[172] Manresa y Navarro, JMª.: *Comentarios..., Op. cit.,* pg. 452.

[173] Sánchez Román, F.: *Estudios..., Op. cit.,* pg. 1785.

[174] Con la particularidad que por ministerio de la ley en todo caso la aceptación de la herencia será a beneficio de inventario evitando llegar a la situación descrita por Sánchez Román, F.: *Estudios..., Op. cit.,* pg. 1784, de confusión de los tres patrimonios, el del primer causante, el del segundo y el del que acepte las dos herencias pura y simplemente.

[175] La práctica procesal por parte de la Abogacía del Estado lleva a redactar el suplico en términos que acoge la doctrina mayoritaria: "SUPLICO AL JUZGADO que, teniendo por presentado este escrito, se sirva admitirlo y tener por formulada solicitud de declaración de heredero abintestato a favor del Estado de los bienes y derechos de la causante que proceda a iniciar los trámites previstos en los arts. 977 y ss de la Ley de Enjuiciamiento Civil y que, una vez concluida dicha tramitación, dicte auto declarando al Estado único y universal heredero abintestato de la causante con entrega al mismo de todos los bienes, derechos, libros y papeles que integran su herencia.

Dado que entre dichos bienes y derechos se encuentra el derecho a aceptar la herencia de la causante, Suplico igualmente al Juzgado que se declare a aquélla heredera abintestato de su esposo, por ejercicio por parte del Estado del derecho de transmisión a que se refiere el artículo 1.006 CC, con entrega a este último de los bienes y derechos que integraban la herencia".

1) Un primer problema al que nos enfrentamos es consecuencia indirecta de la diferencia que marca la Ley de Enjuiciamiento Civil de 1881 a la hora de establecer dos vías para obtener la declaración de heredero abintestato: notarial en caso de ser descendientes, ascendientes o cónyuge del causante quienes deseen obtener la declaración de heredero abintestato frente a los colaterales dentro del cuarto grado y demás herederos que deben acudir a la vía judicial. Solución que coloca al Estado en peor situación que el resto de los herederos (a excepción de los colaterales) como ya puso de manifiesto Díez Picazo[176], lleva a posible indefensión del Estado y refleja el absurdo de las dos vías que establecen los artículos 979 y 980 de la Ley de Enjuiciamiento Civil. Como ejemplo de lo anterior traemos a colación un procedimiento de declaración de heredero tramitado ante el Juzgado de Primera Instancia nº 67 de los de Madrid a favor del Estado respecto de Dª Serafina, fallecida en Madrid el 31 de enero de 2001, sin haber otorgado testamento, sin parientes dentro del cuarto y de estado civil viuda. Su marido D. José había fallecido el 24 de abril de 2000 sin haber otorgado testamento y sin que constara que tuviera descendientes ni ascendientes, siendo su heredero abintestato Dª Serafina, como cónyuge del primer causante. El problema se plantea al fallecer sin haber aceptado la herencia de su marido, lo que deriva en la aplicación del artículo 1006 del Código Civil previa declaración de heredero abintestato del primer causante. La cuestión que se plantea es si el Estado como heredero con arreglo al artículo 956 del Código Civil tiene que acudir a la vía notarial para que declare a Dª Serafina heredera del primer causante o puede obtenerse en ambos casos la declaración vía judicial. Puede parecer absurdo, por carecer de legitimación, exigir al Estado que acuda ante el Notario para obtener la declaración de heredero de Dª Serafina respecto de su marido y, sin embargo, es la solución que adopta el Juzgado de Primera Instancia el 20 de enero de 2009 al dictar la siguiente providencia: "Y teniendo en cuenta que existieran o no descendientes o ascendientes de D.José es lo cierto que habiendo fallecido en estado de casado con Dª Serafina, es a ella al que a falta de aquellos correspondería ser declarada heredera de su esposo, siendo así que los trámites para la declaración de herederos de D. José habrán de acomodarse a la legislación notarial, debiendo hacerse por ante Notario hábil para actuar en el lugar en que hubiere tenido el causante su domicilio y ante el cual se practicará la prueba testifical y documental precisa, tal y como previene el artículo 979 de la Ley de Enjuiciamiento Civil de 1881. Procede dejar en suspenso la sustanciación de las presentes actuaciones hasta que se aporte al presente expediente el acta de notoriedad de la declaración de herederos de D. José, e incorporada que ésta sea a las actuaciones, se iniciarán los trámites oportunos para proceder a la declaración de herederos de Dª Serafina,

[176] Díez Picazo, L y Gullón, A.: *Sistema...Op. cit.*, pg. 476.

si procediera". Recurrida en reposición por el Abogado del Estado se dicta auto de fecha 9 de febrero de 2009 desestimatorio del recurso, en cuanto a la solicitud de declaración de herederos respecto de D. José, argumentando que los órganos judiciales carecen de competencia para realizar la declaración solicitada por quedar reservada a los Notarios en el artículo 979 de la Ley de Enjuiciamiento Civil; lo anterior unido a mantener la legitimación del Estado para iniciar el acta de notoriedad en la que se reconozca su derecho a la herencia de D. José al amparo del artículo 209 del Reglamento Notarial. Consecuencia de los anteriores pronunciamientos judiciales se diferencian dos procedimientos, uno primero respecto de Dª Serafina que se admite a trámite ante el Juzgado de Primera Instancia y otro segundo respecto de D. José que suspende la sustanciación del mismo hasta que se aporte por el Estado el acta de notoriedad que ha de iniciar la Abogacía del Estado.

La situación descrita es superada por la Audiencia Provincial de Madrid, sección decimotercera, recurso de apelación 481/2009, auto de cuatro de diciembre de 2009 que estima el recurso de apelación interpuesto por la Abogacía del Estado[177] sobre la base de los siguientes argumentos: "El Estado hereda "ipso iure" sin necesidad de aceptación ex artículo 957 del Código civil, pero no puede apoderarse de los bienes sin que preceda la declaración judicial de herederos a su favor por falta de parientes con derecho a heredar, conforme preceptúa el artículo 958 del Código Civil. Luego si el Estado solo puede obtener tal declaración en virtud de un pronunciamiento judicial; si la declaración de ser los únicos herederos abintestato de una persona a través de acta de notoriedad tramitada por Notario hábil únicamente pueden solicitarla y obtenerla quienes sean descendientes, ascendientes o cónyuge del finado, relación de parentesco que no ostenta el Estado; y si el "ius transmissionis" que ostenta respecto a la herencia de D. José es un derecho propio que no puede ejercitar en nombre de Dª Serafina, por haberse transformado en aquél el inicial "ius delationis" de que ésta era titular; es obvio que el Estado quedaría privado del reconocimiento de un derecho que tiene y se le causaría una manifiesta indefensión de seguir el criterio mantenido en la resolución apelada; ya que carecería de legitimación para pedir ante un Notario la declaración de herederos de Dª Serafina respecto

[177] Los argumentos contenidos en el escrito de formalización del recurso de apelación frente al Auto de 9 de febrero de 2009 se pueden resumir en los siguientes puntos: 1) Interpretación literal del artículo 979 Ley de Enjuiciamiento Civil que únicamente legitima a quién sea cónyuge, descendiente o ascendiente para instar la vía notarial; 2) Falta de legitimación del Estado para acudir ante el Notario a instar la declaración de heredero por no tener lazo alguno de parentesco con D. José, ser heredero no le convierte en sujeto legitimado; 3) Dentro del patrimonio de Dª Serafina se encuentra el "ius delationis" que se transmite a quién sea declarado su heredero abintestato; el Estado como titular del "ius transmissionis" puede aceptar la herencia del esposo de Dª Serafina en el mismo procedimiento que solicita la declaración de heredero de aquella; 4) Razones de economía procesal; 5) Evitar la inseguridad jurídica que supone la vacancia indefinida de la herencia de D. José; 6) Evitar duplicidad de procedimientos (judicial, notarial) para resolver una sola cuestión.

de D. José, por no estar ninguno de los supuestos subjetivos de legitimación que enumera el artículo 979 Ley de Enjuiciamiento Civil". La Audiencia Provincial rechaza la legitimación, defendida por el Juzgado de Primera Instancia, al amparo del Reglamento Notarial por ser la genérica para todas las actas de notoriedad, pero no la específica para la sucesión intestada recogida en la Ley de Enjuiciamiento Civil para el Estado que el artículo 958 del Código Civil defiere en exclusiva la declaración de heredero del Estado a los órganos judiciales: "Razones legales a las que se unen las de economía procesal en evitación de un más que previsible e infructuoso peregrinaje del Estado ante el Notario, sobre todo cuando las garantías que ofrece el procedimiento judicial se ven acrecentadas con la intervención del Ministerio Fiscal", argumentaciones que sustentan la estimación del recurso de apelación y que tiene como consecuencia revocar el auto impugnado y la unificación en un mismo procedimiento de la declaración de heredero abintestato a favor del Estado de ambos causantes.

2) Un segundo problema guarda relación con lo dicho en el capítulo anterior, sobre aceptación de la herencia. La tramitación del expediente de declaración de heredero abintestato, la formulación de la demanda ante el Juez competente y, en definitiva, la ejecución de los actos que regula el Real Decreto 1373/2009, suponen una aceptación tácita, que sólo con la condición de heredero se pueden ejercitar, pero que se limita a la herencia del causante de cuya sucesión se solicita ser declarado heredero y no se extiende al ejercicio del ius delationis que forma parte de la herencia aceptada para el cual se necesita un acto expreso de aceptación. En el caso de que el Estado opte por aceptar la herencia del primer causante se requiere Orden del Ministro de Hacienda de conformidad con lo dispuesto en el artículo 21 de la Ley 33/2003 de Patrimonio de las Administraciones Públicas, siguiendo el criterio mantenido por la Abogacía General del Estado[178], y aunque el primer párrafo del citado precepto no distingue entre sucesión testada e intestada "y, por otro lado, tampoco parece sostenible que la mera remisión efectuada por el precepto a los artículos 956 a 958 del Código Civil excluye aquel requisito, es lo cierto que también puede defenderse que así como en la sucesión testada en favor del Estado la aceptación debe ser expresa (y mediante Orden ministerial), tratándose de la sucesión abintestato del mismo debe tenerse en cuenta que el propio Estado debe solicitar y obtener, la declaración judicial de heredero para después incoar el oportuno procedimiento administrativo para enajenar los bienes y distribuir su producto. Pues bien, la ejecución de los actos que ese procedimiento implica el ejercicio de las facultades que sólo con la condición de heredero puede realizar, puede considerarse que la incoación de

[178] Informe núm. 45/96 (referencia PATRIMONIO) de la Subdirección General de los Servicios Consultivos de la Abogacía General del Estado-Dirección del Servicio Jurídico del Estado.

dicho procedimiento equivale a la aceptación tácita de la herencia respecto de la que se ha obtenido la oportuna declaración judicial".

Admitiendo que concurre un supuesto de aceptación tácita en la sucesión intestada a favor del Estado y exigiendo un acto expreso para aceptar la herencia del primer causante ¿qué ocurre con los bienes que integran la segunda herencia? ¿quedan sujetos al reparto del artículo 956 del Código Civil? ¿o, bien pasan a integrar el patrimonio del Estado sin que exista obligación de efectuar la distribución de los tres tercios?

A estas preguntas da nuevamente respuesta la Abogacía General del Estado en informe de octubre de 1996, AEH-Patrimonio 45/96, donde concluye afirmando que una vez aceptada la herencia del causante los bienes que integren la herencia pasaran al Patrimonio del Estado sin obligación de la distribución prevista en el artículo 956 del Código Civil "por no tratarse de una sucesión legal o abintestato". La premisa sobre la que asienta tal conclusión de la Abogacía General del Estado[179] es cierta por limitarse el reparto del artículo 956 del Código Civil a los bienes obtenidos mediante sucesión intestada, pero no compartimos la conclusión del Centro directivo que en caso de aceptación por parte del Estado de la herencia del primer causante, consecuencia del ejercicio del ius delationis, estemos ante una sucesión testamentaria. Lo anterior nos plantea ¿bajo qué título se constituye en heredero sobre la herencia del primer causante, en heredero testamentario o abintestato?

Frente al criterio mantenido por la Abogacía General del Estado (entre otros, Informes núm. 45/96 y 46/96 de la Subdirección General de los Servicios Consultivos de la Abogacía General del Estado-Dirección del Servicio Jurídico del Estado) entendemos que tanto en el supuesto de que el causante de quien el Estado hereda directamente sea a su vez llamado a una herencia por haber sido instituido así en testamento como en el supuesto de que el llamamiento del transmitente sea por ley, en ambos casos el Estado ostenta su derecho por entrar en juego los artículos 956 y siguientes del Código Civil, y en consecuencia se ha de sujetar al reparto previsto en el artículo 956 del Código Civil sin que altere la calificación del título, que siempre será abintestato y no testamentario, en la existencia de testamento o no otorgado por el primer causante. En ambos supuestos el derecho del Estado nace de la concurrencia de alguno de los supuestos del artículo 912 del Código Civil unido a la ausencia de parientes

[179] En el supuesto concreto sobre el que la Abogacía General del Estado emite informe, el Estado, por su condición de heredero de seis hermanos llamados a la sucesión testamentaria de su madre, es titular del ius delationis o derecho a aceptar o repudiar la herencia testamentaria de la madre. Sin que, recoge el informe, "*por su condición de heredero abintestato de cinco de los hijos de la causante deba entenderse alterado el título de la sucesión de la misma, que sigue siendo testamentario, y sin que tampoco pueda considerarse que los bienes integrados en la herencia de la madre formen parte de la herencia obtenida por el Estado a título de abintestato*".

con mejor derecho siendo el título que adquiere el de heredero abintestato con las limitaciones sobre el destino del caudal hereditario que ello legalmente conlleva.

III.2.2.5. Supuesto especial del artículo 3.4. Ley concursal, 22/2003, de 9 de julio. ¿Excluiría la solicitud del concurso por el Estado de la necesidad de resolución judicial de heredero abintestato que exige el artículo 979 Ley de Enjuiciamiento Civil?

Junto a la sucesión a favor del Estado encontramos en nuestro ordenamiento, como hemos visto anteriormente, otros ejemplos de beneficio de inventario no porque el heredero lo haya decidido y así solicitado, si no porque la ley así los dispone sin necesidad de declaración alguna sobre ello, destacando el supuesto de la legislación concursal, en concreto el inciso final del artículo 3.4. de la Ley Concursal que parece contradecir los preceptos citados del Código Civil al admitir la aceptación tácita del beneficio de inventario al disponer: "La solicitud formulada por un heredero producirá los efectos de la aceptación de la herencia a beneficio de inventario".

Decimos parece porque es lo que se deduce de una primera lectura, pero si analizamos el Código Civil (artículos 999 y ss) y admitimos lo dicho anteriormente, que el beneficio de inventario no es una forma de aceptación limitando los efectos de la misma, la respuesta a tales preguntas ha de ser negativa. El inciso de la Ley Concursal ("La solicitud formulada por un heredero producirá los efectos de la aceptación de la herencia a beneficio de inventario") recoge un supuesto de aceptación tácita y al igual que en todos aquellos supuestos en que por Ley se considera aceptada a beneficio de inventario sin dar opción a una aceptación pura y simple nos encontramos ante el beneficio de inventario ex lege, se impone el beneficio de inventario por ministerio de la Ley.

El artículo 1000 del Código Civil enumera una serie de actos que suponen necesariamente la voluntad de aceptar o que no podría ejecutar sino con la cualidad de heredero. Aceptación tácita que ha dado lugar a numerosa jurisprudencia que ha matizado qué actos suponen actos de señor[180]. La regulación concursal considera una forma de aceptación tácita de la herencia la solicitud formulada por el llamado a la herencia. Se nos plantea entonces una cuestión diferente y es si en caso de sucesión intestada estamos ante una excepción a la exigencia de declaración judicial de heredero o acta de notoriedad si el Estado previa declaración judicial de herederos abintestato solicita el concurso de una

[180] *Actos de señor* que señalaban las Partidas VI, tit.VI ,ley.11, como aquellos que no habría derecho a ejecutar sino con la cualidad de heredero.

herencia yacente a la que es llamado por ley a convertirse en heredero. Siendo uno de los presupuestos para que pueda tomar posesión de los bienes la previa declaración judicial ¿excluiría la solicitud del concurso por el Estado de la necesidad de resolución judicial de heredero abintestato que exige el artículo 979 Ley de Enjuiciamiento Civil[181]? Supuesto que entendemos sería extensible a la realización por el Estado de cualquier otro acto que implique la voluntad de aceptar o que sólo pueda realizar con la cualidad de heredero.

Resulta ilustrativa a la cuestión planteada la Sentencia de la Audiencia Provincial de Asturias nº 506/2004, de 23 de noviembre que, entre otras cuestiones, analiza la falta de legitimación del Estado para interponer el recurso de apelación alegada por la contraparte al no haber sido declarado heredero el Estado. La Abogacía del Estado recurre en apelación la sentencia dictada por el Juzgado de Primera Instancia núm. 3 de Gijón de fecha 15 de enero de 2004 que condena a los herederos, declarados en rebeldía, a otorgar al demandante (sobrina del causante) escritura pública de compraventa de un inmueble. El Juzgado, al constar en autos el acuerdo de la Abogacía General de Madrid de autorizar la incoación de procedimiento de abintestato a favor del Estado, consideró procedente, no obstante no haber sido parte por no haber sido declarado heredero abintestato, notificar a la Abogacía del Estado la resolución judicial. Una vez notificada la sentencia y no habiendo sido parte en el proceso de primera instancia se recurre por la Abogacía del Estado en apelación alegando entonces la parte actora del proceso falta de legitimación necesaria para recurrir al no haber sido declarado el Estado heredero.

El supuesto enjuiciado es de herencia yacente y con todos los indicios de un caso de sucesión del Estado en aplicación del artículo 956 Código Civil. La Audiencia Provincial considera al Estado legitimado para recurrir por ostentar

[181] Art 979. *La declaración de que determinadas personas, que sean descendientes, ascendientes o cónyuge del finado, son los únicos herederos abintestato se obtendrá mediante acta de notoriedad tramitada conforme a la legislación notarial por Notario hábil para actuar en el lugar en que hubiere tenido el causante su último domicilio en España y ante el cual se practicará la prueba testifical y documental precisa.*

Artículo 980. *Los demás herederos abintestato podrán obtener la declaración en vía judicial justificando debidamente el fallecimiento de la persona de cuya sucesión se trate y su parentesco con la misma y, con la certificación del Registro general de actos de última voluntad y con la información testifical, que dicha persona ha fallecido sin disposición de última voluntad, y que ellos solos, o en unión de los que designen, son sus únicos herederos.*

Para deducir esta pretensión no necesitarán valerse de Procurador pero sí de Letrado cuando el valor de los bienes de la herencia exceda de 400.000 pesetas.

Dicha información se practicará con citación del Fiscal, a quien se comunicará después el expediente con seis días para que dé su dictamen. Si encontrare incompleta la justificación, se dará vista a los interesados para que subsanen la falta.

También se practicará el cotejo de los documentos presentados con sus originales cuando lo pidiere el Fiscal o el Juez lo estimare necesario.

un interés directo y legítimo que viene dado por ser llamado por ley a la sucesión aunque no haya recaído aún declaración de herederos a su favor:

> "Al administrador le corresponde la representación de la herencia en tanto en cuanto no haya sido aceptada por los herederos (durante la tramitación de la declaración de herederos por ejemplo). Esta representación permite que los acreedores del causante puedan ejercitar sus acciones frente a la herencia, sin esperar a que haya herederos (arts. 6.1.4° y 7.5 Ley de Enjuiciamiento Civilivil) Por su parte el administrador podrá ejercitar las acciones que le correspondieran al difunto. Tras la aceptación los acreedores del causante no deben demandar a la herencia representada por el administrador, sino directamente al heredero, a la comunidad hereditaria o a los coherederos (asi resulta del artículo 798 Ley de Enjuiciamiento Civilivil), que no era el caso. En consecuencia se reputa que estamos ante un supuesto de herencia yacente cuya representación la ostenta el administrador. Con independencia de la "parsimonia" a que expresamente alude la parte apelada con relación a la promoción del expediente de declaración de herederos, a través del procedimiento se ha desvelado que quien verdaderamente ostentaba la condición de parte procesal legítima era la herencia yacente de D. Gonzalo, representada a través de su administrador.
>
> Antes de dictarse sentencia ya obra en las actuaciones conocimiento sobre el expediente de declaración de herederos a instancia del Abogado del Estado, quien con posterioridad solicitó el nombramiento de un administrador.
>
> Según el artículo 956 Código Civil en el supuesto enjuiciado heredarla el Estado. Dejando al margen la tesis de algún sector doctrinal según el cual el Estado hereda ipso iure sin necesidad de aceptación (a pesar de lo que dice el artículo 957) pero sin que pueda apoderarse de los bienes sin que proceda la declaración judicial de herederos, y dejando también en cierta medida al margen la conclusión de que el heredero o herederos llamados están legitimados para llevar a cabo actos conservativos o de administración provisional (art. 999 Código Civil), es indiscutible el interés legitimo del Estado para interponer el recurso de apelación, tanto porque su intervención se la confiere la resolución de instancia en pronunciamiento no recurrido como porque su interés directo y legitimo viene dado porque es el llamado por la Ley a la sucesión aunque no haya recaido aún declaración de herederos a su favor considerándose que actúa en consecuencia en beneficio de la masa hereditaria sin que conste por ello perjuicio alguno".

A la vista de lo anterior podemos afirmar que el Estado ostenta un interés legítimo que le legitima para la realización de actuaciones en beneficio de la masa hereditaria y que, si bien es necesaria la previa declaración judicial para que el Estado pueda tomar posesión de los bienes, cabe considerar como aceptación tácita la realización de actos que implican la voluntad de heredar como la realización de actuaciones previas a la declaración judicial de heredero abintestato o instando la declaración de concurso de la herencia.

CAPÍTULO IV
RÉGIMEN ADMINISTRATIVO

IV.1. DECRETO 2091/1971, DE 13 DE AGOSTO, DE SUCESIÓN ABINTESTATO A FAVOR DEL ESTADO

La sucesión del Estado como objeto de estudio exige conjugar normas de Derecho Privado, dada su condición de heredero, con normas de Derecho Público, al ser el Estado una persona jurídica de Derecho Público. En el presente apartado vamos a analizar las actuaciones administrativas que la sucesión del Estado determina y que tradicionalmente han estado recogidas en el Decreto 2091/1971, de 13 de agosto, sobre régimen administrativo de la sucesión abintestato a favor del Estado; si bien hoy derogado, exige un breve análisis por ser la norma que mayor vigencia ha tenido sobre la materia.

Decreto 2091/1971 que a su vez derogó el Real Decreto de 23 de junio de 1928 que regulaba los aspectos orgánicos y procedimentales de los expedientes administrativos que deben tramitarse como consecuencia del derecho del Estado a suceder a quien hubiere fallecido sin herederos legítimos. La publicación de la Ley del Patrimonio del Estado de 1964 y el transcurso de más de cuarenta años desde la vigencia del citado Real Decreto motivan la aprobación del Decreto de 1971 que persigue "sin apartarse de los principios básicos de la disposición que se deroga, acomodar sus preceptos a las realidades administrativas actuales y contemplar los derechos del Estado como heredero abintestato bajo el prisma de la normativa general de su patrimonio único, sin perjuicio de reflejar las especialidades que la materia requiere"[182].

Como complemento y aclaración del Decreto de 1971 la Circular de la Dirección General del Patrimonio del Estado de 18 de abril de 1997 recoge las instrucciones a seguir en el procedimiento de abintestato que derogan y

[182] Exposición de Motivos Decreto 13 de agosto de 1971, núm. 2091/71 (Ministerio de Hacienda). BOE, 20 septiembre, 1971, núm. 225.

sustituyen a las contenidas en la Circular de 16 de enero de 1961 recogiendo la experiencia acumulada y superando el obstáculo que suponía la anterior Circular que seguía vigente en aspectos que se oponían al Decreto de 1971.

Siguiendo la sistemática del Decreto de 13 de agosto de 1971, la regulación del procedimiento administrativo a seguir para obtener la declaración judicial de heredero abintestato exige separar las actuaciones previas y posteriores al auto de declaración de heredero abintestato; previas de investigación y posteriores de administración, liquidación y distribución del caudal hereditario.

El artículo 1 del Decreto 2091/1971, establece que las actuaciones para el reconocimiento de los derechos que como heredero abintestato concede al Estado el artículo 956 del Código Civil se iniciarán por la Delegación de Hacienda de la provincia en que el finado hubiera tenido su último domicilio.

1. De oficio, por propia iniciativa o a excitación de las autoridades, funcionarios o personas a que se refieren los artículos 2 y 4[183] del Decreto de 1971, donde se distingue entre personas obligadas a dar cuenta del fallecimiento a la Delegación de Hacienda por razón de su condición de autoridad o funcionario público (se incluye en el mismo grupo al propietario o arrendatario de la vivienda o establecimiento donde haya ocurrido el fallecimiento, o cualquier persona en cuya compañía hubiera vivido el fallecido y el administrador o apoderado de mismo) de todo aquel que tenga noticia del fallecimiento de alguna persona de la que pudiera el Estado ser heredero abintestato.
2. Por denuncia de persona no obligada, por medio de escrito al que deberá acompañarse justificación del fallecimiento del causante, último domicilio y procedencia de la sucesión intestada, por concurrir alguno de los supuestos previstos en el artículo 912 del Código Civil.

[183] Dispone el artículo 2: "*Toda autoridad o funcionario público, bien pertenezca a la Administración Central, a la Local o a la Autónoma, que por cualquier conducto tenga conocimiento del fallecimiento intestado de alguna persona que carezca de herederos legítimos está obligado a dar cuenta del mismo a la Delegación de Hacienda de la provincia en que el finado hubiere tenido su último domicilio. El incumplimiento de esta obligación dará lugar, en su caso, a la aplicación de lo dispuesto en los artículos 48 y 51 de la Ley del Patrimonio del Estado, texto articulado aprobado por el D.1022/1964, de 14 de abril. La misma obligación incumbe a los dueños o arrendatarios de la vivienda o establecimiento en que hubiera ocurrido el fallecimiento, o cualquier persona en cuya compañía hubiera vivido el fallecido y el Administrador o Apoderado del mismo*". El incumplimiento de la obligación de poner en conocimiento el fallecimiento intestado tiene como consecuencia la posible imposición de multas por el Consejo de Ministros a propuesta del de Hacienda por importe de 1.000 a 25.000 ptas.; si se tratase de funcionarios públicos, se pondrá además la falta en conocimiento del superior inmediato para los efectos a que hubiere lugar en el orden administrativo.

Derecho en concepto de premio. La denuncia tiene como efecto poner en conocimiento unos hechos sin que el denunciante sea parte en el proceso, más allá de su citación como testigo por el Abogado del Estado dado su conocimiento de la situación del fallecido. Con la finalidad de motivar la puesta en conocimiento de la Administración hechos que son de su interés se reconoce al denunciante, en concepto de premio, derecho a percibir el diez por ciento de la parte que proporcionalmente corresponda a los bienes relacionados en su denuncia en el caudal líquido que se obtuviere[184].

La Sala de lo Contencioso Administrativo del Tribunal Superior de Justicia de Aragón en sentencia de 18 de marzo de 2003 confirmó la denegación del premio por no dirigirse la denuncia a la Hacienda de la Comunidad Autónoma de Aragón y carecer de los requisitos que exige el artículo 3 del Decreto 2091/1971[185]. Dice la Sala que "para reconocer el derecho a premio previsto en el artículo 21 se requiere una especial diligencia del interesado, no sólo en la puesta de manifiesto del fallecimiento, sino de facilitar y acreditar datos esenciales en orden a conocer la vocación hereditaria de la Administración por la inexistencia de herederos legítimos; el propio fallecimiento; los bienes de los que disponía. Todas estas circunstancias deben ser facilitadas y en el presente caso no lo han sido, el actor se ha limitado a hacer unas manifestaciones sin nada acreditar".

Derecho de premio que no alcanza a quienes formular denuncia forma parte de sus obligaciones. Siendo conforme a derecho la denegación del premio a quién fue nombrada depositaria y administradora de los bienes del

[184] En el ámbito tributario hasta la Ley 21/1986, de 23 de diciembre, de Presupuestos Generales del Estado para 1987, se reconocía el derecho a la participación en la multa a favor del denunciante. La nueva redacción de los artículo 101 y 103 de la Ley General Tributaria concibe la denuncia pública como un modo de iniciar la actuación inspectora e investigadora de los órganos de la Administración Tributaria, el denunciante no es interesado y, por tanto, no está legitimado para intervenir en la actuación comprobatoria e investigadora iniciada a raíz de la denuncia; tampoco lo está para impugnar la resolución del expediente, resultado de las actas de inspección y no participa en la multa que se impone al denunciado. Exclusión del premio en las denuncias tributarias que lleva a buscar otras razones que impulsen a formular la denuncia, como puede ser una cuestión moral, de venganza, de competencia... Burlada Echeveste, J.L; Burlada Echeveste, I.: "La denuncia pública en el derecho tributario", www.westlaw.es, *Quincena Fiscal Aranzadi,* núm.6/2010, Pamplona, 2010, BIB 2010\275, partiendo del carácter voluntario de la denuncia siendo un instrumento de colaboración social voluntaria en defensa del interés general y afirman que *"la reacción frente a la denuncia temeraria giraba en torno al derecho a la participación del denunciante en las sanciones, pues el rechazo de la denuncia pública podía fundamentar la no devolución, total o parcial, del depósito de la garantía que exigía a los denunciantes"*.

[185] De aplicación en Aragón hasta la aprobación del Decreto autonómico 191/2000, de 7 de noviembre, del Gobierno de Aragón, sobre regulación de las actuaciones administrativas en la sucesión legal a favor de la Comunidad Autónoma de Aragón. Decreto autonómico que suprime el derecho a premio reconocido en el Decreto de 1971, salvo en el caso de entidades de asistencia o acción social inscritas en el Registro de Entidades, Servicios y Establecimientos de Acción Social de la Diputación General de Aragón.

causante "como quiera que la recurrente ostentaba el cargo de administradora y depositaria de los bienes del fallecido tras ser nombrada como tal en Auto de 29 de mayo de 1998 del Juzgado de Primera Instancia número diez de los de Zaragoza, en autos de Prevención abintestato, habiéndolo aceptado en la misma fecha, cuando formuló la denuncia de dicho fallecimiento el día 1 de junio, ello formaba parte de sus obligaciones como tal siéndole de aplicación lo dispuesto en el artículo 2 del referido Decreto y en modo alguno el artículo 3 en relación con el 21 del mismo texto legal, de manera que la comunicación a la Diputación General de Aragón de la muerte del causante no le suponía derecho a premio sino que, por el contrario, no era sino una carga u obligación aneja al cargo de administradora que voluntariamente aceptó y con ello las responsabilidades inherentes e inseparables de dicha situación" (Sentencia de 18 de noviembre de 2003 de la Sala de lo Contencioso Administrativo del Tribunal Superior de Justicia de Aragón)[186].

En la fase de instrucción se relacionarán los bienes dejados por el difunto y reunirán las pruebas de los eventuales derechos sucesorios del Estado. Realizadas las actuaciones administrativas, la Dirección General del Patrimonio del Estado, si considera fundado el derecho sucesorio del Estado propone a la Abogacía General del Estado que curse las instrucciones oportunas al Abogado del Estado de la provincia respectiva para que inste la declaración de herederos abintestato a favor del Estado ante el Juzgado competente.

Como peculiaridad que presenta la sucesión del Estado en las actuaciones a seguir señalar la intervención inicial y final de los órganos administrativos interrumpidos por la necesidad de acudir al órgano judicial competente para obtener la declaración judicial de heredero abintestato[187].

Una vez declarado el Estado heredero abintestato solicitará del Juzgado la entrega de los bienes; una vez recibidos se adoptarán, a través de la Sección de Patrimonio, las medidas que considere necesarias para la adecuada conservación y administración de los bienes; de valoración de los bienes; inscripción de los inmuebles en el Registro de la Propiedad; depósito del metálico y de los títulos valores en la Caja General de Depósitos y enajenación de los bienes muebles de fácil deterioro y, si lo estimare conveniente, de los semovientes.

---

[186] Ambas sentencias del Tribunal Superior de Justicia de Aragón son consecuencia de un procedimiento de abintestato de declaración de herederos de D. Elías Alfredo Martínez Santiago, siendo de interés por la complejidad del mismo. De Pedro Bonet, J.: "Crónica...", *Op. cit.*, pg. 107 y ss, expone de manera clara la problemática del caso, no sólo por la fortuna del fallecido valorada en cuatro mil millones de pesetas, equivalentes a veinticuatro millones de euros; la existencia de parientes chilenos de sexto grado que exige conocer las leyes de Chile (el Código Civil chileno como los posibles derechos sucesorios del fisco chileno) unido a un proceso criminal por falsificación de testamento y la existencia de bienes troncales.

[187] Declaración judicial a la que por su importancia dedicamos un capítulo independiente.

Por lo que se refiere a la distribución del caudal hereditario el Decreto de 1971 supuso la supresión de la Junta Central Distribuidora de Herencias del Estado. Se persigue una organización administrativa desconcentradora, una mayor celeridad en la tramitación de los expedientes, inmediación geográfica y adecuación a la realidad de los criterios sociales en la distribución legal de la herencia teniendo en cuenta no sólo al Estado sino también a las Instituciones de Beneficiencia, Instrucción, Acción Social y profesionales de la provincia y del municipio del domicilio del finado.

La designación de las entidades municipales y provinciales beneficiarias corresponde a las Juntas Provinciales distribuidoras de herencias del Estado quien ven limitada su discrecionalidad, con el derecho de preferencia, excluyente o cuantitativa, que gozan aquellas instituciones a las que el causante hubiera pertenecido por su profesión y consagrado a la misma su máxima actividad.

IV.2. SOLUCIÓN DE REPARTO ALTERNATIVA. ANTEPROYECTO DE LA LEY DE PATRIMONIO DE LAS ADMINISTRACIONES PÚBLICAS. MODIFICACIÓN DE LOS ARTÍCULOS 956 Y 957 DEL CÓDIGO CIVIL

El llamamiento del Estado a falta de parientes con mejor derecho es una constante en todas las legislaciones, si bien lo que varía es la naturaleza, privada como un heredero más o pública *iure imperii* del derecho que se le atribuye[188], y el destino de los bienes que adquiere el Estado.

En nuestro derecho el destino legal de los bienes hereditarios ha sufrido una evolución suponiendo un antes y un después la reforma del Código Civil operada por el Real Decreto Legislativo de 13 de enero de 1928. Siendo así que distinguimos tres etapas: una primera de atribución de toda la herencia a las entidades beneficiarias; una segunda consecuencia de la reforma de 1928 que asigna un tercio al Estado, reservando los 2/3 restantes a favor de determinados establecimientos y que es la vigente a fecha de hoy; y una tercera etapa que parece ser el camino a seguir por el legislador en un futuro no muy lejano de atribución del total de la herencia al Estado dejando fuera a los establecimientos de beneficencia e instrucción.

- Reparto anterior a la reforma de 1928

La redacción originaria del Código Civil, Real Decreto de 24 de julio de 1889, en lo que se refiere a la sucesión del Estado, artículos 956 a 958, no difiere

[188] Problema abordado específicamente en un capítulo anterior.

en lo esencial de la que hoy resulta aplicable. Se establece el derecho del Estado a falta de parientes con mejor derecho (si bien se extiende el llamamiento de los colaterales al sexto grado), derecho de naturaleza hereditaria "heredará el Estado" previa declaración judicial de heredero para que el Estado pueda apoderarse de los bienes y la obligación a cargo del Estado de repartir los bienes a favor de establecimientos de beneficencia e instrucción gratuita (no sería hasta 1928 cuando se reserva un tercio de la herencia a favor de la Caja de Amortización de la Deuda Pública, hoy Tesoro Público) por el siguiente orden: 1° Los establecimientos de beneficencia municipal y las escuelas gratuitas del domicilio del difunto; 2° Los de una y otra clase de la provincia del difunto y 3° Los de beneficencia e instrucción de carácter general.

Sí se evidencia de una primera lectura de los tres artículos que regulan la sucesión del Estado, en su redacción previa a la reforma de 1928, la confusión que produce un primer artículo 956 que llama al Estado a heredar, heredará el Estado, a falta de personas con mejor derecho a heredar, exigiendo el artículo 958 la previa declaración judicial de heredero para que el Estado, como heredero, pueda apoderarse de los bienes y entre ambos preceptos encontrar el artículo 957 que nos dice: "Los derechos y obligaciones de los establecimientos de beneficencia e instrucción en el caso anterior, serán los mismos que los de los otros herederos". ¿Quién es el heredero? ¿El Estado? ¿Las instituciones beneficiarias?

Sanchez Román[189], como solución de armonía para salvar la coexistencia de dos artículos contradictorios, considera al Estado como una especie de heredero fiduciario ante la obligación que tiene el Estado de transmitir los bienes y como heredero fideicomisario los establecimientos de beneficencia e instrucción al ser los definitivos adjudicatarios de los bienes con los derechos y obligaciones que ello conlleva. Para De Diego[190] no hay duda: estamos ante un verdadero llamamiento del Estado a la herencia como heredero, pero en representación de intereses sociales encarnados en los establecimientos a los que se transfiere el título de heredero. Habla el autor de subrogación impuesta por ley, y al igual que Sánchez Román, entiende que es a modo de sustitución

[189] Sánchez Román, F.: *Estudios..., Op. cit.*, pg. 1675.

[190] De Diego, F.: *Instituciones de Derecho Civil*, tomo III, Madrid, 1959, pg. 319, afirma que: "*Mas si el Estado hereda es en representación de los grandes intereses sociales encarnados en los establecimientos de beneficencia e instrucción gratuita, y a estas entidades se trasladan en definitiva los bienes de la sucesión. El Estado adquiere el concepto de heredero; en él recae el derecho de sucesión, pero se transfiere el título de heredero...a modo de heredero fiduciario, sirve de intermediario para hacer llegar bienes a éstas, con lo cual se cumple el voto presumible del difunto, más ligado con estos organismos que con la entidad abstracta del Estado, se ordena mejor la distribución útil de los bienes y se facilita la transmisión, ya que el Estado tiene mayor certidumbre en su existencia y mejor organizada su representación y defensa...Ambos, pues, son herederos*".

fideicomisaria. Ambos son herederos y al recaer en última instancia sobre los establecimientos los derechos y obligaciones encuentra sentido la redacción del artículo 957 del Código Civil.

Discrepa de tal criterio De Los Mozos[191], si bien considera que resulta aceptable tal construcción (Estado-heredero fiduciario; establecimientos de beneficencia- herederos fideicomisarios) antes de la reforma de 1928. Una vez que se atribuye al Estado un tercio de la herencia se rompe la unidad y pierde fuerza el planteamiento descrito. Habla el autor de analogía ideal teniendo difícil encaje la sustitución fideicomisaria que el propio Código Civil reserva para la sucesión testada y ve al Estado como un heredero más donde la única especialidad destacable, más allá de la doble regulación civil-administrativa, es la función que se le atribuye con la obligación de dar un destino a los bienes. Postura similar mantiene Díez Picazo[192] al afirmar que defender que tanto el Estado (artículo 956) como las instituciones (artículo 957) son herederos supone conferir al Estado el poder exorbitante de poder elegir a sus propios coherederos. A pesar de la contradicción de ambos preceptos, el Estado es el único heredero, es quién ha de administrar, liquidar el caudal relicto y enajenar los bienes hereditarios y una vez se dicte el auto de declaración de heredero a favor del Estado se tramitará el oportuno expediente administrativo para determinar que instituciones serán destinatarias de la herencia que resultan indeterminadas en el momento de la apertura de la sucesión.

Otras teorías[193] se han defendido junto a las expuestas, si bien no nos extendemos en ellas más allá de concluir que de acuerdo con la doctrina mayoritaria sólo el Estado es heredero, si bien tiene la obligación legal de destinar la

[191] De los, J.L.: "La sucesión abintestato a favor del Estado", *Anuario de Derecho Civil,* 1965, pg. 427.

[192] Díez Picazo, L.: *Sistema..., Op. cit.*, pg. 474.

[193] Un estudio completo encontramos en Hidalgo, S.: *La sucesión..., Op. cit.*, pg. 275, donde analiza las diferentes teorías posibles sobre la naturaleza del derecho de las instituciones. Valora negativamente la concepción de sustitución fideicomisaria de la sucesión del Estado al considerar que parte de una premisa errónea y es dar por supuesto que resulta más beneficioso para las instituciones la posición de heredero que la de beneficiario de una cantidad líquida. Una segunda teoría considera que estamos ante una carga modal de la que son beneficiarios los establecimientos, si bien en el caso de la sucesión del Estado el modo se ve constituido a favor de un grupo indeterminado lo que plantea quién puede pedir su cumplimiento. Como argumentos a favor, dejando a un lado su posible confusión con un legado, cita que tal construcción permite considerar únicamente heredero al Estado; los fines de interés general que ha de perseguir el Estado, siendo esencial en el modo la finalidad que busca y como argumento de peso hace referencia a su posible encaje como "acto administrativo *sub modo*" entendiendo que sobre la actividad del Estado pesa una carga administrativa. En contra, hasta cuatro argumentos cita el autor: el Código Civil impone una obligación de liquidar y distribuir al Estado que es el heredero; falta el elemento esencial a todo modo, la liberalidad; las entidades beneficiarias no pueden exigir su cumplimiento más allá de la ejecución de un acto administrativo (una vez reconocido el derecho que genéricamente les otorga el Código Civil); y el interés general que persigue es esencial a la institución de sucesión del Estado.

herencia a unos fines determinados representados por las instituciones beneficiarias. La función social cobra importancia para el estudio si, como veremos a continuación, se analiza la reforma del Código Civil, en lo que al destino de los bienes se refiere, propuesta por la Dirección General del Patrimonio.

- Reparto consecuencia de la reforma de 1928

Ya se ha anticipado cuales son los puntos centrales objeto de la reforma del año 1928: la variación en el límite del llamamiento a favor de los colaterales y el derecho del Estado a participar en el reparto del destino de los bienes. A lo anterior añadir que con arreglo a la nueva redacción dada al artículo 958 la aceptación de la herencia es siempre a beneficio de inventario[194] sin necesidad de declaración alguna sobre ello.

La reducción del llamamiento a favor de los colaterales al cuarto grado es consecuencia del cambio que paulatinamente ha sufrido el concepto de familia. Lejos queda la familia agnaticia propia de los primeros tiempos de Roma, entendida como el conjunto de personas vinculadas al poder del paterfamilias que llevaba a un llamamiento, en caso de sucesión intestada, a favor de la gens (integrada por todos aquellos que en algún momento han estado sometidos al mismo paterfamilias). Consecuencia de la labor del pretor se evoluciona hacia una familia unida por vínculos de sangre, familia cognaticia, donde el derecho a suceder abintestato se limitaba a los parientes con vínculos de sangre (a excepción del cónyuge) llegando al décimo grado que estableció la Novela 118 de Justiniano, reproducida en la Ley 6ª del Título XIII de la Partida VI. El Fuero Real no establece límite al grado de parentesco a diferencia del Fuero Juzgo hasta el grado séptimo.

Sería la Novísima Recopilación la que reduciría el llamamiento al cuarto grado, tal y como establece nuestro Código Civil desde 1928, con el intervalo de la Ley de Mostrencos de 16 de mayo de 1835 que volvió a extender el derecho hasta el décimo grado. Reducción al cuarto grado que no sólo encuentra precedentes en nuestro derecho histórico sino que el Gobierno tuvo en consideración el criterio doctrinal favorable a la reducción del grado[195]; cita en tal sentido la exposición de motivos a Sánchez Román, Valverde y Castán[196].

---

194 La problemática que plantea la combinación de aceptación tácita de la herencia con el beneficio de inventario es analizada en capítulo independiente.

195 Se planteó incluso que el llamamiento de los colaterales para la sucesión intestada no pasase de los de tercer grado y si bien fue vivamente discutido el proyecto en la Asamblea Nacional, nos dice la exposición que fue unánime la necesidad de reducir el llamamiento fijado entonces hasta el sexto grado; si bien se califica de prematuro llevar el límite al tercer grado.

196 *"El Sr. Sánchez Román califica de plausible la reducción al sexto grado estatuida por el Código Civil, y a quien no parece bastante tal reducción; el Sr. Valverde, el cual encuentra justificado que "los pueblos tiendan cada día más a reducir los límites de parentesco en la sucesión intestada", para que así el Estado sea un sucesor más frecuente en las herencias de los ciudadanos y pueda*

Pudiera no compartirse la necesidad de establecer un límite en el llamamiento por defender el derecho de un pariente, por muy lejano que sea, antes que resulte beneficiado una institución privada y sin duda antes que el Estado. Frente a tal postura son ilustrativas las palabras contenidas en la Exposición de Motivos del Real Decreto Legislativo de 13 de enero de 1928: "Había decidido al Gobierno presentar a la Asamblea Nacional el proyecto de que se trata la frecuencia con que se producen caos de herencias inesperadas, que llegan a manos de personas a quienes ningún lazo de afecto y escasísima porción de sangre unieron con los que forjaron el caudal que recogen, y al estimar con más derecho que esos parientes lejanos las Instituciones benéficas, docentes y sociales del Estado, bajo cuyas normas jurídicas y a cuyo amparo y protección se creó y desarrolló el caudal relicto. Y no discurrió, como el proyecto expresa, el Gobierno inspirándose en espíritu de codicia ni de abuso de poder, sino en principios jurídicos, que cada día penetran más en las legislaciones modernas y que han estado infiltrados de muy antiguo en la española, pues no se trata más que de dar al Estado, en el orden de llamamientos a suceder abintestato un puesto más preferente que el que ahora reconoce el artículo 956 del Código Civil".

Quiere dejar claro el legislador que no se crea ningún derecho para el Estado con respecto al sistema anterior por venir ya proclamado el derecho del Estado a suceder abintestato en el artículo 956, si bien reconoce que era un derecho ilusorio al establecer el reparto de los bienes heredados entre los establecimientos de beneficencia municipal, las escuelas gratuitas del domicilio del difunto, provincial y, por último, las de carácter general.

- Reparto alternativo contenido en el Anteproyecto de la Ley de Patrimonio de las Administraciones Públicas.

Un paso más encontramos en la disposición final primera del anteproyecto de Ley de Patrimonio de las Administraciones Públicas que daba nueva redacción a los artículos 956 y 957 del Código Civil. Si bien fue suprimida la disposición y no pasó al proyecto de ley al aceptar el Gobierno las observaciones formuladas por el Consejo de Estado[197], que una vez examinado el anteproyecto se mostró contrario a la modificación de los citados preceptos por no ser la vía adecuada para la reforma del Código Civil. A pesar de verse frustrada la reforma

cumplir con más facilidades sus deberes sociales; y el Sr. Castán reconocedor igualmente de la tendencia uniforme y avasalladora en todos los pueblos a restringir los derechos de los parientes colaterales, estrechando cada vez más el círculo de las personas llamadas a la sucesión legítima" (Exposición de Motivos del Real Decreto Legislativo de 13 de enero de 1928).

[197] Dictamen del Consejo de Estado, núm.805/2003, de 3 de abril de 2003, emitido una vez examinado el Anteproyecto de Ley del Patrimonio de las Administraciones Públicas.

entendemos necesaria su valoración si tenemos en cuenta que "es de prever que será incorporada al Código Civil en una futura reforma del mismo"[198].

La nueva redacción a los artículos 956 y 957 del Código Civil establecía lo siguiente:

> Artículo 956. A falta de personas que tengan derecho a heredar conforme a lo dispuesto en las precedentes Secciones, heredará la Administración General del Estado.
>
> Artículo 957. Los derechos y obligaciones de la Administración General del Estado serán los mismos que los de los demás herederos, pero se entenderá siempre aceptada la herencia a beneficio de inventario, sin necesidad de declaración alguna sobre ello, a los efectos que enumera el artículo 1023.

Con ello se trata de modificar el régimen de la sucesión abintestato del Estado, sustituyendo la referencia al Estado por el de Administración General del Estado y en lo que aquí nos interesa alterando el destino de los bienes que integran la herencia. La reforma más importante pretende la supresión de las instituciones beneficiarias eliminando la obligación legal de reparto que establece el artículo 957 del Código. Reforma que trata de justificar la Dirección General del Patrimonio del Estado sobre las siguientes razones esgrimidas en contestación a las observaciones formuladas por la Federación de Municipios y Provincias: "La regulación actual del Código plantea el problema de que obliga a la Administración General del Estado a dedicar importantes medios materiales y humanos a atender la tramitación de unas herencias cuyo beneficio, en definitiva, va a recaer en terceros que no han invertido recurso alguno para su adquisición. Adicionalmente, ha de sopesarse que, en la mayoría de los abintestatos a favor del Estado, la parte del haber hereditario que corresponde a la Administración General del Estado no alcanza a cubrir los costes en que ha debido incurrir para su gestión". Razones insuficientes a los ojos del Consejo de Estado por considerar que igual que el Estado tiene derecho a un tercio de la herencia y le corresponde la selección de las instituciones beneficiaras, la liquidación y distribución del caudal entra dentro de sus obligaciones[199] sin que la complejidad en la tramitación del procedimiento y la intervención de

[198] Comentarios a la Ley del Patrimonio de las Administraciones Públicas, Abogacía General del Estado, Dirección General del Servicio Jurídico del Estado, Ministerio de Justicia, Navarra, 2008, pg. 326.

[199] Para el Consejo de Estado, Dictamen 805/2003, de 3 de abril de 2003, la reforma es contraria al fundamento y tradición de la actual regulación legal. Afirma que: *"La configuración que el Código Civil da a la sucesión abintestato del Estado, como conjunción de un privilegio-el de la adquisición de la propiedad de ciertos bienes de quien fallece intestado y sin otros herederos- y de una obligación- la de distribuir una parte de lo heredado (hasta la reforma de 1928 fue todo) entre una serie de instituciones que podríamos calificar "de interés social"- puede fundamentarse*

numerosos funcionarios junto a la intervención judicial justifiquen la reforma propuesta privando a las instituciones de su participación.

La reforma se pospone consecuencia de las observaciones formuladas por el Consejo de Estado, que "desea, en primer lugar, expresar su preocupación", contrarias a reformar el Código Civil vía ley especial de patrimonio "por el hecho de que se traten de modificar los Códigos en artículos concretos y de forma aislada con motivo de la aprobación de leyes especiales o sectoriales sin intervención de la Comisión General de Codificación...pues los Códigos, sea el Civil, el Penal, o el de Comercio, deben ser modificados desde una visión global, ya que constituyen una unidad normativa orgánica que debe ser preservada de modificaciones, a veces precipitadas, poco maduradas y que pueden responder a planteamientos ocasionales o particulares ajenos a los propios del Código... una reforma del régimen contenido en el Código Civil del alcance de la propuesta no parece procedente en este anteproyecto, a juicio del Consejo de Estado, a la vista del fundamento y tradición de la actual regulación legal"[200].

El propio Consejo de Estado pone de manifiesto que la regulación vigente es susceptible de mejora y propone como ejemplos la actualización de denominaciones por obsoletas como son la de la "Caja de Amortización de la Deuda Pública", hoy Tesoro Público; la de "instituciones de beneficencia, instrucción, acción social o profesionales" susceptible de revisión adaptándolo a la nueva situación jurídica de las asociaciones de interés público y social; o la necesidad de plantear la referencia al ámbito provincial y municipal.

Siendo previsible que tal reforma en un futuro tenga lugar, podemos hacer una primera reflexión al entender que la privación de las instituciones de su participación en las herencias abintestato atribuyendo la totalidad de los bienes al Tesoro abre de nuevo el debate sobre la función social que como deber le corresponde al Estado-heredero.

Ha sido tradicional citar dentro de las razones que justifican el llamamiento al Estado junto al principio de seguridad jurídica, al dar continuidad a las relaciones patrimoniales evitando que los bienes queden abandonados a merced del

---

en la suma de la tradicional institución de la apropiación de bienes vacantes iure imperii y la consagración constitucional de la función social de la propiedad (artículo 33.2 de la Constitución)".

[200] Criterio ya mantenido por el Consejo de Estado en informes anteriores, por citar el Dictamen nº 1116/95, de 28 de septiembre, que formula una observación de técnica legislativa al examinar el Anteproyecto de Ley de modificación parcial de la Ley 24/1988, del Mercado de Valores. Siendo objeto de modificación el artículo 323 del Código de Comercio (viene a añadir a la regulación de los préstamos con garantía de valores el supuesto de prenda sobre valores representados por medio de anotaciones en cuenta) el Consejo de Estado expresa su preocupación por la modificación de Códigos, en este caso el de Comercio, en artículos concretos y de forma aislada con motivo de la aprobación de leyes especiales o sectoriales sin la intervención de la Comisión General de Codificación.

primer ocupante, la idea de soberanía, que si bien vemos superada en nuestro derecho no ocurre así en otros ordenamientos jurídicos que lo consideran una recepción moderna del dominio eminente, propio del Derecho germánico y feudal, que lleva a atribuir al Estado los bienes vacantes; llegamos así al fundamento subjetivo de la sucesión intestada sobre la voluntad presunta del causante. El llamamiento a favor del Estado, a salvo el tercio que se atribuye al Tesoro, conlleva la atribución de dos tercios a instituciones de beneficencia del domicilio y de la provincia del fallecido, que tradicionalmente ha sustentado el reparto suponiendo que al morir intestado y sin parientes con derecho a suceder, éste hubiera sido el deseo del causante y así lo recoge el artículo 956 del Código Civil.

La Exposición de Motivos del Real Decreto Legislativo de 1928 al introducir, junto a las instituciones municipales, provinciales y generales de beneficencia e instrucción gratuita, las denominadas de Acción social, destaca la labor social de las mismas y su relevancia y eficacia "que al fomentarlas y favorecer el aumento de sus recursos es de notoria conveniencia para los pueblos y de obligada atención para los Gobiernos, porque realizan fines que, tanto las Instituciones benéficas y docentes, contribuyen a la paz y al bienestar ciudadano, al mejoramiento social y a la prosperidad del país".

De lo anterior sí nos parece importante destacar que la Exposición de Motivos recoge el sentir de la doctrina que siempre ha destacado como fundamento del llamamiento al Estado la función social que De Los Mozos[201] apunta como verdadera especialidad de la sucesión del Estado; la función, más allá de la cual ostenta la misma posición jurídica que el resto de los herederos. Por citar son ilustrativas las palabras de autores como De Diego[202]: "Si el Estado hereda es en representación de los grandes intereses sociales encarnados en los establecimientos de beneficencia e instrucción gratuita"; Sánchez Román[203]: "El llamamiento del Estado ..no significa simplemente la adjudicación de aquellos bienes a favor del Fisco..como una propiedad de la libre disposición y aprovechamiento del Estado, y sí, más bien, por una representación formal del orden social, y con anticipado destino o aplicación a intereses sociales recomendables y laudables" o Díez Picazo[204] quien al plantearse la posible renuncia a la herencia por parte del Estado la descarta sobre la base de la función-deber social que cumple.

Fundamento de la sucesión del Estado como función social que puede verse alterado si en vez de destinar los bienes a instituciones benéficas, de instruc-

---

201 De los Mozos, JL.: "La sucesión…", *Op. cit.* pg. 427.
202 De Diego, F.: *Instituciones…, Op. cit.*, pg. 319.
203 Sánchez Román, F.: *Estudios.., Op. cit.*, pg. 1670.
204 Díez Picazo, L.: *Sistema…, Op. cit.*, pg. 475.

ción, acción social o profesionales el Estado dispone de los bienes para fines que no sean propiamente realizadores de una función social. Supongamos por un momento (siendo previsible que tal reforma tenga lugar en un futuro) que el artículo 956 hubiera establecido una atribución total de los bienes a favor del Tesoro Público; lo cierto es que desaparecerían, por lo menos normativamente, los beneficiarios de la herencia y podría debilitarse esa función social que sirve de fundamento para la atribución a favor de una administración, sea estatal sea autonómica. Si todo es para el Tesoro Público ¿se pierde la función social que justifica la atribución de la herencia al Estado? Para dar respuesta a la pregunta formulada habrá de esperar al contenido de la reforma y al destino que a los bienes se dará. Sin olvidar que se dan otros argumentos que defienden la sucesión del Estado, más allá de su función social, siendo la solución menos perturbadora para los intereses generales, que la opción de dejar los bienes al primer ocupante.

A nivel autonómico y a salvo el régimen valenciano donde en el caso de ser heredera la Generalidad Valenciana la totalidad de los bienes integran el patrimonio de la misma, el resto de las legislaciones autonómicas establecen un sistema contrario al camino propuesto por la Dirección General del Patrimonio del Estado donde se destina la totalidad de la herencia a instituciones ajenas a la Comunidad Autónoma.

A excepción de Baleares, que se remite a la regulación estatal, se establece el siguiente reparto en la normativa autonómica:

- Cataluña. La Ley 10/2008, de 10 de julio, Libro cuarto del Código Civil de Cataluña, establece en su artículo 442-13 el destino de los bienes heredados o su producto o valor a establecimientos de asistencia social o a instituciones de cultura, preferentemente del municipio de la última residencia habitual del causante en Cataluña, a falta de los anteriores a los de la comarca y en defecto a los de carácter general. Como especialidad con relación a la regulación anterior contenida en los artículos 347 y 348 del Código de Sucesiones de Cataluña, Ley 4/1991, de 30 de diciembre, se introduce para el caso de que en el caudal relicto existan fincas urbanas, en cuyo caso la Generalidad debe destinarlas a políticas de vivienda social.

- Navarra. Hasta la reforma operada por Ley Foral 5/1987 no se atribuía a la Diputación Foral de Navarra la condición de heredera y debía aplicar los bienes a los fines del artículo 956 del Código Civil. Tras la reforma operada por la Ley Foral se llama a suceder a la Comunidad Foral de Navarra en defecto de parientes de sexto grado "que aplicará la herencia a instituciones de beneficencia, instrucción, acción social o profesionales, por mitad entre instituciones de la Comunidad o municipales de Navarra".

- Aragón. El régimen aragonés contenido en la Ley 1/1999, de 24 de febrero, de Sucesiones por Causa de Muerte de Aragón, sin olvidar la excepción del privilegio del Hospital de Nuestra Señora de Gracia de Zaragoza, atribuye a la Junta Distribuidora de Herencias de la Comunidad Autónoma de Aragón la distribución del caudal entre los establecimientos de asistencia social que resulten beneficiarios de la herencia.

-Galicia, por su parte, regula el destino de los bienes heredados por la Comunidad Autónoma en el artículo 153, párrafo segundo, de la Ley 4/1995 de 24 de mayo, de Derecho civil de Galicia:"Los bienes heredados serán destinados a establecimientos de asistencia social o instituciones de cultura, preferentemente ubicados en la última residencia habitual del causante y, en todo caso, en territorio gallego".

- País Vasco. Como particularidad el caso del País Vasco, donde nada dice la Ley 3/1992, del Derecho civil foral del País Vasco, sobre el destino de los bienes. Hidalgo Garcia[205] deja caer la posibilidad de que estemos ante una norma discriminatoria para aquellas instituciones que pudieran ser posibles beneficiarias. Ello nos recuerda las palabras de Guilarte Zapatero[206] al calificar la Ley catalana a la que considera "particularmente injusta frente a los restantes Comunidades Autónomas, con excepción de la navarra, al prescindir del principio de reciprocidad, básico en las relaciones sucesorias, pues resulta que, en todo caso de fallecimiento intestado de un vecino navarro o catalán, los establecimientos o instituciones navarros o catalanes, respectivamente, se aprovecharán exclusivamente de la totalidad del patrimonio relicto; y, cuando fallezca intestado cualquier español de otra comunidad, la Generalidad y la Comunidad Foral navarra estarán participando también en el tercio que de los bienes relictos corresponde al Estado español, según el artículo 956 del Código civil".

IV.3. REGLAMENTO GENERAL DE LA LEY DEL PATRIMONIO DE LAS ADMINISTRACIONES PÚBLICAS. REAL DECRETO 1373/2009, DE 28 DE AGOSTO

Tras la promulgación de la Ley 33/2003, de 3 de noviembre, del Patrimonio de las Administraciones Públicas, que establece un nuevo régimen jurídico de la gestión del patrimonio público y en cumplimiento de la habilitación contenida en su disposición final quinta se aprueba el Reglamento de desarrollo de la misma que tiene por finalidad, tal y como recoge su exposición de motivos,

---

205 Hidalgo García, S.:*"La sucesión."..., Op. cit.,* pg. 420.

206 Guilarte Zapatero, V.: *Comentarios..., Op. cit.,* pg. 304.

desarrollar el contenido de la ley evitando reiterar aquello que está expresamente regulado. Por lo que se refiere al procedimiento de sucesión legítima de la Administración General del Estado, de abintestatos, se ha regulado hasta la fecha por el Decreto 2091/1971, de 13 de agosto, regulación que se deroga en la Disposición derogatoria única del Real Decreto 1373/2009 al estimarse oportuno incorporar su regulación al Reglamento de la Ley para evitar la dispersión normativa y permitir un tratamiento más sistemático de los procedimientos.

Como novedades de su regulación se destacan los cambios impuestos por el transcurso del tiempo o que la gestión de los procedimientos de abintestato ha puesto de relieve como necesarios; unido a la sustitución del sistema de distribución de la herencia contenido en el Decreto de 1971 a través de la Junta Provincial Distribuidora de Herencias, dando un papel más relevante en la dirección del procedimiento a la Delegación de Economía y Hacienda, donde la publicidad y la concurrencia pasan a ser determinantes a la hora de distribuir los bienes de la masa hereditaria y todo ello presidido por la búsqueda, con respeto a las normas del Código Civil, de una mayor agilidad y eficiencia en la gestión de los bienes que integran la herencia. Se excluye el concurso como mecanismo de enajenación de los bienes, siendo sin embargo el imperante en los procedimientos generales de enajenación, por considerar que puede interferir en la obtención de la mayor cantidad líquida a repartir con arreglo a lo dispuesto en el artículo 956 del Código Civil.

Más allá de lo dicho lo cierto es que el procedimiento coincide básicamente con el contenido en el Decreto de 13 de agosto de 1971. Procedimiento de la sucesión legítima de la Administración General del Estado que se regula en el capítulo I del título I (Adquisición de bienes y derechos) dividido en cinco secciones, artículos 4 a 15.

En cuanto a la estructura del Reglamento la sección primera contiene una disposición general que establece la normativa aplicable a la sucesión legítima del Estado al objeto de obtener, siempre que concurran los presupuestos que establece el Código Civil, la declaración de la Administración General del Estado como heredera abintestato y posterior gestión y liquidación del caudal hereditario. El artículo 4 del Reglamento, partiendo de la regulación del Código Civil sobre la sucesión del Estado, artículos 956 y siguientes, pone en relación la normativa civil con la propiamente administrativa contenida en el artículo 20 de la Ley del Patrimonio de las Administraciones Públicas, que a su vez en su apartado sexto se remite a la regulación de Derecho Civil y al reglamento de Patrimonio. Regulación que pone de manifiesto la dualidad pública-privada de la sucesión del Estado, donde confluye su condición de heredera con la de Administración pública.

V.3.1. Actuaciones administrativas previas a la declaración judicial del Estado como heredero abintestato. Expediente de investigación de bienes

IV.3.3.1. Iniciación. La sección segunda, relativa a las actuaciones para la declaración de abintestato, establece que las actuaciones dirigidas a la obtención de la declaración de la Administración General del Estado se iniciarán siempre de oficio por la Delegación de Economía y Hacienda de la provincia en que el causante hubiera tenido su último domicilio. Inicio de procedimiento que al igual que en la regulación contenida en el Decreto de 1971 puede ser por propia iniciativa o consecuencia de denuncia de particulares o de la comunicación de otros órganos de la Administración del Estado, de otras Administraciones Públicas o de las personas que por razón de su cargo o empleo público tuvieran noticia del fallecimiento intestado sin herederos legítimos de alguna persona. Se extiende el deber de comunicación a los responsables del centro o de la residencia en que hubiera vivido el causante y al administrado o representante legal del mismo. De entre las personas obligadas a poner en conocimiento el fallecimiento nada dice, a diferencia de la regulación anterior, del propietario o arrendatario de la vivienda o establecimiento donde haya ocurrido el fallecimiento; entendemos que ha sido la propia experiencia, ante la ausencia de denuncias provenientes de los mismos y el incremento de denuncias por parte de centros de tutela lo que ha llevado a excluir tal obligación.

IV.3.3.2. Denuncia. Lo anterior no excluye que cualquier persona, incluidas los propietarios y arrendatarios de la vivienda donde ha ocurrido el fallecimiento, puedan denunciar el fallecimiento intestado ante la Delegación de Economía y Hacienda de la provincia donde, según su información, precisa el reglamento, haya tenido su último domicilio. Se mantiene el derecho a percibir, en concepto de premio, el diez por ciento de la parte del caudal líquido resultante que proporcionalmente corresponda a los bienes relacionados en su denuncia. Para ello, si bien no está sujeta a forma alguna el escrito de denuncia, sí se exige que incorpore además de cuantos datos sean de interés para la tramitación del procedimiento, lo siguiente:

- Justificación del fallecimiento, a través de la certificación del Registro Civil o resolución judicial de declaración de fallecimiento.
- Domicilio del causante en el momento del fallecimiento, dato que viene incorporado al certificado de defunción expedido por el Registro Civil.
- La concurrencia de alguno de los supuestos previstos en el artículo 912 del Código civil

- La relación de bienes y derechos indicando las personas que en su caso los estuviesen disfrutando o administrando. Información clave a la hora de cuantificar el importe del premio que como dispone el apartado segundo del artículo 7 es del 10% de la parte que proporcionalmente corresponda, en el caudal líquido resultante, a los bienes relacionados en su denuncia, computando los bienes que se exceptúen de venta.

IV.3.3.3. Instrucción. La instrucción del expediente administrativo corresponde a la Delegación de Economía y Hacienda que llevará a cabo una actuación encaminada a recabar toda la información necesaria para determinar la procedencia de los derechos sucesorios de la Administración General del Estado. Para ello puede recabar la colaboración tanto por parte de autoridades, funcionarios, registros y demás archivos públicos como de los propios ciudadanos[207].

Emitido informe por la Abogacía del Estado de la provincia donde haya fallecido el causante sobre adecuación y suficiencia de las actuaciones se remitirán a la Dirección General del Patrimonio del Estado, que si considera fundado el derecho del Estado propone a la Abogacía General del Estado que curse instrucciones al Abogado del Estado de la provincia respectiva para que inste la declaración de heredero abintestato a favor de la Administración General del Estado.

Se recoge una segunda opción, no contemplada en la regulación anterior, al disponer el artículo 8 en su último párrafo que "Si en la masa hereditaria no figurasen bienes inmuebles o éstos no se localizasen, y el valor de los bienes muebles que pudieran formar el caudal previsiblemente no supere los gastos de tramitación del expediente, tales como los de publicación de anuncios, los de depósito de bienes, o los procesales por la práctica de prueba testifical, la Dirección General del Patrimonio del Estado podrá acordar el archivo del expediente, a propuesta de la Delegación de Economía y Hacienda". Supone un mecanismo de protección donde no llega el beneficio de inventario que evita que la simple tramitación del procedimiento de abintestato suponga un coste innecesario[208].

[207] Colaboración a la que hacen referencia los artículos 62 y 64 de la Ley de Patrimonio de las Administraciones Públicas. El primero de ellos hace referencia a la colaboración ciudadana estableciendo la obligación de aportar cuantos datos, documentos e informes, que obren en su poder, sean relevantes para la gestión y defensa de sus bienes y derechos; de igual manera se establece la obligación de facilitar la realización de inspecciones e investigaciones. Por su parte, el artículo 64 extiende la obligación a organismos públicos (Dirección General del Catastro, los Registros de la Propiedad...) de facilitar información de forma gratuita a la Dirección General del Patrimonio del Estado. Sin perjuicio, precisa el artículo 8 del Reglamento, de las limitaciones relativas al suministro de información tributaria.

[208] Al estudio del archivo del expediente de abintestato se dedica un capítulo posterior de este trabajo.

IV.3.2. Declaración judicial de heredero

Para obtener la declaración de heredero a favor del Estado se exige el correspondiente procedimiento de jurisdicción voluntaria a tramitar con arreglo a lo dispuesto en la Ley de Enjuiciamiento Civil de 1881, sección segunda, título IX del Libro II, vigente hasta la entrada en vigor de la Ley sobre Jurisdicción Voluntaria.

IV.3.3. Administración y enajenación de los bienes y derechos hereditarios

Administración. Firme el auto de declaración de heredero dejamos la norma procesal para recuperar el Reglamento de 28 de agosto de 2009 que dedica la sección tercera a la administración y enajenación de los bienes y derechos hereditarios. Declarada la Administración General del Estado heredera abintestato se solicitará del Juzgado la entrega de los bienes y derechos, mediante acta acompañada de relación de los bienes y derechos. Recibidos los bienes y derechos la administración y conservación le corresponde a la Delegación de Economía y Hacienda, con la colaboración de las delegaciones de las provincias donde radiquen los bienes. Como medidas a adoptar, además de las que considere necesarias el órgano responsable, el artículo 10 del Real Decreto 1373/2009 recoge las siguientes: se admite la venta de bienes de fácil deterioro o que los gastos de conservación y mantenimiento sean elevados; determinación del importe del caudal previa valoración de los bienes y derechos que lo integran; inscripción de los inmuebles en el Registro de la Propiedad e incorporación al Catastro. Se mantiene el informe preceptivo de la Abogacía del Estado para el reconocimiento de deudas con cargo a la herencia, abono de gastos que excedan de la pura administración y conservación; y se añade su exigencia en caso de enajenación de bienes.

Enajenación. A excepción de bienes y derechos que sean susceptibles de destino a fines o servicios de la Administración del Estado o de sus organismos públicos, se recoge el procedimiento de subasta o de adjudicación directa para la enajenación de los bienes y derechos que integran el caudal hereditario. A pesar de estar configurado el concurso, artículo 137 de la Ley 33/2003, del Patrimonio de las Administraciones Públicas, como el procedimiento ordinario para la enajenación de inmuebles, no es ese el criterio que defiende el Reglamento de desarrollo de la Ley en la enajenación de los bienes de la masa hereditaria. En palabras de la exposición de motivos "en la enajenación de los bienes de la masa hereditaria no se ha introducido la figura del concurso, establecida en la Ley para los procedimientos generales de enajenación, por entender que el fin de la venta, en este caso, es obtener la mayor cantidad líquida que ha de repartirse de acuerdo con la normativa civil, y la mecánica del concurso interferiría en la consecución de dicho objetivo".

Siendo la subasta, o en su caso la adjudicación directa, el procedimiento escogido, en el Reglamento nada se dice sobre la tramitación del mismo, a diferencia del Decreto de 1971 donde el artículo 18 regulaba el procedimiento de subasta. La nueva regulación, en aras de evitar reiterar aquello que esté expresamente regulado, tal y como recoge la Exposición de motivos, se remite al procedimiento previsto en la Ley, artículo 137 para bienes inmuebles y artículo 143 para bienes muebles.

El importe de la venta se anota en la cuenta de ingresos y gastos del caudal hereditario. En caso de no resultar posible la venta, los bienes se incorporan al Patrimonio de la Administración del Estado cuyo destino queda a cargo de la Dirección General del Patrimonio previo informe de la Delegación de Economía y Hacienda. Se contempla la posible cesión gratuita de los bienes en los términos que fija la legislación de patrimonio. Cesión gratuita, regulada en el artículo 145 de la Ley 33/2003, donde por un camino distinto se da a los bienes una finalidad social similar a la buscada en el artículo 956 del Código Civil. Se admite la cesión gratuita de la propiedad del bien o derecho o sólo su uso a Comunidades Autónomas, entidades locales, fundaciones públicas o asociaciones declaradas de utilidad pública para la realización de fines de utilidad pública o interés social de competencia. De igual manera se contempla la posible cesión del uso, no de la propiedad, a Estados extranjeros y organizaciones internacionales en el marco de operaciones de mantenimiento de la paz, cooperación policial o ayuda humanitaria.

IV.3.4. Cuenta del abintestato y distribución del caudal hereditario

Liquidado el caudal hereditario se distribuye de acuerdo con lo dispuesto en el artículo 956 del Código Civil: "...una tercera parte de la herencia a Instituciones municipales del domicilio del difunto, de Beneficiencia, Instrucción, Acción social o profesionales, sean de carácter público o privado; y otra tercera parte, a Instituciones provinciales de los mismos caracteres, de la provincia del finado, prefiriendo tanto entre unas como entre otras, aquellas a las que el causante haya pertenecido por su profesión y haya consagrado su máxima actividad, aunque sean de carácter general", mientras que el tercio restante se ingresa en el Tesoro.

Ello exige, de una parte, la formación de la cuenta general de liquidación del abintestato, y de otra, la designación de las entidades municipales y provinciales beneficiarias. Por lo que se refiere a la cuenta general del abintestato, liquidado el caudal hereditario, la unidad de Patrimonio de la Delegación de Economía y Hacienda, someterá al Delegado de Economía y Hacienda, previo informe de la Intervención, la cuenta general de liquidación del abintestato que contiene, entre otros documentos, la propuesta de distribución del caudal en los tercios señalados en el artículo 956 del Código Civil y la propuesta de premio, si procede. Estimada conforme por el Delegado de Hacienda, la cuenta general elevará las actuaciones a la Dirección General del Patrimonio del Estado como órgano competente para resolver el expediente y si procede la concesión o denegación del premio.

En cuanto a la distribución del caudal hereditario, el Real Decreto 1373/2009 sustituye el sistema de distribución de la herencia a través de la Junta Provincial, función que el artículo 26 apartado d) del Decreto de 1971 le atribuía, y establece un procedimiento de distribución del caudal hereditario en el artículo 14. Llama la atención la vuelta a la centralización si tenemos en cuenta que el Decreto de 13 de agosto de 1971 supuso la supresión de la Junta Central Distribuidora de Herencias del Estado, con la finalidad de lograr una organización administrativa desconcentradora; una mayor celeridad en la tramitación de los expedientes; inmediación geográfica y adecuación a la realidad de los criterios sociales en la distribución legal de la herencia teniendo en cuenta no sólo al Estado sino también a las Instituciones de beneficencia, instrucción, acción social y profesional de la provincia y del municipio del domicilio del finado.

Entrando en la regulación de la distribución del caudal hereditario hay que partir del artículo 956 del Código Civil que divide la herencia en tres tercios: 1/3) Instituciones municipales del domicilio del difunto, de beneficencia, instrucción, acción social o profesionales, sean de carácter público o privado; 1/3) Instituciones provinciales de los mismos caracteres, de la provincia del finado; 1/3) Tesoro.

El artículo 14 precisa que entendemos por instituciones de beneficencia, instrucción, acción social o profesional aquellas declaradas de utilidad pública y las fundaciones inscritas en los registros públicos. Su consideración como provincial o municipal viene determinada en función del ámbito geográfico de actuación, criterio extensivo frente al contenido en el artículo 27 del Decreto[209]

---

[209] Instituciones municipales de carácter público son las sostenidas exclusivamente con fondos municipales o que necesiten de dichos fondos para su subsistencia. Instituciones municipales de carácter privado las que, no estando comprendidas en el concepto anterior, realicen principalmente sus fines en un determinado Municipio. Instituciones provinciales de carácter público son

derogado donde no sólo se valoraba el aspecto geográfico si no que era clave la procedencia de los fondos públicos con los que se sostenían.

IV.3.4.1. Procedimiento de distribución

Quizás es la mayor novedad de la nueva regulación al suprimir la distribución a cargo de la Junta provincial distribuidora de herencias y establecer un procedimiento a cargo de la Delegación de Economía y Hacienda.

1. Anuncio.

Para poner en conocimiento de las posibles beneficiarias el expediente de sucesión intestada, la Delegación de Economía y Hacienda publicará un anuncio en el Boletín Oficial de la Provincia o de la Comunidad Autónoma. Ante la posible insuficiencia, como medio de dar a conocer el abintestato a las posibles beneficiarias, el artículo 14 dispone que se enviará una copia del anuncio al Ayuntamiento del último domicilio del causante, a la Diputación Provincial y la Comunidad Autónoma que deben dar la difusión y publicidad del derecho de las instituciones a que se refiere el Código Civil.

2. Solicitud.

En el plazo de un mes, a contar desde la publicación del anuncio en los boletines oficiales, aquellas instituciones que se consideren con derecho a participar en la distribución de la herencia por estar comprendidas en las previstas en el artículo 956 del Código Civil, podrán presentar una solicitud de participar en la distribución del caudal. Como documentación a acompañar a la solicitud se han de adjuntar los estatutos, la documentación que acredite su actividad y la inscripción en el Registro correspondiente. Se ha de indicar si el causante ha pertenecido a la misma por su profesión y hubiera consagrado a la misma su actividad. Información, esta última, que resulta relevante al primar el artículo 956 del Código Civil entre instituciones del mismo ámbito territorial aquellas que cumplan el presupuesto anterior.

3. Resolución.

No se trata de un simple criterio orientador. El artículo 14 del Reglamento de la Ley del Patrimonio de las Administraciones Públicas, en consonancia con el precepto del Código Civil, si bien atribuye a la Delegación de Economía y Hacienda, previo informe de la Abogacía del Estado, la resolución sobre la

las sostenidas exclusivamente con fondos provinciales o que necesiten de dichos fondos para su subsistencia. Instituciones provinciales de carácter privado las que, no estando comprendidas en el concepto anterior, realicen principalmente sus fines en más de un Municipio de la misma provincia.

distribución del caudal, recoge la preferencia de aquellas instituciones a las que el causante hubiera estado vinculado. Se incorpora como criterio a tener en cuenta con la finalidad de lograr un reparto equitativo en considerar las resoluciones anteriores.

Se contempla, al igual que en la regulación anterior, un derecho de acrecer la parte vacante en caso de no concurrir a la distribución instituciones municipales o provinciales. Derecho por partes iguales a las instituciones concurrentes y a la Administración General del Estado; en defecto de las anteriores, la totalidad del caudal se ingresa en el Tesoro Público.

4. Notificación y Publicación.

La resolución de la Delegación de Economía y Hacienda se notificará a las instituciones designadas, y ha de indicar la porción del caudal hereditario que les corresponde en el tercio correspondiente. Por su parte, se publicará en el plazo de un mes desde su adopción en los mismos boletines oficiales donde fue publicado, esto es, el de la Provincia o de la Comunidad Autónoma.

5. Pago.

El expediente de abintestato finaliza con el pago que corresponde a la Delegación de Economía y Hacienda.

6. Recursos.

Como expediente administrativo que es, las resoluciones administrativas que en él recaigan serán susceptibles de recurso en vía administrativa con arreglo a la Ley 30/1992, de Régimen Jurídico de las Administraciones Públicas y del Procedimiento Administrativo Común. Agotada la vía adminsitrativa cabe acudir ante la jurisdicción contenciosa administrativa.

IV.3.4.2. Abintestatos acaecidos fuera del territorio nacional

Las dificultades añadidas que presenta la sucesión donde confluyen normas de Derecho Internacional Privado exige que se determine quién ha de tramitar el expediente de abintestato en caso de haber tenido el causante su última residencia habitual fuera del territorio español, o radiquen bienes en el extranjero. El sistema español, con clara influencia del derecho romano, se incluye entre los sistemas que defienden el derecho del Estado como un derecho privado hereditario frente a los sistemas soberanistas territoriales donde se tiene en cuenta el lugar de localización de los bienes[210].

[210] Este problema se aborda en un capítulo anterior de este trabajo.

De acuerdo con el artículo 9.8 del Código Civil, la sucesión por causa de muerte se rige por la ley nacional del causante "cualquiera que sean la naturaleza de los bienes y el país donde se encuentren", siendo así que en caso de ser el causante español pero tener su última residencia habitual o que existan bienes fuera del territorio nacional corresponde al Consulado la tramitación del procedimiento "que se acomodará a las normas contenidas en el Reglamento en lo que resulte de aplicación". Como particularidades el artículo 15 del Reglamento establece lo siguiente:

a) El expediente y la cuenta de liquidación se remiten, a través de la Dirección General de Asuntos y Asistencia Consulares a la Dirección General del Patrimonio del Estado.

b) Dirección General de Asuntos y Asistencia Consulares que servirá de conducto entre las Delegaciones de Economía y Hacienda y los Consulados a quienes se remitirá copia del auto de declaración de herederos y la relación de bienes sitos en el extranjero.

c) El saldo de la cuenta se pone a disposición del Delegado de Economía y Hacienda de la provincia donde radique el municipio que se considere domicilio de causante, en la Caja General de Depósitos.

d) Se considera domicilio del causante en territorio nacional primero en el que radiquen la mayor parte de los bienes inmuebles y en defecto el de su nacimiento. A los efectos de distribución del caudal, si no puede determinarse el domicilio el efecto es similar al derecho de acrecer que se establece en el procedimiento ordinario en caso de no concurrir instituciones provinciales o municipales, esto es, se ingresa íntegramente en el Tesoro Público.

IV.4. DECRETOS AUTONÓMICOS

De las seis comunidades autónomas que se han atribuido el derecho a suceder con exclusión del Estado, Navarra, Cataluña, Aragón y Galicia han aprobado su propio régimen administrativo no resultando de aplicación la norma estatal[211]. Lo cierto es que resultan bastante similares al régimen estatal

[211] Decreto foral 166/1988, de 1 de julio, sobre régimen administrativo aplicable a la sucesión legal a favor de la comunidad foral de Navarra; Decreto 191/2000, de 7 de noviembre, regulación de las actuaciones administrativas en la sucesión legal a favor de la comunidad autónoma de Aragón y en los casos de disposicion voluntaria a favor de personas indeterminadas; Decreto 244/1995, de 1 de agosto, que regula las actuaciones administrativas en la sucesión intestada a favor de la Generalidad y creación de la junta distribuidora de herencias; Decreto 94/1999, de 25 de marzo, sobre régimen administrativo de la sucesión intestada a favor de la comunidad autónoma de Galicia.

con alguna novedad que se verá a continuación; baste citar el régimen aragonés que suprime el derecho a premio que establece el artículo 21 del Decreto de 13 de agosto de 1971, y mantiene el Real Decreto 1373/2009, cuantificado en un 10% de la parte que proporcionalmente corrresponda a los bienes relacionados en la denuncia que se obtuvieren del caudal hereditario o la aplicación a la política de vivienda, en caso de Cataluña, si entre los bienes de la herencia se encuentra algún inmueble.

En el caso de Valencia, y dejando a un lado el reparo que se pueda formular a su competencia en el orden civil, una breve referencia exige tanto el procedimiento administrativo como el reparto de bienes.

En cuanto al procedimiento administrativo a tramitar, la Ley de Patrimonio 3/1986 se remitía al Decreto 2091/1971 al señalar en su artículo 22.2 que "El procedimiento aplicable será el previsto en la legislación estatal" , remisión que desaparece en la vigente Ley de Patrimonio 14/2003 al establecer que "El procedimiento administrativo aplicable será el que reglamentariamente se determine". Reforma que refleja la intención del legislador de separarse de la norma estatal pero que provoca un vacío legal ante la ausencia, a fecha de hoy, de desarrollo reglamentario[212]. Ello, no obstante, son varias las razones que justificarían la no aplicación del Decreto 2091/1971: diferentes órganos a nivel estatal y autonómico competentes para tramitar el expediente y que en la práctica planteó dudas sobre la tramitación a seguir[213] o el diferente régimen de reparto previsto en el Código Civil a favor de determinadas instituciones con reserva de un tercio a favor del Tesoro frente a la atribución de la totalidad de los bienes al Patrimonio autonómico, lo que supone que las beneficiarias de los bienes que integran la herencia no son diversas Instituciones sino la Generalidad Valenciana, siendo más lógico que sea la propia Comunidad Autónoma la que determine el destino de los bienes[214].

Sobre el reparto de bienes la remisión a la legislación estatal choca con el diferente régimen previsto en la normativa autonómica desde el momento

---

[212] La Disposición Final Primera autoriza al Gobierno Valenciano a dictar las disposiciones necesarias para el desarrollo y ejecución de la Ley 14/2003.

[213] Cuestión analizada en el Dictamen de la Abogacía General del Estado. Dirección del Servicio Jurídico del Estado. Ref.: A.E.H. Patrimonio 76/90.

[214] Ya se puso de manifiesto bajo la vigencia de la anterior Ley de Cortes Valenciana 3/1986 de regulación del Patrimonio de la Generalidad que a pesar de la remisión en cuanto a la legislación estatal sobre procedimiento, las competencias para la administración y liquidación de las herencias corresponde a los órganos de la Generalidad y que las actuaciones judiciales que tienen por objeto obtener la necesaria declaración judicial de heredero abintestato de la Generalidad corresponde al Gabinete Jurídico de la Generalidad, debiendo abstenerse de intervenir la Abogacía del Estado. Dictamen de la Abogacía General del Estado. Dirección del Servicio Jurídico del Estado. Ref.: A.E.H. PATRIMONIO 76/90.

en que atribuye la totalidad de los bienes al patrimonio de la Generalidad a diferencia del régimen estatal, donde si bien el Estado es heredero, asume la obligación de realizar el reparto de la herencia en tres partes en los términos que fija el artículo 956 CC. Bajo la vigencia de la Ley de Patrimonio 2/1986 una de las interpretaciones posibles llevaba a entender que la remisión a la legislación estatal se limitaba a la regulación del procedimiento contenida en el Decreto 1091/1971, vigente entonces, sin que pueda extenderse al régimen estatal de reparto de la herencia donde en el caso de ser heredera la Generalidad la totalidad de los bienes integran el patrimonio de la misma. Por imperativo de la Ley 14/2003 el procedimiento a tramitar será el que reglamentariamente se determine poniendo fin a la discusión planteada.

Ausencia de reparto sin que se distribuya a favor de las instituciones a que se refiere el artículo 956 del Código Civil e integración de la totalidad de los bienes del caudal relicto al patrimonio de la Generalidad[215] que nos lleva a plantear si la función social que como deber le corresponde al Estado-heredero, y en este caso a la Comunidad Autónoma Valenciana, puede verse alterada si en vez de destinar los bienes a instituciones benéficas, de instrucción, acción social o profesionales, la Comunidad dispone de los bienes para fines que no sean propiamente realizadores de una función social. Supongamos por un momento que el artículo 956 hubiera previsto una atribución total de los bienes a favor del Tesoro Público; lo cierto es que desaparecerían, por lo menos normativamente, los beneficiarios de la herencia y podría debilitarse esa función social que sirve de fundamento para la atribución a favor de una administración, sea estatal sea autonómica. Planteamiento que exige esperar a las previsiones que en tal sentido se contengan en el necesario desarrollo reglamentario de la Ley 14/2003.

---

[215] En palabras de Hidalgo García, S.: *La sucesión..., Op. cit.*, pg. 421, tal atribución de la totalidad de los bienes procedentes de las herencias intestadas no deja de dar "un cierto tinte confiscatorio". Postura radicalmente contraria la encontramos en la defendida por Blasco Gascó, F. y Clemente Meoro, M.E.: "La sucesión intestada a favor de la Generalitat Valenciana y la condición jurídica de Valenciano", *Revista de Derecho Civil Valenciano,* en "Estudios en recuerdo de la profesora Sylvia Romeu Alfaro", Valencia, 1989, pg. 129, al entender que únicamente se produce un cambio subjetivo del Estado central (de la Administración Central) al Estado autonómico (a la Administración autonómica) quedando plenamente garantizada la función social.

CAPÍTULO V
OBSTÁCULOS QUE PRESENTA LA INSCRIPCIÓN DE LOS BIENES DEL ESTADO EN EL REGISTRO DE LA PROPIEDAD

V.1. PLANTEAMIENTO

El Reglamento Hipotecario en su artículo 24 dispone que "Siempre que el Estado o las Corporaciones civiles adquieran algún inmueble o derecho real, los Delegados de Hacienda, Autoridades o Directores Generales de los ramos bajo cuya dependencia hayan de administrarse, cuidarán de que se recojan los títulos de propiedad, si los hubiere, y de que en todo caso se verifique su inscripción". Obligación de inscribir a la que hace referencia la Ley 33/2003 del Patrimonio de las Administraciones Públicas en los artículos 36[216] "deben

[216] La principal novedad del artículo 36 es consagrar la obligatoriedad de la inscripción de todos los bienes públicos, incluidos los bienes demaniales al disponer, en su apartado primero (que tiene carácter básico conforme al artículo 149.1.18ª de la Constitución) que: *"Las Administraciones Públicas deben inscribir en los correspondientes Registros los bienes y derechos de su patrimonio, ya sean demaniales o patrimoniales, que sean susceptibles de inscripción, así como todos los actos y contratos referidos a ellos que puedan tener acceso a dichos Registros. No obstante, la inscripción será potestativa para las Administraciones Públicas en el caso de arrendamientos inscribibles conforme a la legislación hipotecaria".* Al establecerse en una norma con rango de Ley se subsana el primer intento de reforma del Reglamento Hipotecario por vía reglamentaria, vía Real Decreto 1867/1998 de modificación del Reglamento Hipotecario, estableciendo el carácter preceptivo de la inscripción de bienes demaniales y que fue anulado por el Tribunal Supremo, Sala de lo Contencioso-Administrativo, sección 6ª, en sentencia de 31 de enero de 2001 al invadir el ámbito del régimen jurídico del dominio público reservado a la Ley: *"Se plantea, en primer lugar, por las demandantes la ilegalidad de los artículos 6, 17 y 18 del Reglamento Hipotecario reformado, al imponer la obligatoriedad de la inscripción de los bienes demaniales, a lo que las demandadas se oponen porque estos preceptos se limitan a contemplar la posibilidad de inscripción de tales bienes en el Registro de la Propiedad con arreglo a su legislación especial según preconiza el artículo 5 del propio Reglamento Hipotecario. No se cuestiona en la demanda la posibilidad de inscribir los bienes de dominio público sino la imposición subrepticia en los citados preceptos reformados de su inscripción, a pesar de su singular régimen jurídico inspirado en los principios de inalienabilidad, imprescriptibilidad e inembargabilidad (artículo 132.1 de la Constitución) y de que el propio artículo 5 del Reglamento Hipotecario reformado establece, corrigiendo así la exclusión anterior, la mera posibilidad de que sean objeto de inscripción conforme a*

inscribir" y 47.d) "se procederá a su inscripción", con independencia del modo de adquirir el bien inmueble que enumera el artículo 15 de la Ley del Patrimonio de las Administraciones Públicas[217], no exhaustiva opina Parejo

---

su legislación especial. Es pacífica, por consiguiente, la no exigibilidad de inscripción de los bienes demaniales, de manera que examinaremos si una interpretación sistemática de los artículos 6, 17 y 18 del Reglamento Hipotecario la impone en contra de lo proclamado con carácter general por el artículo 5 del propio Reglamento, pues, de ser así, tal exigencia sería contraria al régimen jurídico de estos bienes, que por imperativo del referido artículo 132.1 de la Constitución está reservado a la Ley. Pues bien, no sólo la literalidad de las expresiones «se hará constar» o «se inscribirán», empleadas en la redacción de los artículos 6 y 17, último párrafo, pone en entredicho el carácter potestativo de la inscripción sino que su significado imperativo se corrobora con lo dispuesto por el artículo 18, en el que se presupone que, con arreglo a los artículos 4, 6 y 17 del Reglamento, determinados bienes de las Administraciones Públicas deben ser inscritos en el Registro de la Propiedad. En síntesis, los artículos 6 y 17 del Reglamento Hipotecario establecen la obligatoriedad de la inscripción de los bienes de dominio público y de los demás bienes inmuebles y derechos reales pertenecientes a las Administraciones Públicas en contra o al margen de su propio régimen jurídico. El carácter imperativo con que están redactados los artículos 6, 17 y 18 del Reglamento Hipotecario impide interpretarlos y aplicarlos de acuerdo con el principio de inscripción potestativa, por lo que invaden el ámbito del régimen jurídico de los bienes de dominio público reservado a la Ley, incurriendo en ilegalidad y nulidad radical, que, una vez declarada, permitirá armonizar lo dispuesto en los artículos 4 y 5 de dicho Reglamento con el ordenamiento propio de aquellos bienes, ya que estas normas no ofrecen duda acerca de la posibilidad de inscribir en el Registro de la Propiedad los bienes inmuebles de dominio público y cualesquiera otros pertenecientes a las Administraciones Públicas, respetando, sin embargo, que tal inscripción se practique con arreglo a su legislación especial y a las reglas generales sobre el acceso de los bienes inmuebles y derechos reales al Registro de la Propiedad".

El Consejo de Estado en Dictamen de 3 de abril de 2003 emitido al examinar el expediente relativo al Anteproyecto de Ley del Patrimonio de las Administraciones Públicas, puso de manifiesto la necesidad de establecer un plazo transitorio lo suficientemente amplio para garantizar el cumplimiento por parte de la Administración de la obligación de inscripción de los bienes demaniales. Plazo que se estableció en cinco años en la disposición transitoria 5ª de la Ley 33/2003.

En opinión de García de Enterría, E.: "Inscripción registral y facultades de recuperación posesoria por la Administración", *Revista española de Derecho Administrativo,* 2006, pg. 125, es de una extraordinaria importancia la regulación contenida en el capítulo IV, "*Del régimen registral*" sobre las relaciones del Patrimonio de las Administraciones Públicas con el Registro de la Propiedad, por ser la primera vez que esto ocurre. De la regulación el autor destaca el poder de rectificar el Registro únicamente cuando los asientos respectivos que proceda rectificar son favorables a dicha Administración, pero no cuando sean contrarios a ella. Lo cual, debemos decir, parece en sí mismo, antes de entrar en su compleja problemática, bastante lógico, pues lo contrario parece inicialmente que vendría a destruir, simplemente, las reglas esenciales sobre el valor, garantía y régimen sustancial del Registro de *la Propiedad, abriendo una brecha gravísima de todo el cuidadoso sistema de garantías que el Registro de la Propiedad produce en las titularidades y efectos de los derechos reales para asegurar la seguridad del tráfico. Admitir que la Administración pudiese rectificar por sí sola, por propia autoridad y en su propio provecho, los asientos registrales, declarando como propios bienes cuya titularidad el Registro proclama a favor de otros titulares, parece que sería tanto como entregar a la sola discreción de la Administración todo el sistema de titularidades dominicales en que se asienta la entera seguridad jurídica del tráfico, destruyendo, pues, en su contenido esencial la función entera del Registro de la Propiedad. Sería además destruir la regla de que sus inscripciones están bajo la salvaguarda de los Tribunales".*

217 Mantiene los mismos modos de adquirir que ya recogía el artículo 19 de la derogada Ley de Patrimonio del Estado. La adquisición de los bienes patrimoniales puede venir por cualquiera de los modos previstos por el ordenamiento jurídico (se interpreta, *Comentarios a la Ley del Pa-*

Gamir[218], pero que sí menciona los dos títulos que nos interesan: la atribución por Ley que nos lleva, de una parte, al artículo 17 que atribuye a la Administración General del Estado los inmuebles vacantes que carecieren de dueño y, de otra, la atribución por sucesión hereditaria intestada de acuerdo con lo dispuesto en el artículo 956 del Código civil.

Inscripción de los bienes del Estado, ya sean demaniales o patrimoniales siempre que sean susceptibles de inscripción, en términos del artículo 36 de la Ley 33/2003, y es en este punto donde se exige entrar en el campo del Derecho Hipotecario al que se enfrenta el Estado a la hora de inscribir sus bienes, siendo pieza clave a la hora de valorar el camino a seguir ante un inmueble cuya propiedad se le puede atribuir, ya sea vía declaración de heredero o como bien vacante. Ambos expedientes, el de declaración de heredero abintestato a favor del Estado y el de investigación patrimonial tienen como finalidad primordial la incorporación de bienes vacantes o carentes de dueños al Patrimonio del Estado. Las diferencias entre ambos expedientes vienen del título de adquisición (sucesorio/ adquisición automática); el presupuesto de hecho (fallecimiento sin herederos con mejor derecho que el Estado/ vacancia inmobiliaria); regulación (Código Civil/ Ley del Patrimonio de las Administraciones Públicas) y el procedimiento que en caso de sucesión intestada requiere resolución judicial frente a la adquisición de inmuebles vacantes que se produce de forma automática por disposición de la ley.

La realidad es que ambos procedimientos se presentan al Estado como un doble mecanismo para lograr la finalidad de incorporar determinados inmuebles

trimonio de las Administraciones Públicas, Abogacía General del Estado, Dirección del Servicio Jurídico del Estado,Navarra, 2008, pg. 257, que se refiere a la adjudicación de bienes y derechos en procedimientos judiciales y administrativos, la accesión y las adquisiciones a non domino) y de forma específica se recogen los siguientes: a) Por atribución de la ley, junto a los bienes vacantes corresponden al Estado por ministerio de la ley los bienes procedentes de los hallazgos marítimos, del comiso penal, del comiso en materia de contrabando y de delitos monetarios, así como las ejecuciones en materia fiscal; b) A título oneroso, con ejercicio o no de la facultad de expropiación; c) Por herencia, legado o donación, esto es, a título gratuito tanto en supuesto de sucesión testada como intestada; d) Por prescripción y e) Por ocupación. Tanto la adquisición por usucapión como por ocupación de bienes muebles se rige por el Código Civil y la legislación patrimonial del Estado.

Regulación semejante al artículo 609 del Código Civil pero sin olvidar, como ponen de manifiesto Chinchilla Marín, C y otros, *Comentarios a la Ley 33/2003, del Patrimonio de las Administraciones Públicas,* 2004, Madrid, pg. 150, que hay modos exclusivos de las Administraciones Públicas como es la sucesión abinstestato del Estado o de determinadas Comunidades Autónomas y existen modos especiales propios de la Administración como es la expropiación forzosa.

[218] Parejo Gamir, R.: *Cuestiones Hipotecarias de Derecho Administrativo,* Consejo General del Notariado, Madrid, 2002, pg. 104, recoge como nota característica la falta de exhaustividad en la enumeración de los modos de adquirir tanto en la ley estatal como en las diferentes leyes autonómicas. Afirma que: *"Ni sumando los enumerados en el artículo 609 Código Civil a los de cada una de las normas administrativas citadas se alcanzaría la totalidad de los medios posibles: es preferible la fórmula sintética, pero omnicomprensiva, de la Ley valenciana a cualquier enumeración que por fuerza será siempre incompleta".*

a su patrimonio, evitando su abandono. Y es a la hora de optar por una u otra vía cuando se han de tener en cuenta, no sólo la concurrencia de los presupuestos de hecho que fija la Ley si no también las dificultades que presentan ambos expedientes.

Tanto la Ley como el Reglamento Hipotecario dejan claro la obligatoriedad de la inscripción de los bienes públicos, pero lo cierto es que el cumplimiento del mandato legal no queda exento de dificultades. Determinar qué título es inscribible exige una especial atención al exigir superar determinados obstáculos; por citar, como más importantes, los siguientes[219]:

1. Inscripción de bienes vacantes sin que el derecho del Estado traiga causa del titular registral, lo que impide el acceso al Registro de la Propiedad del título del Estado si no se ejercita la oportuna acción judicial. El Registrador, de acuerdo con los principios registrales, de tracto sucesivo y legitimación registral, no puede acceder a la inscripción del título que su bien proviene de

[219] Hacemos referencia a los obstáculos que de forma especial presenta la inscripción de bienes del Estado en caso de sucesión intestada o de bienes vacantes. Lo anterior no excluye que se puedan presentar otros problemas registrales, pero que no son característicos de la inscripción a favor del Estado. Por citar dentro de este segundo grupo encontramos la inscripción de bienes gananciales, Informe núm. 46/96 (referencia PATRIMONIO) de la Subdirección General de los Servicios Consultivos de la Abogacía General del Estado-Dirección del Servicio Jurídico del Estado, donde se somete a dictamen la existencia de un piso inscrito en el Registro de la Propiedad, como presuntivamente ganancial, a nombre del finado y de su esposa, que falleció antes que él (con la dificultad de desconocer si había o no otorgado testamento) entrando en juego el *ius delationis* del artículo 1006 del Código Civil. Una vez declarado el Estado heredero del finado pero sin que conste que se haya integrado en el caudal relicto el *ius delationis* "*no puede inscribirse a su nombre el dominio de la totalidad del inmuebles, ni el de una parte indivisa del mismo. Efectivamente, dado que el matrimonio del causante se encontraba sujeto al régimen de sociedad de gananciales, la muerte de uno de los cónyuges determinó que dicha sociedad es convirtiera en una comunidad de tipo romano o por cuotas indivisas sobre el patrimonio antes ganancial. El Estado, en su condición de heredero único del finado, solamente ha adquirido (además de los bienes privativos de dicho señor) una cuota indivisa de aquel patrimonio, mientras no se liquide el régimen económico matrimonial. Al no adquirir ningún bien concreto, no puede pretender inscribir un inmueble ganancial, aunque su pretensión se limite a la mitad indivisa del mismo*". Según Resolución de 15 de enero de 2001 de la Dirección General de los Registros y del Notariado, constando un bien como ganancial y declarados herederos sólo uno de los cónyuges con partición judicial adjudicando el bien a los herederos de dicho cónyuge, no puede practicarse la inscripción conforme al principio de tracto sucesivo, dado que la finca figura inscrita como ganancial de ambos cónyuges.

Sí cabe, por el contrario, la inscripción a nombre del Estado de los bienes gananciales en el supuesto de que el *ius delationis* o derecho a aceptar la herencia integre la herencia del finado. Lo anterior sin perjuicio de solicitar del Registro de la Propiedad la anotación preventiva de su cuota indivisa "in abstracto" sobre el inmueble ganancial, por aplicación analógica del artículo 42.6 de la Ley Hipotecaria (prevé la anotación preventiva cuando no haya especial adjudicación de bienes). La Dirección General de los Registros y del Notariado, Resoluciones de 1 de junio de 1943 y 30 de marzo de 1944, admite la anotación preventiva de la cuota indivisa abstracta sobre un bien inmueble perteneciente a la sociedad ganancial sin liquidar lo que corresponde al heredero único. Anotación que produce el cierre del Registro e impide la enajenación de la vivienda, si bien sujeto al plazo de caducidad de cuatro años sin perjuicio de posible prórroga.

la Ley (artículo 17 de la Ley 33/2003) resulta contradictoria con los asientos registrales.

2. Finca inscrita a favor de persona fallecida del que puede ser heredero el Estado siendo infructuosas las gestiones para conocer la suerte de los herederos con mejor derecho que el Estado.

3. Dictado auto de declaración de heredero abintestato del Estado se plantea si resulta suficiente con presentar el testimonio del auto acompañado del correspondiente inventario para inscribir los bienes a su favor o es necesaria acta de entrega realizada por el Juzgado.

Sólo con el primero de los obstáculos descritos surgen numerosas cuestiones ¿Qué opciones se plantean? ¿Es realmente contradictoria la inscripción a favor del Estado con los asientos del Registro? ¿se ha interrumpido el tracto sucesivo en caso de adquisición originaria? ¿es aplicable el tracto sucesivo cuando es la ley quién atribuye la propiedad de un bien al Estado? ¿se considera título inscribible la resolución administrativa que verifica la situación de vacancia o carencia de dueño de inmueble? ¿es factible la vía del artículo 206 LH? ¿Qué razones de orden práctico se han de tener en cuenta para optar por una u otra vía?

Para dar respuesta a las preguntas formuladas analizamos los obstáculos antes descritos.

V.2. PROBLEMA REGISTRAL: INSCRIPCIÓN A FAVOR DEL ESTADO DEL DOMINIO DE UN INMUEBLE CALIFICADO COMO VACANTE ESTANDO LA FINCA INSCRITA SIN QUE EL DERECHO DEL ESTADO TRAIGA CAUSA DEL TITULAR REGISTRAL

De los diferentes problemas descritos es sin duda al que hay que dedicar una especial atención no sólo por la dificultad jurídica que plantea si no también por ser clave a la hora de optar por la vía del expediente de abintestato o de investigación patrimonial o el archivo de uno e inicio del otro, en aquellos supuestos en que se constata la existencia de bienes inmuebles en estado de abandono pero cuya titularidad consta a nombre de persona física en el Registro de la Propiedad.

Siendo el procedimiento de abintestato especial frente al general de investigación patrimonial, desde Patrimonio del Estado en la mayoría de los supuestos[220] en los que se plantea la opción previamente se ha optado por la vía

[220] Informe núm. 45/00 y 47/02 (referencia PATRIMONIO) de la Subdirección General de los Servicios Consultivos de la Abogacía General del Estado-Dirección del Servicio Jurídico del Estado.

del expediente de abintestato y es una vez intentado sin éxito por no ser posible acreditar los derechos sucesorios del Estado cuando se inicia el expediente de investigación patrimonial aprovechando las actuaciones practicadas[221]. El problema se plantea una vez se constata la existencia de bienes inmuebles en estado de abandono y al intentar su inscripción en el Registro de la Propiedad la misma se deniega por estar inscritos a nombre de persona de quién no trae causa el derecho del Estado. Y es al plantearse la opción de continuar con el expediente de abintestato o su archivo para el inicio del expediente de investigación patrimonial cuando consciente la Administración del problema registral vuelve a recuperar la idea de continuar con el expediente de abintestato[222]. Sólo la declaración del Estado como heredero abintestato del titular registral va a permitir la inscripción por no infringir el principio de tracto sucesivo y en caso de no prosperar lo que procede es el ejercicio de las acciones judiciales pertinentes.

La dificultad deriva de la ausencia de regulación de un régimen jurídico específico que pueda superar el obstáculo que impide la inscripción de un inmueble a nombre del Estado por estar inscrito a nombre de persona fallecida. El Registrador estima que la inscripción es contradictoria con los asientos registrales debiendo proteger al titular registral que es quién goza de la protección registral; si bien se puede destruir la presunción de dominio y de posesión por la vía judicial declarando la inexactitud de los asientos del Registro (arts. 1 y 38 Ley Hipotecaria).

La denegación de la inscripción encuentra su fundamento en el conocido principio de tracto sucesivo formulado en el artículo 20 de la Ley Hipotecaria en los siguientes términos :"Para inscribir o anotar títulos por los que se declaren,

---

[221] Informe núm. 423/99 (referencia PATRIMONIO) de la Subdirección General de los Servicios Consultivos de la Abogacía General del Estado-Dirección del Servicio Jurídico del Estado. Si bien en su testamento instituía herederos el causante, las gestiones para averiguar la suerte de los herederos instituidos no dieron resultado. De igual forma resulta complicada la tramitación del abintestato al no figurar en el expediente documentos esenciales como certificación del Registro General de Actos de Última Voluntad o copia del testamento sabiendo que se ha otorgado.

[222] La Abogacía General del Estado en Informe núm. 47/02 (referencia PATRIMONIO) de la Subdirección General de los Servicios Consultivos de la Abogacía General del Estado-Dirección del Servicio Jurídico del Estado lo plantea en los siguientes términos: *"Examinados los títulos de adquisición sucesorio y legal y la consiguiente legitimidad de la opción de la Administración del Estado de utilizar el título que resulte más conveniente al interés público y tramitar el procedimiento que resulte oportuno al efecto, debemos señalar que la opción de archivar el expediente de abintestato tramitado para incoar un expediente de investigación patrimonial en supuestos como el reseñado no resulta conveniente ni por las razones de eficiencia administrativa ni las de orden práctico, por tratarse de supuestos en los que el inmueble en cuestión aparece inscrito en el Registro de la Propiedad a favor del fallecido, de modo que sólo la declaración del Estado como heredero abintestato del titular registral permite al Estado no ya adquirir el inmueble- lo que se produce automáticamente por el título legal- pero sí inscribirlo a su nombre en el Registro respetando el principio de tracto sucesivo".*

transmitan, graven, modifiquen o extingan el dominio y demás derechos reales sobre inmuebles, deberá constar previamente inscrito o anotado el derecho de la persona que otorgue o en cuyo nombre sean otorgados los actos referidos. En el caso de resultar inscrito aquel derecho a favor de persona distinta de la que otorgue la transmisión o gravamen, los Registradores denegarán la inscripción solicitada"[223]. El principio de tracto sucesivo exige una concatenación entre los diversos asientos del registro que permita reflejar el historial completo. El problema viene en el caso que nos ocupa cuando quien adquiere, el Estado, su derecho no trae causa del titular registral por ser un título que se le otorga por disposición de la ley y en consecuencia los Registradores deniegan la inscripción impidiendo el acceso del título del Estado al Registro si previamente no se ha destruido la apariencia de titularidad a favor del titular registral, lo que exige el ejercicio de la correspondiente acción judicial.

Frente a la situación descrita son diversas las posibilidades que se barajan desde la Administración como medio para obtener la inscripción del derecho del Estado, consciente de la dificultad que plantea la inscripción del inmueble vacante y tratando de evitar, por su complejidad, el inicio de la correspondiente acción judicial:

A. Desde un plano teórico se puede afirmar que no existe contradicción entre el título del Estado y el asiento registral sin que se vulnere el principio de tracto sucesivo. Estando amparados los titulares registrales por la presunción de propiedad y posesión, admiten por ser presunciones iuris tantum prueba en contrario. Prueba en contrario que podría ser suficiente para desvirtuar la presunción una vez se acredite la situación de vacancia del inmueble al haber fallecido el titular registral sin sucesión y la falta de ejercicio de los derechos dominicales durante más de treinta años con la consiguiente prescripción de

[223] García García, JM.: *Código de Legislación Inmobiliaria Hipotecaria y del Registro Mercantil,* Navarra, 2006, pg. 116, sobre el fundamento del tracto sucesivo en relación con el poder de disposición del titular registral y la búsqueda de la claridad de la historia jurídica de las fincas recoge numerosas resoluciones de la Dirección General de los Registros y del Notariado, que reflejan un principio esencial del sistema hipotecario que pretende proteger a quién no fue demandado evitando que la indefensión que pueda sufrir en vía judicial no se traslade al Registro; por citar: Resolución de 6 de junio de 2000 que en caso de estar inscrita la finca a nombre de persona distinta del causante no cabe anotar la demanda sobre acción de petición de herencia dirigida contra herederos determinados e indeterminados, y ello en aras de evitar que el titular registral sufra en el Registro las consecuencias de una situación de indefensión en la vía judicial; Resolución de 20 de septiembre de 2001 en caso de error en la venta de un piso por otro y recaer resolución judicial de rectificación, cabe su inscripción en cuanto al piso cuyo titular registral fue demandado; Resolución de 18 de febrero de 2000 en aras a la protección del principio constitucional de tutela judicial efectiva que proscribe la indefensión e impide la anotación de demanda al no ser parte en el prosedo judicial el titular registral; Resolución de 7 de junio de 1991 que recoge como esencial del sistema inmobiliario el tracto sucesivo que impide la cancelación de una inscripción a nombre de persona distinta en un recurso gubernativo; Resolución de 19 de abril de 1999 que considera el tracto sucesivo como uno de los principios básicos del sistema de folio real.

la acción de petición de herencia desapareciendo la presunción de propiedad y posesión del titular. En línea con lo anterior defiende la Subdirección General de lo Consultivo[224] que al ser la atribución de la propiedad al Estado por ley con arreglo al artículo 17 LPAP y no existiendo acto de disposición de otra persona estamos ante una forma de adquisición originaria que se puede interpretar como una excepción al principio de tracto sucesivo consecuencia de la excepcionalidad de la situación[225].

B. El anterior planteamiento se rechaza desde un plano práctico donde el resultado es la denegación por parte del Registrador de la inscripción por ser contradictoria con los asientos registrales consecuencia del principio de tracto sucesivo. Ante esta situación y antes de optar por el ejercicio de la correspondiente acción judicial, para obtener una resolución judicial que otorgue un título suficiente para la inscripción, se plantea una solución alternativa por aplicación del artículo 306 del Reglamento Hipotecario.

El artículo 18 del Reglamento Hipotecario, ante la ausencia de título inscribible para practicar la inscripción de bienes del Estado, se remite a la certi-

---

[224] Informe núm. 43/97 (referencia PATRIMONIO) de la Subdirección General de los Servicios Consultivos de la Abogacía General del Estado-Dirección del Servicio Jurídico del Estado.

[225] En el mismo sentido García Cantero, G.: "La adquisición de inmuebles por el Estado", *Revista de Administración Pública,* núm.47,1965, pg. 73, afirma que: "*Cuando se trata de las adquisiciones de bienes vacantes aquí estudiados surge, como problema previo a su inscripción, el de determinar si en estos casos existe título de aquéllas, ya que de su existencia o inexistencia depende la aplicación de uno u otro de los regímenes a que se remite el citado artículo 18 RH. ¿A qué clase de títulos se refiere este precepto cuando habla de «título inscribible»? Parece indudable que al título en el sentido de documento, tal como lo regula el artículo 3.° LH. Admitir otra interpretación significaría legitimar por esta vía adquisiciones ilegales por el Estado. Se debe reiterar que la adquisición por el Estado de los inmuebles vacantes tiene su único fundamento en la Ley* y se actúa en virtud de una declaración de voluntad del Estado ejercitando el derecho de adquisición que le atribuye el artículo 21 LPE, que opera inmediatamente dicha adquisición en su favor. Si se acepta esta explicación del mecanismo de dicha forma de adquisición, parece razonable concluir que nos hallamos en presencia de uno de los documentos administrativos que integran la noción de título a efectos registrales; bastará que el funcionario competente acredite haberse ejercitado por el Estado el referido derecho de adquisición o, en su caso, presentar la sentencia judicial favorable cuando el Estado ejercitó en esta vía su derecho. En cualquiera de estos supuestos, de conformidad con el artículo 18, 1, RH, el título correspondiente «se presentará en el Registro respectivo, y se exigirá, en su virtud, una inscripción de dominio a favor del que resulte dueño, la cual deberá verificarse con sujeción a las reglas establecidas para la de los particulares y a las normas del artículo-anterior». Esto significa que si la finca debe ser inmatriculada, o ha de reanudarse el tracto sucesivo, el Estado habrá de utilizar alguno de los procedimientos señalados con las letras o) y b) del artículo 199 LH, pero no podrá hacer uso del procedimiento privilegiado de la letra c), el cual sólo es utilizable «cuando carezcan de título escrito de dominio», y en cuanto a la reanudación de tracto, tendrá que acudir a alguno de los procedimientos del artículo 200, 1, LH.

Pero pudiera pensarse que en este tipo de adquisiciones, cuando el Estado ha tomado posesión por sí mismo del inmueble abandonado, se carece en realidad de título inscribible. En tal hipótesis, de conformidad con el artículo 18,2, RH, para realizar la inmatriculación se estará a lo dispuesto en los artículos 206 de la Ley y concordantes de este Reglamento.

ficación de dominio[226] del artículo 206 del Reglamento Hipotecario y artículos 303 a 307 del Reglamento. En concreto nos interesa lo dispuesto en el artículo 306 que establece las actuaciones a seguir cuando las certificaciones expedidas con arreglo a los artículos anteriores estuvieren en contradicción con algún asiento no cancelado; en tales circunstancias, el Registrador ha de suspender la inscripción solicitada, se practica anotación preventiva a petición del interesado y el Registrador remitirá copia de los asientos a la Autoridad que haya firmado aquellas certificaciones. Dicha Autoridad, si lo estimare procedente, comunicará al Juez de primera instancia del partido en que radique el inmueble cuanto acerca de éste y de su titular arroje el expediente administrativo acom-

[226] Las certificaciones de dominio se presentan como título inscribible del dominio con el límite de no estar amparado por la fe pública y no surtir efectos respecto de tercero hasta transcurrido dos años desde su fecha. La Dirección General de los Registros y del Notariado en resoluciones de 11 de noviembre de 1992, 20 de enero de 2005 y 12 de noviembre de 1999 recoge como requisitos de la certificación administrativa del artículo 206 de la Ley Hipotecaria los siguientes: a)Que se trate de fincas propiedad de una Administración Pública. (la referencia a la Iglesia Católica es objeto de valoración por el Tribunal Supremo en *Sentencia de 18 de noviembre de 1996*: (*La inconstitucionalidad del artículo 206 de la Ley Hipotecaria (RCL 1946\342, 886 y NDL 18732), que se alude en el apartado C) del suplico de la demanda rectora, al solicitarse la cancelación de las inscripciones efectuadas por la Iglesia Católica, al amparo de dicho precepto y en base a las certificaciones expedidas por el Canciller-Secretario del Arzobispado de Santiago de Compostela, cuya nulidad se postula, no tiene otro alcance que una mera enunciación y no un efectivo planteamiento de cuestión de inconstitucionalidad, con lo que carece de intensidad casacional para en base a tal alegato apreciar vicio de incongruencia. Su integración en el suplico se presenta como mero alegato y opinión, sin otra finalidad que la instrumental de apoyo y de refuerzo a la petición principal. No obstante el tema de la posible inconstitucionalidad del referido precepto 206 de la Ley Hipotecaria (en relación al 303 y 304 del Reglamento [RCL 1947\476, 642 y NDL 18733]), resulta sugerente y si bien esta Sala no ha de entrar en su análisis, sí conviene hacer constar nuestra opinión en la cuestión, al darnos ocasión casacional para ello, y referida a la inmatriculación de bienes de la Iglesia Católica, cuando los mismos están desamparados de título inscribible, pues en principio puede suponer desajuste con el principio constitucional de la confesionalidad del Estado Español (artículo 16 de la Constitución), no coincidente con la situación existente en el siglo pasado, concretamente referida al tiempo de 1 de mayo de 1855, de cuya fecha es la Ley de Desamortización General de los Bienes del Estado y de la Iglesia Católica (NDL 8833) y el Convenio-Ley 4 abril 1860 (NDL 8836), que propiciaron la inscripción registral de los bienes que quedaron en poder de la Iglesia y excluidos de la venta forzosa, arbitrándose una fórmula similar a la establecida para el acceso al Registro de la Propiedad de los bienes estatales y que consistía en la certificación eclesiástica, no del dominio sino de posesión, expedida por el Obispo, y este título el que en la actualidad tiene difícil encaje en el artículo 3 de la Ley Hipotecaria. El precepto registral 206 se presenta poco conciliable con la igualdad proclamada en el artículo 14 de la Constitución, ya que puede representar un privilegio para la Iglesia Católica, en cuanto no se aplica a las demás confesiones religiosas inscritas y reconocidas en España, dado que en la actualidad la Iglesia Católica no se encuentra en ningún sitial especial o de preferencia que justifique objetivamente su posición registral y tratamiento desigual respecto a las otras confesiones, consecuencia del principio de libertad religiosa establecida en el artículo 16.1 de la Constitución.)*; b) Que en la misma certificación conste de forma clara y terminante que no existe título de dominio inscrito o inscribible a disposición de la correspondiente Administración Pública; c) Que la finca no se halle inmatriculada y d) Que se cumplan los requisitos formales exigidos por los artículos 303 a 306 del Reglamento Hipotecario.

pañado de la copia del asiento; se dará audiencia a la persona que pueda tener algún derecho sobre el inmueble y finaliza mediante auto que declare si es o no inscribible el documento de que se trata.

Sin embargo, la mayor parte de la doctrina[227] rechaza que las certificaciones de dominio sirvan no sólo como instrumento inmatriculador, sino también como título susceptible de producir asientos registrales sobre fincas ya inscritas sobre una interpretación literal del artículo 306 del Reglamento que hace referencia a "certificaciones que estuvieren en contradicción con algún asiento no cancelado". Las certificaciones de dominio constituyen un medio inmatriculador de carácter excepcional y supletorio para permitir el acceso al Registro de fincas que no estén inscritas a favor de persona alguna. Se rechaza que las citadas certificaciones de dominio puedan reanudar el tracto sucesivo y tener eficacia cancelatoria de los asientos que resulten contradictorios con la certificación aportada. La Subdirección General de lo Consultivo- Abogacía General del Estado es consciente, y así lo refleja en sus informes, de la base sólida de la posición doctrinal expuesta; si bien considera que ello "no debe conducir al Estado a renunciar a la posibilidad que establece el artículo 306 del Reglamento Hipotecario, en la medida en que el procedimiento regulado en dicho artículo resulta menos complejo que la promoción de un juicio declarativo"[228].

C. Otra solución se propone desde la Sección del Patrimonio del Estado y la Abogacía del Estado en Sevilla[229], que plantean la tramitación de un expediente

[227] De forma aislada Serrera Contreras, P.:"Dos apuntes registrales en torno a la nueva Ley de Patrimonio", *Revista Crítica de Derecho Inmobiliario*, núm.684, 2004, http://vlex.com/vid/328761, pg. 2, defiende la certificación administrativa de dominio como título para reanudar el tracto sucesivo interrumpido, lo que a su criterio confirma el artículo 37.3 de la Ley 33/2003, reguladora del Patrimonio de las Administraciones Públicas.

[228] Informes núm. 43/97, 45/00,47/02, 23/99 (referencia PATRIMONIO) de la Subdirección General de los Servicios Consultivos de la Abogacía General del Estado-Dirección del Servicio Jurídico del Estado.

[229] Informe de 3 de abril de 1997 del Servicio Jurídico del Estado-Abogacía del Estado en Sevilla donde expone la finalidad del expediente de dominio como procedimiento judicial que proporciona un título inmatriculador en el Registro de la Propiedad (artículo 199 Ley Hipotecaria), reanuda el tracto registral interrumpido o hace constar en el Registro de la Propiedad la mayor cabida de las fincas inscritas conforme a lo dispuesto en el artículo 200 de la Ley Hipotecaria. Entiende la Abogacía en Sevilla que teniendo en cuenta las tres finalidades a las que va dirigida la incoación de un expediente de dominio es factible lograr la inscripción a favor del Estado vía expediente de dominio y ello con apoyo en el Auto de la Audiencia Provincial de Valladolid de 4 de mayo de 1998: *"El procedimiento para la reanudación del tracto registral está previsto por la legislación hipotecaria precisamente para facilitar la inscripción registral cuando los sucesivos titulares del dominio, o derechos reales sobre una finca inmatriculada no los hubiesen inscrito interrumpiendo su historial hipotecario, facilitando así que el actual propietario, cuyo derecho trae causa de los no inscritos, pueda concordar la realidad con el Registro sin necesidad de inscribir todo lo que dejó de inscribirse hasta llegar al asiento que habría de ser apoyo y fundamento del que a su favor instase el titular dominical actual";* y el Auto de 29 de enero de 1997 de la Audiencia Provincial de Badajoz: *"Exige el Expediente de Dominio, dirigido a la reanudación del tracto sucesivo, que*

de dominio que logre la inscripción a favor del Estado, como propietario actual, por no ser posible practicar las inscripciones intermedias.

No parece el procedimiento adecuado si tenemos en cuenta que los presupuestos de hecho son diferentes en uno y otro caso. Uno, el expediente de dominio que se configura como un procedimiento para lograr la inscripción del titular actual cuando por interrupción del tracto sucesivo al no haberse inscrito las transmisiones intermedias; otro, en el caso del derecho del Estado al amparo del artículo 17 de la Ley 33/2003. En este se ha producido una ruptura, no una interrupción, del tracto sucesivo, sin que el problema sea la omisión de las inscripciones intermedias, sino que al ser la atribución de la propiedad de un inmueble al Estado por Ley al estar vacante y sin dueño conocido entra dentro de los modos originarios de adquirir la propiedad, siendo característico de los mismos que no existe persona que otorgue la transmisión. Siendo así que en el caso de bienes vacantes nunca puede traer causa directa del titular registral ni de titulares intermedios, al producirse la transmisión por disposición de la ley y en consecuencia lo que procede con arreglo a los principios registrales es la denegación de la inscripción.

Perteneciendo al Estado, como bienes patrimoniales, los inmuebles vacantes y sin dueño conocido estamos ante un modo originario de adquirir la propiedad y ello sin perjuicio de la posibilidad que se concede al particular de adquirirla por usucapión si concurren los presupuestos para ello; pero en tal caso se ha de instar el declarativo que corresponda y será la resolución judicial el título para proceder a la inscripción en el Registro. Ante la existencia de un poseedor no propietario en concepto de dueño que se opone a la titularidad dominical del Estado se exige con carácter previo a la toma de posesión de la finca entablar la correspondiente demanda civil contra quien afirma su posesión a título de dueño. La Subdirección General de Servicios Consultivos de la Abogacía General del Estado[230] no deja duda al afirmar que "La vacancia a la que alude (el artículo 17 de la Ley 33/2003) ha de entenderse en el sentido jurídico y no

el titular, legitimado para su incoación, acredite no sólo la titularidad que ostenta sobre el dominio o derecho real a que se contrae, lo que es común a otros expedientes, sino singularmente que tal derecho dimane, derive o traiga causa del inscrito, al que no combate o contradice, pues el expediente de referencia sólo halla su justificación en la inercia o dejación imputable al anterior o anteriores titulares del derecho de referencia, quienes pudiendo hacerlo, no inscribieron su título". En sentido contrario traemos a colación Auto de la Audiencia Provincial de Madrid de 12 de diciembre de 1995, sección 21: *"El recurrente confunde la finalidad o razón de ser del expediente de dominio al entender que es un medio para inscribir un título en el Registro "cuando por cualquier causa no pudiera inscribirse". Sólo procede aquél para reanudar el tracto cuando el título no tiene acceso al Registro por existir titularidades intermedias no inscritas, ello se infiere del expediente de dominio, que no es otro que la cancelación de inscripciones contradictorias".*

230 Informe de 8 de octubre de 2004 (referencia PATRIMONIO) de la Subdirección General de los Servicios Consultivos de la Abogacía General del Estado-Dirección del Servicio Jurídico del Estado.

meramente fáctico del término, esto es, como expresiva de que el inmueble carece de dueño conocido, pues la existencia de un poseedor no propietario no obsta a la adquisición legal del dominio por el Estado que el citado precepto establece, sino que tan solo impide la toma de posesión en vía administrativa del inmueble, perteneciendo desde luego al Estado en cuanto carente de dueño, si el poseedor no lo fuera en concepto de dueño (la anterior LPE se refería al hecho de poseer durante más de un año) en cuyo caso- apartado 4 del artículo 17 de la LPAP- el Estado habrá de entablar la acción que corresponda ante el órgano judicial del orden jurisdiccional civil. En tales casos la única prueba posible del derecho del Estado se refiere a un hecho negativo, dado que adquiere por título legal cuando se da el presupuesto establecido en la LPAP, esto es la vacancia e inexistencia de dueño conocido del inmueble, de modo que incumbe al Estado la prueba de que el poseedor no es propietario, bien por inexistencia o invalidez del título de adquisición que dicho poseedor invoque, bien por no reunir su posesión los requisitos necesarios para considerar adquirido el dominio por usucapión".

4. Un paso más en la búsqueda de solución ajena a la vía judicial la encontramos en la Ley 33/2003, de 3 de noviembre, del Patrimonio de las Administraciones Públicas, que introduce un apartado, el tercero, en el artículo 37, que hace referencia al título inscribible:

> "Además de los medios previstos en el artículo 200 de la Ley Hipotecaria, la certificación a que se refiere el artículo 206 de esta Ley será título válido para reanudar el tracto sucesivo interrumpido, siempre que los titulares de las inscripciones contradictorias o sus causahabientes no hayan formulado oposición dentro de los 30 días siguientes a aquel en que la Administración les hubiese dado traslado de la certificación que se propone inscribir, mediante notificación personal, o de no ser ésta posible, mediante publicación de edictos en los términos que se expresan a continuación. Si los interesados no son conocidos, podrá inscribirse la certificación cuando las inscripciones contradictorias tengan más de 30 años de antigüedad, no hayan sufrido alteración durante ese plazo y se hayan publicado edictos por plazo de 30 días comunicando la intención de inscribir la certificación en el tablón del ayuntamiento, y en el Boletín Oficial del Estado, en el de la comunidad autónoma o en el de la provincia, según cual sea la Administración que la haya expedido, sin que se haya formulado oposición por quien acredite tener derecho sobre los bienes. En la certificación se hará constar el título de adquisición del bien o derecho y el tiempo que lleva la Administración titular en la posesión pacífica del mismo.
>
> Las inscripciones practicadas en esta forma estarán afectadas por la limitación de efectos establecida en el artículo 207 de la Ley Hipotecaria".

La reforma introduce un nuevo medio para reanudar el tracto sucesivo interrumpido vía certificación de dominio del artículo 206 de la Ley Hipotecaria junto al acta de notoriedad y el expediente de dominio al que hace referencia el artículo 200 de la Ley Hipotecaria[231]. Y viene a confirmar el procedimiento a seguir por la Administración para que pueda inscribir a su favor un inmueble vacante en caso de estar inscrito a favor de un titular registral desconocido que coincide con el manifestado por la Subdirección General de los Servicios Consultivos[232].

El problema viene al encajar la certificación de dominio como título válido para reanudar el tracto sucesivo interrumpido, si tenemos en cuenta, como se viene diciendo, que en el supuesto de inscripción de bienes vacantes a favor del Estado no puede considerarse un caso de reanudación del tracto sucesivo interrumpido propiamente dicho, al no existir transmisiones intermedias que no hayan tenido acceso al Registro. Siendo así que una vez tramitado el correspondiente expediente de investigación patrimonial finaliza con Resolución de la Dirección General del Patrimonio del Estado que declara la titularidad de la Administración del Estado sobre el inmueble, sin que se ponga en duda en ningún momento la vacancia del bien, y acuerda su inscripción de conformidad con el artículo 47.d) de la Ley 33/2003; es entonces cuando el Estado se encuentra con la negativa del Registrador de la Propiedad de practicar la inscripción a favor del Estado de un inmueble vacante por el procedimiento previsto en el artículo 37.2 de la Ley de Procedimiento de las Administraciones Públicas.

---

[231] En *Comentarios a la Ley del Patrimonio de las Administraciones Públicas,* Abogacía General del Estado-Dirección del Servicio Jurídico del Estado, Ministerio de Justicia, Navarra, 2008, pg. 478, se realiza un estudio comparativo de la regulación contenida en el artículo 37.3 de la Ley 33/2003 y el expediente de dominio, llegando a la conclusión que la regulación contenida en la Ley del Patrimonio de las Administraciones Públicas es más flexible: a) Frente a las tres notificaciones que se exige cuando existen inscripciones contradictorias de menos de treinta años de antigüedad la Ley del Patrimonio, exige una; b) Se admite la inscripción a través de la certificación de dominio aún existiendo inscripciones contradictorias con los límites que fija el artículo 37.3 de oír al titular que aparezca en la inscripción contradictoria o sus causahabientes y no formulen oposición en un plazo de treinta días desde que tuvieran conocimiento de la certificación, mediante notificación personal o edictos; c) Se obvia la notificación personal en caso de tener más de treinta años de antigüedad la inscripción y no haber sufrido alteración.

Se coincide a la hora de valorar positivamente la regulación contenida en el artículo 37.3 por la Dirección General de los Registros y del Notariado Resolución de 20 de enero de 2005, la Subdirección General de los Servicios Consultivos, Informes núm. 76/03 (referencia PATRIMONIO) y en *Comentarios a la Ley del Patrimonio de las Administraciones Públicas,* Ministerio de Justicia, Navarra, 2008, pg. 478 y ss. Se valora positivamente las garantías que se prevén en el citado precepto evitando posibles perjuicios a terceros a través de la limitación de efectos durante dos años; o el plazo de treinta años como límite para la notificación personal que coincide con el previsto en el artículo 1963 del Código Civil de prescripción adquisitiva de bienes inmuebles.

[232] Informes núm. 45/00, 47/02, 23/99, 43/97, 42/98 (referencia PATRIMONIO) de la Subdirección General de los Servicios Consultivos de la Abogacía General del Estado-Dirección del Servicio Jurídico del Estado.

Negativa al apreciar la existencia de obstáculo registral[233] por inexistencia de tracto sucesivo interrumpido "por cuanto sólo puede incoarse la reanudación del tracto en caso de carencia de títulos intermedios que puedan tener acceso al Registro habiendo existido transmisiones intermedias de conformidad con el artículo 40 a) de la Ley Hipotecaria supuesto que en este caso no se produce al haberse alegado como título de adquisición <la resolución de un expediente de investigación> y como persona de quien se adquirió: <bien vacante y sin dueño conocido>, apareciendo no obstante la finca inscrita a favor de la Sociedad..."; lo anterior unido al principio de legitimación registral recogido en los artículos 1.3 y 38[234] de la Ley Hipotecaria, concluye el Registrador en considerar que

---

[233] Al ser un documento administrativo lo que se ha de calificar, el artículo 18 de la Ley Hipotecaria establece que la calificación se extiende a los obstáculos que surjan del Registro. La calificación registral otorga al documento administrativo eficacia *erga omnes* de la que por sí carecen siendo insuficiente la presunción de legalidad, ejecutividad y eficacia característica de los actos administrativos, tal y como recoge la Ley de Régimen Jurídico de las Administraciones Públicas y del Procedimiento Administrativo Común. En el mismo sentido la Resolución de la Dirección General de los Registros y del Notariado de 27 de marzo de 1999. En el supuesto se trataba de la calificación por el Registrador de un contrato privado de un ente público. Después de recordar la teoría de los actos separables que exige diferenciar de una parte y de otra la fase de preparación y adjudicación del contrato, que se rige por la normativa especial y cuya infracción corresponde revisar a la jurisdicción contencioso-administrativa, la resolución afirma que "*Trasladada esa distinción al ámbito de la función calificadora de los Registradores de la Propiedad puede sostenerse que el primero de los aspectos, el netamente contractual, queda sujeto a la regla general sobre calificación del artículo 18 de la Ley Hipotecaria, sin ninguna distinción en cuanto a aquellos en que sean parte tan sólo los particulares; en tanto que el segundo, el aspecto netamente administrativo del contrato, tan sólo puede se calificado dentro de los más rigurosos límites que impone el artículo 99 del Reglamento Hipotecario, lógica consecuencia de la presunción de legalidad, ejecutividad y eficacia de que legalmente están investidos los actos administrativos (cfr. arts. 56 y 57 de la Ley 30/1992, de 26 de noviembre de Régimen Jurídico de las Administraciones Públicas y del Procedimiento Administrativo Común).*

El citado artículo 99 del Reglamento Hipotecario faculta al Registrador para calificar en relación con los documentos administrativos, y lo mismo habrá que entender respecto de los actos administrativos, entre otros extremos, la competencia del órgano y los trámites e incidencias esenciales del procedimiento. Por tanto, si el Registrador entiende que determinada autorización o informe es uno de aquellos trámites o incidencias esenciales del procedimiento cuya falta vicia la formación de la voluntad contractual de una de las partes o la hace ineficaz, entra dentro de sus facultades el recalar que se le justifique tanto su existencia como la emanación del órgano competente y sin que ello pueda entenderse como una revisión de los trámites administrativos que alcance a su esencia y contenido, desde el momento en que no se extiende el procedimiento seguido para su producción o las razones del pronunciamiento, positivo o negativo, que contuvieren, que sí quedarían al margen de sus facultades de calificación".

[234] El artículo 38 Ley Hipotecaria consagra a favor del titular registral una presunción desvirtuable o relativa, que ha sido caracterizada como trifronte: de existencia, pertenencia del dominio o derechos reales sobre los bienes inmuebles y de posesión de los mismos. La presunción ligada al contenido del asiento registral, que está bajo la salvaguardia de los Tribunales ex artículo 1 LH, puede desvirtuarse por prueba en contrario, mediante el ejercicio de una acción contradictoria del dominio, como lo es la reivindicatoria, en el marco de un proceso judicial civil.

La Sentencia de la Sala de lo Civil del Tribunal Supremo, de 21 marzo 1953, incide en la presunción de veracidad del contenido del asiento en cuanto a sus declaraciones jurídicas:

concurre un defecto, cual es la falta de supuesto de hecho determinante para inscribir la finca a favor del Estado mediante la certificación regulada en el artículo 37.3 de la Ley 33/2003, al no concurrir un supuesto de tracto sucesivo interrumpido por no existir en el caso de adquisición de bienes vacantes transmisiones intermedias "lo que determina la improcedencia del negocio jurídico empleado para obtener la inscripción del bien inmueble a favor del Estado"[235].

«En nuestro Derecho hipotecario, el asiento registral protege las instituciones jurídicas que él mismo proclama y no extiende con igual intensidad la protección a las situaciones o circunstancias de hecho, materiales o físicas, desconectadas del Registro; pero lo que no se puede afirmar, sin incurrir en confusionismo que debilita la garantía y atractivos de la institución hipotecaria, es que la inscripción nada vale ni nada protege en punto a las situaciones de hecho que el asiento pregona, pues por virtud del principio de legitimación registral, la inscripción ampara al titular, no sólo con prerrogativas de rango y disponibilidad del derecho inscrito, sino también con la presunción de que lo que diga el asiento, tanto con referencia a la situación jurídica, como a circunstancias de la finca, en la forma o en los términos que resulten del mismo, se ha de reputar veraz, mientras no sea ratificada o declarada su inexactitud, quedando así relevado el titular secundum tabulas de la obligación de probar la concordancia con la realidad extrahipotecaria y desplazando esta obligación, en régimen de inversión de prueba, hacia la parte que contradiga la presunción mencionada. A los Tribunales está encomendado el amparo o salvaguarda de los asientos del Registro y, a la vez, la facultad de atenerse en el cumplimiento de este doble cometido a una razonable valoración jurídica de los hechos que estimen probados, para poder dar por desvirtuada la presunción iuris tantum de veracidad registral en punto a extensión y linderos de la finca inscrita.» En STS de 29 de octubre de 1953 se afirma que *«el principio de legitimación registral desenvuelto en este artículo, ampara al inscribiente con una vigorosa presunción iuris tantum de exactitud e integridad de lo que el Registro pregona, y una de las manifestaciones de este principio consignada en el párrafo segundo de dicho artículo es la de impedir que se embarguen bienes o derechos inscritos a favor de persona distinta del deudor ejecutado, pero la protección está naturalmente condicionada por los términos o forma del respectivo asiento»).*

La STS 9 marzo 2004 destaca el carácter meramente dispositivo del principio señalando que: *«El principio de legitimación registral que contiene el artículo 38 en relación al 34 de la Ley Hipotecaria no es absoluto ni imperativo, ya que el Registro de la Propiedad carece de una base fáctica fehaciente, pues como se desprende de los artículos 2, 7 y 9 de la Ley Hipotecaria, el mismo se apoya en las declaraciones de los propios solicitantes de las inscripciones, por lo que quedan fuera de las garantías que pueden otorgar los datos registrales lo relativo a hechos materiales y, por consecuencia de ello, la institución registral no responde de la exactitud de los actos y circunstancias fácticas, ni por tanto de las descripciones que de las fincas se hagan e incluso de su existencia, al ostentar las inscripciones registrales por principio carácter declarativo y voluntario".*

[235] La nota de calificación registral extendida con fecha 5 de agosto de 2004 por la Registradora titular del Registro de la Propiedad de Valoria la Buena recoge diversas resoluciones de la Dirección General de los Registros y del Notariado, Resoluciones de 16 de julio de 1973 y 29 de agosto de 1983, en las que se afirma tal principio con rotundidad y con absoluta claridad: "*esta interrumpido el tracto, <cuando no se realiza alguna transmisión intermedia>*" y en Resoluciones de 1 de junio de 1996, 7 de julio de 1997, 13 de abril de 1999, 23 de diciembre de 1999, 15 de noviembre de 2003 y 19 de enero de 2001, entre otras. En todas ellas se pone de manifiesto por Domínguez Luelmo, A.: "Comentario a la Resolución de la Dirección General de los Registros y del Notariado de 20 de enero de 2005", *Cuadernos Civitas de Jurisprudencia Civil* nº70/2006, BIB 2005\2257, pg. 78, que hay un argumento reiterado: "*es esencial para que tal expediente pueda ser incoado la carencia de los títulos intermedios que puedan tener acceso al Registro, ya que cuando estos títulos existen, su presentación, una vez superada la calificación registral, permite la concordancia entre el Registro y la realidad jurídica extrarregistral, y se obtiene a la vez la rectificación del*

Defiende la Abogacía del Estado, a través del oportuno recurso gubernativo[236] interpuesto contra la denegación del Registrador de inscribir a favor del Estado el inmueble vacante por el procedimiento establecido en el artículo 37.3 de la Ley 33/2003, la procedencia del mismo "pues si es aplicable a los supuestos de tracto sucesivo con mayor razón, habrá de entenderse que el repetido procedimiento será también a aquellos supuestos que desde la perspectiva de la irregularidad registral entrañan una menor gravedad, como es el supuesto de adquisición por ministerio de la Ley, que no trae causa directa ni indirectamente del titular registral. Máxime cuando el artículo 37.3 alude a inscripciones contradictorias"; lo anterior unido a las garantías de publicidad que recoge el artículo 37.3 previa tramitación de un procedimiento administrativo de investigación patrimonial que acredita la vacancia del inmueble, sin que de otra parte se cuestione por el Registrador, siendo el único problema la suficiencia del título para poder inscribir bienes vacantes; que la protección registral también debe alcanzar a quién adquiere por ministerio de la ley siendo indiferente que no adquiera directamente del titular registral y sin olvidar la obligación de inscripción de los bienes del Estado como garantía del tráfico inmobiliario registral.

Nos detenemos en los distintos argumentos que fundamentan el recurso gubernativo:

1. Siendo consciente por haber sido analizado en diversos informes de la Subdirección General de lo Consultivo[237] del rechazo doctrinal a admitir que la certificación de dominio pueda servir para la reanudación del tracto sucesivo, se recoge la interpretación contenida en el Informe A.H.Patrimonio 76/03, de

---

asiento inexacto: de ahí que el artículo 40.a) de la LH prevea este supuesto y admita que por la toma de razón del título pueda ser rectificada la inexactitud. Es decir, según doctrina reiterada de la Dirección General, el expediente para reanudar el tracto no procede cuando existan títulos que puedan tener acceso al Registro y permitan su concordancia con la realidad. O dicho con otras palabras, que es presupuesto básico para que el expediente de dominio pueda cumplir su función de reanudar el tracto sucesivo interrumpido el que se haya producido una efectiva ruptura de la cadena de titularidades registrales, de manera que el derecho cuya inscripción se pretende aparezca inscrito a nombre de persona distinta del causante promotor".

[236] Como antecedentes de hecho a tener en cuenta: 1. Con fecha 14 de agosto de 2000 se inician las actuaciones tendentes a integrar el procedimiento de investigación para averiguar la titularidad del inmueble sito en la C/Mazanoya núm.11 de Olmos de Esgueva (Valladolid). La Directora General del Patrimonio del Estado mediante Resolución de 29 de marzo de 2004 acuerda incorporar el inmueble al Patrimonio del Estado y su inscripción en el Registro de la Propiedad; 3. Con fecha 29 de junio de 2004 se expide certificación de dominio que se presenta en el Registro de la Propiedad de Valoria la Buena; 4. Con fecha 16 de agosto de 2004 se notifica a la Delegación de Economía y Hacienda en Valladolid Nota de Calificación Registral por la que se suspende el despacho del título hasta la subsanación del mismo que se califica negativamente.

[237] Informes núm. 42/98, 66/02 y 76/03, entre otros, (referencia PATRIMONIO) de la Subdirección General de los Servicios Consultivos de la Abogacía General del Estado-Dirección del Servicio Jurídico del Estado.

17 de marzo de 2004, que concluye en sentido positivo sobre la aplicación del artículo 37.3 de la Ley del Patrimonio de las Administraciones Públicas a la inscripción de bienes vacantes. Se afirma en el escrito de recurso, recogiendo la doctrina contenida en el citado informe, que "dado que el precepto transcrito alude al supuesto de tracto sucesivo interrumpido, y puesto que este concepto se refiere a la idea de concatenación entre los actos adquisitivos de un inmueble (o derecho real) de modo y manera que quien figura como adquirente en uno de ellos aparece como transmitente en el siguiente y así sucesivamente, no cabe duda que el tracto registral sucesivo estará interrumpido cuando quien pretenda inscribir su derecho alegue haberlo adquirido de quién no es el titular registral por haberla transmitido esta última a persona que no inscribió su adquisición en dicho registro y de quién adquirió el que pretende la inscripción". Lo anterior lleva a entender que no estamos ante un supuesto de tracto sucesivo interrumpido al no traer causa el derecho del Estado del titular registral por ser una adquisición por ministerio de la ley. Hasta aquí parece que no hay discusión; el problema surge al admitir que no es propiamente un supuesto de tracto interrumpido, pero considerar que sí resulta de aplicación el procedimiento del artículo 37.3 de la Ley 33/2003 por dos razones: (1)desde "el punto de vista de la irregularidad de la continuidad del historial registral de la finca" tiene una menor entidad o gravedad el supuesto que nos ocupa, donde la adquisición es por ministerio de la ley, y (2) el artículo 37.3 alude a inscripciones contradictorias siendo en el supuesto que se trata que la inscripción está en contradicción con la certificación de dominio.

Comparto la crítica que formula Domínguez Luelmo[238] a la argumentación lógica maiore ad minorum que lleva a extender el procedimiento previsto en la Ley Hipotecaria para los supuestos de reanudación del tracto a otros como es el de adquisición por ministerio de la ley sin que se haya previsto en la legislación hipotecaria. La reforma operada por la Ley 33/2003 lleva a considerar la certificación de dominio como título válido para reanudar el tracto sucesivo pero no comprende el supuesto que nos ocupa de inscripción de inmuebles vacantes. El Juzgado de primera instancia nº7 de Valladolid, Sentencia de 23 de septiembre de 2005, que estima el recurso interpuesto

[238] Domínguez Luelmo, A.: "Comentario...", *Op. cit.*, pg. 80, recogida por Sánchez-Calero Arribas, B.: *La inscripción de los bienes públicos*, Cuadernos de derecho registral, Madrid, 2009, pg. 143. Afirman estos autores que *"se produce un salto cualitativo que encierra un hábil sofisma, de modo y manera que se prescinde por completo de lo que prevé la legislación hipotecaria. El proceso argumental sólo puede servir para mantener que, si el legislador ha considerado en la Ley 33/2003 que la certificación del artículo 206 de la Ley Hipotecaria constituye un título válido para reanudar el tracto sucesivo interrumpido, por los mismos motivos debería haberse contemplado expresamente la posibilidad de que sirviera también para inscribir la adquisición de inmuebles vacantes por ministerio de la Ley. Pero no para entender que el procedimiento previsto específicamente para los casos de reanudación del tracto, se puede utilizar para otros diferentes"*.

contra la Resolución de la Dirección General de los Registros y del Notariado de 20 de enero de 2005 (que a su vez estima el recurso gubernativo cuyos argumentos analizamos), excluye la interpretación extensiva sin que proceda la aplicación analógica al existir regulación específica, el artículo 306 del Reglamento Hipotecario, para el supuesto de conflicto consecuencia de inscripciones a favor de terceros.

2. En el recurso se da un paso más al recoger un segundo argumento relacionado con el principio de legitimación registral al que se hacía referencia en la nota de calificación registral. La protección registral alcanza al titular actual con independencia de si adquiere de un titular determinado o por ministerio de la ley, como es el caso de bienes vacantes, unido a que en este caso se exige la tramitación de un expediente administrativo con todas las garantías que ello conlleva. Garantías que como señala Domínguez Luelmo nadie pone en cuestión pero que no excluyen sin más la normativa hipotecaria.

La Dirección General de los Registros y del Notariado se ha referido en numerosas ocasiones al principio de legitimación registral[239], siendo uno de los principios básicos que busca la protección del titular registral, presunción *iuris tantum* de exactitud y como legitimación dispositiva a favor del titular registral y provoca el cierre del Registro a títulos incompatibles o a títulos otorgados por persona distinta del titular. Principio que se respeta exigiendo que el título presentado y el procedimiento sea el que exige la normativa hipotecaria. Es por ello que, si bien es cierto que protege con independencia del título originario o derivativo de adquisición, la protección registral alcanza no al titular actual sino al titular registral.

3. Defiende el Abogado del Estado que el titular registral "no se ve perjudicado en mayor o diferente medida si se inscribe el bien a favor del Estado con la certificación pública rechazada que si se aporta otra clase de título de pro-

[239] Cabe citar Resolución de la Dirección General de los Registros y del Notariado de 19 de abril de 2005, que destaca la importancia de un principio que determina el cierre del Registro a títulos incompatibles y a los otorgados por persona distinta del titular registral. La jurisprudencia también se ha pronunciado sobre la presunción registral; destaca, entre otras, García García, J.M.: *Código...,Op.cit,* pg. 158, Sentencia de 25 de noviembre de 1997, que fija la fecha de prioridad, no en la fecha del documento privado elevado a público, si no en la fecha de la inscripción, no pudiendo prevalecer la fecha del documento privado frente a una anotación de embargo anterior. Según Sentencia de 16 de julio de 2001 de la Sala de lo Civil del Tribunal Supremo, la presunción dispensa de prueba al titular registral, sin perjuicio de la posible destrucción de la misma demostrando que el contenido registral no se corresponde con la realidad; titularidad registral que, según Sentencia de 26 de diciembre de 2002, prevalece frente a la ocupación de hecho de la finca justificada por el empadronamiento y el pago de cuotas de la comunidad de propietarios o la Sentencia de 24 de junio de 2004 que señala que la presunción opera frente a terceros y no entre las partes que conocen la realidad extrarregistral.

piedad". Insiste con acierto Domínguez Luelmo[240] que no es este el problema, sino si se respeta la normativa hipotecaria con el título que el Estado presenta. La presunción de exactitud registral a la que hacen referencia los artículos 20, 38 y 40 de la Ley Hipotecaria limita la modificación de los asientos registrales al consentimiento del titular o resolución judicial en la que el titular haya sido demandado.

4. No se cuestiona en la nota de calificación registral la vacancia del bien, la titularidad del bien ha pasado de ser del titular registral a ser res nullius y en última instancia del patrimonio del Estado por ministerio de la ley. Ley que le impone la obligación de inscripción como garantía del tráfico inmobiliario registral y de ahí que siendo indeseable la situación de vacancia se debe facilitar su inscripción registral. Situación que entendemos demanda una reforma legislativa que vaya más lejos que la introducida por la Ley 33/2003 facilitando el mandato legal de inscripción de los bienes del Estado.

5. Como último argumento se afirma que llevar el razonamiento de la nota de calificación a sus últimas consecuencias exigiría, no una inscripción, sino una nueva inmatriculación al ser la adquisición de bienes vacantes una adquisición originaria. Lo absurdo del argumento, por no poder inmatricular lo que ya está inmatriculado, es consecuencia de un vacío legal que no prevé la inscripción de un bien adquirido por ministerio de la ley sin relación con el titular registral que impide su inscripción por contradecir un asiento registral (principio de tracto sucesivo); y por exigencia de la presunción de exactitud del registro que impide la modificación de la inscripción si no es por consentimiento del titular –que no existe al ser un res nullius– o acudiendo a la vía judicial, que es precisamente la que se trata de evitar.

El recurso gubernativo fue estimado por Resolución de la Dirección General de los Registros y del Notariado de 20 de enero de 2005[241] recogiendo una interpretación favorable a los intereses del Estado, al responder en sentido afirmativo a la cuestión de si se puede aplicar la certificación administrativa prevista en el artículo 206 de la Ley Hipotecaria a un supuesto de adquisición por ministerio de la Ley de un bien calificado como bien vacante que figura inscrito a favor de un titular registral desconocido desde hace más de treinta años.

---

[240] Dominguez Luelmo, A.: "Comentario...", *Op. cit.*, pg. 80, recogida por Sánchez-Calero Arribas, B.: *La inscripción...*, *Op. cit.*, pg. 139.

[241] Resolución que por su interés es objeto de la Circular 1/2005 de la Subdirección General de los Servicios Consultivos de la Abogacía General del Estado, remitiendo copia de la misma a las distintas Abogacías del Estado solicitando su invocación en supuestos similares y destacando que se efectúa una interpretación favorable a los intereses de la Administración General del Estado coincidente con el criterio mantenido por la Subdirección General de los Servicios Consultivos de la Abogacía General del Estado y que se ha expuesto a lo largo del presente apartado.

Coincide la Dirección General de los Registros y del Notariado con la premisa fijada por el Registrador y no discutida en el recurso, que no se puede calificar como un supuesto de reanudación del tracto sucesivo por no haberse interrumpido al no existir transmisiones intermedias que no hayan tenido acceso al Registro. Delgado Ramos [242] plantea una argumentación alternativa a lo anterior en el sentido de entender que se puede defender que sí nos encontramos ante un supuesto de interrupción del tracto sucesivo "pues la titularidad real no coincide con la registral aunque trae causa de ella en el sentido de que se ha producido una prescripción extintiva de la titularidad registral y una adquisición originaria consiguiente por parte del Estado, y falta inscribir ambos hechos jurídicos; por lo que la certificación administrativa con los requisitos del artículo 37.2 de la ley permitiría la inscripción a favor del Estado". Coincido con Dominguez Luelmo[243] y Sánchez Calero en lo forzado de la argumentación por no ser técnicamente una interrupción al no traer causa el derecho del Estado del titular registral, y así lo entendió el Registrador que extendió la nota de calificación, la Subdirección General de lo Consultivo de la Abogacía General del Estado, la Dirección General de los Registros y del Notariado y diversas resoluciones judiciales.

De igual forma, no se discute que estamos ante una adquisición por ministerio de la ley prevista en el artículo 17.2 de la Ley 33/2003 sin que exista obstáculo (y aquí discrepa de la calificación registral) para que pueda practicarse la inscripción a favor del Estado del bien vacante a través de la certificación de dominio del artículo 206 de la Ley Hipotecaria. Certificación que considera como título válido para reanudar el tracto sucesivo, que no es el caso, y como medio inmatriculador que cuenta con las garantías suficientes para evitar perjuicios a terceros a través de la publicación de edictos, suspensión de la fe pública registral durante dos años, tramitación de expediente administrativo y el asiento se practica a continuación del anterior constando el historial completo de la finca.

El criterio interpretativo, sobre la aplicación del artículo 37.3 a la inscripción de bienes vacantes, que mantiene la Dirección General de los Registros y del Notariado en su resolución de 20 de enero de 2005, parece encontrar un camino un tanto confuso para superar el obstáculo registral que supone existir un asiento registral contradictorio con el derecho de dominio que, por ministerio de la ley, atribuye al Estado un bien vacante y sin dueño conocido. La solución viene de la mano de la certificación de dominio del artículo 206 de la Ley Hipo-

---

242 Delgado Ramos, J.: "Comentario a la resolución de la Dirección General de los Registros y del Notariado de 20 de enero de 2005", en http://www.notariosy registradores.com/RESOLUCIONES/2005, Marzo.htm.

243 Dominguez Luelmo, A.: "Comentario ...", *Op.cit,* pg. 86 recogida por Sánchez-Calero Arribas, B.: *La inscripción..., Op. cit.,* pg. 143.

tecaria como medio inmatriculador con todas las garantías del artículo 37.3 de la Ley 33/2003 previsto para reanudar el tracto sucesivo (si bien reconoce que no es el caso por ausencia de transmisiones intermedias que no hayan tenido acceso al Registro) y la certificación de dominio como medio inmatriculador excepcional para permitir el acceso de fincas que no estén inscritas a favor de persona alguna. Combinación, decimos, un tanto confusa, de su calificación como medio inmatriculador y las garantías del 37.3 previsto para reanudar un tracto que sin embargo no se ha interrumpido.

Se justifica en los siguientes términos:

> "(...) siendo una adquisición por ministerio de la Ley, la que se ha producido a favor del Estado conforme al artículo 17.2º de la Ley 33/2003, nada obsta que pueda practicarse su inscripción a través de la certificación del artículo 206 de la Ley Hipotecaria. Éste, no es sólo un medio para reanudar el tracto sucesivo interrumpido, sino que además es un medio inmatriculador que cuenta con los elementos necesarios para evitar perjuicios a terceros, y se completa con el artículo 37.2 (referencia errónea por 37.3) de la Ley 33/2003, con la exigencia de la publicación de edictos, y la suspensión de la fe pública registral durante dos años".

Resolución no exenta de polémica por la contradicción que supone partir de un presupuesto admitido por todos, esto es, que no estamos ante un caso de reanudación del tracto sucesivo interrumpido (al no existir transmisiones intermedias que no hayan accedido al Registro por ser la adquisición de bienes vacantes originaria y por ministerio de la ley) y sin embargo admitir como título la certificación del artículo 206 de la Ley Hipotecaria entendiendo que no es sólo un medio para reanudar el tracto sucesivo – que no es el caso-, si no también para inmatricular, obviando que no se puede inmatricular al estar la finca ya inscrita. Delgado Ramos [244]califica la argumentación contenida en la resolución de la Dirección General de los Registros y del Notariado como "curiosa y confusa incurriendo en evidentes contradicciones", sin que se justifique destacar las garantías inmatriculadoras de la certificación cuando son inferiores a las de reanudación del tracto. Defiende que el camino a seguir es la declaración judicial en juicio ordinario contra el titular registral con independencia de la antigüedad "pues el legislador, que ha sido muy generoso otorgando medios a la Administración para la inscripción de sus bienes en diversos supuestos (amplios en su variedad, pero excepcionales en su configuración), no lo ha hecho en este supuesto concreto, por lo que ha de seguirse la regla general que precisa sentencia declarativa".

---

[244] Delgado Ramos, J.: "Comentario...", *Op. cit.* http://www.notariosy registradores.com

La Ley Hipotecaria[245] prevé que la resolución de la Dirección General de los Registros y del Notariado sea de carácter vinculante en caso de ser expresa y estimatoria, y ello sólo a partir de su publicación en el BOE. La Resolución de 20 de enero de 2005 dejó de tener carácter vinculante para los registradores al ser anulada por sentencia de 23 de septiembre de 2005 del Juzgado de Primera Instancia nº 7 de Valladolid[246] que posteriormente fue revocada en apelación por la Audiencia Provincial de Valladolid el 19 de septiembre de 2006 en el sentido de incluir la disposición por la que se acuerda la remisión de copias de los asientos contradictorios a la autoridad que haya firmado las certificaciones para que resuelva conforme el Reglamento Hipotecario lo que procede sobre la inscripción, petición esta última que era formulada por el Ministerio Fiscal, sin que la Administración recurriera la sentencia recaída en primera instancia. No habiendo sido recurrido el fondo se confirma la calificación negativa con la suspensión de la práctica de la inscripción. Afirma la Audiencia Provincial de Valladolid:

[245] El artículo 327.10 de la Ley Hipotecaria dispone lo siguiente: *"Publicada en el BOE la resolución expresa por la que se estime el recurso, tendrá carácter vinculante para todos los Registros mientras no se anule por los Tribunales"*. Afirma García García, J.M.: *Código...*, *Op. cit.*, pg. 373, que dos son las interpretaciones que admite el párrafo: a) Sobre una interpretación rígida y teniendo presente el deber legal de obediencia hacia la Dirección General de los Registros y del Notariado por parte de los registradores, se defiende en algunas Resoluciones de la Dirección General que estamos ante una doctrina vinculante para todos y más allá del caso concreto, limitando a los registradores a fundamentar una nota distinta. Postura que critica el autor por provocar la perpetuación de una doctrina y dejando sin sentido aquellos preceptos que atribuyen al Registrador, y no a la Dirección General, la responsabilidad por la calificación; b) Diferente interpretación por parte de Guilarte Gutiérrez, V.: *El efecto vinculante de las Resoluciones singulares de la Dirección General de los Registros*, Cuadernos de Derecho Registral, 2006, que considera vinculante la resolución (no la doctrina) y si es estimatoria (el precepto se refiere al <fallo>) y no desestimatoria pues no estamos ante doctrina vinculante,sino un reflejo de la ejecución de toda resolución que sea estimatoria, y que el uso de la palabra "registradores" (modificada por Ley 24/2005, de 18 de noviembre, de reformas para el impulso de la productividad, sustituyendo la palabra *Registro* por la de *registradores*) se justifica por la posibilidad de pluralidad de registradores en un mismo Registro o de registradores que deben calificar diferentes fincas en el mismo documento.

[246] El Juzgado de Primera Instancia nº7 de Valladolid en Sentencia de 23 de septiembre de 2005 estimó el recurso interpuesto por la titular del Registro de la Propiedad de Valoria la Buena y dejó sin efecto la resolución de la DGRN, confirmando la procedencia de la calificación realizada por la Registradora de la Propiedad. *"Si cuando se emite por la Administración la certificación de dominio, la finca ya estaba inscrita a favor de terceros, sin que se alegara por la Administración ningún tracto sucesivo, parece claro que no es aplicable el mecanismo prevenido en el artículo 37.3 de la Ley 33/2003, de 3 de noviembre, pues este precepto esta pensado en un tracto sucesivo interrumpido, sin que pueda asumirse la interpretación extensiva, a un supuesto no previsto en dicho precepto, que efectúa la Dirección General de los Registros y del Notariado. No se entiende que el supuesto analizado sea de menor gravedad, ni parece adecuado proceder a la vía analógica cuando existen preceptos que regulan específicamente este supuesto de conflico por existencia de inscripciones a favor de terceros como es el artículo 306 del Reglamento Hipotecario"*.

> "Calificado el bien, finca de autos, como vacante por la Dirección General del Patrimonio del Estado, incorporado entonces al Patrimonio estatal, resulta que el mismo consta inscrito a favor de titular anterior, en inscripción vigente, no cancelada, por lo que, librada la certificación por la Administración postulante a los efectos de interesar su inscripción, fue esta suspendida por la titular del registro de la Propiedad de Valoria la Buena (Valladolid), dado que, en efecto, no se está en el caso de tracto sucesivo interrumpido, pues no hay transmisiones intermedias, por lo que no cabe inscripción contradictoria, pese a lo cual la Dirección General de los Registros y del Notariado, acuerda su inscripción en resolución de 10-1-95. por lo que, aun cuando el artículo 199 de la Ley hipotecaria refiere al certificado del artículo 206 , para inmatriculación de fincas que no estén inscritas a favor de persona alguna a través del certificado administrativo como si de primera inscripción se tratara, el artículo 306 del Reglamento Hipotecario prevé la posibilidad de que esas certificaciones entren en contradicción con algún asiento no cancelado y suspendida la inscripción (no es inmatriculación ni reanudación del tractor sucesivo), el artículo 306 del Reglamento señala un camino cual es la remisión de copias de los asientos contradictorios a la Autoridad que haya firmado las certificaciones, la cual podrá comunicarlo al juez de Instancia competente el que, a la vista del expediente administrativo y de las copias de los asientos contradictorios, resolverá lo procedente sobre la inscripción".

A la vista del fundamento transcrito parece que volvemos al punto de partida sin que la reforma operada por la Ley 33/2003 otorgue a la certificación de dominio la consideración de título válido para la inscripción de bienes vacantes a favor del Estado; como solución alternativa siempre queda la vía judicial por el declarativo ordinario o acogiendo el criterio de la Audiencia Provincial de Valladolid la vía del artículo 306 del Reglamento Hipotecario al que se referían los informes emitidos por la Subdirección General de lo Consultivo "en la medida en que el procedimiento regulado en dicho artículo resulta menos complejo que la promoción de un juicio declarativo"[247].

V.3. TÍTULO INSCRIBIBLE EN CASO DE SER EL ESTADO DECLARADO ÚNICO Y UNIVERSAL HEREDERO DEL TITULAR REGISTRAL

Otro de los problemas registrales descritos exige determinar qué título se ha de aportar para que el Registrador acceda a la inscripción de bienes del Estado

[247] Informes núm. 43/97, 45/00, 47/02, 23/99 (referencia PATRIMONIO) de la Subdirección General de los Servicios Consultivos de la Abogacía General del Estado-Dirección del Servicio Jurídico del Estado.

tras haber sido declarado como único y universal heredero del titular registral. Al traer causa del titular anterior no se plantean los obstáculos de contradicción con los asientos del Registro al respetarse el tracto sucesivo, siendo el único problema registral a resolver si una vez declarado el Estado heredero abintestato es título suficiente para inscribir el derecho del Estado el testimonio del auto acompañado del correspondiente inventario para inscribir los bienes a su favor.

La Dirección General de los Registros y del Notariado en Resolución de 7 de marzo de 2009 se plantea la necesaria entrega de los bienes de la herencia mediante acta judicial consecuencia del recurso interpuesto por el Delegado de Economía y Hacienda en Madrid contra la negativa del Registrador de la Propiedad nº25 de Madrid a la inscripción de un inmueble a favor del Estado. Negativa fundamentada en la exigencia de la presentación de acta de entrega judicial de bienes. Disconforme con la calificación se recurre por la Delegación de Economía y Hacienda en Madrid por discrepar de un criterio que a juicio de la recurrente "parece indicar la exigencia de tradición o entrega formal de los bienes hereditarios en caso de herencia abintestato a favor del Estado como requisito previo y necesario para su inscripción registral". Como argumentos concretos que tratan de desvirtuar la calificación registral se recogen en el escrito de recurso los siguientes: 1) Al ser el Estado heredero único y no existir interesado con derecho a legítima, ni persona autorizada para adjudicar la herencia, no resulta necesario realizar partición de la herencia; 2) No resulta aplicable el artículo 609 del Código Civil al entenderse transmitida, de acuerdo con el artículo 440 del Código Civil, la posesión de los bienes hereditarios sin interrupción y desde el momento de la muerte del causante; 3) Considera título suficiente para la inscripción el certificado administrativo inventario de la herencia acompañado del auto judicial de declaración de heredero al Estado.

Argumentos que no resultan convincentes para la Dirección General de los Registros y del Notariado[248] que desestima el recurso por ser un requisito que establece el artículo 9 del Decreto 2091/1971, de 13 de agosto[249], al disponer que una vez declarado heredero el Estado, el Delegado del Gobierno solicitará

[248] Es cierto como indica la DGRN que no se ha exigido por el Registrador escritura de partición, lo cual sería improcedente por tratarse de heredero único y que por lo que se refiere a la posesión civilísima a que se refiere el artículo 440 del Código Civil no supone la supresión de las formalidades complementarias.

[249] Derogado por el Real Decreto 1373/2009, cuyo artículo 9 dispone, en términos similares, que "*1. Una vez declarada la Administración General del Estado heredera abintestato, se solicitará del Juzgado la entrega de los bienes y derechos mediante acta acompañada de una relación de los mismos. 2. Cuando se compruebe la existencia de bienes o derechos pertenecientes a la herencia que no figuren en la citada relación, el Delegado de Economía y Hacienda acordará su incorporación a la misma. Igualmente, en los casos en que se acredite la inclusión por error material de bienes o derechos que no pertenezcan a la herencia, se acordará su exclusión*".

del Juzgado la entrega de los bienes y que de dicha entrega se levantará acta, la cual es necesaria para todas las actuaciones subsiguientes de administración y liquidación del caudal hereditario, para la posible enajenación de los bienes adquiridos, para las cuentas del abintestato y para la distribución del caudal impuesta por el artículo 956 del Código Civil.

Discrepamos del criterio mantenido por la Dirección General de los Registros que fundamenta su decisión en el artículo 9 del Decreto de 1971, de aplicación temporal al caso analizado; cuando lo cierto es que en dicho precepto no se establece como requisito para la inscripción, junto con el auto de declaración de herederos, el acta del Juzgado de entrega de los bienes. Se regula la entrega de los bienes, no la inscripción de los mismos, y por tanto se exige al Estado un requisito más que al particular declarado heredero al que le basta, si es heredero único y no hay que practicar partición, el auto judicial de declaración de heredero. Tratándose de heredero único, el título de la sucesión hereditaria, que a los efectos registrales es la declaración judicial de heredero abintestato, es suficiente para inscribir a favor del heredero, en este caso el Estado, los bienes y derechos que consten inscritos en el Registro a nombre del causante. A lo anterior añadir que el acta de entrega por parte del Juzgado no es el único documento que puede dar cumplimiento a lo dispuesto en los artículos 14 y 16 de la Ley Hipotecaria que prevén la justificación con cualquier otro documento fehaciente que se hallan comprendidos en él los bienes que tratan de inscribir[250].

Junto al problema del título inscribible Parejo Gamir[251] se detiene en la forma de la inscripción de los bienes públicos, que dada su especial naturaleza provoca especialidades que le llevan a recomendar que en caso de inscripción de un bien de dominio público se haga constar el carácter demanial del bien por jugar la presunción a favor del carácter patrimonial; en el mismo sentido, recomienda hacer constar el uso o destino de la finca por la oportunidad de su práctica y en último lugar plantea que sería deseable una flexibilización de las reglas hipotecarias ordinarias extrapolando la especialidad que recoge el artículo 32 del Reglamento Hipotecario para las inscripciones consecuencia de la expropiación: "Si no pudiera hacerse constar alguna circunstancia, se expresará así en el título y en su caso en la inscripción". Tesis que busca compensar a la Administración que inscribe sus bienes en el Registro de la Propiedad con las mismas reglas que los particulares, pero con la diferencia de tener un estatuto jurídico que califica como exorbitante del régimen normal de los particulares.

---

[250] La Delegación de Economía y Hacienda plantea como título alternativo al acta de entrega el certificado administrativo inventario de la herencia.

[251] Parejo Gamir, R.: *Cuestiones*..., *Op. cit.*, pg. 111.

Se han analizado los obstáculos que la inscripción a favor del Estado puede plantear. Cabe apuntar en sentido contrario ¿como se puede atacar la misma si se discute la propiedad del Estado? Es doctrina jurisprudencial reiterada que la declaración de herederos puede también hacerse en un proceso declarativo y que en caso de tramitarse como un procedimiento de jurisdicción voluntaria el auto que en su día se dicte no tiene el carácter de resolución definitiva y puede impugnarse por la vía ordinaria. Desde el punto de vista registral, en caso de instarse la nulidad de la declaración de heredero a favor del Estado por ser el título legítimo inscrito en el Registro, sería necesario instar la nulidad de la inscripción para el éxito de la acción; si bien es conocida la jurisprudencia que ha suavizado el requisito del artículo 38 de la Ley Hipotecaria en el sentido de no exigir su formulación de forma expresa si va implícita en la acción judicial[252].

[252] La Audiencia Provincial de Asturias, sección 4ª, en Sentencia de 19 de diciembre de 2000, en sentido opuesto afirma que *"de la demanda de nulidad de las inscripciones registrales y de cualquier título que contradiga los anteriores pronunciamientos declarativos que se solicitan se está pidiendo la nulidad de la declaración de herederos de Dª Mercedes a favor del Estado pues es el título que éste esgrime para oponerse a las pretensiones del demandante"*.

CAPÍTULO VI
CONSTITUCIONALIDAD DEL LLAMAMIENTO A FAVOR DE LAS COMUNIDADES AUTÓNOMAS

VI.1. PLANTEAMIENTO

La configuración del Estado Autonómico como realidad de la España actual está en pleno proceso de creación. El texto constitucional de 27 de diciembre de 1978 lejos de cerrar la configuración de un modelo autonómico deja la puerta abierta, permitiendo a través del régimen de distribución de competencias un abanico de posibilidades entre los dos extremos de una España centralista o una España autonómica.

El artículo 2 de la Constitución Española establece los principios en que se articula la nueva organización territorial: "La Constitución se fundamenta en la indisoluble unidad de la nación española, patria común e indivisible de todos los españoles y reconoce y garantiza el derecho a la autonomía de las nacionalidades y regiones que la integran y la solidaridad entre todas ellas". Principio de unidad de la Nación Española como realidad preexistente; principio de autonomía que alcanza en virtud del artículo 137 Constitución Española a las entidades locales y principio de solidaridad que corresponde al Estado garantizar, según el artículo 138 Constitución Española.

Organización territorial que ha exigido un proceso complejo y delicado de distribución de competencias dentro de los límites que marca la Constitución y la interpretación de los mismos dada por el Tribunal Constitucional. No deja de ser sorprendente, y plenamente actual, el camino de superación de obstáculos, políticos, legislativos y constitucionales, seguido por aquellas comunidades autónomas que se han atribuido el llamamiento en último lugar de la sucesión intestada, y en sustitución del Estado. Comunidades Autónomas con competencia en materia de derecho civil, con el caso dudoso de Valencia, que ha llevado a discutir no sólo su alcance, si no también si la atribución originaria al Estado es manifestación de su soberanía, lo que supone una barrera a esa regulación autonómica o es una regulación puramente de derecho privado y por tanto de acceso autonómico, eso sí, siempre que respete la necesaria vinculación a una institución foral previa. Camino de superación que parece no tener fin y plantea si caminamos hacia un Estado federal.

El presente trabajo de investigación parte de conocer la historia del derecho foral propio de aquellas comunidades autónomas con derecho civil, foral o especial, allí donde existan; conocimiento indispensable en todo trabajo ligado al derecho foral como presupuesto previo para exponer los distintos pasos legislativos que han desembocado en la atribución del llamamiento sucesorio a la Comunidad Autónoma, con exclusión del Estado, concluyendo con una breve exposición del régimen administrativo que le es aplicable. Como elemento de unión de la investigación se analiza, a través del examen de los recursos promovidos ante el Tribunal Constitucional y la doctrina del intérprete supremo de la Constitución, la superación de los obstáculos constitucionales que tal proceso ha encontrado por el camino:

1) Un primer obstáculo que afecta de manera singular a la Comunidad Valenciana, al ser tradicional la discusión sobre la existencia de un verdadero derecho civil foral o especial, o si estamos ante normas consuetudinarias integradas en el derecho civil común, y en un sentido más específico al resto de Comunidades Autónomas en casos concretos; a modo de ejemplo, citamos la Sentencia del Tribunal Constitucional 47/2004, de 25 de marzo, a propósito del recurso de inconstitucionalidad nº 3141/1993 contra la Ley de Galicia 11/1993, de 15 de julio, que exige delimitar la competencia que el artículo 149.1.8ª Constitución Española atribuye al Estado en materia de legislación civil, sin perjuicio de la conservación, modificación y desarrollo por las Comunidades Autónomas de los derechos civiles, forales o especiales, allí donde existan.

2) Un segundo obstáculo, común a todas la Comunidades Autónomas con competencia en materia de derecho civil como son Navarra, Aragón, Cataluña, Galicia, Baleares, País Vasco y Valencia (una vez supere el primer obstáculo), que se centra en la constitucionalidad del llamamiento a favor de la Comunidad Autónoma en sustitución del Estado y que supone la no aplicación de la atribución in extremis prevista en el artículo 956 del Código Civil.

Todo ello como punto de partida para un estudio más centrado en la propia sucesión intestada a favor del Estado, desde el origen que encontramos en el Derecho Romano de atribución de tales bienes al Fisco, hasta el régimen hoy vigente con los problemas que su aplicación conlleva y las ventajas, o no, que a la sociedad otorga. El Estado, o en su caso la Comunidad Autónoma, adquiriere la condición de heredero legal como si de un sujeto privado se tratase, con la excepción de que en todo caso la adquisición goza por ministerio de la ley del beneficio de inventario. Pero una vez declarado heredero entran en juego normas de derecho público, en concreto normas de derecho administrativo que van a regular el destino de los bienes. Centrado en el campo del derecho civil, más concretamente del derecho de sucesiones, ello no excluye, dado el carácter público del heredero, el análisis de normas administrativas que establecen el régimen de atribución y reparto de los bienes previa declaración judicial de heredero y con la aceptación por ministerio de la Ley a beneficio de inventario. Normas de derecho público y de derecho privado que lejos de excluirse se complementan y que serán objeto de posterior investigación.

VI.2. NAVARRA

VI.2.1 Fuero nuevo de Navarra-Ley 300. Sucesión legal. Ley 304 y 305. Sucesión intestada

La referencia dentro del orden de llamamientos de la sucesión legal a la Comunidad Foral no resulta novedoso en el derecho foral navarro donde, a diferencia de otros derechos forales, encontramos referentes históricos. Las Comunidades Autónomas, salvo Baleares, con competencia en materia de Derecho civil, han sustituido el llamamiento al Estado por el propio de la Comunidad Autónoma, haciendo uso de la competencia que les atribuye el artículo 149.1.8.º, de la Constitución. De todas ellas, sin embargo, la única que así lo recogía en su derecho histórico era Navarra. Podemos considerar al derecho foral de Navarra como pionero en la materia, siendo así que incluso con una interpretación restrictiva del precepto constitucional y más en concreto de su expresión "allí donde existan" la legalidad de la Ley 304 es indiscutible.

Acudiendo al derecho histórico de Navarra, y bajo una influencia del derecho romano que atribuía la herencia en defecto de parientes al Fisco, encontramos como antecedentes de tal previsión en beneficio de la entonces Diputación Foral el artículo 104 del Proyecto de Aizpún y Arvizu y el artículo 82 del Proyecto del Colegio Notarial, ambos proyectos de Apéndice donde se establecía: "A falta de personas que tengan derecho a suceder, heredará los bienes la Excma. Diputación Foral y provincial de Navarra, que los destinará a atenciones de beneficencia de la provincia. La Diputación deberá ser declarada heredera judicialmente". El artículo 96 del Proyecto de la Diputación en términos similares disponía: "A falta de personas que tengan derecho a heredar conforme a lo dispuesto en las normas precedentes, heredará todos los bienes del difunto el Hospital civil y provincial de Navarra". Encontramos así una norma similar al artículo 221 de la Ley 15/1967, sobre Compilación del Derecho civil de Aragón que recoge el privilegio del Hospital de Nuestra Señora de Gracia[253]. Nada dice el proyecto del Fuero Recopilado. Llegamos a la Ley 304 de la Recopilación Privada del Derecho navarro cuyo texto se asemeja más al vigente hoy tras la Ley Foral de 1 de abril de 1987 que la redacción originaria del Fuero Nuevo. Ley 304, apartado séptimo, que atribuía la sucesión legal en bienes no troncales a "La Diputación Foral de Navarra, que deberá destinar los bienes heredados a fines benéficos o benéfico-docentes", Ley que a diferencia de la redacción originaria contenida en el Fuero Nuevo no se remitía en cuanto al reparto de los bienes al código civil.

La Ley 304 del Fuero Nuevo de Navarra, antes de la reforma operada por la Ley Foral de 1 de abril de 1987, disponía: "La sucesión legal en bienes no troncales se deferirá por el siguiente orden de llamamiento, cada uno de los cuales será en defecto de todos los anteriores y excluirá a todos los posteriores: 7) En defecto de parientes comprendidos en los números anteriores, corresponderá a la Diputación Foral de Navarra aplicar la herencia a los fines establecidos en el artículo 956 del Código Civil". Roncesvalles Barber[254] considera que el papel que se le atribuía a la Diputación Foral podía entenderse limitado a una función meramente liquidadora o tuitiva del destino final de los bienes, determinado por el Código civil. Función instrumental que no comparte Navas Navarro[255], que plantea tres posibilidades derivadas de una interpretación literal: una primera de que el llamado era el Estado pero se anteponía como heredera la Diputación Foral; una segunda de carácter instrumental, que tenía por objeto destinar los bienes a los fines previstos en el artículo 956 del Código Civil, y una tercera de atribuir a la Diputación Foral la herencia bajo condición de heredera en los mismos términos que el Estado. Considera que atribuir a la Diputación una función meramente instrumental supone desconocer la función que la Ley de Patrimonio del Estado atribuye a la Delegación de Hacienda como órgano encargado de liquidar el caudal relicto y de aplicar el caudal a su destino. Para la autora, interpretar que esa función le corresponde a la Diputación exige una previa delegación a regular en la propia Ley de Patrimonio excediendo de las competencias que le corresponde en materia de derecho civil a la Diputación Foral. Continúa Navas Navarro con una interpretación histórica que lleva a decantarse por la tercera posibilidad, esto es, la consideración de que estamos ante un llamamiento a título de heredero, teniendo en cuenta los textos antes referidos como antecedentes: tanto la Recopilación privada del Derecho navarro; los Proyectos de Apéndice; el Proyecto de Aizpún y Arvizu, el Proyecto del Colegio Notarial y el Proyecto de la Diputación. En todos era llamada la Diputación a título de heredero y en conclusión "puede deducirse que siempre

---

253 Este problema será abordado específicamente en un capítulo posterior de este trabajo.

254 Roncesvalles Barber Carcamo, M.: *Comentarios...*, *Op. cit*., pg. 1250.

255 Navas Navarro, S.: *La herencia a favor del Estado,* Madrid, 1996, pg. 92.

se ha considerado heredera a la Diputación Foral de Navarra, por lo que la ausencia de la locución heredará o sucederá, en el texto de la Compilación, no debe impedir mantener el mismo criterio y excluir el llamamiento a favor del Estado".

Torres Lana[256] afirma que la primitiva redacción de la Ley 304 soslaya la naturaleza del título por el que se atribuye a la Diputación la función de aplicar la herencia a los fines del artículo 956 del Código Civil.

La discusión se ve superada por la Ley Foral de 1 de abril de 1987 que da nueva redacción a la Ley 304.7. El apartado séptimo de la Ley 304 cierra el orden de sucesión legal atribuyendo la herencia a la Comunidad Foral de Navarra en los siguientes términos: "La sucesión legal en bienes no troncales se deferirá por el siguiente orden de llamamientos, cada uno de los cuales será en defecto de todos los anteriores y excluirá a todos los posteriores: 7) En defecto de los parientes comprendidos en los números anteriores, sucederá la Comunidad Foral de Navarra, que aplicará la herencia a instituciones de beneficencia, instrucción, acción social o profesionales, por mitad entre instituciones de la Comunidad y municipales de Navarra". Se especifica así la condición de heredera de la Comunidad Foral, se sustituye a la Diputación Foral por la Comunidad Autónoma y se aleja del Código Civil en cuanto al reparto de la herencia. Califica Torres Lana[257] la posición navarra sobre la atribución de la herencia en último orden a la Diputación como sui generis, destacando que la discusión doctrinal sobre la constitucionalidad de la exclusión del Estado en beneficio de determinadas comunidades autónomas pasó desapercibida en las sesiones de la Comisión, donde las enmiendas[258] iban más dirigidas al destino de los bienes que al título de la Diputación Foral que le atribuía la Ley 304.

Por lo que se refiere a la sucesión en los bienes troncales[259], tiene lugar cuando el causante que no haya dispuesto de tales bienes fallezca sin descendientes que le hereden (hijos matrimoniales, adoptados y no matrimoniales cuya filiación llegue a determinarse). En tal caso, la Ley 307 llama a suceder a los parientes del causante que pertenezcan a la familia de la que procedan los bienes por el siguiente orden: 1. Los hermanos, sin preferencia de doble vínculo y con derecho de representación. 2. El ascendiente de grado más próximo. 3. Los otros parientes colaterales hasta el cuarto grado, excluyendo los de grado

256 Torres Lana, J.A.: "La sucesión...", *Op. cit.*, pg. 132.

257 Torres Lana, J.A.: "La sucesión...", *Op. cit.*, pg. 133.

258 Tres enmiendas fueron presentadas sin éxito, de las cuales sólo una presentada por Unión del Pueblo Navarro llego al Pleno, siendo retirada. Datos tomados de Torres Lana, J.A.: "La sucesión..., *Op. cit.*, pg. 133.

259 La Ley 306 califica bienes troncales "los inmuebles que el causante hubiere adquirido a título lucrativo de sus parientes hasta el cuarto grado, o por permuta de otros bienes troncales. Conservarán el carácter de troncales los inmuebles adquiridos por retracto gentilicio".

más próximo a los del más remoto, sin representación y siempre por partes iguales; pero si concurrieren con ascendientes no troncales del causante, éstos tendrán, aunque contrajeren nuevas nupcias, el usufructo vitalicio de los bienes troncales. En defecto de estos parientes, la sucesión se deferirá conforme a la Ley 304.

Remisión a la Ley 304, en defecto de parientes llamados a suceder sobre tales bienes, que lleva a admitir la posibilidad de atribuir la herencia a la Comunidad Foral respecto a tales bienes.

Importantes diferencias encontramos en la regulación contenida en la Ley 304 de la sucesión legal en bienes no troncales si la comparamos con la regulación de la sucesión legal en bienes troncales, Leyes 305-307, no sólo como destaca Gilveti Gubía[260] en el fundamento, sino también en el orden de llamamientos y la extensión con la consiguiente repercusión en la sucesión a favor de la Comunidad Foral de Navarra según los bienes a heredar sean o no troncales. En caso de bienes troncales, la Ley 307 llama a la Comunidad Foral de Navarra a suceder en defecto de los colaterales hasta el cuarto grado que se extiende al sexto grado para bienes no troncales. Amplía por tanto la Ley 304 el derecho de los colaterales a suceder en bienes no troncales frente al derecho de los colaterales que en derecho común se limita al cuarto grado en el artículo 954 del Código Civil. Es de destacar, por su influencia en materia de sucesión a favor de la Comunidad, la diferencia de grado según los bienes a heredar participen de la naturaleza de troncales o no; en caso de los primeros, la Ley 307 defiere la herencia a favor de los hermanos seguido del ascendiente de grado más próximo y en defecto de los anteriores a favor de parientes colaterales hasta el cuarto grado; en ausencia de los anteriores, se remite al orden fijado en la Ley 304, que en su orden número seis otorga la herencia a favor de los colaterales hasta el sexto grado. Se da la particularidad y así lo plantea Hidalgo García[261], que al ser el grado límite para suceder los colaterales superior en el derecho navarro que en el derecho común, en caso de no admitirse el derecho de la Comunidad Foral a heredar en beneficio del Estado, éste heredaría en aplicación del Código Civil a falta de colaterales de cuarto grado y sin embargo en caso de ser de aplicación el derecho foral civil navarro el Estado no tendría derecho si no más allá del sexto grado. De lo anterior deja caer la posibilidad de que en caso de negar la atribución a la Comunidad se podría plantear el derecho de los colaterales de quinto y sexto grado, lo cual en lógica razón el autor considera como no admisible; pero destacamos que lo utiliza para encontrar un argumento, a mi juicio forzado, para afirmar que "si se admite que Navarra

[260] Gilveti Gubía, B.: *Comentarios...*, *Op. cit.*, pg. 952.
[261] Hidalgo García, S.: *La sucesión...*, *Op. cit.*, pg. 414.

extienda más allá del cuarto grado la sucesión entre colaterales, por la misma razón, debe admitirse que sitúe la Comunidad foral en lugar de al Estado".

VI.2.2. Recurso de inconstitucionalidad nº572/08 contra Ley Foral 14/2007, del Patrimonio de Navarra

El artículo 958 del Código Civil exige la previa declaración judicial de heredero para que el Estado pueda apoderarse de los bienes hereditarios por falta de herederos legitimarios. Igual pronunciamiento ha de obtener la Comunidad Autónoma de Navarra para poder adquirir los bienes en defecto de personas con derecho a ello. Declaración de herederos abintestato que supone, si concurren los requisitos para ello, una declaración formal válida frente a terceros de reconocimiento legal, vía notarial o vía judicial, de la condición de heredero legal. Tras la nueva Ley de Enjuiciamiento Civil 1/2000, que deja en vigor la sección segunda sobre declaración de herederos abintestato, se ha de acudir para conocer el régimen administrativo, aplicable tanto en la fase previa como en la posterior a la declaración judicial, a la norma que establezca el régimen administrativo en caso de abintestato a favor del Estado y a la normativa propia de derecho foral en aquellos territorios que han integrado en su ordenamiento un régimen administrativo propio aplicable a la sucesión legal, como es el caso de Navarra con la aprobación del Decreto Foral 166/1988, de 1 de julio.

En derecho foral navarro la atribución por la Ley 304 y 307 de la condición de sucesor legal, a título de heredera, a la Comunidad Foral de Navarra y al amparo de la Disposición Final Primera de la Ley Foral 17/1985, de 27 de septiembre, del Patrimonio de Navarra[262] se aprueba por el Gobierno de Navarra en el Decreto Foral de 1 de julio de 1988 sobre régimen administrativo aplicable a la sucesión legal a favor de la Comunidad Foral. Decreto Foral 166/1988 que está redactado en términos prácticamente idénticos al derogado Decreto de 13 de agosto de 1971 de sucesión abintestato a favor del Estado, con la salvedad lógica de la cuestión formal de determinar los órganos a quienes se atribuye la competencia para la iniciación, desarrollo y ejecución del proceso, destacando la no intervención de las juntas distribuidoras de herencias del Estado y la distribución del caudal entre instituciones[263] de la Comunidad y municipales de Navarra.

---

[262] Disposición Final 1ª que autoriza al Gobierno de Navarra a dictar cuantas disposiciones sean precisas para el desarrollo y ejecución de la Ley Foral 17/1985.

[263] Al igual que en el derecho común se habla de instituciones de beneficencia, instrucción, acción social o profesionales. Se excluye, como es lógico, al no ser el Estado el heredero, el tercio a favor de la Caja de Amortización de la Deuda Pública, hoy Tesoro, previsto en el artículo 956 del Código Civil.

Decreto Foral 166/1988, de 1 de julio que continúa vigente tras la Ley Foral del Patrimonio de Navarra de 23 de abril de 2007[264]. Ley Foral 14/2007 necesaria tras dos décadas de vigencia de la anterior Ley 17/1985 y un aumento de las competencias que corresponden a la Comunidad Foral con el lógico incremento de recursos humanos y materiales. El Título II recoge los diversos modos de adquirir y los bienes y derechos objetos de adquisición. Es de destacar la novedad de incorporar la adquisición por ministerio de la Ley de los inmuebles vacantes que contempla el artículo 15: "Pertenecen a la Comunidad Foral de Navarra, por ministerio de esta Ley Foral, los inmuebles situados en su territorio que carecieren de dueño. No obstante, no se derivarán obligaciones o responsabilidades para la Administración de la Comunidad Foral de Navarra por razón de la propiedad, en tanto no se produzca la incorporación de los mismos a su Patrimonio previa instrucción de un expediente que se tramitará conforme a lo dispuesto en el artículo 55 de la presente Ley Foral". Atribución por ministerio de la ley de los inmuebles vacantes que exige una breve reflexión al estar íntimamente ligada con dos cuestiones que afectan de forma directa a la sucesión legal. Una primera cuestión se enlaza con la posibilidad de renunciar a la herencia por parte de la Comunidad, admitir la renuncia sobre una herencia cuyos bienes pasarían a la condición de vacantes por carecer de dueño conocido y por tanto, en aplicación del artículo 15, pasarían al patrimonio de la Comunidad Foral, lo que lleva al absurdo de renunciar a unos bienes que por Ley le corresponden en última instancia. La atribución que la Ley de Patrimonio del Estado hace sobre los bienes vacantes a favor del Estado ha sido interpretada por el sector doctrinal que niega la posibilidad de renuncia como un argumento en defensa de su postura. Una segunda cuestión es la posible inconstitucionalidad de la norma si tenemos en cuenta la Sentencia 58/1982, de 7 de julio, del Tribunal Constitucional, que declaró inconstitucional el artículo 11 de la Ley 11/1981, de 7 de diciembre, de Patrimonio de la Generalidad, referente a la adquisición de inmuebles vacantes a favor de la Generalidad[265]. Llama la atención que no se hubiera interpuesto el correspondiente recurso de inconstitucionalidad

[264] Disposición derogatoria única que deroga la Ley Foral 17/1985 continuando vigente el Decreto Foral 166/1988, de 1 de julio, por el que se establece el régimen administrativo aplicable a la sucesión legal a favor de la Comunidad Foral.

[265] Fundamento jurídico tercero: *La impugnación del artículo 11 de la Ley se basa en la consideración de que este precepto, en su aparente inocuidad, implica la atribución a la Generalidad de los mostrencos en su territorio.* *Esta interpretación, cuyo detalle se resume en el punto cuarto, 3, de los antecedentes, es aceptada por la representación del Consejo Ejecutivo de la Generalidad, para la cual, sin embargo, no se deriva de ella inconstitucionalidad alguna, pues la atribución de mostrencos que hacen los artículos 21 y 22 de la Ley de Patrimonio del Estado no es una norma constitucional ni parte de la legislación civil o procesal que la Generalidad estuviese forzada a respetar por ser competencia exclusiva del Estado, a tenor de lo dispuesto en los párrafos 6.º y 8.º del apartado 1 del artículo 149 de la Constitución. esta misma valoración, en cuanto a la naturaleza no civil ni procesal del precepto, hace también el representante del Parlamento, para el cual, sin*

dada la similitud entre el artículo 15 de la Ley Foral 14/2007 y el artículo 11 de la Ley 11/1981 del Parlamento Catalán; en ambos casos se subroga al patrimonio de la Diputación Foral de Navarra y de la Generalidad en el lugar de Patrimonio del Estado careciendo ambas de competencia para ello, al ser el Estado el único titular de la soberanía, para decidir en nombre de todo el Estado la atribución de los bienes mostrencos. Siendo así que no nos sorprende que con fecha 22 de enero de 2008[266], siguiendo instrucciones del Presidente del Gobierno, la Abogacía del Estado ante el Tribunal Constitucional interpuso recurso de inconstitucionalidad nº 572/08 contra los artículos 15 y 16 de la Ley Foral 14/2007, del Patrimonio de Navarra. Preceptos que atribuyen a la Comunidad Foral de Navarra los inmuebles vacantes "situados en su territorio" (art.15) y de los "saldos y depósitos abandonados" en entidades financieras sitas en Navarra (art.16)[267] entrando en directa contradicción los

---

embargo, a diferencia de las otras partes, la norma en cuestión es puramente procedimental y no atribuye derecho alguno.

La naturaleza atributiva del precepto, sostenida tanto por el Abogado del estado como por el Consejo Ejecutivo de la Generalidad es, sin embargo, incuestionable, pues la implicación necesaria de su tenor literal es la de que «corresponden a la Generalidad los bienes inmuebles retenidos o disfrutados sin título válido». Como esta expresión, que deliberadamente entrecomillas, es la que utiliza la Ley del Patrimonio del estado (artículo 22) para establecer el derecho de éste sobre los bienes de ese género, lo que en este punto hace la Ley de Catalán es subrogar al Patrimonio de la Generalidad en el lugar del Patrimonio del Estado, y para esto, como es evidente, carece la Generalidad de toda competencia. Una cosa es que la Generalidad disponga de la competencia suficiente para legislar, dentro de los límites que ya hemos señalado, sobre su propio Patrimonio y otra bien distinta que, en ejercicio de esta competencia, modifique también la legislación vigente sobre el Patrimonio del Estado, determinando que para el futuro no se incorporarán a éste, sino al de la Generalidad, lo bienes inmuebles retenidos o disfrutados sin título válido por Entidades o por particulares.

El derecho sobre los bienes ocupados o retenidos sin titulo válido es una derivación de la vieja regalía, como muy claramente se manifiesta en el Decreto de Carlos III, de 27 de noviembre de 1985 (Novísima Recopilación, 10, 22,6), al referirse a «los bienes mostrencos, abintestatos y vacantes que pertenecen a mi Corona...». Con la objetivación del poder y la fusión de los derechos mayestáticos en la noción única del poder soberano, este derecho pasa al Estado, *traslación que entre nosotros se opera de manera positiva mediante la Ley de 9 de mayo de 1835 (Colección Legislativa, tomo XX, página 173). En cuanto que la titularidad de la soberanía corresponde al Estado en su conjunto y no a ninguna de sus instituciones en concreto, los bienes vacantes podrían, en principio, ser atribuidos a Entes distintos de la Administración Central, pero sólo el órgano que puede decidir en nombre de todo el Estado y no de una de sus partes puede modificar la actual atribución.*

266 Recurso interpuesto casi un año después de su publicación en el Boletín Oficial de Navarra, número 50, de 23 de abril de 2007, consecuencia de las negociaciones iniciadas para resolver las discrepancias el plazo de 3 meses para formular el recurso se amplia a nueve meses (artículo 33.2.b LOT 2/1979, de 3 de octubre, del Tribunal Constitucional).

267 Artículo 15. Inmuebles vacantes: "*Pertenecen a la Comunidad Foral de Navarra, por ministerio de esta Ley Foral, los inmuebles situados en su territorio que carecieren de dueño*".

No obstante, no se derivarán obligaciones o responsabilidades para la Administración de la Comunidad Foral de Navarra por razón de la propiedad, en tanto no se produzca la incorporación de los mismos a su Patrimonio, previa instrucción de un expediente que se tramitará conforme a lo dispuesto en el artículo 55 de la presente Ley Foral.; Artículo 16. Saldos y depósitos abandonados.*1. Pertenecen a la Comunidad Foral de Navarra, por ministerio de esta Ley Foral, los valores, dinero* preceptos autonómicos con los artículos 17 y 18 de la Ley de Patrimonio de las Administraciones Públicas[268].

---

y demás bienes muebles depositados en la Caja General de Depósitos y en entidades de crédito, sociedades o agencias de valores o cualesquiera otras entidades financieras sitas en Navarra, así como los saldos de cuentas corrientes, libretas de ahorro u otros instrumentos similares abiertos en estos establecimientos que se encuentren abandonados, previa instrucción de un expediente que se tramitará conforme a lo previsto en el artículo 55. A estos efectos, se presumirá que están abandonados cuando respecto de los mismos no se haya practicado gestión alguna por los interesados que implique el ejercicio de su derecho de propiedad en el plazo de veinte años.

2. Las entidades depositarias están obligadas a comunicar al Departamento competente en materia de patrimonio la existencia de tales depósitos y saldos en la forma que se determine por el Consejero titular de dicho Departamento.

3. La gestión, administración y explotación de estos bienes corresponderá al Departamento competente en materia de patrimonio, el cual podrá enajenarlos de conformidad con lo dispuesto en esta Ley Foral según la naturaleza de los bienes de que se trate.

268 Recurso de inconstitucionalidad que toma como precedente la STC 58/1982, de 27 de julio, FJ 3, que declaró la inconstitucionalidad del artículo 11 de la Ley 11/1981, de 7 de diciembre, de Patrimonio de la Generalidad de Cataluña, al atribuirse la titularidad de los bienes mostrencos en su territorio: *El derecho sobre los bienes ocupados o retenidos sin titulo válido es una derivación de la vieja regalía, como muy claramente se manifiesta en el Decreto de Carlos III, de 27 de noviembre de 1985 (Novísima Recopilación, 10, 22,6), al referirse a «los bienes mostrencos, abintestatos y vacantes que pertenecen a mi Corona...». Con la objetivación del poder y la fusión de los derechos mayestáticos en la noción única del poder soberano, este derecho pasa al Estado, traslación que entre nosotros se opera de manera positiva mediante la Ley de 9 de mayo de 1835 (Colección Legislativa, tomo XX, página 173). En cuanto que la titularidad de la soberanía corresponde al Estado en su conjunto y no a ninguna de sus instituciones en concreto, los bienes vacantes podrían, en principio, ser atribuidos a Entes distintos de la Administración Central, pero sólo el órgano que puede decidir en nombre de todo el Estado y no de una de sus partes puede modificar la actual atribución.*

Sentencia del Tribunal Constitucional 150/1998, de 2 de julio, FJ 3º, recurso de inconstitucionalidad nº572/1991 promovido por el Presidente del Gobierno en relación con determinados preceptos de la Ley de la Comunidad Autónoma de Castilla y León 14/1990, de 28 noviembre, de Concentración Parcelaria que atribuía a la Comunidad la titularidad de determinados inmuebles vacantes, añade: *Lo dicho tiene su fundamento, como señala correctamente el Abogado del Estado, en la naturaleza civil de la norma que pueda regular el régimen jurídico en general y el destino, en particular, de los llamados bienes vacantes, sin dueño o mostrencos. Habida cuenta de que la competencia en dicha materia corresponde al Estado, «sin perjuicio de la conservación, modificación y desarrollo por las Comunidades Autónomas de los derechos civiles, forales o especiales, allí donde existan» (art. 149.1.8 CE), deberá ser una Ley estatal quien realice tal atribución, pues en caso contrario la legislación de las Comunidades Autónomas que se atribuyera dichos bienes dejaría vacía de contenido en este punto concreto la competencia del Estado. Por ello, procede declarar inconstitucionales el artículo 66.1,3 y 4 y, por conexión, y el artículo 100 b)* ; y la Sentencia del Tribunal Constitucional 204/2004, de 18 de noviembre, sentencias que concluyen que sólo el Estado tiene competencia para disponer de los inmuebles vacantes o de los saldos abandonados. Lo anterior unido a que la Comunidad Autónoma de Navarra carece de competencia por no encontrarse institución conexa con el abandono y atribución de los bienes vacantes. Si bien el ámbito de hasta donde llega la conexión necesaria para legitimar la competencia autonómica se ha de analizar por el Tribunal Constitucional, se exige por el propio Tribunal una conexión suficiente sin amparar un crecimiento ilimitado del Derecho Foral. Analizada por la Abogacía del Estado en el recurso la ausencia de instituciones navarras conexas con el abandono y sí acreditada históricamente la atribución al Estado de los conocidos como mostrencos, encontrándose el antecedente más lejano

Dejando a un lado las cuestiones planteadas que serán objeto de un estudio más detenido en un capítulo independiente de valoración común de la normativa autonómica que excluye el llamamiento in extremis del Estado, retomamos el título II de la Ley Foral 14/2007 y nos detenemos en la sección tercera que regula la adquisición a título gratuito a favor de la Comunidad Foral. En concreto nos interesa el artículo 24: "1. La aceptación de herencias, legados o donaciones a favor de la Comunidad Foral, así como su renuncia, se realizará por el Departamento competente en materia de patrimonio, previo informe, en su caso, del Departamento u Organismo público al que, en función de la voluntad del testador o donante, hayan de aplicarse los bienes.

2. En el caso de que la adquisición esté gravada con una condición o modo oneroso será condición indispensable para la aceptación que el valor global de las cargas y gravámenes que pesen sobre el bien no rebase el valor intrínseco del mismo, determinados previa tasación. En otro caso, sólo podrá aceptarse si concurren razones de interés público debidamente acreditadas.

3. La aceptación de herencias se entenderá hecha siempre a beneficio de inventario. En el caso de herencias sometidas al Derecho Civil Foral de Navarra se estará a lo dispuesto en la Ley 318 del Fuero Nuevo de Navarra 4. Si los bienes y derechos se hubieran adquirido bajo condición o modo de su afectación permanente a determinados destinos se entenderá cumplida y consumada cuando durante treinta años hubieran servido a tales destinos, aunque posteriormente dejaren de estarlo por circunstancias sobrevenidas de interés público.

5. La sucesión legal a favor de la Comunidad Foral de Navarra se regirá por las normas del Derecho Civil Foral de Navarra. El procedimiento administrativo aplicable será el que reglamentariamente se determine".

Si comparamos el artículo 24 de la Ley Foral 14/2007 con el artículo 13 de la derogada Ley Foral 17/1985 son varias las diferencias a destacar: en el apartado primero del artículo 24, superando polémicas doctrinales sobre la posibilidad de renuncia por parte del Estado o de la Comunidad Autónoma llamada a suceder, incorpora expresamente la posible renuncia de la herencia junto a la aceptación, frente al derogado artículo 13 que se refería sólo a la aceptación limitando en todo caso la aceptación a que en caso de que exista gravamen sobre la herencia que el valor de la carga o gravamen no sobrepase el valor intrínseco del bien, condición indispensable que sí se establecía en la anterior regulación. Al igual que en la adquisición de herencias a favor del Estado, el apartado tercero del artículo 24 dispone que la aceptación es a beneficio de

---

en la Novísima Recopilación al atribuir a la Corona "*toda la cosa que fuera hallada en cualquiera manera mostrenca desamparada*" (título XII, libro X).

inventario, con la salvedad de la Ley 318 del Fuero Nuevo[269]. Se introduce un nuevo apartado que fija un plazo de 30 años para entender cumplida la adquisición bajo condición o modo de afectación permanente a determinados destinos. Por último, el apartado quinto se refiere a la sucesión legal, denominación más propia al derecho foral navarro, al admitir los pactos sucesorios, que la de sucesión abintestato recogida en el artículo 13. Sucesión legal que se rige por las normas del derecho civil foral de Navarra, lo que exige estar al Título XIV (Leyes 300-307) del Fuero Nuevo y al procedimiento administrativo regulado en el Decreto Foral 166/1988, de 1 de julio.

VI.3. ARAGÓN

VI.3.1. Sucesión intestada a favor de la comunidad autónoma de Aragón

Tras la Compilación de Derecho Civil de Aragón aprobada por Ley 15/1967, de 8 de abril, que atribuye por remisión expresa al Código Civil la herencia sin parientes con derecho a suceder a favor del Estado, encontramos en la Ley 5/1987, de Patrimonio de la Comunidad Autónoma de Aragón, una opción intermedia entre el régimen común de atribución de la herencia al Estado y el régimen catalán o navarro de atribución a la Comunidad Autónoma. El artículo 51.2 establece que "Sin perjuicio de lo señalado en el párrafo anterior, y con independencia de los supuestos en que sea instituida heredera, la Comunidad Autónoma de Aragón será llamada a suceder en la sucesión intestada tras el Estado si éste repudia o renuncia expresa o tácitamente a la herencia, cuando el causante tenga su residencia en el territorio de la Comunidad Autónoma al tiempo del fallecimiento". Opción que parece apostar por la postura favorable a la posibilidad de renuncia a la herencia por parte del Estado, pues no admitir que el Estado pueda renunciar deja sin aplicación práctica el artículo 51.2. Lo que sí es destacable es que como bien apunta Molins García-Atance [270], estamos ante una declaración de principios del legislador aragonés que refleja la voluntad de que sea la Comunidad Autónoma de Aragón la llamada a suceder en la sucesión intestada de los aragoneses en vez del Estado.

Hay que esperar a 1995 con la aprobación por el Pleno de las Cortes de Aragón de la Ley 4/1995 de modificación de la Compilación del Derecho

[269] Ley 318. Responsabilidad *intra vires: "El heredero responderá frente a los acreedores hereditarios y legatarios con el valor de los bienes de la herencia exclusivamente; pero si se excediere en el pago a los acreedores, éstos no estarán obligados a restituir. Se considerarán también acreedores de la herencia los que lo sean por gastos de última enfermedad, entierro y funerales.*

[270] Molins García-Atance, E.: "La reforma de la sucesión intestada de la Comunidad Autónoma de Aragón"., *Revista de Derecho Civil Aragonés*, nº1,1995, pg. 48.

civil de Aragón para que el derecho foral aragonés atribuya a la Comunidad Autónoma la herencia de quien fallezca intestado en defecto de los llamados a la sucesión por el Código Civil. Remisión que desaparece tras la Ley 1/1999, de 24 de febrero, que regula el llamamiento de la sucesión intestada en Aragón, recogiendo el orden de sucesión legal que al igual que el navarro, al ser un sistema de sucesión troncal, exige diferenciar según la naturaleza de los bienes a heredar.

La instauración del Estado autonómico provocó la apertura de una nueva etapa para el Derecho foral como símbolo de la identidad originaria de Aragón. Desde entonces y siempre avalado por la interpretación del Tribunal Constitucional, las Cortes de Aragón han dirigido la tarea legislativa de conservar, modificar y desarrollar el Derecho aragonés de acuerdo con el artículo 149.1.8ª y 6ª de la Constitución. Tarea legislativa que ha tenido numerosos frutos y que lleva al Gobierno de Aragón a refundir las Leyes civiles aragonesas en un Decreto Legislativo 1/2011, de 22 de marzo, del Gobierno de Aragón, por el que se aprueba, con el título de «Código del Derecho Foral de Aragón», el Texto Refundido de las Leyes civiles aragonesas.

Se dedica el libro tercero al Derecho de sucesiones con un claro objetivo al afirmar la Exposición de Motivos que: "El legislador no ha pretendido agotar o llegar al límite de la competencia autonómica en materia de Derecho de sucesiones por causa de muerte, sino regular lo que ha entendido necesario, oportuno y acorde a las circunstancias.... El Código civil seguirá siendo supletorio en materia de sucesiones por causa de muerte, pues la nueva regulación no trata de excluir su aplicación entre nosotros. En realidad, los juristas aragoneses se sintieron en el siglo XIX coautores del Código civil y ni entonces ni ahora mostraron rechazo al mismo o suscitó éste su repulsa. Por ello, es grande el espacio que el legislador autonómico deja a las normas del Código civil, en concepto de Derecho supletorio de acuerdo con el artículo 1 de este Código. Ahora bien, la nueva regulación procura evitar, mediante la inclusión de normas específicas, la injerencia de aquellos preceptos del Código civil que no armonizan con los principios del Derecho aragonés o dificultan la aplicación o desarrollo de sus instituciones propias".

Se califica la nueva regulación como formalmente completa, sin remisiones al Derecho supletorio y sin reformas a destacar respecto del Derecho anteriormente vigente. Se conserva la sucesión troncal, y consecuencia del total desuso se suprime el recobro de dote y firma de dote, pero se mantiene el de liberalidades hechas a favor de descendientes o hermanos. No se modifica el orden de sucesión legal, sin alterar el límite del cuarto grado y la anteposición del cónyuge a todos los colaterales que la reforma del Código civil de 1981 introdujo en Aragón. Se mantiene el llamamiento in extremis a favor de la Comunidad Autónoma y el Privilegio del

Hospital de Nuestra Señora de Gracia, en atención a lo razonable de esta tradición secular que se remonta al año 1626.

VI.3.2. Hospital de Nuestra Señora de Gracia. Domus infirmorum, urbis et orbis

Bajo el lema "Domus infirmorum, Urbis et Orbis" (Casa de los enfermos, de la Ciudad y del Mundo) y con el nombre inicial de Hospital Real y General de Nuestra Señora de Gracia, fue fundado en el año 1425 por Alonso V el Magnánimo. Como reza su lema, su asistencia médica se prestaba a cuantos enfermos lo necesitasen, y por ello se vió beneficiado de privilegios económicos y fiscales otorgados por las posteriores dinastías aragonesas y castellanas[271].

La concesión del privilegio a heredar a los enfermos que fallezcan en el Hospital, que se mantiene vigente en el artículo 536 del Código del Derecho Foral de Aragón, se remonta al año 1626, concedido por las Cortes de Aragón[272]. Posteriormente pasó al artículo 42 del Apéndice de 1925 sin incluir al cónyuge junto a los parientes hasta el cuarto grado, como se recogió en el Proyecto de 1899 y que se excluiría en el Proyecto de 1904.

Al mantener tal privilegio en el Apéndice de 1925[273], en palabras de Belled Heredia[274] "viendo en ella un símbolo del espíritu cristiano y humanitario del Derecho foral aragonés", pierde sentido la discusión planteada por Sánchez Román[275] sobre la vigencia de tal privilegio, que entiende derogado por la Ley

[271] Datos tomados de Merino Hernández, J.L.: *Comentarios..., Op. cit.*, pg. 133, 134 y Muñoz Salillas, J.: "Privilegios a favor del Hospital de Nuestra Señora de Gracia de Zaragoza", *Anuario de Derecho Aragonés I,* 1944, pg. 147, autor que analiza la historia del Hospital, cuya creación tenía por finalidad dotar a Zaragoza de un establecimiento benéfico cuyas puertas estuvieran abiertas *"a la humanidad doliente, sin preguntarle, ni su nacionalidad, ni sus creencias, dando albergue a los expósitos, a los dementes y a las mujeres que quisieran ocultar su maternidad ilegítima".*

[272] Las Cortes de Aragón de 1626 registran el privilegio consistente en *"que el Hospital de Nuestra Señora de Gracia de la Ciudad de Zaragoza tenía el derecho de suceder abintestato a los enfermos y dementes, hombres y mujeres, que murieran en él sin dejar parientes dentro del cuarto grado, tanto en los bienes muebles como en los sitios que no fueren vinculados"*, dato tomado de Muñoz Salillas, J.: "Privilegios...", *Op. cit.*, pg. 159.

[273] El artículo 42 del Apéndice de 1925 está redactado en los siguientes términos: *"No obstante lo dispuesto en los precedentes artículos, subsistirá a favor del Hospital de Nuestra Señora de Gracia, o Provincial de Zaragoza, la facultad que le fue concedida por acto de Cortes de 1626, de suceder abintestato en toda clase de bienes muebles o inmuebles que no estén sujetos a recobro o reversión, a los enfermos y a los dementes que fallezcan en el establecimiento o en casas de alienados que de él dependen, cuando no dejan descendientes, hermanos ni otros parientes colaterales dentro del 4º grado"*, consultado en Muñoz Salillas, J.: "Privilegios...", *Op. cit.*

[274] Belled Heredia, J.M.: "La sucesión..", *Op. cit.*, pg. 38.

[275] La Ley de Mostrencos limita el grado de los colaterales hasta el décimo grado mientras que el Fuero de 1626 establece el privilegio del Hospital en defecto de colaterales hasta el cuarto grado.

de Mostrencos de 1835 al ser esta Ley derogatoria del Fuero y de todas las prácticas contrarias a ella. Como apunta Hidalgo García[276], la cuestión de la vigencia del Privilegio tiene un interés puramente histórico desde 1835 hasta la publicación del apéndice de 1925.

Del Apéndice pasó a la Compilación, art 136[277] (art.136 bis tras la reforma operada por Ley 4/1995), y en la actualidad lo recoge el artículo 536 del Código del Derecho Foral de Aragón, en su artículo 536: "1.En los supuestos del artículo anterior, el Hospital de Nuestra Señora de Gracia será llamado, con preferencia, a la sucesión legal de los enfermos que fallezcan en él o en establecimientos dependientes. 2. Previa declaración judicial de herederos, la Diputación General de Aragón destinará los bienes heredados o el producto de su enajenación a la mejora de las instalaciones y condiciones de asistencia del Hospital".

El Apéndice de 1925 habla de "facultad que le fue concedida por acto de Cortes de 1626", la Compilación va más allá y bajo la rúbrica de Privilegio del Hospital de Nuestra Señora de Gracia encontramos el artículo136. Rúbrica que se ha mantenido tanto en la reforma de la Ley 4/1995 que introduce el artículo136 bis como en el Código del Derecho Foral de Aragón. Según criterio defendido por Hidalgo García[278] no es adecuado a la naturaleza del precepto hablar de privilegio.

Postura distinta lleva a algún autor, entre otros Latorre Martínez de Baroja[279], a defender una extraterritorialidad del llamamiento y en función de una interpretación teleológica, al no olvidar el carácter histórico de la norma sobre la actuación benéfica y asistencial del Hospital, considerar que estamos ante una excepción a la norma general de aplicación de la ley personal del causante que cede a la del lugar de defunción como contrapartida a la asistencia sanitaria recibida. Considera que al no recoger el Código Civil la excepción no puede hablarse de una norma material autolimitada. Si bien Latorre, en pura técnica jurídica, prefiere no hablar de privilegio y sí de una facultad de la Comunidad

En palabras de Sánchez Román, F.:*Estudios...*, *Op. cit.*, pg. 2381:*"El Fuero de 1626 concedió al Hospital de Zaragoza el derecho de suceder al enfermo y demente que falleciese en él sin testamento y sin parientes dentro del cuarto grado civil. Como repetidamente se ha dicho, los órdenes de sucesión que fija la ley de 1835, comprenden á los parientes en las líneas rectas descendente y ascendente al cónyuge y a los colaterales, y a falta de estos al Estado. Esta ley es derogatoria del Fuero y de todas las prácticas contrarias á ella; por lo tanto parece fundado afirmar que desde la promulgación de dicha ley no puede suceder en ningún caso el Hospital de Zaragoza. El heredero á falta de parientes, será el Estado, y á esos bienes habrá que dárseles la distribución que ordena el artículo 956 del Código Civil":*

276 Hidalgo García, S.: *La sucesión ...*, *Op. cit.*, pg. 411.

277 *"En los supuestos del artículo anterior, el Hospital de Nuestra Señora de Gracia o Provincial de Zaragoza heredará abintestato a los enfermos que fallezcan en él, o en establecimientos dependientes, sin dejar cónyuge ni parientes en línea recta o colateral hasta el cuarto grado.*

278 Hidalgo García, S.: *La sucesión ...*, *Op. cit.*, pg. 411.

279 Latorre Martínez de Baroja, E.: "*Manual...*", *Op. cit.*, pg. 689.

Autónoma de mantener una reminiscencia histórica que en la actualidad ha perdido su vigencia.

Si tenemos en cuenta que con anterioridad a la reforma de la Compilación la remisión al Código Civil suponía que fuera el Estado quien heredara en caso de fallecimiento de aragoneses, la sucesión intestada a favor del Hospital suponía, como recoge Merino Hernandez[280], una excepción a la normativa del Código y un verdadero antecedente de la sucesión intestada a favor de la Comunidad Autónoma de Aragón.

Zabalo Escudero[281] interpreta el beneficio como una excepción a la sucesión del Estado, como un auténtico privilegio que va más allá de la vecindad civil del causante; para la autora, introducir límites externos distorsiona la realidad de dicho privilegio siempre que se mantenga la función del Hospital que lo provocó.

Tras la Ley 4/1995 podemos hablar de una excepción al artículo 220 en caso de los enfermos con vecindad civil aragonesa que fallezcan en él o en establecimientos dependientes. Admitir una interpretación más abierta, una aplicación del precepto en base a un dato objetivo como es el fallecimiento de personas que hayan sido atendidas en el Hospital o en establecimientos dependientes sea cual sea su vecindad o incluso su nacionalidad, y por tanto, sin que sea presupuesto que se trate de enfermos aragoneses, supondría una extralimitación de las competencias que le corresponden a las Cortes de Aragón. Estaríamos ante una norma de derecho foral que establece una excepción a la norma general de aplicación de la ley personal del causante y al criterio establecido en el artículo14 del Código Civil de sujeción al derecho civil o al especial o foral determinado por la vecindad civil (precepto de aplicación directa en toda España).

Bastaría pensar en un catalán sin parientes con derecho a suceder que fallezca en el Hospital de Nuestra Sra. de Gracia de Zaragoza; en tal caso, y por aplicación de su Ley personal, heredaría la Generalidad de Cataluña y no por aplicación del artículo 221 LS el Hospital titular del privilegio.

Lo anterior unido a la universalización de la Seguridad Social, que obliga a atender a todo enfermo en cualquier centro hospitalario, manteniéndose el denominado privilegio del Hospital de Nuestra Señora de Gracia por razones puramente históricas, nos lleva a concluir que el llamamiento se refiere a personas sin parientes con derecho a suceder y de vecindad civil aragonesa que hayan sido atendidos y que fallezcan en el Hospital o en establecimientos

280 Merino Hernández, J.L.:*Comentarios..., Op. cit.,* pg. 133.

281 Zabalo Escudero, Mª.E.: "El privilegio del Hospital de Nuestra Señora de Gracia en el Derecho Internacional Privado e Interregional", *Revista de derecho civil aragonés,* pg. 96.

dependientes. Sobre este último presupuesto no basta con que se firme la defunción, si no que debe haber sido atendido en el Hospital; admitir lo contrario sería romper con el significado histórico que ha llevado a mantener el privilegio del Hospital por su trabajo benéfico y asistencial. Como claro ejemplo de lo anterior encontramos en la historia de Aragón el desgraciado episodio del incendio del Hotel Corona de Aragón[282].

En aplicación del artículo 536, la norma de cierre de la sucesión legal tendrá como beneficiario al Hospital de Nuestra Señora de Gracia cuando concurran las siguientes circunstancias:

1- Que la sucesión intestada del fallecido haya de regirse por el derecho foral aragonés.

2- Que estemos ante bienes no recobrables ni troncales y también estos si no hay parientes con derecho preferente.

3- Que el causante no tenga parientes con derecho preferente a suceder (ascendientes; descendientes; cónyuge; colaterales hasta el cuarto grado).

[282] El incendio del Hotel Corona de Aragón en Zaragoza tuvo lugar el 12 de julio de1979 y provocó la muerte de 72 personas, así como numerosos heridos y daños materiales de consideración, y a consecuencia de cuyos hechos se siguió un procedimiento penal ante el Juzgado de Instrucción nº 1 de Zaragoza, que finalizó con el sobreseimiento acordado el 7 de enero de 1982 por la Audiencia Provincial de Zaragoza, habiéndose reclamado igualmente en vía civil la responsabilidad de tal carácter rechazada por la Sentencia de 21 de mayo de 1986 del Juzgado de Primera Instancia nº 2 de Zaragoza y confirmada en casación por la Sala Primera de este Alto Tribunal de 11 de marzo de 1988 en el recurso 819/1986. Ambas sentencias aluden a la existencia de un elemento extraño, colocado por personas desconocidas, que ocasionó o agravó el incendio, habiéndose rechazado, en consecuencia, la responsabilidad del personal que trabajaba en el hotel y la responsabilidad civil subsidiaria de la propiedad del mismo. No se ha podido acreditar que dichos hechos tuvieran carácter terrorista; ello no obstante y consecuencia de la promulgación de la Ley 32/1999, de Solidaridad con las victimas del terrorismo, se solicitó en vía administrativa del Ministerio del Interior la concesión de indemnización con fundamento en el artículo 2 de la referida Ley, indemnización concedida con fundamento en el artículo 2 de la citada Ley. Con fecha de 21 de enero de 2009, Sentencia del Tribunal Supremo, Sala de lo Contencioso-Administrativo, se ha dado un paso más al reconocer al recurrente, hijo de una de las personas fallecidas en el incendio, el derecho a la concesión de la condecoración de distinción honorífica solicitada de conformidad con el artículo 4 de la Ley 32/1999. Supone un paso más, pues mientras el artículo 2 "*relativo a las indemnizaciones, tendría un ámbito más amplio, en cuanto estas se otorgarían a las "víctimas de actos de terrorismo o de hechos perpetrados por persona o personas integradas en bandas o grupos armados o que actuaran con la finalidad de alterar gravemente la paz y la seguridad ciudadana", por el contrario tratándose como en el caso de autos, de petición de la Real Orden de Reconocimiento Civil a las Víctimas del terrorismo dicha condecoración únicamente podría otorgarse a víctimas de actos terroristas, lo que no habría ocurrido con el hijo de la actora al ignorarse quién ocasionó su muerte, si pertenecía o no a un grupo o banda armada y cuáles eran los fines perseguidos por los que causaron su muerte, considerando en definitiva que las acciones cometidas por bandas armadas tendrían un ámbito más amplio que las realizadas por grupos terroristas*". (fundamento jurídico segundo).

4- Que se trate de enfermos del Hospital o de Establecimientos dependientes. Palabra "enfermos" que se mantiene deliberadamente en palabras de Belled Heredia[283] "con el fin de evitar que pudieran incluirse en este precepto los supuestos, hoy relativamente frecuentes, de personas que fallecen en él a consecuencia de un accidente sufrido fuera del mismo y que solamente fueron trasladados a dicho Hospital como clínica de urgencia o casa de socorro, lo que evidentemente no responde a la idea inspiradora del precepto. Debe tratarse de quienes han ingresado en el Hospital considerado como de entidad benéfica, y que utilizando sus servicios gratuitamente es justo que antes de pasar sus bienes a parientes lejanos, que no les atendieron en su enfermedad, queden para la institución que los acogió". Merino Hernandez habla de "enfermos propios", aquellos que ingresan en el Hospital para ser atendidos y fallecen en él.

5- Que fallezca en el Hospital.

6- Declaración judicial de herederos.

7- La determinación del destino de los bienes heredados o el producto de su enajenación le corresponde a la Diputación General de Aragón, debiendo ser destinados a las reformas de las instalaciones y condiciones de asistencia del Hospital. Los bienes inmuebles o derechos reales sobre los mismos de los que resulte heredero el Hospital se inscribirán a favor de la Comunidad Autónoma de Aragón[284].

El Reglamento de 6 de febrero de 1822 otorga la administración del Hospital al Ayuntamiento de Zaragoza hasta la Ley de Beneficiencia de 1849 que al calificarlo como provincial lo dejó bajo la dirección y administración del Gobierno de la Nación, auxiliado por la Junta Provincial de Beneficiencia de Zaragoza. Junta que al suprimirse en el año 1868 pasó a depender de la Diputación Provincial de Zaragoza[285] hasta el añó 2000. Consecuencia del Decreto de 29 de junio de 2000 del Departamento de Presidencia y Relaciones Institucionales en su punto cuarto, al establecer el traspaso de competencias de sanidad a la Comunidad Autónoma, deja claro que "El presente traspaso no significa modificación alguna en cuanto al llamamiento como heredero del Hospital de Nuestra Señora de Gracia previsto en los artículos 202.2.2º y 221 de la Ley de Sucesiones...".

---

[283] Belled Heredia, J.M.: "La sucesión... ", *Op. cit.*, pg. 38.

[284] Artículo 536.2 del Código del Derecho Foral de Aragón y apartado cuarto Decreto 128/2000, de 29 de junio, de traspaso de funciones, servicios y establecimientos sanitarios a la Comunidad Autónoma de Aragón.

[285] Merino Hernández, J.L.: *Comentarios..., Op. cit.*, pg. 133, 134, datos extraídos de la obra de Muñoz Salillas, J, *Privilegios..., Op. cit.*

Consecuencia del traspaso de competencias y al carecer el Hospital de personalidad jurídica, los bienes inmuebles o derechos reales sobre los mismos "se inscribirán a favor de la Comunidad Autónoma de Aragón, haciendo constar expresamente que...los bienes heredados o el producto de su enajenación se destinarán a las reformas de las instalaciones y condiciones de asistencia de dicho Hospital"[286].

Por último apuntar, pues va a ser objeto de desarrollo en otro capítulo, que frente a lo defendido por Coderch[287] para atribuir a la Generalidad de Cataluña la norma de cierre de la sucesión legal, Guilarte Zapatero[288] considera que no cabe invocar como ejemplo el Privilegio del Hospital de Nuestra Señora de Gracia de Zaragoza como argumento para defender que ha habido excepciones antes y después de la LPE que justifican la atribución como norma de cierre de la sucesión legal a favor de la Comunidad Autónoma. Guilarte Zapatero puntualiza que estamos ante una única excepción y de "diferente entidad y naturaleza del aludido privilegio, de carácter verdaderamente excepcional y admisible por su extensión, con el régimen general, que se quiere imponer por la Ley de la Generalidad, sustrayendo al Estado eventuales ingresos que se le atribuyen por una Ley específica de naturaleza pública, como es la del Patrimonio del Estado...".

VI.4. CATALUÑA

VI.4.1. Sucesión a favor de la Generalidad de Cataluña

Nada decían a favor del Estado los proyectos de apéndice de derecho catalán al código civil [289]. Tras las promulgación del Estatuto de Cataluña de 15 de sep-

[286] Decreto 128/2000, de 29 de junio, de traspaso de funciones, servicios y establecimientos sanitarios de la Diputación Provincial de Zaragoza a la Comunidad Autónoma de Aragón. Con anterioridad al traspaso operado por el citado Decreto, la sucesión se defería a favor de la Diputación General de Zaragoza, que actúa en nombre del Hospital; se mantiene, como es lógico, el destino de los bienes: "*destinará los bienes heredados o el producto de su enajenación a la mejora de las instalaciones y condiciones de asistencia del Hospital*" (art.221 LS).

[287] Salvador Coderch, P.: *Comentarios..., Op. cit.*, pg. 58.

[288] Guilarte Zapatero, V.: *Comentarios..., Op. cit.*, pg. 303.

[289] Por orden cronológico y siguiendo el esquema de Navas Navarro, S.: "La sucesión ... ", *Op. cit.*, pg. 1008 y ss, el Proyecto de Durán i Bas de 1883 al no fijar limitación de grado en la línea colateral nada dice a favor del Estado. El Proyecto de la Academia de Derecho de Barcelona de 1896 y el Proyecto de Almeda y Trías no contenían referencia al Estado, pero señala la autora que al hacer extensivo el Código Civil a Cataluña cabe entender como norma de cierre el artículo 956 del Código Civil. Como novedad en la posible sucesión del Estado el Proyecto de Romani I Puigdengolas y Trías en su artículo 721 (*a falta de consorte y de colaterales hasta el sexto grado, sucederán las Corporaciones piadosas, caritativas, científicas y de auxilio mutuo a que el difunto*

tiembre de 1932 y correspondiendo a la Generalidad la competencia exclusiva sobre legislación en materia civil[290], es parada obligatoria la Llei de Successió Intestada de 7 de julio de 1936 donde se presenta un orden en la sucesión intestada que modifica el orden romanista y se acerca a la propia del Código Civil y tras llamar a descendientes, ascendientes y hermanos, cónyuge, colaterales hasta el cuarto grado (sexto grado si existe convivencia con el causante), adquiere la herencia a falta de los anteriores la Generalidad de Catalunya.

Distintas posturas eran defendidas tanto por la izquierda como por la derecha en el Parlamento de Cataluña con relación al dictamen presentado por la Commissió Permanente de Justicia y Pret[291]; dictamen que fue aprobado el 3 de julio de 1936[292] manteniendo el criterio del partido en el poder, Ezquerra Republicana de Cataluña, y que deriva en la Llei de Successió Intestada de 7 de julio de 1936 cuyo artículo 14 fija el orden de la sucesión intestada:

> "L,herencia es defereix per l,ordre seguent: Primer.- Als descendents, per ordre de proximitat de grau. Segon.- Als ascendents més proxims, germans i nebots, fills de germá premort. Tercer. Al conyuge supervivent. Quart. Als altres col-laterals fins al quart grau, als col-laterals de cinque i sise graus, sempre que existeixi convivencia amb el causante. Cinque. A la Generalidad de Catalunya".

Frente a tal propuesta, la Unió Socialista de Catalunya (U.S.C.) formuló voto particular excluyendo de la sucesión intestada a los ascendientes y a los colaterales. Mantiene el llamamiento a la Generalidad tras los descendientes y cónyuge. Por su parte, la Lliga Catalana, sobre el concepto de familia más amplia (extiende al sexto grado el llamamiento a los colaterales sin necesidad de previa convivencia), critica el Proyecto por entender que representa un alejamiento de la tradición catalana.

El texto del artículo 14 queda redactado y aprobado en los términos transcritos y a los efectos del presente estudio es destacable que si bien las tres posturas mantienen dentro del orden de sucesión intestada la adquisición de la herencia en último término por la Generalidad, la Lliga Catalana no era muy favorable

---

perteneciere al tiempo de su muerte, concurriendo por igual en el caso de pertenecer a varios y, en defecto de ellas, sucederá el Estado en la forma que prescriben los artículos 956, 957 y 958 del Código Civil) antepone al Estado los derechos sucesorios de determinadas entidades benéficas. Nada a destacar resulta del Proyecto de Permanyer i Ayats y llegamos al Proyecto de 1930 que tiene como base el de 1883, pero con limitación al sexto grado y que fue revisado en 1931 que al aplicar supletoriamente el Código Civil el heredero llamado en último lugar era el Estado.

[290] Artículo 11 del Estatuto de Autonomía: *"Corresponde a la Generalidad la legislación exclusiva en materia civil, salvo lo dispuesto en el artículo 15, número 1, de la Constitución..."*.

[291] Diario de sesiones nº221, primer Dictamen de fecha 15 de mayo de 1936. Diario de sesiones nº224 de 21 de mayo de 1936, un segundo Dictamen.

[292] Diario de sesiones nº247, 3 de julio de 1936.

a la adquisición de la herencia por parte de la Generalidad. Siendo una de las cuestiones a discutir la razón, el fundamento de la adquisición por parte del Estado o en su caso a favor de una Comunidad Autónoma, nos detenemos en las razones que apuntan a favor o en contra de tal adquisición defendidas por ambos partidos políticos.

El diputado Ruiz i Ponsetí (U.S.C), en sesión de 16 de junio de 1936[293], sostiene como un progreso evidente desde el punto de vista social la reversión de la riqueza a la colectividad representada por la Generalidad. Por su parte, el diputado Vallès i Pujals[294], en sesión de 19 de junio de 1936, defiende una postura crítica a la sucesión a favor de la Generalidad. Al examinar los expedientes tramitados por la Delegación de Hacienda, considera que estamos ante una sucesión ilusoria y ello al tener en cuenta la duración en el tiempo que lleva su tramitación, el coste que ello supone y que sin embargo no compensa el beneficio que se obtiene al venderse las fincas, para conseguir que el procedimiento avance, de manera equivalente a los supuestos de venta por falta de pago de la contribución que lleva a obtener precios insignificantes. Bajo precio que a la larga únicamente beneficia a los que los compran. Considera que resultaría más útil para el Estado, y por extensión para la Generalidad, si se aprueba el texto que la llama en último lugar, no heredar que heredar. Pone como ejemplo un supuesto donde en ausencia de llamamiento a favor de una Administración, por no existir límite de cuarto grado, que existiendo parientes dentro del sexto grado éstos hereden y en consecuencia deben pagar el 62% de derechos reales, pago que sí es en dinero que ingresa directamente el Estado frente al tercio que le atribuye el artículo 956 del Código Civil.

Argumentos que no coincidían con lo defendido por Ezquerra Republicana de Cataluña que mantuvo la adquisición en último término a favor de la Generalidad. Adquisición en todo caso a beneficio de inventario, tal y como establecía el artículo 28 de la Ley de 1936, con la obligación de destinar los bienes a establecimientos de asistencia social o instituciones de cultura preferentemente. Entiende Navas Navarro[295] que estamos ante una adquisición *iure delationis* sin exigir la previa declaración judicial; la ley guarda silencio al respecto.

La Ley de 1936 fue derogada por la de 8 de septiembre de 1939, disposición de un único artículo que deja sin efecto todas las leyes, disposiciones y doctrinas emanadas del Parlamento de Cataluña y del Tribunal de Casación, restableciéndose todo el derecho existente al promulgarse el Estatuto de Cataluña.

[293] Diario de sesiones número 237 de 16 de junio de 1936, pg. 4672.

[294] Diario de sesiones número 240 de 19 de junio de 1936, pg. 4720.

[295] Navas Navarro, S.: "La sucesión ... ", *Op. cit.*, pg. 1021.

La Comisión de Juristas de Cataluña presentó en 1955 un Proyecto de Compilación, siendo sancionada la Compilación de Derecho Civil especial de Cataluña por Ley de 21 de julio de 1960. Bajo la vigencia del texto de 1960, la adquisición en último término de la sucesión intestada correspondía al Estado y sería tras la reforma del citado artículo 248 por Ley 13/1984, de 20 de marzo, cuando se reintroduce el llamamiento a favor de la Generalidad contando con el precedente de la Ley de Sucesión intestada de 1936[296].

La Ley 13/1984 modifica el artículo 248 que queda redactado en los siguientes términos: "En materia de sucesión intestada se aplicarán las normas del Código Civil,...las referencias al Estado de los artículos 913, 956, 957 y 958 del Código Civil se entenderán que son hechas a la Generalidad de Cataluña"[297].

Artículo 248 que no fue recurrido de inconstitucionalidad. Tal y como se pone de manifiesto en el recurso de inconstitucionalidad interpuesto por la Abogacía del Estado, en representación del Gobierno de la Nación, contra Ley 9/1987, de sucesión intestada (del cual es antecedente directo el artículo 248 de la Compilación) tal omisión no puede ser interpretado como aquiescencia o consentimiento. En sentido opuesto Valls Lloret[298], que considera que el hecho de no haberse recurrido el articulo 248 de la Compilación, de igual redacción que el de los artículos impugnados ante el Tribunal Constitucional en recurso 1188/87 (que será objeto de análisis en el siguiente punto), lleva a considerar infringida la LOTC que concede un plazo de 3 meses para la interposición del recurso provocando la extemporaneidad del recurso interpuesto posteriormente contra la Ley 9/1987. Considera vulnerado el artículo 11 LOPJ de 1985 que establece que "los juzgados y tribunales rechazaran fundadamente las peticiones, incidentes y excepciones que se formulen con abuso de derecho o entrañen fraude de ley o procesal". Interpretación que, con los debidos respetos, no compartimos tomando el criterio mantenido por el propio Tribunal Constitucional que admite la formulación de un recurso de inconstitucionalidad contra un texto refundido con independencia de no haber sido recurridos los textos legales que refunde.

---

[296] Reforma operada en la primera fase que si bien iba referida a la adecuación de la Compilación a la Constitución reservándose la segunda a la acomodación a las necesidades sociales y a la realidad catalana; para De Alfonso I Pinazo, C.: "La generalidad como heredera en las sucesiones legítimas. Breve análisis del artículo 248.3 de la compilación del Derecho civil catalán", *Boletín de Información. Ministerio de Justicia.* Núm.1396 y 1397. Madrid, 1985, pg. 8, la motivación de la Ponencia va más en la línea de adaptar la normativa a la nueva estructura organizativa del Estado.

[297] Remisión que a diferencia de la redacción anterior va a ser estática al añadirse una Disposición Final 3ª que dispone: *"Les remissions que aquesta Compilació fa al articulat del Codi Civil s;entén sempre que són fetes en la seva redacció actual".*

[298] Valls Lloret, J.D.: "El llamamiento sucesorio a la Generalitat de Cataluña. Una crítica al extinto recurso de inconstitucionalidad 1188/87", *Rev. Jur. Castilla-La Mancha,* núm.19, 1994, pg. 143.

La reforma sigue el camino de otros derechos forales como el de Aragón contenido en el artículo 136 de la Compilación de 1963 y el navarro cuya Ley 304 atribuye a la Diputación Foral de Navarra aplicar la herencia a los fines establecidos en el artículo 956 del Código Civil. En palabras de Salvador Coderch[299] "el modelo se aleja de la idea romanista de la sucesión del Fisco y se aproxima más al de una devolución social e institucional respetando siempre la técnica de la sucesión universal por título de heredero"[300].

La dificultad interpretativa que plantea el precepto se centra en entender que al afirmar que "...las referencias al Estado de los artículos 913, 956, 957 y 958 del Código Civil se entenderán que son hechas a la Generalidad de Cataluña", ésta se antepone al Estado en la sucesión intestada o le sustituye en el orden recogido en el Código Civil. Salvador Coderch[301] analiza las dos posibilidades: 1) Si entendemos que a falta de colaterales hasta el cuarto grado se llama a suceder a la Generalidad y en caso de que ésta repudie la herencia[302] la adquisición le corresponde al Estado, estaríamos ante una simple modificación del orden sucesorio. Modificación que no plantea problema por estar dentro de la competencia que en derecho civil le corresponde al Parlamento de Cataluña. Competencia legislativa que ha permitido, como pone de manifiesto el autor, exigir en sistemas anteriores la convivencia con el causante a partir del cuarto y hasta el sexto grado de parentesco; se han modificado los límites de grado; la situación del viudo... Añade el autor que al no alterar el régimen contenido en el artículo 24.2 de la Ley de Patrimonio del Estado el último sucesor necesario seguía siendo el Estado. Navas Navarro[303] añade que al no ser la última heredera la Generalidad de Cataluña hubiera podido repudiar la herencia, quedando el Estado como el último sucesor; 2) Por el contrario, la sustitución de la Generalidad en el lugar antes ocupado por el Estado puede entrar en conflicto si se defiende que el Estado adquiere como titular de la soberanía. Compartimos la diferencia que marca Salvador Coderch[304] al resaltar que la adquisición intestada de la herencia por parte del Estado es a título de heredero, estamos ante un Estado que actúa como sujeto de derecho privado[305] y por otro lado adquisición, en este caso sí, como titular de la soberanía que supone la adquisición de "los

299 Salvador Coderch, P.: *Comentarios...*, *Op. cit.*, pg. 59.

300 A lo que añade el autor la necesidad de una regulación complementaria en el derecho catalán que regule la sucesión a favor de la Generalidat y la posterior liquidación y adjudicación tal y como se encuentra a nivel estatal en el Decreto 2091/1971, de 13 de agosto. Necesidad que se ha visto satisfecha con el Decreto 244/1995, de 1 de agosto de *Actuaciones administrativas en la sucesión intestada a favor de la Generalidad y creación de la Junta Distribuidora de Herencias.*

301 Salvador Coderch, P.: *Comentarios...*, *Op. cit.*, pg. 64 y ss.

302 No se discutiría la posibilidad de repudiar al no ser el último heredero ni un heredero institucional y necesario.

303 Navas Navarro,S.: "La sucesión intestada...", *Op. cit.*, pg. 1035.

304 Salvador Coderch, P.: *Comentarios...*, *Op. cit.*, pg. 59 y ss.

305 Con límites como es la adquisición por ley a beneficio de inventario.

inmuebles vacantes y sin dueño conocido" establecida en el artículo 21 de la Ley Patrimonio del Estado. Sobre ambas cuestiones, la condición de heredero del Estado siendo un título de Derecho privado[306] y cuya competencia corresponde a los Tribunales del orden civil y sobre la cuestión, tantas veces discutida, de si el Estado adquiere porque es titular de la soberanía, volveremos con más detenimiento en el capítulo general[307].

VI.4.2. Ley 9/1987, de 25 de mayo, de sucesión intestada. Recurso de inconstitucionalidad nº1188/1987

Dentro del proceso de adaptación de la Compilación a los principios constitucionales en la necesidad de acercar la legislación propia de derecho civil de Cataluña a la realidad se aprueba la Ley de sucesión intestada de 25 de mayo de 1987. Ley 9/1987 que mantiene el llamamiento hasta el cuarto grado en la sucesión de los colaterales y en lo que aquí nos interesa la sucesión de la Generalidad de Cataluña a la cual se dedican los artículos 27:"En ausencia de las personas señaladas por los artículos anteriores[308], sucederá la Generalidad de Cataluña, que deberá destinar los bienes heredados o su producto o valor a establecimientos de asistencia social o a instituciones de cultura, preferentemente los de la última residencia habitual del causante en territorio catalán. En defecto de éstos se aplicarán dichos bienes o el producto de su venta o su valor a los establecimientos o instituciones de la comarca o, en su defecto a los de carácter general de la Generalidad"; y 28: "Si correspondiera heredar a la Generalidad de Cataluña, la herencia se entenderá siempre aceptada a beneficio de inventario mediante previa declaración judicial del heredero".

La trascendencia de tal regulación pudo ser mayor si no hubieran sido derogados por la Ley 40/1991, de 30 de diciembre, del Código de Sucesiones por causa de muerte en el Derecho civil de Cataluña. Derogación que supuso el fin del proceso de inconstitucionalidad promovido por el Gobierno de la nación, recurso 1188/1987, que al carecer de objeto de impugnación el camino no era otro que desistir del mismo, lo que derivó en Auto del Tribunal Constitucional

---

306 Si bien el régimen aplicable una vez declarado heredero es propio del derecho público recogido en el Decreto 2091/1971, de 13 de septiembre.

307 Este problema será abordado específicamente en un capítulo posterior de este trabajo.

308 Descendientes (artículo 10); Cónyuge con las excepciones del artículo 14 (artículo 13); Ascendientes (artículo 16); Colaterales hasta el cuarto grado (artículos 18 y siguientes); Generalidad de Cataluña (artículos 27 y 28).

de 12 de mayo de 1992[309] que acordó tener por desistido al Gobierno de la nación del recurso promovido contra determinados preceptos de la Ley 9/1987, del Parlamento de Catalunya, de 25 de mayo, de sucesión intestada. Con la derogación se nos priva[310] de conocer el criterio del Tribunal Constitucional sobre la constitucionalidad de atribuir a una comunidad autónoma la condición de heredero último necesario en lugar del Estado y que exige un mayor estudio en un capítulo independiente.

VI.4.3. Ley 10/2008, de 10 de julio. Libro cuarto del Código Civil de Cataluña

La Ley 10/2008 supone un paso más en el plan de codificación del derecho civil catalán destacando el preámbulo que "mantiene los principios del derecho catalán tal y como estaban plasmados en el Código de Sucesiones: los principios de necesidad de heredero, de universalidad del título de heredero, de incompatibilidad de títulos sucesorios, de prevalencia del título voluntario y de perdurabilidad del título sucesorio. Estos principios, que distinguen el derecho catalán de sucesiones de otros muchos ordenamientos, han funcionado razonablemente bien en la praxis sucesoria y no se ha considerado oportuna su alteración".

En materia de sucesión a favor de la Generalidad de Cataluña se añade un nuevo apartado al regular el destino de los bienes heredados especificando que en caso de fincas urbanas se destinarán por parte de la Generalidad, como heredera legal, a políticas de vivienda social al disponer el artículo 442-13 el destino de los bienes. "1. La Generalidad de Cataluña debe destinar los bienes heredados o su producto o valor a establecimientos de asistencia social o a instituciones de cultura, preferentemente del municipio de la última residencia habitual del causante en Cataluña. Si no los hay en dicho municipio, deben destinarse a los establecimientos o instituciones de la comarca o si tampoco los hay en la comarca, a los de carácter general a cargo de la Generalidad. 2. Si en el caudal relicto existen fincas urbanas, la Generalidad de Cataluña debe destinarlas preferentemente al cumplimiento de políticas de vivienda social, ya sea directamente o reinvirtiendo el producto obtenido al enajenarlas, según sus características".

---

[309] BOE 22 mayo 1992, nº11594; Diario Oficial de la Generalitat de Catalunya 5 junio 1992, núm.1603, pg. 3292.

[310] En palabras de Hidalgo, S.: *La sucesión..., Op. cit.*, pg. 402, "*el Código de sucesiones catalán viene a "librar" al TC de tener que pronunciarse sobre esta delicada cuestión*". Para Valls Lloret, J.D.: "El llamamiento...", *Op. cit.*, pg. 139, el problema no está ni mucho menos solucionado, sino más bien pospuesto.

La distribución de la herencia lleva a Hidalgo García a precisar que hay que diferenciar entre el derecho de recibir la herencia y el de heredar para distribuir. Tanto al Estado como a la Generalidad lo que se les atribuye es una obligación de distribuir los bienes de la herencia para destinarla a fines similares sin que se produzca una sustitución ilegítima del Patrimonio del Estado por el de la Generalidad, pues lo cierto, en palabras del autor es que "ni el Estado recibe sino 1/3 de la herencia, y lo que le atribuye el precepto es una obligación de distribuir".

Compartimos con Hidalgo García[311], siendo los términos de la ley claros, que recae sobre la Generalidad una obligación de distribución, pero el autor deja sin explicación qué pasa con ese tercio que con arreglo al artículo 956 Código Civil se destina al Tesoro[312] y que tras la normativa foral es ingreso autonómico. Califica Guilarte Zapatero[313] la Ley catalana como "particularmente injusta frente a los restantes Comunidades Autónomas, con excepción de la navarra, al prescindir del principio de reciprocidad, básico en las relaciones sucesorias, pues resulta que, en todo caso de fallecimiento intestado de un vecino navarro o catalán, los establecimientos o instituciones navarros o catalanes, respectivamente, se aprovecharán exclusivamente de la totalidad del patrimonio relicto; y, cuando fallezca intestado cualquier español de otra comunidad, la Generalidad y la Comunidad Foral navarra estarán participando también en el tercio que de los bienes relictos corresponde al Estado español, según el artículo 956 del Código civil". Argumento que ve perder fuerza a medida que las distintas Comunidades Autónomas, con competencia en materia de derecho civil, se atribuyen el llamamiento in extremis a su favor en sustitución del Estado.

VI.5. GALICIA

VI.5.1. Constitucionalidad del desarrollo normativo del Derecho Civil Foral gallego. Recurso de inconstitucionalidad nº 3141/1993

En el marco constitucional, el artículo 27.4 del Estatuto de Autonomía de Galicia de 1981 fija la competencia exclusiva de la Comunidad Autónoma para la conservación, modificación y desarrollo de las instituciones del Derecho

[311] Hidalgo Garcia, S.: "*La sucesión...*", *Op. cit.*, pg. 405.

[312] Por Real Orden de 1 de abril de 1931 se dispuso que la tercera parte que se destina a la Caja de Amortización de la Deuda Pública se ingresara definitivamente en el Tesoro, ya que esta misma norma suprimió la Caja de Amortización de la Deuda Pública.

[313] Guilarte Zapatero, V.: *Comentarios...*, *Op. cit.*, pg. 304.

Civil gallego que está integrado por los usos y costumbres propios y por las normas contenidas en el Estatuto, así como las demás leyes gallegas que lo conserven, desarrollen o modifiquen.

Dentro del marco normativo autonómico[314] puede desenvolverse la competencia de la Comunidad Gallega en materia de Derecho Civil caracterizado por ser en gran medida de carácter agrario. Destaca muy especialmente el Preámbulo de la Ley gallega 2/2006, de 14 de junio[315]: "el carácter del derecho civil de Galicia como derecho vivo, nacido en los campos gallegos, emanación singular de un rico derecho agrario, desbordado hoy, incluso en la vida cotidiana de sus urbes, y su objetivo de regular instituciones válidas para los intereses y necesidades del pueblo gallego, así como aquellas instituciones constitutivas de un régimen económico familiar con fórmulas específicas de derecho sucesorio, integradoras de unas relaciones jurídicas de gran alcance". Referencia al carácter agrario que fue destacado en la Sentencia del Tribunal Constitucional 47/2004, de 23 de abril, a propósito del recurso de inconstitucionalidad nº 3141/1993 promovido contra la Ley de Galicia 11/1993, de 15 de julio, en su Fundamento Jurídico Tercero, haciéndose eco del auto dictado por la Sala de lo Civil del Tribunal Superior de Justicia de Galicia con fecha de 17 de noviembre de 1992, que señalaba que el derecho civil gallego se caracteriza por la peculiaridad de ser en gran medida de carácter agrario minifundista. El fundamento jurídico undécimo de esta Sentencia señala, a su vez, que "Las instituciones reguladas en la Ley de Derecho Civil de Galicia se integran por relaciones jurídicas muy vinculadas al ámbito rural de Galicia y, por ello, a su economía esencialmente agraria, sobre la base de una propiedad de carácter minifundista. (...) Así permite afirmarlo no solamente un somero examen de las instituciones jurídico-privadas reguladas por la mencionada Ley y por la costumbre, entre las que se cuenta "ad exemplum", los petrucios parroquiales o veciña, las comunidades en materia de aguas, el agra, agro o vilar, la servidumbre de paso, las serventías, el comaró, ribazo o arró, el retracto de graciosa, los arrendamientos rústicos y aparcerías, entre otras, sino también las consideraciones vertidas en el debate parlamentario de la Ley autonómica impugnada (...)".

Como expresamente señala el Preámbulo de la Ley gallega 2/2006, ésta persigue desarrollar, en todos sus aspectos, las instituciones jurídico-privadas que realmente estuvieran vivas en el derecho propio de Galicia. Con esta fina-

---

[314] Las competencias autonómicas de desarrollo del derecho civil propio deben producirse en el ámbito de la Ley 147/1963, de 2 de diciembre, sobre Compilación del Derecho Civil especial de Galicia; de la Compilación del Derecho Civil de Galicia, aprobada por Ley del Parlamento de Galicia 7/1987, de 10 de noviembre; de la Ley 4/1995, de 24 de mayo, de derecho civil de Galicia que deroga y sustituye dicha Compilación y demás leyes especiales. Ley 4/1995 que a su vez ha sido derogada y sustituida por la Ley 2/2006, de 14 de junio, de Derecho Civil de Galicia.

[315] En idénticos términos al Preámbulo de la Ley 4/1995 de Derecho Civil de Galicia.

lidad, la Ley 2/2006 viene a derogar la Ley 4/1995, de 24 de mayo, de derecho civil de Galicia; mejorando, en términos de su Preámbulo, este último texto legislativo en lo que a la regulación de instituciones tradicionales de derecho civil de Galicia (tales como las comunidades de montes vecinales en mano común, las de aguas, las agras y los vilares, las serventías, las servidumbres de paso, la aparcería del lugar acasarado, el derecho de labrar y poseer, la compañía familiar gallega...), del régimen económico matrimonial y de los derechos sucesorios, se refiere, e incorporando, como novedad respecto del texto legislativo de 1995, la regulación de materias tales como la protección de menores, la adopción y la autotutela, en su vertiente civil, dejando fuera de su ámbito los aspectos administrativos y procesales. Finalmente, la Ley 2/2006 incorpora la regulación de instituciones de derecho consuetudinario derivadas de relaciones de vecindad.

Ley 2/2006 que ha sido objeto de recurso de inconstitucionalidad[316] alcanzando al Título II (artículos 27 a 41), "De la adopción", y al Título III (artículos 42 a 45), "De la autotutela", planteándose ante el Tribunal Constitucional si la regulación contenida en tales preceptos excede de las competencias atribuidas a la Comunidad Autónoma para la conservación, modificación y desarrollo del derecho civil gallego en el artículo 27.4 del Estatuto de Autonomía de Galicia vulnerando la competencia exclusiva del Estado sobre legislación civil, recogida en el artículo 149.1.8ª de la Constitución[317].

---

[316] El recurso de inconstitucionalidad nº2845/2007 interpuesto contra determinados preceptos de la Ley de Galicia 2/2006 tiene como fundamento central el carácter eminentemente rural o agrario del derecho civil foral o propio de Galicia, claramente plasmado en el contenido de la Ley gallega 4/1995, lo que explica la ausencia de la regulación, en el mencionado derecho civil y hasta la actual Ley 2/2006, de instituciones tan propias del derecho de familia y de la persona como son la adopción y la autotutela.

[317] Tal y como se recoge en el recurso de inconstitucionalidad interpuesto por la Abogacía del Estado ante el Tribunal Constitucional: "*los artículos 27 a 45 de la Ley 2/2006 impugnados en el presente recurso suponen una regulación general y exhaustiva de dos instituciones, la adopción y la autotutela que carecen de antecedentes en el derecho civil gallego y no guardan conexión alguna con instituciones propias de tal legislación civil, de tal manera que dicha regulación excede de las facultades constitucional y estatutariamente atribuidas a la Comunidad Autónoma de Galicia para la conservación, modificación y desarrollo de su derecho civil, foral o propio y vulnera la competencia exclusiva estatal sobre legislación civil, recogida en el artículo 149.1.8ª de la Constitución.*

De otra parte, existe un motivo de inconstitucionalidad adicional que afecta en concreto a los artículos 35, 36, 37, 40.2 y 41.1 de la Ley 2/2006, los cuales regulan, como más adelante justificaremos, materias que inciden en el ámbito de la legislación procesal sobre la que tiene competencia exclusiva el Estado al amparo de lo establecido en el artículo 149.1.6ª CE".

Finalmente, los artículos 42, 43 y 46 de la Ley 2/2006, al regular la posibilidad de realizar la designación de tutor en escritura pública y el posible contenido de esta escritura, vulneran la reserva competencial establecida en el artículo 149.1.8ª Constitución Española a favor del Estado en cuanto a las reglas relativas a la ordenación de los registros e instrumentos públicos, incurriendo, por tanto, en una causa adicional de inconstitucionalidad.

VI.5.2. Régimen sucesorio gallego

En materia propia del derecho de sucesiones, Rebolledo Varela[318] considera la regulación contenida en la Ley 4/1995 como uno de los logros fundamentales a destacar. Regulación del régimen sucesorio gallego integrado por principios propios que son opuestos a los del Código Civil como la compatibilidad de la sucesión testada, intestada y contractual; regulando por primera vez instituciones que no se incluyeron en la Compilación pero que formaban parte de la práctica jurídica de Galicia.

La Ley 4/1995 regula la sucesión intestada en el Capítulo V del Título VIII dedicándole dos artículos, el 152 y el 153. El primero de los preceptos establece una remisión a la regulación contenida en el Código Civil en materia de sucesión intestada. Remisión sin especificar si la misma es estática sin afectarle futuras modificaciones del Código Civil o si la remisión es dinámica y por tanto será aplicable el texto que tenga el Código Civil y sus futuras modificaciones. Rivas Martínez[319] defiende esta segunda opción dado el escaso, por no decir mínimo, número de peculiaridades que en esta materia ha asumido el legislador gallego. El segundo párrafo del artículo 152[320] hace referencia a una de estas peculiaridades al establecer el derecho de opción del cónyuge viudo para determinar los bienes sobre los que hacer efectiva la cuota usufructuaria.

La segunda peculiaridad la encontramos en el siguiente precepto que introduce como novedad y de interés para el presente trabajo el llamamiento a favor de la Comunidad Autónoma de Galicia. Novedad al no encontrar precedente de tal llamamiento en regulación anterior[321], pero que es perfectamente admisible dentro del marco constitucional antes descrito por corresponder a la Comunidad Autónoma la competencia exclusiva en materia de derecho civil gallego.

Según el párrafo primero del artículo 153: "A falta de personas que tengan derecho a heredar, de acuerdo con lo dispuesto en las Secciones 1ª, 2ª y 3ª

---

318 Rebolledo Varela, A. L.: *El Derecho ..., Op. cit.*, pg. 1731.

319 Rivas Martínez, J.J.: *Derecho de Sucesiones, común y foral,*tomo II, vol.2º, Dykinson, Madrid, 2004, pg. 1097.

320 *"1. La sucesión intestada se regirá por lo dispuesto en el Código Civil, a no ser lo establecido en el párrafo siguiente. 2.El viudo o viuda podrá al que el cónyuge premuerto no otorgase disposición a su favor podrá optar por hacer efectiva su cuota usufructuaria sobre los bienes gananciales cuando concurra en la herencia con descendientes o ascendientes del causante. En caso de que no llegase dicho usufructo para cubrir la cuota, ésta se completará sobre los bienes privativos del causante sin necesidad de prestar fianza".*

321 Silencio legal que lleva a Hidalgo García, S.: *La sucesión...,Op. cit.*, pg. 425., a plantear la posible participación en la distribución de los bienes que integran la sucesión a favor del Estado a favor de la Comunidad Autónoma y de los órganos gallegos en la Junta Distribuidora de herencias por aplicación de la Ley de Fundaciones de interés gallego 7/1983, de 22 de junio.

del Capítulo IV del Título III, Libro III, del Código Civil, o en este cuerpo legal en su caso, heredará la Comunidad Autónoma de Galicia". El párrafo segundo establece el destino de los bienes heredados por la Comunidad Autónoma: "2.Los bienes heredados serán destinados a establecimientos de asistencia social o instituciones de cultura, preferentemente ubicados en la última residencia habitual del causante y, en todo caso, en territorio gallego". Aceptación de la herencia por parte de la Comunidad Autónoma que requiere previa declaración legal de herederos y que será por ministerio de la ley a beneficio de inventario.

Llamamiento a favor de la Comunidad Autónoma que requiere que fallecido quién tuviera la vecindad civil gallega no concurra ninguna de las personas que son llamadas según el orden de suceder recogido en los artículos 930 y siguientes del Código Civil.

La Ley 2/2006, de 14 de junio, de Derecho Civil de Galicia, que en estructura y contenido no difiere de la Ley 4/1995, regula la sucesión intestada en el capítulo VI del Título X[322] en tres artículos, el 267, 268 y 269. El artículo 267 atribuye la herencia a la Comunidad Autónoma de Galicia a falta de personas con derecho a heredar de acuerdo con lo establecido en el Código Civil (secciones 1ª, 2ª y 3ª del capítulo IV del título III) y "de acuerdo con lo establecido en la presente Ley". Siendo así que la sucesión intestada se rige por el Código Civil, salvo en lo relativo a la forma de hacer efectiva la cuota usufructuaria al cónyuge viudo; se suprime la referencia expresa a la necesaria previa declaración judicial de heredero y sí se mantiene el criterio lógico del beneficio de inventario por ministerio de la ley. El artículo 269[323] establece el destino de los bienes heredados por la Comunidad Autónoma de Galicia y por Decreto 94/1999 se regula el procedimiento administrativo con la finalidad de materializar el derecho de la Comunidad Autónoma a suceder a los que muriesen sin herederos legítimos.

VI.6. BALEARES

Tras la Constitución española de 1978 es indiscutible la necesidad de conservación, modificación y desarrollo del Derecho civil de las islas, tal y como establece el artículo 149.1.8º del texto constitucional, para atender a la urgente

---

[322] Título equivalente al VIII de la Ley 4/1995.

[323] Artículo 269, Ley 2/2006, de Derecho Civil de Galicia: "*Los bienes heredados por la Comunidad Autónoma de Galicia serán destinados a establecimientos de asistencia social o instituciones culturales que se ubiquen, preferentemente y por este orden, en el lugar de la última residencia del causante, en su término municipal, en su comarca y en todo caso en territorio de la Comunidad Autónoma Gallega*".

necesidad de adaptación a la Constitución de ciertas instituciones civiles, sin perjuicio de las modificaciones técnicas que se consideren de interés, a la vista de la experiencia acumulada en los más de veinte años transcurridos desde su entrada en vigor, para su ulterior elevación y entrega a la Comunidad Autónoma, labor que desarrolla la Comisión de Juristas de Baleares[324] y que culmina con la Ley 8/1990, de 18 de junio, que modifica la Compilación de 19 de abril de 1961.

Como reformas a destacar se suprime el calificativo de "especial" que contenía el título de la Compilación de 1961, quedando como Compilación del derecho civil de Baleares. Lejos de ser una mera modificación de redacción, con la supresión del derecho civil de Baleares como derecho especial se pretende superar la consideración de los Derechos civiles forales como una excepción al Derecho común; la propia Ley 8/1990, en su Exposición de Motivos[325], justifica y motiva dicha reforma pues no cabe hablar de un derecho especial, sino que estamos ante un Derecho distinto al Derecho común de vigencia prioritaria en su ámbito territorial de aplicación.

En el campo del derecho sucesorio la Ley 8/1990 mantiene la aceptación de los principios sucesorios romanos y formula un elogio hacia un sistema romano ligado al Derecho civil balear. En palabras contenidas en la Exposición

[324] La Ley 8/1990, en su Exposición de Motivos, describe el momento en que en plena etapa preautonómica se encomendó al Consejo General Interinsular la puesta al día de la Comisión de Juristas de Baleares a que hacía referencia el Real Decreto 1196/77, de 23 de abril, en orden a la conservación, modificación y desarrollo del Derecho civil de las islas, de conformidad con lo prevenido en el artículo 149.1.8º del texto constitucional, siendo su competencia, mientras no se aprobase el Estatuto de Autonomía, la elaboración de los anteproyectos de interés sobre su Derecho civil foral o especial, para su elevación al Ministerio de Justicia, previa entrega formal al Consejo General Interinsular. En su única Disposición Transitoria el propio Real Decreto establecía que dicha Comisión de Juristas acomodaría su funcionamiento a las previsiones del Estatuto de Autonomía de Baleares, en el momento en que éste fuera aprobado.

Aprobado este Estatuto, por la Ley Orgánica 2/1983, de 25 de febrero y sin haber terminado la Comisión de Juristas su labor, el Consejo de Gobierno de la Comunidad Autónoma de las Islas Baleares, en sesión celebrada el día 24 de noviembre de 1983, adoptó el acuerdo de ratificar el encargo encomendado a la repetida Comisión por el citado Real Decreto 1007/81 de elaboración de un anteproyecto de revisión de la Compilación de Derecho Civil Especial de Baleares de 19 de abril de 1961, para atender a la urgente necesidad de adaptación a la Constitución de ciertas instituciones civiles, sin perjuicio de las modificaciones técnicas que se consideren de interés, a la vista de la experiencia acumulada en los más de veinte años transcurridos desde su entrada en vigor, para su ulterior elevación y entrega a la Comunidad Autónoma.

[325] En palabras contenidas en la Exposición de Motivos de la Ley 8/1990: "*Hoy día, tras la entrada en vigor de la Constitución, los Derechos civiles de las distintas regiones o nacionalidades no suponen un Derecho constituido por normas de excepción frente a las del Código civil, sino sencillamente un Derecho distinto: son el Derecho común de vigencia prioritaria en sus respectivas circunscripciones territoriales. Así se ha puesto de relieve por la doctrina y en las Conclusiones del Congreso Nacional de Jurisconsultos españoles sobre "Los Derechos civiles territoriales en la Constitución", celebrado en Zaragoza a finales de octubre de 1981*".

de Motivos "El sistema sucesorio romano derivado de tales principios, no sólo resulta un sistema indudablemente lógico para ordenar la sucesión por causa de muerte, sino que, a pesar de los profundos cambios sociales, económicos y familiares experimentados a través de los tiempos, continúa siendo hoy un sistema que responde debidamente a las necesidades y exigencias prácticas actuales y en consecuencia, y esto es lo decisivo, funciona bien y con normalidad en Mallorca y Menorca y no genera, en su realización diaria, problemas que pudieran aconsejar su modificación[326]".

[326] Resulta ilustrativo el Auto 1227/2003, de 29 de diciembre, de la Audiencia Provincial de Islas Baleares que al analizar las disposiciones aplicables en la Isla de Mallorca pone de relieve la vigencia actual del derecho romano: "*Nuestro Derecho especial constituye un Derecho propio, autónomo e independiente del sistema del Código Civil, y de vigencia prioritaria en la circunscripción territorial, pero es prácticamente imposible que exista un ordenamiento civil completo que regule todas las relaciones jurídico-privadas civiles, lo que lleva como consecuencia la necesidad de complementación y la de preferente aplicación, y además no puede olvidarse que el derecho supletorio (en el caso, Código Civil y demás disposiciones de aplicación general) se da en caso de falta de regulación legal o consuetudinaria, y que si hay remisión expresa a otro derecho no hay vacío legislativo y no entra en juego el derecho supletorio sino el de las normas más afines a nuestro Derecho Civil.*

Por otra parte y entre otras consideraciones, el derecho sucesorio mallorquín está fundamentado en el Derecho romano, del cual extrae sus características más esenciales. La absoluta vigencia del Derecho sucesorio romano en Mallorca ha estado siempre fuera de toda duda, tanto antes como después de la promulgación del Código Civil. La influencia bizantina fue extraordinaria en cuanto al Derecho que se venía aplicando en las islas, ya que coincidió la época de su incorporación al imperio de Bizancio con la publicación de las cuatro grandes obras justinianeas constitutivas del Corpus Iuris Civilis, las cuales, seguramente, se fueron aplicando en las islas a medida que iban promulgándose, sustituyendo al Derecho romano anterior. De esta manera se va constituyendo un cuerpo de doctrina sucesoria que ha pervivido hasta nuestros días, y del que, hablando propiamente, no podemos decir que esté basado en el Corpus Iuris justinianeo, sino que es el Corpus Iuris, si bien con las naturales modificaciones que el correr de los siglos ha provocado. Es elocuente ejemplo expresivo de cuanto antecede el hecho de que dos de los recursos de casación presentados ante el Tribunal Superior de Justicia de Baleares se basaban en la infracción de la doctrina de viejos textos del Derecho romano. Así, el recurso de casación que dio lugar a la sentencia de 21 de mayo de 1993 se fundamentaba en la infracción de textos del Digesto y del Codex, mientras que el recurso que dio lugar a la sentencia de 5 de diciembre de 1995 se basaba en la infracción de las Novelas 18, 115 y 118.

Ciertamente, no cabe duda de que el Derecho romano, particularmente en su elaboración justinianea, constituye la base de la tradición jurídica balear, convertida por el artículo 1 del actual texto compilado en elemento de interpretación –pero también, y muy especialmente, de integración– del texto compilado.

Los condicionamientos actuales –muy distintos, desde luego, a los de la época de Justiniano– se han dejado sentir también en las instituciones sucesorias, y así se han introducido una serie de innovaciones verdaderamente considerables especialmente al redactarse la Compilación de 1961 y en la Ley de 28 de junio de 1990 modificativa de ésta.

Ya la Compilación de 1961 hizo tabla rasa con una serie de instituciones sucesorias tradicionales en nuestro Derecho, pero que se revelaban obsoletas o poco acordes con los actuales tiempos....

...Además, siguiendo la mejor doctrina: Los principios generales son ya proclamados como un elemento primordial de nuestro Derecho y la doble referencia del artículo 1 a los mismos supone darles una doble función...

Influencia de los principios sucesorios romanos que se mantiene en la Compilación del Derecho Civil de las Islas Baleares aprobada por Decreto Legislativo de 6 de septiembre de 1990. Texto que contiene una remisión, en cuanto a la sucesión intestada, al Código Civil, tanto en la regulación aplicable en Mallorca, Menorca, Ibiza y Formentera.

Remisión estática[327] que si bien supone que en materia de sucesión intestada el derecho civil de Baleares es el contenido en el Código Civil, se ha de interpretar e integrar tomando en consideración los principios que lo informan, así como las leyes, costumbres, jurisprudencia y doctrina que tal y como esta-

... *Venturosamente, en el ámbito sucesorio –y por lo que a Mallorca respecta– ha existido un proceso histórico que ha decantado nítidamente los principios sucesorios romano-justinianeos como elementos configuradotes del Derecho sucesorio mallorquín: Necesidad de institución de heredero para la validez del testamento; Universalidad de la sucesión del heredero; Perdurabilidad de la condición de heredero; Incompatibilidad de las sucesiones testada e intestada.*

Resulta, por todo ello, aleccionador que en la Exposición de Motivos de la Ley reformadora 8/1990, de 28 de junio, del Parlament balear se contengan estos párrafos, cuya transcripción constituye el mejor broche con el que cerrar la introducción al derecho sucesorio mallorquín: «Los principios sucesorios romanos, tradicionales en el Derecho civil balear, fueron plenamente aceptados, como se sabe, por la Compilación de 1961 y han sido, en parte, complementados en el nuevo texto que se propone y en cuyos artículos 6 y 7 sólo se han introducido leves retoques de matiz.

El sistema sucesorio romano derivado de tales principios, no sólo resulta un sistema indudablemente lógico para ordenar la sucesión por causa de muerte, sino que, a pesar de los profundos cambios sociales, económicos y familiares experimentados a través de los tiempos, continúa siendo hoy un sistema que responde debidamente a las necesidades y exigencias prácticas actuales y en consecuencia, y esto es lo decisivo, funciona bien y con normalidad en Mallorca y Menorca y no genera, en su realización diaria, problemas que pudieran aconsejar su modificación.

Y resiguiendo la mejor doctrina, la legítima mallorquina es la del Derecho romano justinianeo, básicamente en las Novelas 18, 115 y 118, y como señala el Prof. Massot («El Derecho civil de Mallorca después de la Compilación»), «El Derecho civil de Mallorca está textualmente fundamentado en el Digesto romano justinianeo, del cual extrae sus características más esenciales. Tan escaso que el influjo –en el ámbito jurídico– de las otras culturas que nos llegaron con posterioridad a la romana, que no han dejado apenas huella alguna en nuestras actuales costumbres jurídicas»; cuyo autor coincide en tal afirmación con la de antiguos foralistas, como Mascaró y Sureda por el que «la legislación romana comenzó a regir cuando estas Islas formaban parte del Imperio, siguió durante la dominación árabe, y continua rigiendo hoy a pesar de las transformaciones sociales que se han sucedido durante tantos siglos»; influencia derivada de tal larga pervivencia en el sentido, finalidad y aplicación precedentemente transcritos, sobre que se está en sede de legítimas, reguladas en *la Compilación Balear, aunque insuficientemente en las situaciones de bienes donados en vida y enajenados a terceros con anterioridad a la liquidación a los efectos de su valoración, más allá de meras donaciones o ventas, por lo que no procede la aplicación supletoria del Código Civil, como pretende la parte demandada-coapelante, en tanto la Compilación Balear cierra el sistema propio que regula las legítimas, en las fases de fijación y de liquidación".*

327 DF2ª: *"Las remisiones que hace esta Compilación a las disposiciones del Código Civil se entienden hechas en la redacción vigente a la entrada en vigor de esta Ley".* Cualquier modificación de las mismas deberá ser asumida por la Comunidad Autónoma. *Ante la realidad indiscutible de la potestad legislativa de nuestro Parlamento en orden a la conservación, modificación y desarrollo del Derecho civil propio* la remisión al Código Civil se ha de entender de forma estática. *Mantener lo contrario supondría un cercenamiento, anticonstitucional y antiestatutario, de la expresada potestad legislativa propia* (Exposición Motivos Ley 8/1990).

blece el artículo 1 encarnan la tradición jurídica de las islas. Lo anterior cobra importancia al recoger el derecho balear principios propios del derecho romano como es la incompatibilidad de la sucesión intestada con la testada; se admite, a diferencia del derecho común, la sucesión contractual (que también resulta incompatible con la intestada) y establece que sólo podrá tener lugar en defecto de heredero instituido, no siendo de aplicación todas las causas de apertura de la sucesión intestada recogidas en el artículo 912 Código Civil.

Lo anterior no excluye que se siga el mismo camino iniciado por Cataluña y se atribuya el llamamiento a la Comunidad Autónoma en defecto de parientes con derecho a suceder. En palabras de Hidalgo García [328], la Comunidad Autónoma de las Islas Baleares renuncia, por el momento, a regular esta materia. No obstante, no existe duda de su competencia en materia civil destacando que a modo similar al País Vasco, en ambos casos tratan de la sucesión intestada en la Compilación, lo que les da más fuerza para regular esta materia y atribuirse la herencia en último término.

VI.7. PAÍS VASCO

VI.7.1. Ámbito territorial

Una primera aproximación al Derecho civil vasco, en comparación con el propio de otros territorios forales, nos lleva a encontrarnos con la dificultad añadida que supone la existencia en un mismo territorio de diversas legislaciones. Celaya Ibarra[329] nos llama la atención sobre el texto del artículo 10.5 del Estatuto vasco, que a diferencia de otros donde se hace referencia a la existencia de un Derecho catalán o un Derecho gallego, no añade el adjetivo de vasco porque "no existe el Derecho civil vasco, sino varios sistemas de Derecho civil en el País vasco (Bizkaia, Ayala, las costumbres de Guipuzkoa y rodeándolo todo el Código civil)".

La confusión creada por la Compilación se ha visto mitigada tras la Ley 3/1992, del Derecho civil foral del País Vasco, donde nos encontramos con el Fuero civil de Vizcaya que rige en su territorio histórico (excepción de la parte no aforada de las doce villas y las ciudades de Orduña y Bilbao) y en los municipios alaveses de Llodio y Aramayona; el Fuero de Álava, y el Fuero civil de Guipúzcoa reconociendo la vigencia de las costumbres civiles sobre

[328] Hidalgo García, S.: *La sucesión..., Op. cit.*, pg. 424.

[329] Celaya Ibarra, A.: *Comentarios al Código Civil y Compilaciones Forales.* Dirigidos por Manuel Albaladejo, tomo XXVI, Compilación de Vizcaya y Álava,Jaén, 1979, pg. 56.

la ordenación del caserío y del patrimonio familiar en Guipúzcoa (derecho consuetudinario sobre el que guardaba silencio el texto de la Compilación de 1959 y que Ley 37/1992 pretende que recupere su lugar).

Un sistema de dualidad legislativa en materia civil que exige de una parte delimitar su personal de aplicación que será objeto de análisis en el siguiente punto; su ámbito territorial que sin perjuicio de enunciar los territorios a los que se aplica cada fuero nos lleva a plantear previamente la pregunta que formula Hidalgo García[330] ¿la competencia (en materia civil y a los intereses del presente trabajo para disponer en favor de la Diputación Foral con exclusión del Estado) se limita a los territorios forales o se extiende a toda la Comunidad Autónoma?

Ante tal pregunta dos son las posibles interpretaciones que da el autor:

a) Una interpretación restrictiva que limita la vigencia a una porción del territorio de Vizcaya y Álava, defendida por Arce Janariz[331], que al fijar los destinatarios de la expresión "allí donde existan" contenida en el artículo 149.1.8 de la Constitución, excluye "Comunidades cuyo Derecho foral dejó de estar vigente y, de otra, en aquellas Comunidades en que la vigencia actual de un Derecho foral se limita a una porción de su territorio; este territorio seguirá siendo el ámbito espacial máximo del Derecho foral". En la misma línea encontramos el fundamento del recurso de inconstitucionalidad nº2685/92 interpuesto[332] por la Abogacía del Estado ante el Tribunal Constitucional en el ejercicio de las funciones que la Ley le otorga, en nombre del Sr. Presidente del Gobierno. Se solicita la declaración de inconstitucionalidad, entre otros, de los artículos 10, 11 y 132 de la Ley 3/1992, de 1 de julio, del Derecho civil foral del País Vasco, al considerar que tales preceptos establecen procedimientos inconstitucionales de ampliación del ámbito territorial del Fuero de Vizcaya y del Fuero de Álava[333].

---

[330] Hidalgo García, S.:*La sucesión..., Op. cit.*, pg. 417.

[331] Arce Janariz, A.: *Constitución y Derechos civiles forales,* Temas clave de la Constitución Española, Madrid,1987, pg. 33.

[332] Tuvo entrada en el registro general del Tribunal Constitucional el 7 de noviembre de 1992, se obtuvo la suspensión de vigencia de los preceptos impugnados, pero finalmente se desistió del recurso interpuesto y el Auto del Tribunal Constitucional de 1 de diciembre de 1993 acordó tener por desistido al Presidente del Gobierno del recurso interpuesto. Asúa González, C.I., Gil Rodríguez, J y Hualde Sánchez, J.J.: *"Derechos civiles de España",* Directores Bercovitz, R y Martínez-Simancas, J.M, Aranzadi, Madrid, 2000, analizan los motivos del desistimiento que lejos de venir motivado por una coyuntura política favorable...fue un acto de sensatez jurídica consecuencia del Dictamen 1537/92 emitido por el Consejo de Estado, con un voto particular, por no existir fundamentos jurídicos suficientes para mantener el recurso.

[333] Extrayendo los argumentos centrales del recurso se afirma en el mismo que: *"La competencia autonómica para conservar, modifica y desarrollar el Derecho foral o especial del artículo 10.5 EAPV ha de interpretarse de conformidad con el artículo 149.1.8 CE; por lo tanto, ha de entenderse circunscrita territorialmente a "allí donde exista" tal Derecho, y no puede ejercitarse para ampliar el territorio foral. Por otro lado, ya sabemos que la competencia para*

b) Una interpretación extensiva que lleva a entender la competencia desde un punto de vista material y territorial. Urrutia Badiola[334] se refiere a la filosofía general que guió a la Comisión de Juristas que redacta el Anteproyecto de Fuero Civil de Vizcaya, destacando el nuevo horizonte que al derecho civil foral vizcaíno le supone la Constitución Española de 1978 "como primera piedra de toque para lo civil foral en democracia" y el artículo 10.5 del Estatuto de Gernika (Ley Orgánica de 18 de diciembre de 1979), al reconocer como competencia exclusiva de la Comunidad Autónoma del País Vasco la "conservación, modificación y desarrollo del Derecho civil foral y especial, escrito o consuetudinario propio de los Territorios Históricos que integran el País Vasco y la fijación del ámbito territorial de su vigencia".

Siendo competente la Comunidad Autónoma para modificar y desarrollar el derecho civil foral en todo el territorio, la interpretación más favorable a los intereses autonómicos encuentra su fundamento en el artículo 10.5 del Estatuto de Autonomía (Ley Orgánica de 18 de diciembre de 1979) sobre la base constitucional del artículo 149.1.8 que reconoce competencia a la Comunidad Autónoma del País vasco para "la fijación del ámbito territorial de su vigencia". Y que es la que recoge la Ley 3/1992, del Derecho civil foral "del País Vasco"[335].

VI.7.2. Vecindad civil

Si no resulta pacífica la cuestión del ámbito territorial, de igual modo encontramos posturas enfrentadas en la determinación de la vecindad civil vizcaína. El artículo 12 de la Ley 3/1992 determina quiénes son vizcaínos y quienes vizcaínos aforados o infanzones, artículo que también fue objeto de recurso ante el Tribunal Constitucional al considerarse inconstitucional la creación de

fijar el ámbito territorial de vigencia del Derecho foral o especial debe ejercitarse respetando la esfera territorial propia del Derecho civil común....con los artículos 10 y 11 de la ley vasca 3/92 se pretende regular un procedimiento cuyas consecuencias finales son la reducción del ámbito territorial del Código en beneficio del Fuero y la pérdida general de la vecindad civil común para los habitantes de un municipio hasta ahora regido por la legislación civil común. Una y otra decisión son competencia del Estado, de las Cortes Generales precisamente.... La actualización de la Concordia de 1630 es factible en el marco constitucional....el legislador vasco no se ciñe a regular un Derecho foral "allí donde exista" sino que ordena la extensión del Fuero de Ayala a costa del Código Civil en los apartados 1 y 3 del artículo 132 de la Ley recurrida, lo que excede de la competencia autonómica del artículo 10.5 EAPV".

334 Urrutia Badiola, A.: "Ambito territorial y personal de aplicación del Fuero Civil de Bizkaia. La troncalidad y sus efectos en las enajenaciones inter vivos de los bienes troncales: la saca foral" en *El derecho foral vasco tras la reforma de 1992,* jornadas organizadas por el Ilustre Colegio Notarial de Bilbao, Navarra, 1996, pg. 36.

335 Hidalgo García, S.: *La sucesión..., Op. cit.,* pg. 418.

una vecindad civil vizcaína no aforada y las consecuencias jurídicas que de ello se derivan al apartarles del Código civil[336]. Recurso al que se puso fin mediante Auto de desistimiento de 1 de diciembre de 1993 que acordó tener por desistido al Presidente del Gobierno del recurso 2685/92.

Dejando a un lado la polémica que plantea el recurso, no compartida por autores como Celaya Ibarra[337], sí hacemos una referencia a la mención, dentro del proceso de codificación del derecho de Vizcaya y Álava similar al seguido en otras regiones forales, por su importancia para el derecho foral, del párrafo tercero introducido[338] en el artículo 10 del Código Civil, en su segunda edición, Texto Reformado de 24 de julio de 1889, que al referirse a la ley personal en materia de sucesiones mantenía la vigencia de la Ley 15 del Título XX del Fuero de Vizcaya de 1526[339] evitando que se pudiera alterar el régimen de la

---

[336] El artículo 6 dispone que *"El territorio exceptuado se regirá por la legislación general, salvo en cuanto sea aplicable el presente Fuero"*. El artículo 13 dispone que *"Los vizcaínos no aforados podrán testar mancomunadamente y por comisario, con arreglo a las disposiciones de este Fuero"*.

[337] Celaya Ibarra, A.: *Comentarios..., Op. cit.*, pg. 85. Para el autor la Ley 3/1992 no crea una nueva forma de vecindad por ser una referencia a vizcaínos aforados y no aforados una constante en el Derecho foral. El Dictamen del Consejo de Estado de 13 de julio de 1993 habla de subvecindades (una vecindad civil general; una subvecindad de aforado y una subvecindad de no aforado).

[338] Introducido a instancia de la petición formulada por el senador vizcaíno Sr. Zavala en el Parlamento con las siguientes palabras: *"Me refiero – dijo- a un caso concreto y especial. Se trata, entiéndase bien, de un vecino de villa, de Vizcaya, que posee bienes en el Infanzonado. Creo que lo que procede, y espero que la Comisión estará conforme conmigo, es que rija, para ese caso concreto, la ley 15, título XX del Fuero de Vizcaya, que prescribe que los vecinos de villa que tuviesen bienes en la Tierra llana guarden el Fuero en disponer de ellos; pero deseo una contestación categórica sobre este punto para evitar cuestiones". Respuesta que le fue dada por el miembro de la Comisión de Códigos en sentido afirmativo...la pregunta y la contestación se refirieron única y exclusivamente a un vecino de villa vizcaína, que dispusiesen de sus bienes inter vivos o mortis causa, no a todas las personas que poseyesen bienes inmuebles en la Tierra llana, no a los extranjeros ni a los nacionales que no sean tales vecinos de villa.* Datos tomados de Sánchez de la Torre, A.: "El párrafo 3º del artículo 10 del Código Civil y los abintestatos de los vizcaínos según la sentencia de la Audiencia Territorial de Burgos de 15 de diciembre de 1953", *Revista Las Ciencias,* de Madrid, Año XXIII, núm. I, Madrid,1958, pg. 84, pp.2 bis, recogido por el autor de la *Discusión parlamentaria del Código civil, en* "Revista General de Legislación y Jurisprudencia", tomo 75, 1889, pp.249 y ss, 510 y 520.

[339] El Tribunal Superior de Justicia del País Vasco, Sala de lo Civil y Penal, en Sentencia de 10 de septiembre de 1992 analiza los hitos históricos: A) La Ley 15, del Título XX, del Fuero de Vizcaya de 1526, establecía: «*Que los vecinos de las villas, que tuvieren bienes en la Tierra Llana, guarden el Fuero en disponer de ellos*». «*Otrosí dijeron: Que habían de Fuero, y establecían por Ley, porque acaece, que algún vecino de la villas de Vizcaya entre otras tierras, y heredades, que tienen sitas en el juzgado de la tal villa de donde es, tiene, y posee otras tierras y heredades, sitas en el juzgado y Tierra Llana, y así troncales; y acaece que el tal suele disponer de las tales tierras troncales por sí, o por vueltas con las otras heredades de la tal villa, ahora en vida, ahora en muerte, y ponen duda, si de los tales bienes troncales ha de disponer, según que de los otros que no son troncales. Por ende, dijeron: Que ordenaban, y ordenaron, que el tal vecino de villa, do los bienes (según Ley del Reino) son partibles; que la tal raíz que tuviere en la Tierra Llana y juzgado de Vizcaya, sea de la condición y calidad, privilegio y Fuero que la otra raíz que poseen*

troncalidad, institución de mayor relevancia del derecho foral vizcaíno, cambiando de vecindad. Discusión antigua pero esencial para la determinación del ámbito de aplicación personal de la sucesión intestada: se ha de distinguir entre el vizcaíno no aforado que se halla sujeto a las normas de sucesión intestada del Código civil, a excepción de la sucesión de los bienes troncales, y el vizcaíno aforado con independencia de la naturaleza troncal o no de sus bienes[340].

los vizcaínos de la Tierra Llana troncal; y tal, que en vida y en muerte pueda disponer de ello, como podía disponer el vizcaíno vecino de la Tierra Llana; y sean admitidos para la tal raíz los tronqueros profincos, como y según se admiten a los bienes, que poseen, venden, y mandan los vizcaínos, vecinos de Tierra Llana».

B) En la segunda edición del Código Civil, Texto Reformado de 24-7-1889, a instancia de los representantes vizcaínos, se añadió el párr. 3.º al artículo 10 del citado Cuerpo legal, a cuyo tenor «Los vizcaínos, aunque residan en las villas, seguirán sometidos, en cuanto a los bienes que posean en la Tierra Llana, a la Ley 15, título XX del Fuero de Vizcaya»; párrafo que ha estado vigente hasta la reforma del Título Preliminar, llevada a cabo por el Decreto de 31-5-1974, dictado en desarrollo del texto de la Ley de Bases de 17-3-1973.

C) La Comisión Especial para elaborar el Apéndice Foral de Vizcaya y Álava, constituida en cumplimiento de lo establecido en el artículo 4.º de la Ley de Bases de 1888, elaboró *un Proyecto elevado a la Comisión General de Codificación el día 10-2-1900, cuyo artículo 13 disponía: «Habiendo parientes tronqueros de cualquier línea que sean, nadie podrá disponer en vida ni por causa de muerte, en favor de quien no tuviera tal carácter, de bienes troncales algunos, sea cual fuere la naturaleza del propietario o su vecindad. Esta prohibición se hace extensiva a la capacidad para suceder "ab intestato"». Proyecto de Apéndice que no llegó a convertirse en Ley.*

D) El Colegio de Abogados de Vizcaya llevó a cabo la elaboración de un segundo proyecto, publicado el día 9-2-1928, cuyo artículo 12 establecía: «Habiendo parientes tronqueros, de cualquier línea que sean, los vizcaínos, aunque residan en las villas, no podrán disponer en vida ni por causa de muerte en favor de quien no tuviere aquel carácter, de bienes troncales algunos. La prohibición será extensiva a la capacidad para suceder "ab intestato" en estos bienes».

EL resultado exegético alcanzado se ve adverado por la recientemente publicada Ley 3/1992, de 1 julio, del Derecho Civil Foral del País Vasco, dictada por el Parlamento Vasco, de próxima vigencia, de cuyos preceptos, en lo que aquí interesa, merecen especial mención: a) En lo que respecta al concepto jurídico «vizcaíno», el artículo 12, a cuyo tenor: «A los efectos de este Fuero Civil, son vizcaínos, quienes tengan vecindad civil en el Territorio Histórico de Bizkaia. Aforado o Infanzón es quien tenga su vecindad en territorio aforado»; el artículo 13: «Los vizcaínos no aforados, podrán...»; y el 14: «En los instrumentos públicos que otorguen los vizcaínos se hará constar su vecindad civil, su carácter de aforado o no, y, en su caso...». b) En lo atinente al ámbito personal de la troncalidad, el artículo 23 dispone: «Los derechos y obligaciones derivados de la troncalidad corresponden, como vizcaínos, a todos los que tengan vecindad civil en Bizkaia. Por esencia de la troncalidad, la pérdida de la vecindad vizcaína no supone restricción alguna en los derechos y deberes de cualquier naturaleza derivados de la misma.»; el 24, sucesor del artículo 10 de la, todavía vigente, Compilación: «Los actos de disposición de bienes troncales realizados a título gratuito «inter vivos» o «mortis causa», a favor de extraños o de parientes que no pertenezcan a la línea preferente de quien transmite, serán nulos de pleno derecho»; y el 25: «Quienes no sean vizcaínos aforados gozarán de libertad para disponer, a título gratuito, de los bienes troncales a favor de cualquiera de los parientes tronqueros de línea preferente...». (F.Jº6).

340 Supuestos ambos centrales, pero sin olvidar los siguientes grupos de aplicación de las normas forales de sucesión abintestato citando a Urrutia Badiola, A.: "La sucesión intestada y la declaración de herederos abintestato en el Derecho Foral Vasco", *Derecho civil foral vasco,* Vitoria,1995, pg. 320: *"c) A quienes no habiendo sido nunca de vizcainía aforada o no aforada, tengan parientes tronqueros vizcaínos aforados o no o que lo hayan sido en un momento determinado de su vida*

VI.7.3. Compilación del Derecho Civil Foral de Vizcaya y Álava, ley de 30 de julio de 1959

Entrando en el proceso compilador, Celaya Ibarra[341] discute el método de trabajo de "ir examinando una por una las leyes del Fuero para determinar cuáles deben conservarse y cuáles no" utilizado por la Comisión especial constituida para redactar el proyecto de apéndice foral de Vizcaya y Álava en cumplimiento de la Ley de Bases de 1888. No se investigó el Derecho vivo y se limitó el Derecho foral al texto del Fuero de Vizcaya. Apéndice que sirvió de base para proyectos posteriores y su influencia es clara en el texto final aprobado de la Compilación[342]. Tras el Congreso de Zaragoza de 1946 se da un impulso en la elaboración de la Compilación foral que fue promulgada el 30 de julio de 1959 entrando en vigor el 20 de agosto del mismo año.

A la hora de valorar el texto de la Compilación transcribimos por ilustrativas las palabras del entonces Director General de los Registros y del Notariado, D. Antonio Pau Pedrón[343], en la apertura de las "Jornadas de Derecho Foral Vasco", que bajo la dirección y organización del Ilustre Colegio Notarial de Bilbao, se celebraron del 22 al 30 de marzo de 1993: "El Notariado de Vizcaya y Álava, desde la promulgación de la Compilación de Derecho Civil Foral de Vizcaya y Álava, aprobada por Ley de 30 de julio de 1959, puso de manifiesto las deficiencias de la misma. Dicha Compilación, posiblemente por ser la primera, nació con una serie de limitaciones que condicionaron su desarrollo, hasta el punto de que, a partir de 1970, se podía asegurar que, de no introducirse un giro importante, el Derecho Foral hubiera entrado en un proceso de desaparición". Como causas que aceleran tal proceso de desaparición del Derecho Foral, Pau Pedrón destaca dos: "no reconocerse en la Compilación un sistema de elaboración jurídica propia, al menos con referencia a la costumbre y si, quizá éste no era entonces alcanzable, hubiera sido imprescindible recoger un principio de interpretación e integración según la propia tradición histórica y los principios

y en cuanto a los bienes troncales; d) A quienes sean nacionales de países con lex rei sitae como ley de sucesión, y tengan bienes troncales y parientes tronqueros vizcaínos aforados o no o que lo hayan sido en un momento determinado de su vida; e) A quienes siendo vecinos de Laudio y Aramaio se les aplica la norma foral vasca".

341 Celaya Ibarra, , A.:*Comentarios..., Op. cit.*, pg. 11.

342 Celaya Ibarra, , A.:*Comentarios..., Op. cit.*, pg. 13, al calificar el texto valora esa influencia y afirma que *"Da la impresión de que el Derecho civil de Vizcaya ha sido víctima de la prisa por elaborar la Compilación. Como se desprende de la exposición de motivos, "es el resultado de un minucioso y detallado estudio de los anteproyectos con anterioridad elaborados", lo que significa que incide en los mismos defectos que ellos, singularmente el de haber adoptado un método puramente legalista prescindiendo casi en absoluto de las prácticas consuetudinarias".*

343 Pau Pedrón, A.: *"El derecho foral vasco tras la reforma de 1992"*, jornadas organizadas por el Ilustre Colegio Notarial de Bilbao, Navarra, 1996, pg. 29.

generales informantes del Derecho Vizcaíno, que están expresamente previstos en todas las Compilaciones posteriores".

Se estructura en dos libros, un primero que contiene las disposiciones aplicables en Vizcaya y un segundo más breve relativo a Álava[344]. Compilación del Derecho civil Foral de Vizcaya y Álava, frente a la Ley 3/1992 del derecho civil foral del País Vasco, que incluye no sólo el derecho foral escrito que existe en Vizcaya y Álava si no también el derecho foral consuetudinario de Guipúzcoa. La Compilación, que como decimos sólo recoge el derecho foral que corresponde a los territorios de Vizcaya y Álava, regula la sucesión intestada en los artículos 31 a 34. Sucesión intestada que se defiere en primer lugar a favor de los descendientes. La redacción del artículo 31, ya vigente la Constitución (que declara en el artículo 39.2 a los hijos iguales ante la Ley con independencia de su filiación) mantuvo la distinción entre hijos legítimos, naturales y legitimados[345]. A falta de descendientes se llama a los ascendientes distinguiendo según estemos ante bienes troncales o no troncales. En caso de bienes troncales suceden los ascendientes tronqueros de la línea donde proceden los bienes. A falta de ascendientes los bienes corresponden a los colaterales tronqueros de la línea de donde proceden los bienes, y a falta de parientes tronqueros los bienes pierden la consideración de troncales. En caso de sucesión de bienes no troncales y a falta de descendientes se llama a los ascendientes, hermanos e hijos de hermanos, cónyuge viudo y colaterales hasta el cuarto grado.

A falta de los anteriores sucede el Estado por ser el Código Civil aplicable como derecho supletorio con arreglo a la disposición final 2ª, pero sólo "en tanto no se oponga a la Compilación".

Regulación pobre que justifica Urrutia[346] por corresponder a una sociedad, entonces básicamente rural, donde la transmisión mortis causa tenía lugar, por regla general, a través de la sucesión contractual vía capitulaciones matrimoniales o la vía testamentaria, quedando relegada la aplicación de la sucesión intestada.

[344] La disposición final 1ª de la Compilación del Vizcaya y Álava dispone que *"Todas las disposiciones civiles del Fuero de Vizcaya y del Fuero de Ayala quedan sustituidas por las contenidas en esta Compilación"*. Celaya Ibarra, A.: *Comentarios..., Op. cit.*, pg. 436, puntualiza que si bien no se usó la expresión "derogadas" por un secreto respeto a la venerable antigüedad de los Fueros, en realidad se ha producido una derogación pues sólo se pueden sustituir las disposiciones que sí se recogen en la Compilación.

[345] La necesaria modificación por su evidente inconstitucionalidad tuvo lugar con la Ley 6/1998 de Libertad de otorgamiento de capitulaciones matrimoniales e igualdad de hijos a efectos sucesorios.

[346] Urrutia Badiola, A.: "La sucesión..", *Op. cit.*, pg. 309.

El silencio de la Compilación (del Estatuto y de la Ley patrimonial) que no incluye norma de cierre en la sucesión intestada no excluye que dada la competencia para legislar en materia civil que se le reconoce a la Comunidad Autónoma pueda atribuirse el derecho a suceder *in extremis*. Hay que esperar a 1992, con la aprobación de la Ley del Derecho civil foral del País Vasco, para que se excluya al Estado en favor de la Diputación Foral correspondiente al territorio histórico del causante.

VI.7.4. Ley 3/1992, de 1 de julio, del Derecho Civil Foral del País Vasco. Derecho a suceder a favor de la Diputación Foral del territorio histórico correspondiente

Siendo el objetivo de la Ley 3/1992[347] dar forma al viejo Derecho Foral, se justifica en su exposición de motivos la denominación que supera la palabra "Compilación sin tradición entre nosotros. Civil porque se limita al Derecho privado; Foral, para distinguirlo del Derecho común, y no porque resucite instituciones antiguas; y del País Vasco, por su ámbito de aplicación, aun cuando existan territorios de Derecho común". Viejo Derecho Foral, que en Vizcaya y Álava es derecho escrito y en Guipúzcoa derecho consuetudinario.

La sistemática difiere de la Compilación de 1959[348]; se introduce un Título Preliminar y tres libros que contienen respectivamente los Fueros Civiles de Vizcaya, Álava y Guipúzcoa:

- Libro I del Fuero civil de Vizcaya, que como legislación civil propia del Territorio Histórico de Vizcaya, rige en toda su extensión en el Infanzonado o Tierra Llana (con la excepción de la parte no aforada de las Villas de Balmaseda, Bermeo, Durango, Gernika-Lumo, Lanestosa, Lekeitio, Markina-Xemein, Ondarroa, Portugalete y Plentzia, de la ciudad de Orduña y el actual término municipal de Bilbao, territorio exceptuado que se regirá por la legislación civil general, salvo en cuanto sea aplicable

[347] Afirma Tapia Parreño, J.J.: "Notas sobre la Ley 3/1992, de 1 de julio, del Parlamento Vaso, del Derecho foral del país Vasco", en *Civil: Recopilación de Ponencias y comunicaciones. Planes provinciales y territoriales de formación: año 1993,* vol.I, Madrid, Consejo General del Poder Judicial, 1994, pg. 35, que su no publicación en el Boletín Oficial del Estado provocó que fuera una Ley que pasara desapercibida para aquellos que desempeñan su labor fuera del País Vasco. Publicidad que sí le dio el recurso de inconstitucionalidad nº 2695/92 interpuesto por la Abogacía del Estado contra determinados preceptos de la Ley 3/1992.

[348] Con arreglo a la Disposición Derogatoria: "*A la entrada en vigor de la Ley 3/1992 quedan derogadas la Ley de 30 de julio de 1959, sobre Compilación del Derecho Civil Foral de Bizkaia y Álava, la Ley del Parlamento Vasco de 18 de marzo de 1988, de Modificación Parcial del Derecho Civil Foral, y cuantas disposiciones se opongan a lo dispuesto en él*".

el Fuero de Vizcaya por ejercicio del Derecho de opción[349] restablecido con base histórica en la Concordia de 1630[350]).

- El Fuero civil de Álava, al que se refiere el Libro II, se aplica en todo el término de los municipios de Ayala, Amurrio y Okondo, y en los poblados de Mendieta, Retes de Tudea, Santa Coloma y Sojoguti, del municipio de Artziniega[351]. En los municipios de Llodio y Aramaio rige el Fuero de Vizcaya[352]. Rigen en el territorio histórico de Álava tres sistemas jurídicos diferentes: el Código civil, el Fuero de Vizcaya y el Fuero de Álava. Como pone de manifiesto Tapia Parreño[353], se ha visto incrementado el ámbito territorial del Fuero con respecto a la Compilación de 1959 al haberse incorporado al municipio de Amurrio algunos poblados en los que históricamente el fuero no les era aplicable.
- Libro III del Fuero de Guipúzcoa que rige en todo su territorio histórico.

---

349 Se recupera un Derecho de opción a los municipios donde rige la legislación civil general que podrán optar por la aplicación del Fuero Civil en todo su término cumpliendo los requisitos que establece el artículo 10 de la Ley civil foral: *"a) Acuerdo de la Corporación adoptado por mayoría simple; b) Audiencia de las Juntas Generales de Bizkaia; c) Aprobación de los vecinos, por mayoría simple de los votos válidamente emitidos, mediante consulta convocada por el Ayuntamiento; d) Aprobación por ley del Parlamento Vasco"*. Si no prospera la iniciativa se puede reiterar cinco años después.

350 Derecho de opción con base histórica en la Concordia de 1630, que la Compilación dejó sin valor, que autorizaba a las Villas de Bizkaia a reclamar la vigencia de la Ley Foral y a la que se acogieron (tal y como recoge la exposición de motivos de la Ley 371992) los municipios de Elorrio (1712), Bermeo (1734), Otxaindo (1818) y Areatza (1825). El origen del Derecho de opción se remonta a 1487, cuando las villas y ciudad acordaron separarse del Señorío y no enviar procuradores a las Juntas generales (consecuencias graves en caso de incumplimiento tales como la muerte del procurador). En 1630 cesaron las diferencias y se otorgaron capítulos, el primero de los cuales decía: "*Que las villas y ciudad vengan a esta unión en el estado en que es hallen en sus* gobiernos *particulares, gobernándose como hasta aquí y con las mismas leyes; y que si alguna de dichas villas y ciudad quisiere dejar alguna ley de las que ha tenido y tomar otras de que usa el Señorío pidiendo el Señorío en Junta general. Haga las leyes que así pidieren conformándose con las del fuero, lo haya de hacer"*. Datos tomados del recurso de inconstitucionalidad interpuesto por la Abogacía del Estado contra algunos preceptos, entre ellos el artículo 10 que recoge el Derecho de opción, de la Ley 3/1992 y Celaya Ibarra,A.:*Comentarios..., Op. cit.*, pg. 78.

351 El artículo 132 de la Ley 3/1992 se refiere al ámbito territorial de aplicación del Fuero de Ayala en caso de incorporación, segregación o fusión de municipios: *"1.La incorporación de uno o más municipios a algunos en los que se aplica el Fuero de Ayala supondrá la extensión del mismo al municipio incorporado.2.La incorporación de un municipio aforado a otro no aforado, o la segregación de parte de su término municipal, no afectarán al derecho civil que era aplicable en el territorio incorporado o segregado.3.Si alguno de los municipios aforados se fusiona con otro u otros no aforados, el Fuero de Ayala será de aplicación en el municipio resultante"*.

352 El artículo 146 de la Ley 3/1992 sobre el derecho civil foral aplicable en Llodio y Aramaio dispone: *"1. En los municipios de Llodio y Aramaio rige el Fuero de Bizcaia, salvo los preceptos que se refieren a la determinación del ámbito territorial, de aplicación específica para el Territorio Histórico de Bizkaia. 2. La vecindad civil determinará la aplicación del Fuero de Bizcaia en los municipios de Llodio y Aramaio"*.

353 Tapia Parreño, J.J.: "Notas..."., *Op. cit.*, pg. 50.

Ámbito territorial de aplicación que lleva a hablar de "derecho civil de País Vasco", frente al texto de 1959 sobre Compilación del Derecho Civil Foral de Vizcaya y Álava. Con ello se plasma la interpretación más amplia del ámbito territorial sobre el que recae el derecho civil vasco.

En el Libro I relativo al Fuero de Vizcaya se ocupa el Capítulo III del Título III de la sucesión abintestato, siendo la innovación más importante la supresión de la distinción entre las diversas clases de hijos (artículo 67); se extiende, en caso de concurrencia de hermanos con hijos de hermanos, a la línea colateral el derecho de representación, que estaba limitado a la línea descendente; y destacable, en lo que al presente trabajo interesa, el artículo 73 que dispone: "En la sucesión abintestato, a falta de colaterales, será llamada la Diputación Foral del Territorio Histórico correspondiente a la vecindad del causante".

Nada se dice en el Libro II del Fuero civil de Álava, destinado el título I al Fuero de Ayala y el segundo al derecho civil foral aplicable en Llodio y Aramaio. En el caso de aplicación del Fuero de Ayala, ante el silencio de la norma foral y siendo supletorio el Código Civil (artículo 3 Ley 3/1992), hereda el Estado. Por su parte, en los municipios de Llodio y Aramaio donde rige el Fuero de Vizcaya sucederá en caso de sucesión abintestato y a falta de colaterales la Diputación Foral del territorio histórico correspondiente.

Se da así la particularidad de aplicación de distinto régimen según la vecindad civil que ostente el causante que determina la aplicación de un Fuero u otro, y en consecuencia, heredará la Diputación Foral del territorio histórico correspondiente o el Estado según se aplique o no el Fuero de Vizcaya o el Código Civil. Nos centramos en el llamamiento a la Diputación Foral que como hemos visto se limita en el supuesto de ostentar el causante vecindad civil en el territorio histórico de Vizcaya (a excepción de la parte no aforada de las 12 villas, la ciudad de Orduña y Bilbao) y en los municipios de Llodio y Aramaio, correspondiendo al Estado suceder en el resto de los supuestos por aplicación del Código civil.

Como norma de cierre encontramos el artículo 73 de la Ley 3/1992 que dispone: "En la sucesión abintestato, a falta de colaterales, será llamada la Diputación Foral del Territorio Histórico correspondiente a la vecindad del causante". Siguiendo a Urrutia Badiola[354], Hidalgo Garcia[355] y Celaya Ibarra[356], son varias las precisiones que exige la redacción del artículo 73 de la Ley foral vasca:

---

[354] Urrutia Badiola, A.: "La sucesión..", *Op. cit.*, pg. 328.

[355] Hidalgo García, S.: *La sucesión..., Op. cit.*, pg. 419.

[356] Celaya Ibarra, A.: *Comentarios al Código Civil y Compilaciones Forales.* Dirigidos por Manuel Albaladejo, tomo XXVI, Ley sobre el Derecho Civil Foral del País Vasco, Edersa, Madrid, 1997, pg. 300.

1. Se llama a suceder a la Diputación Foral del Territorio Histórico correspondiente a la vecindad del causante, que puede ser la Diputación Foral de Vizcaya o la de Álava, si el causante es vecino de Llodio o Aramayona. Es evidente la peculiaridad frente al resto de los derechos forales que llaman a suceder a la Comunidad Autónoma, lo que exige precisar la vecindad civil del causante, la naturaleza troncal o no de sus bienes y el Fuero que le resulta aplicable a su sucesión.
2. "Diputación Foral del territorio Histórico correspondiente a la vecindad del causante", vecindad civil, no administrativa, que no plantea problema a la Diputación Foral para poder reclamar bienes que perteneciendo al causante aforado estén en otras Comunidades Autónomas.
3. Se aplica a las sucesiones intestadas abiertas a la entrada en vigor de la Ley 3/1992, el 7 de noviembre de 1992, siendo el Estado quién suceda en las anteriores a 7 de noviembre de 1992[357] y posteriores si el causante ostenta la vecindad civil de los territorios donde se sigue aplicando el Código civil.
4. Se ha de instar la correspondiente declaración judicial de heredero abintestato.
5. No se contempla en la Ley que la aceptación es a beneficio de inventario. Para Urrutia[358] no será necesario que acepte la herencia a beneficio de inventario y pone como ejemplo la Ley aragonesa 4/1995 que también guardaba silencio sobre este punto. Cabría defender lo contrario por aplicación supletoria del Código Civil en defecto de norma foral (artículo 3 Ley 3/1992).
6. Nada se dice sobre el destino de los bienes. Hidalgo Garcia[359] deja caer la posibilidad de que estemos ante una norma discriminatoria para aquellas instituciones que pudieran ser posibles beneficiarias. Ello nos recuerda las palabras de Guilarte Zapatero[360] al calificar la Ley catalana a la que considera "particularmente injusta frente a los restantes Comunidades Autónomas, con excepción de la navarra, al prescindir del principio de reciprocidad, básico en las relaciones sucesorias, pues resulta que, en todo caso de fallecimiento intestado de un vecino navarro o catalán, los establecimientos o instituciones navarros o catalanes, respectivamente,

357 La suspensión acordada por Auto de 11 de noviembre de 1992 de la vigencia y aplicación de los preceptos recurridos ante el Tribunal Constitucional no afectó al resto de la ley. Desistido el recurso se levanta la suspensión por Auto de 1 de diciembre de 1993, lo que pospuso la vigencia hasta esta fecha de los preceptos impugnados (artículos 10, 11, 12, 13, 14, 30 y 94; punto 2 del artículo 102; párrafos 2 y 3 del artículo 123 y el artículo 132).

358 Urrutia Badiola, A.: "La sucesión...", *Op. cit.*, pg. 329.

359 Hidalgo García, S.:*La sucesión..., Op. cit.*, pg. 420.

360 Guilarte Zapatero, V.: *Comentarios..., Op. cit.*, pg. 304.

> se aprovecharán exclusivamente de la totalidad del patrimonio relicto; y, cuando fallezca intestado cualquier español de otra comunidad, la Generalidad y la Comunidad Foral navarra estarán participando también en el tercio que de los bienes relictos corresponde al Estado español, según el artículo 956 del Código civil". Regulación en cualquier caso deficiente que exige un posterior desarrollo no sólo de las cuestiones apuntadas si no la necesaria regulación de un procedimiento administrativo propio[361].

Terminamos con las palabras de Urrutia Badiola[362], que al valorar el precepto resume en un párrafo la idea que a lo largo del presente trabajo hemos querido plasmar, en el sentido de que no es tan importante la forma o el contenido como el significado dentro de la configuración del Estado autonómico que supone la atribución a favor de las Comunidades Autónomas en la sucesión abintestato: "Este artículo es, quizás, la manifestación más evidente de la nueva configuración de los derechos civiles forales dentro de la estructura autonómica propiciada por la Constitución de 1978 y su artículo 149.1.8, instauradora de la autonomía legislativa de las Comunidades Autónomas en materia de Derecho Civil Foral".

VI.8. VALENCIA

La cuestión se complica en el caso de Valencia donde son dos los escollos constitucionales que ha de superar para atribuirse el llamamiento en último lugar en las sucesiones intestadas. De una parte, ha sido tradicional la discusión de la existencia de un verdadero derecho civil foral o especial en la Comunidad Valenciana y de otra, una vez admitida su competencia en materia de derecho civil, se plantea al igual que en el resto de las autonomías analizadas en el presente trabajo la constitucionalidad de la atribución in extremis del llamamiento sucesorio con la exclusión que ello supone del derecho estatal y cuyo análisis requiere un capítulo independiente.

[361] Como última referencia al régimen del País vasco apuntar que el 13 de junio de 1998 se suscribió un Convenio de colaboración entre el Gobierno Vasco, las tres Diputaciones Forales de los territorios Históricos y la Real Sociedad Bascongada de Amigos del País, por la que se le encarga a esta última la realización de unos trabajos de reforma de la Ley 3/1992. Trabajos que son analizados por Alvarez Rubio, J.J.: "Los trabajos de reforma de la Ley vasca 371992, de 1 de julio, de Derecho civil foral del País Vasco", *Revista Española de Derecho Internacional,* vol. LI, 1999, Madrid, Asociación Española de Profesores de Derecho Internacional, pg. 313 y que van destinados a acometer la labor de desarrollo del Derecho civil foral con facetas concretas como el Derecho consuetudinario guipuzcoano o más general de determinar aquellos preceptos de la Ley cuya reforma demanda la sociedad.

[362] Urrutia Badiola, A.: "La sucesión.."., *Op. cit.*, pg. 328.

VI.8.1. Antecedentes históricos[363]

El origen del Derecho civil valenciano lo encontramos en la *Costum* concedida por Jaime I el Conquistador en 1240 a la ciudad de Valencia. Código que tuvo carácter de fuero municipal y que tras varias modificaciones y adiciones sustituyó su denominación por la de Furs o Fueros de Valencia. Encontramos así la primera Compilación del Derecho civil valenciano que contiene los Furs de Valencia, jurada y promulgada por el rey Jaime I en un Privilegio de 11 de abril de 1261 como Derecho territorial de todo el Reino. Derecho civil histórico valenciano donde sí se regulan instituciones como el régimen de germanía, las donaciones por razón de matrimonio, la separación de bienes, el régimen dotal o la situación de la viuda. En la Edad Moderna se hicieron dos recopilaciones generales del Derecho Valenciano, una cronológica impresa en 1482 y otra por materias publicada en 1547-1548.

El triunfo de Felipe V en la Guerra de Sucesión sitúa a Valencia en el bando perdedor del archiduque Carlos y provoca en represalia contra el antiguo reino la promulgación del Decreto de Nueva Planta, el 29 de junio de 1707, que supuso la abolición y derogación de los fueros de Aragón[364] y Valencia quedando sometidas a las leyes de Castilla. Perdió Valencia sus Fueros y desde entonces rige en Valencia el Derecho de Castilla, sobreviviendo determinadas instituciones que se mantuvieron por vía consuetudinaria en materia de arrendamientos, aguas y censos.

A lo largo del proceso codificador la cuestión del Derecho valenciano no está presente[365] y tras tres siglos de vigencia del Derecho civil común, el Derecho civil valenciano vigente, a la entrada en vigor de la Constitución de 1978, es de carácter consuetudinario relacionado con materias agrarias o pesqueras.

Siendo el Derecho civil valenciano vigente, a la entrada en vigor de la Constitución de 1978, de carácter consuetudinario relacionado con materias agrarias o pesqueras, se plantea la existencia en la Comunidad Valenciana de

---

363 Datos tomados de Castán Tobeñas, J.: *Derecho civil...*, *Op. cit.*, pg. 316 y ss; Dictamen del Consejo de Estado 2340/2007; Dictamen de la Subdirección General de lo Consultivo. Abogacía General del Estado. Dirección Servicio Jurídico del Estado. A.G.Justicia 6/87.

364 En 1711 se restablecen las leyes civiles aragonesas pero no el Derecho civil valenciano contenido en los Fueros Valencianos.

365 Ni la Ley de Bases de 11 de mayo de 1888 ni las sucesivas redacciones del Código Civil definieron cuáles eran los territorios con Derecho civil foral o especial propio. Tras la reforma del Título Preliminar, el artículo 13.2 se refiere a los Derechos especiales o forales de la provincia o territorio en que están vigentes. No se menciona a Valencia en el Real Decreto de 24 de abril de 1889 relativo a las Comisiones encargadas de redactar los Apéndices forales al Código Civil, ni estuvo presente ningún representante de Valencia en la elaboración de las Compilaciones a partir del Decreto de 23 de mayo de 1947 y de la Orden de 24 de junio de 1947 ni en la actualización de las Comisiones de Juristas en las Regiones de Derecho Foral mediante Real Decreto 1196/1977.

un verdadero derecho civil foral o especial o si estamos ante normas consuetudinarias integradas en el derecho civil común. Ello nos lleva a una cuestión previa al análisis de la competencia autonómica para atribuirse el llamamiento in extremis de la sucesión intestada, esto es, el alcance e interpretación del artículo 149.1.8 Constitución Española en el caso específico de la Comunidad Valenciana.

VI.8.2. Doctrina del Tribunal Constitucional sobre el alcance e interpretación del artículo 149.1.8 de la Constitución española

La primera cuestión ha de plantearse como cuestión previa a la segunda y ello nos lleva a detenernos brevemente en la doctrina del Tribunal Constitucional sobre el alcance e interpretación del artículo 149.1.8 Constitución Española que tomamos como punto de partida del examen de las competencias del Estado en materia de legislación civil al atribuir a las instituciones generales del Estado competencia exclusiva sobre la legislación civil, sin perjuicio, añade el precepto, de la conservación y desarrollo por las Comunidades Autónomas de los Derechos civiles forales o especiales allí donde existan. Respeto a los derechos forales a que hace referencia la Disposición Adicional Primera del texto constitucional al disponer que la Constitución ampara y respeta los derechos históricos de los territorios forales. No obstante los términos generales, ha señalado el Tribunal Constitucional Sentencia de 29 de julio de 1985, FJ 6º, que "los derechos históricos de las Comunidades y Territorios Forales a que alude la mencionada disposición no pueden considerarse como un título autónomo del que pueden deducirse específicas competencias, pues la propia disposición establece que la actualización se llevará a cabo en el marco de la Constitución y de los Estatutos de Autonomía"; por su parte, en Sentencia de 26 de abril de 1988, FJ 4ª "De la consideración de la Disposición adicional primera C.E. en su totalidad, en relación con los mandatos constitucionales y la nueva estructura territorial que la Constitución prevé, se deriva que la garantía, o, literalmente, el amparo y respeto por parte de la Constitución de los derechos históricos de los territorios forales no puede estimarse como una garantía de toda competencia que pueda legítimamente calificarse de histórica; como este Tribunal declaraba en su Sentencia 123/1984, de 18 de diciembre, fundamento jurídico 3.º, la idea de derechos históricos no puede considerarse como un título autónomo del que puedan deducirse específicas competencias. Lo que la Constitución ha venido a amparar y respetar no es una suma o agregado de potestades, facultades o privilegios, ejercidos históricamente, en forma de derechos subjetivos de corporaciones territoriales, susceptibles de ser traducidos en otras tantas competencias de titularidad o ejercicio respaldadas por la Historia. Como resulta de la misma dicción del párrafo segundo de la Disposición adicional primera C. E., lo que se viene a garantizar es la existencia de un régimen foral, es decir, de un régimen propio de cada territorio histórico de autogobierno territorial, esto es, de su «foralidad», pero no de todos y cada uno de los derechos que históricamente la hayan caracterizado. La garantía constitucional supone que el contenido de la foralidad debe preservar tanto en sus rasgos organizativos como en su propio ámbito de poder la imagen identificable de ese régimen foral tradicional. Es este núcleo identificable lo que se asegura, siendo, pues, a este último, aplicables los términos de nuestra Sentencia 32/1981, de 28 de julio, cuando declaraba que, por definición, la garantía institucional no asegura un contenido concreto o un ámbito competencial determinado y fijado una vez por todas, sino la preservación de una institución en términos recognoscibles para la imagen que de la misma tiene la conciencia social en cada tiempo y lugar (fundamento jurídico 3.º). Todo ello en el bien entendido que esa garantía -referida a los Territorios Forales-, si bien no especifica exhaustivamente las competencias históricas que protege (esto es, un haz determinado de competencias concretas), sí alcanza, como mínimo irreductible, a proteger un régimen de autogobierno territorial con el que quepa reconocer el régimen foral tradicional de los distintos Territorios Históricos. Son de nuevo aplicables, a este respecto, las palabras de la Sentencia 32/1981, cuando afirmaba que la garantía institucional es desconocida cuando la institución es limitada de tal modo que se le priva prácticamente de sus posibilidades de existencia real como institución para convertirse en un simple nombre (fundamento jurídico 3.º). Dentro de estos límites, es el proceso de actualización previsto en la Disposición adicional primera C. E. al que corresponde precisar cuál es el contenido concreto que, en el nuevo marco constitucional y estatutario, se da al régimen foral de cada uno de los Territorios Históricos, garantizado por la C. E".

La Constitución supone una clara garantía de la foralidad civil: "El artículo 149.1.8 de la Constitución, tras atribuir al Estado competencia exclusiva sobre la «legislación civil», introduce una garantía de la foralidad civil a través de la autonomía política, garantía que no se cifra en la intangibilidad de los Derechos civiles especiales o forales, sino en la previsión de que los Estatutos de las Comunidades Autónomas en cuyo territorio aquéllos rigieran a la entrada en vigor de la Constitución puedan atribuir a dichas Comunidades competencia para su «conservación, modificación y desarrollo». Tales son los conceptos, que dan positivamente la medida y el límite primero de las competencias así atribuibles y ejercitables, de modo que la ulterior reserva al Estado, por el mismo artículo 149.1.8., determinadas regulaciones «en todo caso» sustraídas a la normación autonómica no puede ser vista como norma competencial de primer grado que deslinde aquí los ámbitos respectivos que corresponden al Estado y que pueden asumir ciertas Comunidades Autónomas, pues a aquél la

Constitución le atribuye ya la «legislación civil», sin más posible excepción que la «conservación, modificación y desarrollo» autonómico del Derecho civil especial o foral. El sentido de esta segunda reserva competencial en favor del legislador estatal no es otro, pues, que el de delimitar un ámbito dentro del cual nunca podrá estimarse subsistente ni susceptible, por tanto, de conservación, modificación o desarrollo, Derecho civil especial o foral alguno, ello sin perjuicio de lo que en el último inciso del artículo 149.1.8 se dispone en orden a la determinación de las fuentes del Derecho". (Sentencia del Tribunal Constitucional 156/1993, FJ1°).

Garantía de la foralidad civil a favor de aquellas Comunidades Autónomas que ostenten la competencia de conservar, modificar y desarrollar el Derecho civil, foral o especial, allí donde exista, lo que supone un límite a la competencia exclusiva que le corresponde al Estado en materia de legislación civil. Lo anterior exige delimitar 2.1.) que se entiende por Derecho civil, foral o especial, y 2.2.) el alcance de la competencia autonómica.

2.1.) En palabras del Tribunal Constitucional, Sentencia 121/1992, de 28 de septiembre, FJ 1°, "El amplio enunciado de esta última salvedad («Derechos civiles forales o especiales») permite entender que su remisión alcanza no sólo a aquellos Derechos civiles especiales que habían sido objeto de compilación al tiempo de la entrada en vigor de la Constitución, sino también a normas civiles de ámbito regional o local y de formación consuetudinaria preexistentes a la Constitución".

2.2.) Por lo que se refiere al ámbito material de la competencia, de conservar ésta se extiende a la facultad de modificar la naturaleza del Derecho foral, es decir, la facultad de conservar incluye la de convertir lo que era una simple costumbre, de aplicación supletoria a la ley –incluido el Derecho común- en una norma legal, "adquiriendo sus normas la condición de Derecho legislado de aplicación preferente, en su ámbito propio, respecto del Derecho civil común" (Sentencia del Tribunal Constitucional 121/1992, de 28 de septiembre, Fundamento Jurídico Segundo); "el concepto constitucional de «conservación ... de los Derechos civiles, forales o especiales» permite, por lo que ahora importa, la asunción o integración en el ordenamiento autonómico de las Compilaciones y otras normas derivadas de las fuentes propias de su ordenamiento y puede hacer también viable, junto a ello, la formalización legislativa de costumbres efectivamente vigentes en el propio ámbito territorial [STC 121/1992, FJ 1.°]" (Sentencia del Tribunal Constitucional 88/1993,de 12 marzo). Por "modificación", el Tribunal Constitucional entiende la transformación de una norma foral preexistente, con lo que, nuevamente el punto de partida es la existencia previa de norma foral sobre una determinada institución (Sentencia del Tribunal Constitucional 88/1993, de 12 de marzo, Fundamento Jurídico segundo).

En cuanto a la facultad de desarrollo, el Tribunal Constitucional en Sentencia nº 156/1993, fundamento jurídico primero, afirma que: "Esta última noción, la de «desarrollo» es como después se verá, la que aquí más importa y sobre ella declaró el Tribunal que la Constitución permite, al emplearla, que los Derechos civiles especiales o forales preexistentes puedan ser objeto de una acción legislativa que haga posible su crecimiento orgánico, reconociendo así la norma fundamental no sólo la historicidad y la actual vigencia, sino también la vitalidad hacia el futuro de tales ordenamientos. Ese crecimiento, con todo no podrá impulsarse en cualquier dirección ni sobre cualesquiera objetos, pues no cabe aquí olvidar que la posible legislación autonómica en materia civil se ha admitido por la Constitución no en atención a una valoración general y abstracta de lo que pudieran demandar los intereses respectivos (art. 137 CE) de las Comunidades Autónomas, en cuanto tales, sino a fin de garantizar, más bien, determinados Derechos civiles forales o especiales vigentes en ciertos territorios. Es claro, en todo caso, que la noción constitucional de «desarrollo» permite una ordenación legislativa de ámbitos hasta entonces no normados por aquellos Derechos, y así esta competencia no queda rígidamente vinculada al contenido actual de las Compilaciones o de otras normas de los ordenamientos civiles o especiales; cabe, por ello, que las Comunidades Autónomas dotadas de Derecho civil o foral o especial regulen «instituciones conexas» con las ya reguladas en la Compilación dentro de una actualización o innovación de los contenidos de ésta, según los principios informadores peculiares del Derecho foral.

Lo que no significa, claro está, en consonancia con lo anteriormente expuesto, una competencia legislativa civil ilimitada ratione materiae dejada a la disponibilidad de las Comunidades Autónomas, que pugnaría con lo dispuesto en el artículo 149.1.8 CE, por lo mismo que no podría reconocer su fundamento en la singularidad civil que la Constitución ha querido, por vía competencial, garantizar".

La facultad de desarrollo de los Derechos civiles, forales o especiales, no supone carta blanca para legislar sobre materias conexas.

Para concluir decir que las competencias autonómicas, que se contemplan, por tanto, en el texto constitucional, de –"conservación, modificación y desarrollo"–, presuponen la existencia y vigencia efectiva del Derecho foral. La Constitución ha limitado el reconocimiento de la potestad normativa de las Comunidades Autónomas supeditada a la existencia efectiva de tales Derechos forales o especiales al promulgarse la norma fundamental.

VI.8.3. Sentencia del Tribunal Constitucional nº121/1992, de 28 de septiembre

A diferencia del obstáculo constitucional que puede plantear la atribución a la Comunidad Autónoma del derecho sucesorio, en la discusión sobre la existencia en la Comunidad Valenciana de un verdadero derecho civil foral o especial, o si estamos ante normas consuetudinarias integradas en el derecho civil común, sí tenemos pronunciamiento del Tribunal Constitucional. Nos referimos a la Sentencia nº121/1992, de 28 de septiembre, dictada en el recurso de inconstitucionalidad promovido por el Gobierno de la Nación contra determinados preceptos de la Ley de las Cortes Valencianas 6/1986, de 15 de diciembre, de regulación de los Arrendamientos Históricos Valencianos:

"El artículo 149.1.8 Constitución Española atribuye a las instituciones generales del Estado competencia exclusiva sobre la «legislación civil», sin perjuicio -añade el precepto, en lo que ahora importa- «de la conservación, modificación y desarrollo por las Comunidades Autónomas de los Derechos civiles forales o especiales, allí donde existan». El amplio enunciado de esta última salvedad («Derechos civiles forales o especiales») permite entender que su remisión alcanza no sólo a aquellos Derechos civiles especiales que habían sido objeto de compilación al tiempo de la entrada en vigor de la Constitución, sino también a normas civiles de ámbito regional o local y de formación consuetudinaria preexistentes a la Constitución, por más que fueran aquellos Derechos ya legislados, sin duda, los que se situaron como referencia principal para el constituyente a la hora de articular, en este punto, las competencias del Estado y las que pudieran ser asumidas por las Comunidades Autónomas en los Estatutos respectivos. Este entendimiento amplio del precepto constitucional es el que quedó plasmado, por lo demás, en el artículo 31.2 del EACV, pues la competencia exclusiva que allí se atribuye a la Generalidad en orden a la «conservación, modificación y desarrollo del Derecho civil valenciano», no puede estimarse referida sino al Derecho consuetudinario que, tras la abolición de los Fueros y hasta nuestros días, subsistiera en el territorio de la Comunidad Autónoma, siendo notoria la inexistencia de toda regla escrita que, antes de la Ley hoy impugnada, ordenara en dicho ámbito cualquier instituto civil de modo especial respecto al Derecho común.

Sin perjuicio de las observaciones y matizaciones que después se harán, no es, pues, dudoso, que la Generalidad Valenciana ostenta competencia exclusiva para legislar sobre instituciones que hayan tenido una configuración consuetudinaria específica en su ámbito territorial, competencia que trae causa, como queda dicho, de lo prevenido en el citado artículo 149.1.8 de la Constitución y que se configura en el artículo 31.2 del EACV, precepto, este último, cuya virtualidad competencial ha de ser entendida, por lo demás, a la luz de lo dispuesto en la Ley Orgánica 12/1982, de transferencias a la Comunidad Valenciana de competencias de titularidad estatal".

Pronunciamiento constitucional que sorprende a la mayor parte de los civilistas, entre los que la sentencia produjo, citando a Bercovitz[366], cierta perplejidad. La posibilidad de recuperar cierto Derecho civil valenciano se ha de limitar a determinadas costumbres históricas, rechazando la opinión doctrinal mayoritaria una recuperación romántica o indiscriminada del Derecho Foral. Compartimos con ellos que el artículo 149.1.8 Constitución Española atribuye competencia para legislar sobre el derecho civil foral o especial vigente en el momento de aprobarse la Constitución y no, como en el caso de la Comunidad Valenciana, sobre un derecho que hacía casi tres siglos que había dejado de existir. El Tribunal Constitucional, sobre la existencia de una costumbre valenciana en materia de arrendamientos rústicos, admite la existencia de un derecho civil foral valenciano y abre la puerta para su futura legislación autonómica que, entre otras, tiene como objetivo la regulación de una próxima legislación valenciana sobre Derecho sucesorio.

Como primera piedra[367] para la recuperación del Derecho Civil Especial Valenciano, relegando al Derecho Común a una aplicación puramente supletoria, se aprueba por las Cortes Valencianas la Ley 10/2007, de 20 de marzo, de Régimen Económico Matrimonial Valenciano. Son ilustrativas las palabras recogidas en la Exposición de Motivos: "...reintegración a los valencianos del que fue su Derecho foral civil, llenando así, con esta actualizada y constitucionalizada reintegración, una parte del contenido de la competencia que el artículo 49.1.2ª del Estatuto reconoce en exclusiva a la Generalitat....Esta Ley es el primer paso en la recuperación del Derecho foral valenciano, con el objetivo y la intención de poder desarrollar en el futuro un Código de Derecho foral valenciano que englobe las distintas leyes sectoriales que se promulguen".

Tomando como punto de partida la Sentencia del Tribunal Constitucional 121/1992, resulta necesario plantearse si se ha abierto una puerta para constitucionalizar cualquier futura legislación que en materia civil se apruebe por las Cortes Valencianas o si tal competencia se limita a aquellas materias sobre las que exista una base consuetudinaria que en materia civil, tras la derogación de los fueros valencianos por los Decretos de Nueva Planta de 1707, sólo subsisten los arrendamientos históricos a que hace referencia la Sentencia del Tribunal

[366] Bercovitz Rodriguez-Cano, R.: "Derecho Civil Foral Valenciano", *Aranzadi Civil*, núm. 4, 2008, formato electrónico (www.aranzadi.es/index.php/informacion-juridica/doctrina/civil/bercovitz-derecho-civil-foral-valenciano).

[367] Así se califica en el recurso de inconstitucionalidad interpuesto contra la Ley 10/2007 por el Sr. Presidente del Gobierno.

Constitucional 121/1992 y determinados aprovechamientos de pesca en la Albufera de Valencia[368].

Nos detenemos en la discusión por ser obvio que la conclusión que alcancemos sí afecta a la competencia que pueda reconocerse a la Generalidad para atribuirse en último término la sucesión intestada como parte integrante del derecho de sucesiones y al que se hace una referencia expresa en el artículo 37 y disposición transitoria segunda de la Ley 10/2007 al indicar que, "hasta que se apruebe y entre en vigor el Derecho sucesorio valenciano, la referencia al mismo, que se contiene en el artículo 37[369] de la presente ley, se entenderá realizada al Código Civil".

En palabras del Consejo de Estado, Dictamen 2340/2007: "La Ley 10/2007 viene a recuperar respecto del régimen económico matrimonial, el Derecho civil foral valenciano, derecho pretérito, como expresamente reconoce, para adaptarlo a los valores y principios constitucionales, operación que confesadamente supone la introducción en el ordenamiento jurídico de una pieza de un futuro Código de Derecho foral valenciano. En el ámbito del derecho de sucesiones, la ley viene a reconocer también tanto la falta de vigencia actual de un derecho foral valenciano en la materia como su futura recuperación, en la disposición transitoria segunda".

Consecuencia de lo anterior parece exigible un nuevo pronunciamiento constitucional que tendrá lugar con la resolución del recurso de inconstitucionalidad interpuesto por la Abogacía del Estado en nombre del Sr. Presidente del Gobierno contra la totalidad de Ley 10/2007. Hacemos nuestros los argumentos esgrimidos por la Abogacía del Estado ante el Tribunal Constitucional y los trasladamos a una posible regulación de derecho sucesorio:

- El legislador autonómico con la reforma estatutaria operada por LO 1/2006 pretende la recuperación de los antiguos fueros de Valencia derogados en 1707. En palabras del Consejo de Estado: "A partir de dicha reforma se ha entendido que la recuperación del Derecho foral valenciano se amplia a la

[368] Se cita por el Consejo de Estado en Dictamen 2340/2007, ciertos contratos de venta de cosechas de cítricos como la venta a ull o per alfarrassada (venta a ojo), venta a peso o arrovat; el espigueo o espigolar; el herbatge; usos en materia de riegos y la jurisdicción especial del Tribunal de las Aguas. Entre tales instituciones consuetudinarias Ortega Llorca, V.: "Del derecho foral valenciano al derecho civil especial valenciano", *Revista General de Derecho,* núm. 627, Valencia, 1996, pg. 12.801, destaca por su especial relevancia sociológica, económica y jurídica la venta a ojo o alfarrazar de la cosecha de naranjas cuando todavía se halla en el árbol y anticipada en el tiempo al momento de la cosecha, venta de futuro que permite al comprador un buen precio y el vendedor evita el riesgo de helada o lluvias que echen a perder el fruto.

[369] Artículo 37 Ley 10/2007: Existirá obligación por parte del donatario de llevar los bienes donados a colación en la herencia del donante, en los términos que resulten de la aplicación del Derecho sucesorio valenciano.

conservación, modificación y desarrollo de las materias que integraban ese derecho histórico que dejó de tener vigencia en 1707"[370].

- Recuperación de los antiguos fueros que se pone de manifiesto en la Ley 10/2007 y que se ampara en el artículo 49.1.2ª del Estatuto de Autonomía de la Comunidad Valenciana que reconoce a la Generalidad competencia exclusiva para conservar, desarrollar y modificar el Derecho foral civil valenciano[371].

- Se rompe con la pacífica interpretación del artículo 149.1.8 CE que sólo ampara, en aquellas Comunidades sin Derecho foral compilado, las costumbres derivadas de los antiguos fueros que hayan subsistido, interpretación que la propia Comunidad Valenciana había admitido con anterioridad[372].

- Como inevitable presupuesto de la constitucionalidad de la Ley se ha de acreditar la subsistencia de costumbres sobre la materia que se quiere regular derivada de antiguos fueros con los que tengan la necesaria conexión material. El Derecho consuetudinario valenciano, como el propio legislador valenciano había admitido, constituye el presupuesto y el límite de la competencia autonómica de la Comunidad Valenciana.

- La interpretación foralista supone obviar la subordinación de los Estatutos a la Constitución sin que puedan los preceptos citados del Estatuto amparar una ley civil autonómica desconectada de una costumbre foral subsistente.

---

[370] Dictamen 2340/2007 del Consejo de Estado donde trae a colación por ser expresivo de las intenciones del legislador valenciano el preámbulo del Decreto 218/2007, de 26 de octubre, por el que se aprueba el Reglamento de la Comisión de Codificación Valenciana y su órgano asesor, el Observatorio de Derecho Civil Valenciano, que tras invocar el artículo 49.1.2ª, 7 se detiene en la disposición transitoria 3ª: *La competencia exclusiva sobre el Derecho civil foral valenciano se ejercerá, por la Generalitat, en los términos establecidos por este Estatuto, a partir de la normativa foral del histórico Reino de Valencia, que se recupera y actualiza, al amparo de la Constitución Española,* por "establecer los pasos a seguir en el ejercicio de esa competencia legislativa: por una parte recuperar los Fueros del antiguo Reino de Valencia y, por otra, adaptarlos a la Constitución y a la realidad social y económica en la que se van a aplicar las normas que se dicten en el ejercicio de esa competencia legislativa".

[371] Se destaca que a diferencia del texto constitucional se antepone el desarrollo a la modificación, lo que evidencia, en palabras de la Abogacía del Estado, la necesidad de su creación previa.

[372] Interpretación admitida por el legislador valenciano en el preámbulo de la Ley 6/1986, de 15 de diciembre, de arrendamientos históricos valencianos, al reconocer que tras los Decretos de Nueva Planta que supusieron la abolición del Derecho Foral "*en la práctica habitual y cotidiana quedaron al menos vestigios o retazos del antiguo régimen foral, en buena medida amparados por el sistema de libertad de pactos y de formas que ha caracterizado el Derecho castellano*". Se recoge en particular una costumbre sobre ese tipo de arrendamientos y acepta que su competencia sobre Derecho foral está supeditada "*en la medida en que cabe apreciar la existencia de un derecho consuetudinario especial*". De igual manera, en las alegaciones por parte de la Generalidad en el recurso de inconstitucionalidad contra la Ley 6/1986 cuestión pacífica por ambas partes fue condicionar el ejercicio de la competencia a que por parte de la Generalidad se acreditara la subsistencia de una costumbre derivada de los antiguos fueros.

- En caso de aprobarse una Ley de sucesión valenciana, y ello se anuncia en la disposición transitoria segunda Ley 10/2007, se requiere como cuestión previa y fundamental la preexistencia y vigencia actual de la costumbre que se pretenda regular.

En la misma línea contraria a la posibilidad de legislar sobre materias de Derecho Civil por los órganos legislativos de la Comunidad Autónoma por ser una intromisión en las competencias que al Estado reconoce la Constitución se pronuncia Cano Tello[373], autor que recoge las observaciones del profesor Vidal Martínez, pues se conserva, modifica y desarrolla lo que existe, no lo que ha existido, sin que la apelación a la historia de la disposición adicional primera de la Constitución signifique la resurrección de Derechos derogados como el de Valencia; admitir lo contrario no tiene fundamento en la Constitución ni en los estatutos de autonomía.

Ortega Llorca[374] parte de la existencia de un Derecho consuetudinario fundamentalmente agrícola para revitalizar el Derecho civil consuetudinario valenciano, sin olvidar que las instituciones civiles susceptibles de ser reguladas por normativa autonómica son aquellas de carácter consuetudinario sin necesidad de que hubieran sido reguladas por el desaparecido Derecho foral.

Exigencia de previa costumbre que, ante una futura aprobación por las Cortes de Valencia de la ley que regule el régimen sucesorio, el camino lógico no sería otro que interponer el correspondiente recurso de inconstitucionalidad. Lo anterior sin desconocer el interés y la repercusión, no sólo para Valencia si no también extensible a otras comunidades autónomas, que va a tener la resolución del recurso planteado frente a la Ley 10/2007 de régimen económico matrimonial valenciano. Y en tanto no han sido recurridos ante el Constitucional los artículos 49 y 50 del Estatuto ni la Ley 14/2003 de Patrimonio de la Generalidad Valenciana al ser indiscutible su vigencia, nos detenemos en su estudio.

VI.8.4. Sucesión intestada a favor de la Generalidad valenciana

Si el artículo 49.2 del Estatuto de Autonomía era el punto de debate en el análisis de la constitucionalidad sobre la recuperación del derecho civil

[373] Cano Tello, C. A.: "La sucesión de las Comunidades Autónomas. Una nota para su estudio"., *Homenaje al Profesor Juan Roca JuanC*, Universidad de Murcia, 1989, pg. 150.

[374] Ortega Llorca, V.: "Del derecho foral..", *Op. cit.*, pg. 12.802.

contenido en los Fueros de Valencia, es ahora el siguiente precepto, el artículo 50.1.c), el que exige su comentario.

El patrimonio de la Generalidad está integrado entre otros bienes que recoge el precepto por "Los bienes procedentes de herencias intestadas, cuando el causante ostentare la condición jurídica de valenciano, en los términos que establezca la legislación del Estado" .

En similares términos, el artículo 43.3 de la Ley de la Generalitat Valenciana 14/2003, de 24 de octubre, de Patrimonio de la Generalitat Valenciana dispone que "En caso de sucesión intestada, y a falta de personas con derecho a heredar, según la Ley, los bienes se integrarán en el patrimonio de la Generalitat cuando el causante ostentase la condición jurídica de valenciano. El procedimiento administrativo aplicable será el que reglamentariamente se determine; 4. La aceptación de herencias se entenderá siempre hecha a beneficio de inventario".

Una simple lectura de ambos preceptos, confusos en su redacción, nos lleva a la formulación de numerosos interrogantes: ¿Qué entendemos por condición jurídica de valenciano?;¿Coincide con la vecindad civil?; ¿Existe una vecindad civil valenciana?;¿Es heredera la Generalidad? ¿beneficiaria?; ¿Alcance de la remisión a la legislación estatal?;¿Se excluye el reparto del artículo 956 al integrar la totalidad de los bienes el patrimonio de la Generalidad?

Dar respuesta a las anteriores cuestiones exige delimitar los presupuestos que han de concurrir para la aplicación de los citados preceptos:

1. Cuestión previa de derecho transitorio exige delimitar que estamos ante herencias intestadas cuyos causantes hayan fallecido con posterioridad a la entrada en vigor del Estatuto de Autonomía de la Comunidad Valenciana[375].

2. Asimismo se exige que no concurran personas con mejor derecho pues la sucesión de la Generalidad está limitada a falta de personas que tengan derecho a heredar conforme al orden de suceder establecido en los artículos 930 y siguientes del Código Civil por remisión del artículo 22.2 Ley del Patrimonio de la Generalidad 3/1986 "a falta de personas con derecho a heredar según la ley".

Es discutible el lugar que ocupa la Generalidad Valenciana en el orden de llamamientos, ¿se antepone al Estado? ¿ocupa su lugar con exclusión del Estado?; cuestión que se analiza a continuación al valorar la expresión "en los términos que establezca la legislación del Estado" y que viene provocada por la falta de rigor en la redacción de ambos preceptos.

---

[375] Entrada en vigor el 10 de julio de 1982 conforme a la disposición final del Estatuto de Autonomía.

3. Ámbito personal. El causante ha de ostentar la condición jurídica de valenciano. Lo que plantea qué debe entenderse por *"condición jurídica de valenciano"*.

Dos son la interpretaciones recogidas por la Dirección General del Servicio Jurídico del Estado, hoy Abogacía General del Estado, en dictamen de 19 de julio de 1990[376]: a) la condición jurídica de valenciano equivale a la condición política que ostentan todos los ciudadanos españoles que tengan o adquieran vecindad administrativa en cualquier municipio de la Comunidad Autónoma (artículo 4.1 Estatuto[377])[378]; b) estamos ante un concepto distinto del de condición política, pues tal expresión va referida a la vecindad civil regulada por el artículo 14 del Código Civil.

Adoptar una u otra postura, vecindad civil (artículo 14 Código Civil), frente a vecindad política-administrativa (artículo 4.1 Estatuto), es relevante por ser manifestación, en caso de entender que existe una vecindad civil valenciana, de una cuestión delicada como es la competencia de la Comunidad Autónoma en materia de derecho civil; de otra parte, tiene relevancia dados los menores requisitos que se exigen para entender que alguien ostenta determinada vecindad administrativa[379] en un municipio de la Comunidad Valenciana frente a la adquisición de la vecindad civil que requiere la previa residencia durante dos

[376] Dictamen de la Subdirección General de lo Consultivo. Abogacía General del Estado. Dirección del Servicio Jurídico del Estado. A.E.H- PATRIMONIO 76/90.

[377] *"1. A los efectos del presente Estatuto tienen la condición política de valencianos todos los ciudadanos españoles que tengan o adquieran vecindad administrativa en cualquier municipio de la Comunidad Autónoma. 2. Los ciudadanos españoles residentes en el extranjeros que hayan tenido su última vecindad administrativa en la Comunidad Autónoma valenciana y acrediten dicha condición en el correspondiente Consulado de España, tendrán los derechos políticos definidos en el presente Estatuto. El mismo régimen se aplicará a sus descendientes inscritos como españoles, si así lo solicitan en la forma que lo determine la Ley del Estado"*

[378] Postura defendida por Bayona de Perogordo, J.J.: *Comentarios al Estatuto de Autonomía de la Comunidad Valenciana,* dirigidos por Martín Mateo. R, Madrid, 1985, pg. 516. En sentido contrario Blasco Gascó, F y Clemente Meoro, M.E.: "La sucesión...", *Op. cit.,* pg. 132 y ss, que partiendo de la existencia de un derecho civil valenciano responden en sentido afirmativo a la pregunta que se formulan de si existe una vecindad civil valenciana y en consecuencia remiten esa *"condición jurídica"* al ámbito civil al concepto de vecindad civil.

[379] A ella se refieren los artículos 15 y 16 de la Ley 7/1985, de Bases de Régimen Local; preceptos modificados por la Ley 4/1996, sobre el Padrón Municipal de habitantes que elimina la distinción entre vecinos y domiciliados y la inclusión de los transeúntes en el Padrón al complicar la gestión; téngase en cuenta también el Reglamento de Población y Demarcación Territorial de las Entidades Locales aprobado por Real Decreto 1690/1986 donde se desarrollan en detalle las previsiones de la Ley 7/1985. Entendiendo el Padrón Municipal como el registro administrativo donde constan los vecinos de un municipio, tal y como dispone el artículo 16 Ley 7/1985, y estableciendo el artículo 15 del mismo texto legal la obligación de toda persona que viva en España a inscribirse en el Padrón del municipio en el que resida habitualmente, especificando que quien viva en varios municipios deberá inscribirse únicamente en el que habite durante más tiempo al año, la vecindad administrativa se adquiere de manera automática por la inscripción en el Padrón que le corresponda, es indudable que no resulta comparable en cuanto a los requisitos para su adquisición

años con manifestación de voluntad del interesado o residencia de diez años sin declaración en contrario.

La Dirección General del Servicio Jurídico del Estado se inclina por la aplicación del artículo 4.1 del Estatuto sobre la base de los siguientes argumentos: la condición de valenciano otorga derechos y obligaciones que exceden de las meramente políticas sin que pueda entenderse que se habla de situaciones distintas por usar la expresión "condición política" frente a la jurídica; el artículo 50 es una norma estatutaria que entra por tanto dentro del campo del artículo 4.1, y como último argumento, quizás el que puede dar lugar a mayores discrepancias, la distinción entre vecindad administrativa-vecindad civil tiene relevancia en aquellas Comunidades Autónomas con derecho civil foral o especial sin que pueda hablarse de un derecho civil foral o especial valenciano distinto del derecho común[380].

Establecidos los presupuestos que han de concurrir, se plantea la participación que corresponde a la Generalidad Valenciana en las herencias intestadas que se defieran a su favor por fallecimiento de una persona que ostentase la condición jurídica de valenciano y sin parientes con derecho a suceder. El artículo 50.1.c) dispone que los bienes de la herencia pasan a integrar el patrimonio de la Generalidad "en los términos que establezca la legislación del Estado", pero nada se dice en el Estatuto sobre el alcance de tal remisión al Código Civil. La Ley de Patrimonio 3/1986 concretaba un poco más al señalar en su artículo 22.2 que "El procedimiento aplicable será el previsto en la legislación estatal", remisión que desaparece en la vigente Ley de Patrimonio 14/2003 al establecer que "El procedimiento administrativo aplicable será el que reglamentariamente se determine".

Remisión a la legislación del Estado que puede ser objeto de diversas interpretaciones que reflejan lo confuso de su redacción:

- Una interpretación literal de los citados preceptos llevaría a entender no derogado el artículo 956 Código Civil siendo el Estado heredero pero con la obligación de transmitir los bienes a la Generalidad como

que si hablamos de vecindad civil con las consecuencias que ello conlleva en cuanto al régimen aplicable en cuanto a la sucesión intestada.

380 Dictamen de 24 de febrero de 1987 de la Dirección del Servicio Jurídico del Estado. Ministerio de Justicia. A.G.JUSTICIA 6/87, emitido en relación con la Ley de la Generalidad Valenciana 6/1986, de 5 de diciembre, sobre arrendamientos históricos valencianos.

beneficiaria[381],[382]. Interpretación recogida en Sentencia de la Audiencia Provincial de Alicante de 13 de febrero de 1996 que entiende que "el derecho que puede corresponderle a la Generalidad Valenciana en las sucesiones intestadas, a falta de otras personas con derecho a heredar, es a participar en la distribución de los bienes a que también se refiere el artículo 956 del Código Civil, una vez que la misma se realice por el Estado"[383].

---

[381] Posibilidad que exige plantear cual es la fórmula jurídica de transmisión de los bienes a la Generalidad. Interesante consultar el Dictamen de la Dirección del Servicio Jurídico del Estado, A.G. Servicios Jurídicos Periféricos 15/98, emitido en relación a determinadas cuestiones que se suscitan en la tramitación de expedientes abintestato consecuencia de la coexistencia del régimen estatal y autonómico, siendo el supuesto planteado la forma de proceder en los casos en que se dicte un auto por el que se declare indebidamente heredero abintestato al Estado por corresponder dicha condición a la Generalidad Valenciana. Lo anterior provoca la necesaria cesión a título gratuito de los bienes hereditarios, sin alcanzar la cualidad de heredero que dado su carácter personal es intransmisible. Se discute la naturaleza jurídica del acto en que las dos Administraciones reconocen quién es el verdadero heredero, planteándose dos hipótesis: a) una transacción, lo que no parece por faltar el requisito de reciprocidad de concesiones, siendo que en este supuesto sólo es una de las partes, el Estado, el que realiza una concesión a favor de la otra parte por renuncia de derechos; b) tampoco cabe calificar el acto como un acto de distribución del caudal hereditario en ejecución del artículo 23 del Decreto 2091/1971, por prever la legislación autonómica una integración de la totalidad de los bienes en el Patrimonio de la misma y por tener el acto un mero contenido declarativo de titularidad del derecho hereditario. A la vista de lo anterior, la Dirección fija como trámites a seguir que sea la Dirección General del Patrimonio del Estado la que proponga al Ministro de Economía y Hacienda, o en su caso al Consejo de Ministros, el reconocimiento de la Generalidad Valenciana como heredero abintestato y, consecuencia de tal reconocimiento, la cesión de los bienes hereditarios a la Comunidad Autónoma.

[382] Hipótesis que rechazan Blasco Gascó, F y Clemente Meoro, M.E.: "La sucesión..", *Op. cit.*, pg. 129, pues entender que el Estado sigue siendo el único heredero y la Generalidad ser mera beneficiaria no tiene sentido ni encaje por privar de sentido al artículo 50.1.c) Estatuto valenciano "*pues si los bienes los recibe la Generalitat del Estado Central, tal adquisición saldría del ámbito jurídico privado para entrar en el público, y cabría perfectamente en el punto d) del propio artículo 50.1*" ("*los bienes y derechos adquiridos por la Generalitat mediante cualquier título jurídico válido*"). Tampoco tendría sentido, a juicio de los citados autores, la remisión a la legislación estatal, pues nada prevé para la atribución de tales bienes a las Comunidades Autónomas y pierde sentido el requisito de ostentar el causante la condición jurídica de valenciano bastando que los bienes se hallen en territorio valenciano.

[383] Fundamento de derecho segundo que transcribimos, pues es evidente que la valoración de la normativa autonómica en relación con la estatal por la Audiencia Provincial de Alicante en nada coincide con la voluntad del legislador: "*Dejando aparte la cuestión de la legitimación activa, que nadie discute ni la ha sido negada en la instancia, ya que la misma le corresponde a la Generalidad Valenciana en función de su interés en la distribución de los bienes hereditarios a que posteriormente se hará mención, el recurso, respecto a los otros dos puntos debatidos, no puede ser estimado ya que artículo 956 del Código Civil, redactado conforme a la Ley 11/1981, de 13 mayo , establece que a falta de personas que tengan derecho a heredar conforme a lo dispuesto en las precedentes Secciones, heredará el Estado, condición de la que carece la apelante, sin que a tal precepto, postconstitucional y vigente, se oponga lo establecido en el artículo 50.1, c) del Estatuto de Autonomía aprobado por Ley Orgánica 5/1982, de 1 julio, pues el mismo hace referencia a que el patrimonio de la Generalidad se integrará, entre otros, con los bienes de las herencias intestadas, pero de conformidad con los términos de la legislación del Estado, que se*

- Para Bayona de Perogordo[384] la remisión a la legislación estatal supone que el derecho a la herencia abintestato corresponde al Estado sin que la Generalidad reciba los bienes directamente del causante. Se plantea el autor qué porcentaje corresponde a la Generalidad como beneficiaria del reparto previsto en el artículo 956 Código Civil integrando su patrimonio el producto correspondiente a la enajenación. Plantea dos opciones de integración de la Generalidad como beneficiaria del reparto: 1) otorgar a la Generalidad el tercio reservado al Estado por ser la Comunidad Autónoma expresión del Estado en su ámbito territorial; 2) divide el reparto en dos fases; en la primera otorga a la Generalidad los dos tercios destinados por el artículo 956 a las instituciones municipales y provinciales y el tercio restante se reserva al Estado respetando la posición del Estado como heredero legal; en una segunda fase, la parte asignada a la Generalidad se divide en tres tercios de los cuales uno es para la Generalidad y los dos restantes se distribuyen entre las instituciones municipales y provinciales, lo que a criterio del autor mantiene el espíritu del Código Civil.

- Tanto el Estatuto como la Ley de Patrimonio no atribuyen de manera expresa la herencia a la Generalidad disponiendo que los bienes de la herencia "se integrarán" en el Patrimonio, lo que a criterio de Hidalgo Garcia[385], en línea con Bayona de Perogordo, no es si no reflejo de que la Generalidad no adquiere a título de heredero siendo inaplicable el artículo 22 LPGV resultando dudoso que la Generalidad tenga competencia en materia civil. Careciendo del título de heredero el significado del precepto supone una atribución a título de vacantes, lo que plantea para el autor su constitucionalidad con cita en la Sentencia del Tribunal Constitucional

encuentran en el mencionado artículo 956; ni el artículo 22.1 de la Ley 3/1986, de 24 octubre, sobre Patrimonio de la Generalidad Valenciana, que vuelve a tratar de la integración de los bienes pero con referencia al procedimiento estatal, que se encuentra en el Decreto 2091/1971, de 13 agosto, sobre Régimen Administrativo de la Sucesión Intestada. No siendo obstáculo tampoco a la conclusión que se sostiene el Dictamen de 1990 emitido por el Servicio Jurídico del Estado que, sobre no ser vinculante para los Tribunales, también hace referencia, siquiera no demasiado explícita, a la legislación estatal sobre el fondo y sobre el procedimiento.

Supuesto lo anterior, el derecho que puede corresponderle a la Generalidad Valenciana en las sucesiones intestadas, a falta de otras personas con derecho a heredar, es a participar en la distribución de los bienes a que también se refiere el mentado artículo 956 del Código Civil, una vez que la misma se realice por el Estado, derecho que le confiere la legitimación directa a que antes se hacía referencia". Sentencia que en apelación niega a la Generalidad Valenciana la posibilidad de ser declarada heredera abintestato en caso de persona fallecida sin dejar herederos por considerar al igual que el Juzgado de Primera Instancia nº3 de Alicante que el único heredero es el Estado español. Postura defendida por Guilarte Zapatero,V.: *Comentarios…, Op. cit.*, pg. 334.

[384] Bayona de Perogordo, J.J.:*Comentarios…, Op. cit.*, pg. 519.

[385] Hidalgo García, S.: *La sucesión…, Op. cit.*, pg. 423.

58/1982, de 27 de julio, que declaró la inconstitucionalidad del artículo 11 de la Ley de Patrimonio de la Generalidad Catalana[386].

- Otra interpretación posible del precepto llevaría a entender que antepone la Generalidad Valenciana al Estado, postura defendida por Cano Tello[387], que al subordinar la normativa autonómica el derecho sucesorio de la Generalidad a falta de personas con derecho a heredar según el derecho común ello incluye al Estado. En sentido contrario encontramos a Blasco Gascó y Clemente Meoro[388], por no gozar tal hipótesis de respaldo jurídico-positivo y ser excesivamente vaga la remisión para derivarse tal interpretación.

- Desde la interpretación de los juristas favorables a la competencia en materia civil de Valencia y partiendo de la voluntad del legislador al usar la expresión "en los términos que establezca la legislación del Estado" atribuye a la Generalidad Valenciana la condición de heredero de igual manera que el artículo 956 al Estado[389] con la diferencia del ámbito personal por exigir que el causante ostente la condición jurídica de valenciano y siendo aplicable la legislación estatal únicamente en el aspecto procedimental con aplicación del Decreto 2091/1971, de 13 de agosto[390].

Lo cierto es que la literalidad del precepto no establece de manera expresa que las herencias en las que el causante ostente la condición jurídica de valenciano y a falta de las personas llamadas por ley se defieran a favor de la Generalidad. Tanto el artículo 50.1.c) del Estatuto como el artículo 22.2 de la Ley 3/1986 regulan los bienes que integran el Patrimonio de la Generalidad Valenciana y dentro de ellos contempla los que por ostentar el causante la condición jurídica de valenciano puedan ser atribuidos a la Generalidad, con la variante de excluir el reparto previsto en el artículo 956 de Código Civil atribuyendo la totalidad de los bienes al Patrimonio autonómico. Interpretación válida si tenemos en cuenta como cuestión previa la falta de competencia por ausencia de vigencia actual de la costumbre que se pretende regular y las dudas que suscitan los preceptos citados:

a) Siendo la sucesión del Estado o de una comunidad autónoma una cuestión de legislación civil regulada con la técnica privatista de sucesión por título

[386] Este problema será abordado específicamente en un capítulo de este trabajo.

[387] Cano Tello, C.A.: "La sucesión..", *Op. cit.,* pg. 150.

[388] Blasco Gascó, F y Clemente Meoro, M.E.: "La sucesión..", *Op. cit.,* pg. 130.

[389] Atribuir a la Generalidad la condición de heredero es defendida por Blasco Gascó, F. y Clemente Meoro, M.E.: "La sucesión..", *Op. cit.,* pg. 131.

[390] Tras la Ley 14/2003 desaparece la remisión expresa que la anterior Ley de Patrimonio establecía en cuanto al procedimiento.

de heredero requiere que quién lo regule ostente competencia en materia de derecho civil. En el caso de Valencia, sobre la Sentencia del Tribunal Constitucional 121/1992, la Generalidad Valenciana ostenta competencia exclusiva para legislar sobre instituciones que hayan tenido una configuración consuetudinaria. La doctrina científica es unánime al afirmar que tras los Decretos de Nueva Planta de 1707 que supusieron la derogación de los fueros valencianos hoy sólo subsisten en la Comunidad Valenciana, en materia de Derecho civil, los arrendamientos históricos, ciertos contratos de venta de cosechas de cítricos (venta a ull o per alfassarrada), venta a peso (arrovat), el espigueo o espigolar, el herbatge, usos en matera de riegos y determinados aprovechamientos de pesca en la Albufera de Valencia, sin olvidar la especialidad del Tribunal de las Aguas. En materia de sucesiones no se acredita la existencia de costumbres derivada de los antiguos fueros, y siendo presupuesto y límite de la competencia autonómica valenciana la existencia de un derecho consuetudinario valenciano nos lleva a concluir que carece de competencia para atribuir a la Generalidad la condición de heredero.

Lo anterior nos plantea si el legislador autonómico valenciano ha preferido dar una redacción confusa a los preceptos citados sin usar locuciones claras tales como "heredará" o "sucederá" dejando eso sí abierta la puerta a una futura regulación en materia de sucesiones. Futura recuperación del derecho de sucesiones prevista en el artículo 37 y disposición transitoria segunda de la Ley 10/2007 que viene a reconocer, como puso de manifiesto el Consejo de Estado en Dictamen 2340/2007, la falta de vigencia actual de un derecho foral valenciano: "la Ley 10/2007 viene a recuperar respecto del régimen económico matrimonial, el Derecho civil foral valenciano, derecho pretérito, como expresamente reconoce, para adaptarlo a los valores y principios constitucionales, operación que confesadamente supone la introducción en el ordenamiento jurídico de una pieza de un futuro Código de Derecho foral valenciano. En el ámbito del derecho de sucesiones, la ley viene a reconocer también la falta de vigencia actual de un derecho foral valenciano en la materia como su futura recuperación, en la disposición transitoria segunda, cuando indica que, "hasta que se apruebe y entre en vigor el Derecho sucesorio valenciano, la referencia al mismo, que se contiene en el artículo 37 de la presente ley, se entenderá realizada al Código Civil". Por lo tanto, para el legislador de la Comunidad Valenciana el punto de partida para el desarrollo del Derecho civil foral valenciano es un Derecho histórico, falto de vigencia sobre el que proyecta una labor de actualización y recuperación".

b) Un estudio comparativo del resto de legislación autonómica y que se ha recogido a lo largo del presente trabajo refleja un llamamiento expreso a favor de las distintas Comunidades Autónomas que sí se han atribuido la herencia in extremis. Baste citar en Navarra la Ley 304: "7)En defecto de los parientes... sucederá la Comunidad Foral de Navarra"; en Aragón el artículo 51.2 Ley 5/1987, de Patrimonio de la Comunidad Autónoma de Aragón: "...la Comunidad Autónoma de Aragón será llamada a suceder en la sucesión intestada tras el Estado" o la Ley 1/1999, de 24 de febrero, de Sucesiones por causa de muerte, "sucede la Comunidad Autónoma"; en Cataluña el artículo 27 Ley de sucesión intestada 9/1987: "sucederá la Generalidad de Cataluña" y artículo 28: "Si correspondiera heredar a la Generalidad de Cataluña", artículo 323 Ley 40/1991: "A falta de las personas antes mencionadas, sucede la Generalitat de Catalunya", o en los mismos términos la vigente Ley 10/2008 que aprueba el Libro cuarto del Código Civil de Cataluña.

Tan sólo encontramos en Navarra un supuesto de redacción similar en la Ley 304 del Fuero Nuevo de Navarra, antes de la reforma operada por la Ley Foral de 1 de abril de 1987, al disponer que "La sucesión legal en bienes no troncales se deferirá por el siguiente orden de llamamiento, cada uno de los cuales será en defecto de todos los anteriores y excluirá a todos los posteriores: 7) En defecto de parientes comprendidos en los números anteriores, corresponderá a la Diputación Foral de Navarra aplicar la herencia a los fines establecidos en el artículo 956 del Código Civil", precepto confuso que dio lugar a diversas interpretaciones doctrinales[391] prevaleciendo la interpretación favorable a la

[391] Recapitulando las interpretaciones doctrinales que a tal precepto surgieron y que citamos en el capítulo correspondiente a Navarra; Roncesvalles Barber Carcamo, M.:*Comentarios..., Op. cit.*, pg. 1250, considera que el papel que se le atribuía a la Diputación Foral "*podía entenderse limitado a una función meramente liquidadora o tuitiva del destino final de los bienes, determinado por el Código civil"*. Función instrumental que no comparte Navas Navarro, S.: *La herencia..., Op. cit.*, pg. 93, que plantea tres posibilidades derivadas de una interpretación literal: una primera de que el llamado era el Estado pero se anteponía como heredera la Diputación Foral; una segunda de carácter instrumental que tenía por objeto destinar los bienes a los fines previstos en el artículo 956 del Código Civil y una tercera de atribuir a la Diputación Foral la herencia bajo condición de heredera en los mismos términos que el Estado. Navas Navarro considera que atribuir a la Diputación una función meramente instrumental supone desconocer la función que la Ley de Patrimonio del Estado atribuye a la Delegación de Hacienda como órgano encargado de liquidar el caudal relicto y de aplicar el caudal a su destino. Interpretar que esa función le corresponde a la Diputación exige una previa delegación a regular en la propia Ley de Patrimonio excediendo de las competencias que le corresponde en materia de derecho civil a la Diputación Foral. Continúa Navas Navarro con una interpretación histórica que lleva a decantarse por la tercera posibilidad, esto es, la consideración de que estamos ante un llamamiento a título de heredero, teniendo en cuenta los textos antes referidos como antecedentes, tanto la Recopilación privada del Derecho navarro, los Proyectos de Apéndice, el Proyecto de Aizpún y Arvizu, el Proyecto del Colegio Notarial y el Proyecto de la Diputación; en todos era llamada la Diputación a título de heredero y en conclusión *"puede deducirse que siempre se ha considerado heredera a la Diputación Foral de Navarra, por lo que la ausencia de la locución heredará o sucederá, en el texto de la Compilación, no debe impedir mantener el mismo criterio y excluir el llamamiento a favor del Estado"*.

Torres Lana, J.A.: "La sucesión..", *Op. cit.*, pg. 132, afirma que la primitiva redacción de la Ley 304 soslaya la naturaleza del título por el que se atribuye a la Diputación la función de aplicar la herencia a los fines del artículo 956 del Código Civil.

atribución de heredera a la Diputación Foral de Navarra dados los antecedentes legislativos sobre la materia.

Por su parte, Baleares, teniendo competencia civil, ha renunciado de momento a regular esta materia; en la Ley 1/1986, de regulación de las finanzas de la Comunidad Autónoma, incluye con carácter general los ingresos derivados de las actividades de derecho privado que pueda ejercitar y que como vimos en el capítulo anterior tal régimen, lejos de ser interpretado como una atribución de la condición de heredero a la Comunidad Autónoma de las Islas Baleares, supone que el llamamiento en favor del Estado del artículo 956 del Código Civil es plenamente aplicable en el caso de ostentar el fallecido la vecindad civil balear.

Si bien ponemos en duda la constitucionalidad de la norma valenciana hay que recordar que ni el artículo 50.1.c) del Estatuto ni el artículo 43.3 de la Ley 14/2003 que regulan los bienes que integran el Patrimonio de la Generalidad Valenciana han sido recurridos ante el Tribunal Constitucional[392], siendo indiscutible su vigencia superando la aplicación práctica de los mismos los escollos que hemos planteado; y a la vista de los informes de la Dirección del Servicio Jurídico del Estado citados en el presente capítulo, en concreto el dictamen 15/98 que analiza las actuaciones a seguir ante un auto por el que se declaró indebidamente heredero abintestato al Estado por corresponder dicha condición a la Generalidad Valenciana (dejando a salvo la Sentencia de la Audiencia Provincial de Alicante de 13 de febrero de 1996 que como vimos niega esa atribución[393]) lleva a tener en cuenta que el propio Estado reconoce que es la Generalidad quién hereda cuando el causante ostenta la condición jurídica de valenciano y no parece, dada la evolución de la normativa autonómica, la postura del propio Estado y la interpretación favorable del Tribunal Constitucional que el Estado no vaya a ser privado de la sucesión intestada cuando el causante ostente la condición jurídica de valenciano.

Una breve referencia exige tanto el procedimiento administrativo como el reparto de bienes:

- En cuanto al procedimiento administrativo a tramitar la Ley de Patrimonio 3/1986 se remitía al Decreto 2091/1971 al señalar en su artículo 22.2 que "El procedimiento aplicable será el previsto en la legislación estatal"

La discusión se ve superada por la Ley Foral de 1 de abril de 1987 que da nueva redacción a la Ley 304.7: *"La sucesión legal en bienes no troncales se deferirá por el siguiente orden de llamamientos, cada uno de los cuales será en defecto de todos los anteriores y excluirá a todos los posteriores: 7) En defecto de los parientes comprendidos en los números anteriores, sucederá la Comunidad Foral de Navarra"*.

392 Siendo en sede del proceso de inconstitucionalidad donde la Comunidad Autónoma podría aportar prueba de normas consuetudinarias en materia de sucesiones.

393 Este problema será abordado específicamente en un capítulo de este trabajo.

, remisión que desaparece en la vigente Ley de Patrimonio 14/2003 al establecer que "El procedimiento administrativo aplicable será el que reglamentariamente se determine". Reforma que refleja la intención del legislador de separarse de la norma estatal pero que provoca un vacío legal ante la ausencia, a fecha de hoy, de desarrollo reglamentario[394]. Ello, no obstante, son varias las razones que justificarían la no aplicación del Decreto 2091/1971: diferentes órganos a nivel estatal o autonómico competentes para tramitar el expediente y que en la práctica planteó dudas sobre la tramitación a seguir[395] o el diferente régimen de reparto previsto en el Código Civil a favor de determinadas instituciones con reserva de un tercio a favor del Tesoro frente a la atribución de la totalidad de los bienes al Patrimonio autonómico, lo que supone que las beneficiarias de los bienes que integran la herencia no son diversas instituciones sino la Generalidad Valenciana, siendo más lógico que sea la propia Comunidad Autónoma quién determine el destino de los bienes[396].

- Sobre el reparto de bienes, la remisión a la legislación estatal choca con el diferente régimen previsto en la normativa autonómica desde el momento en que atribuye la totalidad de los bienes al patrimonio de la Generalidad, a diferencia del régimen estatal, donde si bien el Estado es heredero asume la obligación de realizar el reparto de la herencia en tres partes en los términos que fija el artículo 956 CC. Bajo la vigencia de la Ley de Patrimonio 2/1986, una de las interpretaciones posibles llevaba a entender que la remisión a la legislación estatal se limitaba a la regulación del procedimiento contenida en el Decreto 1091/1971, sin que pueda extenderse al régimen estatal de reparto de la herencia donde en el caso de ser heredera la Generalidad la totalidad de los bienes integran el patrimonio de la misma. Por imperativo de la Ley 14/2003 el procedimiento a tramitar será el que reglamentariamente se determine poniendo fin a la discusión planteada.

[394] La disposición Final Primera autoriza al Gobierno Valenciano a dictar las disposiciones necesarias para el desarrollo y ejecución de la Ley 14/2003.

[395] Cuestión analizada en el Dictamen de la Subdirección General de lo Consultivo. Abogacía General del Estado.Dirección del Servicio Jurídico del Estado. A.E.H- Patrimonio 76/90.

[396] Ya se puso de manifiesto bajo la vigencia de la anterior Ley de Cortes Valenciana 3/1986 de regulación del Patrimonio de la Generalidad que a pesar de la remisión en cuanto a la legislación estatal sobre procedimiento, las competencias para la administración y liquidación de las herencias corresponden a los órganos de la Generalidad y que las actuaciones judiciales que tienen por objeto obtener la necesaria declaración judicial de heredero abintestato de la Generalidad corresponde al Gabinete Jurídico de la Generalidad, debiendo abstenerse de intervenir la Abogacía del Estado. Dictamen de la Subdirección General de lo Consultivo. Abogacía General del Estado.Dirección del Servicio Jurídico del Estado. A.E.H- Patrimonio 76/90.

Ausencia de reparto sin que se distribuya a favor de las instituciones a que se refiere el artículo 956 del Código Civil e integración de la totalidad de los bienes del caudal relicto al patrimonio de la Generalidad[397] que nos lleva a plantear si la función social que como deber le corresponde al Estado-heredero, y en este caso a la Comunidad Autónoma valenciana, puede verse alterada si en vez de destinar los bienes a instituciones benéficas, de instrucción, acción social o profesionales, la Comunidad dispone de los bienes para fines que no sean propiamente realizadores de una función social. Supongamos por un momento que el artículo 956 hubiera previsto una atribución total de los bienes a favor del Tesoro Público; lo cierto es que desaparecerían, por lo menos normativamente, los beneficiarios de la herencia y podría debilitarse esa función social que sirve de fundamento para la atribución a favor de una administración, sea estatal sea autonómica. Planteamiento que exige esperar a las previsiones que en tal sentido se contengan en el necesario desarrollo reglamentario de la Ley 14/2003.

VI.9. ESTADO-COMUNIDAD AUTONOMA

El Tribunal Constitucional no llegó a pronunciarse con anterioridad a la entrada en vigor de la Ley 40/1991 de 30 de diciembre, del Código de Sucesiones por causa de muerte en el Derecho civil de Cataluña, que al derogar la Ley 9/1987 de Sucesión intestada deja sin objeto el recurso de inconstitucionalidad 1188/1987 promovido en lo que aquí nos interesa contra la atribución a la Generalidad de la sucesión intestada en último lugar con exclusión del Estado. Con la derogación se nos priva[398] de conocer el criterio del Tribunal Constitucional sobre la constitucionalidad de atribuir a una comunidad autónoma la condición de heredero último necesario en lugar del Estado.

Si tenemos en cuenta que no se ha interpuesto recurso ante el Tribunal Constitucional frente a ninguna de las disposiciones legales de atribución de la herencia in extremis a favor de una Comunidad Autónoma que hasta la fecha de hoy se han aprobado, lo cierto es que el criterio a mantener por el alto órgano constitucional no dejaría de ser mera especulación. Con las anteriores premisas,

---

[397] En palabras de Hidalgo García, S.: *La sucesión..., Op. cit.,* pg. 421, tal atribución de la totalidad de los bienes procedentes de las herencias intestadas no deja de dar "*un cierto tinte confiscatorio*". Postura radicalmente contraria la encontramos en la defendida por Blasco Gascó, F. y Clemente Meoro, M.E.: "La sucesión..", *Op. cit.,* pg. 129, al entender que únicamente se produce un cambio subjetivo del Estado central (de la Administración Central) al Estado autonómico (a la Administración autonómica) quedando plenamente garantizada la función social.

[398] Hidalgo Garcia, S.: *La sucesión..., Op. cit.,* pg. 421, nos dice que "*el Código de sucesiones catalán viene a "librar" al TC de tener que pronunciarse sobre esta delicada cuestión*". Para Valls Lloret, J.D.: "El llamamiento...", *Op. cit.,* pg. 139, el problema no está ni mucho menos solucionado, sino más bien pospuesto.

y a la espera de la resolución del recurso de inconstitucionalidad interpuesto contra el artículo 15 de la Ley Foral 14/2007 del Patrimonio de Navarra, de 23 de abril, no nos queda sino acudir al único referente que tenemos, que es la sentencia antes citada 58/1982, de 7 de julio, que declaró inconstitucional el artículo 11 de la Ley 11/1981, de 7 de diciembre, de Patrimonio de la Generalidad de Cataluña[399]. Artículo 11 de adquisición de inmuebles vacantes a favor de la Generalidad cuya inconstitucionalidad se planteó por violar el artículo 17.e de la Ley Orgánica de Financiación de las Comunidades Autónomas, en relación con los artículos 157.3, 132.3 y 149.1.14 de la Constitución, y, por violación directa del artículo 132.3 de la Constitución. Alternativamente a las infracciones citadas, el artículo 11 vulnera el artículo 149.1, apartados 6 y 8 de la Constitución[400].

[399] Recurso de inconstitucionalidad nº 74/1982 promovido por la Abogacía del Estado, en el ejercicio de las funciones que la ley le confiere y en representación del Excmo. Sr. Presidente del Gobierno, en relación con los artículos 7, número 3; 9, número 3; 11 y 21.2 en su último inciso (*"y a los Estados extranjeros para actividades culturales de acuerdo con los tratados o convenios firmados por España"*).

[400] El recurso de inconstitucionalidad presentado por la Abogacía del Estado siguiendo instrucciones del Sr. Presidente del Gobierno sobre el artículo 11 de la Ley catalana se fundamenta en la analogía del citado precepto con el artículo 22 de la Ley de Patrimonio del Estado. Una consideración superficial del precepto podría hacer pensar en su total inocuidad al interpretarse como una particularización del artículo 348, párrafo segundo Código Civil (*El propietario tiene acción contra el tenedor y el poseedor de la cosa para reivindicarla*)", lo cual se ve superado por un análisis más detenido del mismo y teniendo en cuenta que la importancia del artículo 22 Ley de Patrimonio del Estado es que sigue al artículo 21, que atribuye al Estado los bienes inmuebles vacantes y sin dueño conocido, la atribución de mostrencos; conexión entre ambos preceptos que en la Ley de Mostrencos de 1835 se producía entre el artículo primero de atribución de los bienes al Estado y el tercero de contenido similar al 22 Ley de Patrimonio del Estado. Y por extensión alcanza a la vigente Ley del Patrimonio de las Administraciones Públicas 33/2003 que mantiene la atribución al Estado de los bienes vacantes en el artículo 17.

El fundamento de derecho tercero del recurso promovido por la Abogacía del Estado analiza la íntima conexión entre ambos preceptos de la Ley estatal: el artículo 22 Ley de Patrimonio del Estado entra en juego si existe un tercero con posesión superior a un año, en cuyo caso al ser una posesión protegible ad interdicta el Estado no puede recuperar por sí la posesión en uso de su interdictum proprium (artículos 8 y 21, párrafo 2º LPE), debiendo acudir a los Tribunales ordinarios para entablar la acción que corresponda. El artículo 22 lo que hace es concretar el inciso final del artículo 21 cuando establece "*en tal caso* (tercero que se opone con posesión superior al año) *el Estado tendrá que entablar la acción que corresponda ante la jurisdicción ordinaria"*. Destaca la Abogacía del Estado, desde un punto de vista práctico, al ser por regla general la posesión superior al año, que cobra más importancia el artículo 22 Ley de Patrimonio, de ahí que el legislador autonómico se haya desatendido del artículo 21.

Visto lo anterior y dada la analogía entre el artículo 22 de la ley estatal y el artículo 11 Ley autonómica y al implicar, éste último, la atribución a la Generalidad de los inmuebles mostrencos en el territorio de la Comunidad Autónoma en perjuicio del Patrimonio del Estado, entraña clara inconstitucionalidad porque: a) La competencia de las Comunidades Autónomas de establecer el régimen jurídico del patrimonio de las Comunidades Autónomas se le otorga en el marco de la legislación básica del Estado (art.17e) LO 8/1980, financiación de las comunidades autónomas los artículos 21 y 22 de la Ley de Patrimonio del Estado son básicos y como tal han de ser respetados por la legislación catalana; b) la privación al Patrimonio del Estado de la atribución de mostrencos

La declaración de inconstitucionalidad en Sentencia 58/1982 es consecuencia de la subrogación del Patrimonio de la Generalidad en el lugar del Patrimonio del Estado "y para esto, como es evidente carece la Generalidad de toda competencia". El Tribunal Constitucional es claro al afirmar que si bien tiene competencia para legislar sobre su propio Patrimonio (art.17e) LO 8/1980, de financiación de las comunidades autónomas, no la tiene para modificar la legislación del Estado; modificación al determinar que en el futuro se incorporan a la Generalidad los bienes inmuebles retenidos o disfrutados sin título válido por entidades o particulares.

Ha sido objeto de discusión doctrinal si los argumentos contenidos en la sentencia 58/1982 de inconstitucionalidad de determinados preceptos de la Ley 11/1981 hubieran sido similares a la resolución del recurso de inconstitucionalidad 1188/197 promovido en relación con los artículos 2.2, 4, 5, inciso final del artículo 7.1 (que dice *"hasta llegar a la Generalidad"*), 27 y 28[401] de la Ley del Parlamento de Cataluña 9/1987, de Sucesión Intestada. Llegados a este punto nos detenemos, por ser de interés para el presente trabajo, en los argumentos esgrimidos por la Abogacía del Estado ante el Tribunal Constitucional al plantear la posible inconstitucionalidad del llamamiento a favor de la Generalidad.

La inconstitucionalidad de tales preceptos que regulan la sucesión de la Generalidad como sucesor in extremis tiene como base la doctrina del propio Tribunal Constitucional en Sentencia 58/1982, de 27 de julio, de inconstitucionalidad del artículo 11 de la Ley catalana 11/1981, de 7 de diciembre, del Patrimonio de la Generalidad:

lo lesiona institucionalmente, en particular en cuanto a su defensa, vulneración directa del artículo 123.3 Constitución Española; c) la reivindicación de bienes mostrencos no puede considerarse subsumible en la *"conservación, modificación o desarrollo del Derecho Civil catalán"* ni especialidad procesal derivada de peculiaridades del Derecho sustantivo catalán (artículos 149.1.6ª y 8ª Constitución Española), correspondiendo al Estado la disciplina de esta materia cualquiera que sea el cuerpo legal en que se lleve a cabo. Argumentación, ésta última, con carácter alternativo respecto de las anteriores.

[401] Artículo 2.2.: "*A falta de las personas antedichas, sucederá la Generalitat de Catalunya;* Artículo 7.1. *Si ninguno de los parientes más próximos llamados por la Ley no llega a ser heredero por cualquier causa o es apartado de la herencia por indignidad sucesoria, la herencia se difiere al grado siguiente, y así sucesivamente, de grado en grado y de orden en orden, hasta llegar a la Generalitat;* Artículo 27. *Si faltan las personas señaladas por los artículos anteriores, sucede la Generalitat de Catalunya, la cual debe destinar los bienes heredados o sus productos o valor a los establecimientos de asistencia social o a instituciones de cultura, preferentemente a los de la última residencia habitual del causante en territorio Catalán. En defecto de éstos, debe aplicarse aquellos bienes o el producto de su venta o su valor a los establecimientos o a las instituciones de la comarca o, si faltan, los de carácter general a cargo de la Generalitat;* Artículo 28. *Si corresponde heredar a la Generalitat de Catalunya, la herencia debe entenderse siempre aceptada a beneficio de inventario, mediante declaración de heredero previa".*

"La naturaleza atributiva del precepto, sostenida tanto por el Abogado del estado como por el Consejo Ejecutivo de la Generalidad es, sin embargo, incuestionable, pues la implicación necesaria de su tenor literal es la de que «corresponden a la Generalidad los bienes inmuebles retenidos o disfrutados sin título válido». Como esta expresión, que deliberadamente entrecomillas, es la que utiliza la Ley del Patrimonio del estado (artículo 22) para establecer el derecho de éste sobre los bienes de ese género, lo que en este punto hace la Ley de Catalán es subrogar al Patrimonio de la Generalidad en el lugar del Patrimonio del Estado, y para esto, como es evidente, carece la Generalidad de toda competencia. Una cosa es que la Generalidad disponga de la competencia suficiente para legislar, dentro de los límites que ya hemos señalado, sobre su propio Patrimonio y otra bien distinta que, en ejercicio de esta competencia, modifique también la legislación vigente sobre el Patrimonio del Estado, determinando que para el futuro no se incorporarán a éste, sino al de la Generalidad, lo bienes inmuebles retenidos o disfrutados sin título válido por Entidades o por particulares".

El derecho sobre los bienes ocupados o retenidos sin titulo válido es una derivación de la vieja regalía, como muy claramente se manifiesta en el Decreto de Carlos III, de 27 de noviembre de 1985 (Novísima Recopilación, 10, 22,6)[402]*, al referirse a* «los bienes mostrencos, abintestatos y vacantes que pertenecen a mi Corona ...». Con la objetivación del poder y la fusión de los derechos mayestáticos en la noción única del poder soberano, este derecho pasa al Estado, *traslación que entre nosotros se opera de manera positiva mediante la Ley de 9 de mayo de 1835 (Colección Legislativa, tomo XX, página 173). En cuanto que la titularidad de la soberanía corresponde al Estado en su conjunto y no a ninguna de sus instituciones en concreto, los bienes vacantes podrían, en principio, ser atribuidos a Entes distintos de la Administración Central, pero sólo el órgano que puede decidir en nombre de todo el Estado y no de una de sus partes puede modificar la actual atribución".* (fundamento de derecho tercero).

Considera el Abogado del Estado que la doctrina del Constitucional sobre la Ley del Patrimonio de la Generalidad es plenamente aplicable a la Ley de sucesión intestada. Lo esencial es la adquisición de bienes vacantes siendo accidental la causa de la vacancia (muerte intestada sin parientes con derecho

[402] *Novísima Recopilación* L.X,tit.XXII, Ley VI: *"Todo hombre ó muger que finare, y no hiciere testamento en que establezca heredero, y no hubiere heredero de los que suben ó descienden de línea derecha, de los que suben ó descienden de línea derecha, ó de travieso, todos los bienes sean para nuestra Cámara" (ley 12.tit.8.lib.5.R)*; *"...el ramo y recaudación de los bienes mostrencos, abintestatos y vacantes que pertenecen á mi Corona, desde que se les encargó el conocimiento por Real cédula de 9 de octubre de 1766..."*.. Cédula de 1766 que declaró en conformidad con la ley I. del tit. XXII y la 6. tit. I3 Partida 6 que cuando los bienes quedasen mostrencos ó vacantes, evacuadas que fuesen las solemnidades necesarias, se adjudicasen á la Real Cámara como mandan las citadas leyes.

a suceder; bienes vacantes sin dueño conocido). Tomando como referente la vieja regalía contenida en el Decreto de Carlos III de 27 de noviembre de 1785, la posterior Ley de Mostrencos de 1835, los artículos 999 y 1000 Ley de Enjuiciamiento Civil, los artículos 913, 956, 957 y 958 Código Civil y el artículo 24 Ley de Patrimonio del Estado que derogó definitivamente la Ley de Mostrencos, de todo ello concluye que la sucesión intestada del Estado se ha comprendido tradicionalmente dentro de la regalía de mostrencos y luego atribuidos al Estado como poder soberano, la atribución al Estado de los bienes relictos supone una manifestación del ius imperio, equiparando la situación de los mismos a los bienes vacantes.

A la vista de lo anterior considera 1) incompetente al legislador catalán para modificar la regulación contenida en el Código Civil; 2) al pertenecer al Estado la soberanía, la decisión de atribuir en último término la sucesión a las Comunidades Autónomas, es una decisión que sólo corresponde a las Cortes Generales, "*pues autonomía no es soberanía*".

Postura contraria mantiene Valls Lloret[403] que analiza el recurso como muestra de una oposición total al sistema de cierre sucesorio catalán. El planteamiento de la Abogacía del Estado no se ajusta a la propia Ley de Patrimonio del Estado que da un tratamiento distinto a los bienes vacantes dentro del ámbito del derecho público y los bienes provenientes de una sucesión intestada que nos lleva al campo del derecho privado. Inviable considera la extensión de los efectos de la Sentencia del Tribunal Constitucional 58/1982 referente a los bienes patrimoniales del Estado y que supone la atribución de los bienes vacantes (que no se integren en una sucesión intestada) al Estado en virtud de su ius imperii (artículo 21 y 22 Ley de Patrimonio del Estado)[404] a la sucesión legítima del Estado que se rige por el Código Civil y disposiciones complementarias tal y como establece el último párrafo del artículo 24 de la Ley del Patrimonio del Estado[405]. El Estado adquiere a título de heredero propio del derecho privado y por tanto diferente al régimen de los bienes vacantes. En palabras de Valls Lloret, "Queda claro que cuando el Tribunal Constitucional, en aquella Sentencia, establece el monopolio legislativo del Estado en materia de bienes vacantes, está diferenciando entre bienes abandonados, que pasan al ámbito del derecho administrativo, que se enmarcan dentro de concepto patrimonial ajeno al objeto de la Ley impugnada, y bienes intestados que se regulan en el ámbito de la legislación civil".

---

[403] Valls Lloret, J.D.: "El llamamiento...", *Op. cit.*, pg. 139.

[404] La referencia al artículo 21 del Decreto 1022/1964, de 15 de abril, por el que se aprueba el Texto Articulado de la Ley del Patrimonio del Estado equivale al artículo 17 de la vigente Ley 33/2003, de 3 de noviembre, del Patrimonio de las Administraciones Públicas.

[405] En iguales términos artículo 20.6. de la vigente Ley 33/2003, del Patrimonio de las Administraciones Públicas.

Diferente tratamiento por parte de la Ley de Patrimonio del Estado a los dos modos de adquisición por parte del Estado de los bienes vacantes que pone de manifiesto De Alfonso i Pinazo[406] al distinguir: a) el artículo 21 de la Ley de Patrimonio del Estado reflejo de la línea romanista para los bienes intestados donde se considera al Estado como un heredero más, se le exige la previa declaración judicial de heredero y se inhibe de su regulación con una remisión expresa a la legislación civil; b) de la línea germanista que fundamenta en el artículo 24 de la Ley de Patrimonio del Estado la adquisición de los bienes propiamente vacantes en una idea de soberanía, el Estado adquiere y puede tomar posesión de estos bienes en vía administrativa en uso de las prerrogativas que tiene a su favor como Estado que es, sin necesidad de acudir a la vía judicial.

Destaca De Alfonso i Pinazo[407] la remisión a la legislación civil contenida en el artículo 24 LPE que no deja lugar a dudas del carácter privatista de tal adquisición no siendo tal atribución consecuencia del ius imperium. La atribución a la Generalidad de la sucesión intestada no resta soberanía estatal al no encontrar en tal concepto de soberanía su fundamento. Supuesto distinto es el que se planteaba en relación al artículo 11 LPG que nos lleva al campo del derecho público y a una atribución compartida de la competencia legislativa, correspondiendo al Estado sentar las bases y la Generalidad su desarrollo, no respetada por la regulación contenida en el citado artículo 11.

De igual manera, Hidalgo Garcia[408] da una respuesta negativa a la posible traslación de los argumentos del Constitucional sobre la Ley de Patrimonio al campo de la sucesión intestada por ser el título de adquisición de la herencia propio del campo del derecho civil como derecho privado que es, eso sí, con especialidades en su justificación en el ejercicio de una función pública pero no en la soberanía del Estado. Como materia privada y sucesoria que es entra dentro de las competencias atribuidas por el artículo 149.1.8 CE. En palabras del autor "tan sucesorio es el título de adquisición del Estado como el de un colateral".

Discrepa de las anteriores conclusiones Guilarte Zapatero[409] que considera claramente discutible las razones anteriormente apuntadas a favor de la Ley catalana. En palabras del autor "Frente a las mismas cabe argumentar: en principio, no sólo responderá negativamente a la sustitución del Estado por la Generalidad quien piense que la sucesión de éste es una función básica reservada al Estado en el artículo 24, 2°, de la LPE, en cuanto titular de la soberanía, sino asimismo, quien considere que el fundamento de la sucesión es el vínculo

[406] De Alfonso I Pinazo.: "La generalidad... ", *Op. cit.*, pg. 13.
[407] De Alfonso I Pinazo.: "La generalidad... ", *Op. cit.*, pg. 14.
[408] Hidalgo García, S.: *La sucesión...*, *Op. cit.*, pg. 405.
[409] Guilarte Zapatero, V.: *Comentarios...*, *Op. cit.*, pg. 297 y ss.

de nacionalidad española que liga a catalanes y navarros con el Estado, que no puede ser soslayado con apoyo en la simple relación de vecindad. En otro sentido, debe añadirse, frente a su idea de que la "reserva no está legalmente explicitada", que en la LPE, en su capítulo II y bajo la rúbrica de "Adquisición de bienes y derechos", señala en su artículo 19 que el Estado "seguirá rigiéndose por el Código Civil y disposiciones complementarias", lo que lleva a concluir que la Ley catalana no es que se limite a modificar al Código civil, sino a la LPE, de carácter y aplicación a todo el territorio nacional y cuya modificación corresponde exclusivamente al Estado al amparo del artículo 149.14ª, de la Constitución, ya que parece claro que dicha Ley, como reguladora, entre otros puntos, de los posibles ingresos de aquél, y uno de ellos está representado por la sucesión legítima, debe estimarse como materia propia de la Hacienda General y Deuda del Estado". Tras recoger el fundamento de la Sentencia del Tribunal Constitucional de 27 de julio de 1982 que declaró inconstitucional el artículo 11 de la Ley catalana de 1981, califica como "una habilidosa argumentación para intentar ampliar las competencias de la Comunidad Autónoma, al amparo del artículo 149.8 CE, prescindiendo del evidente fundamento publicista del llamamiento a la sucesión del Estado, que sanciona la LPE, aunque desde una perspectiva instrumental, remita ésta al Código Civil y a la técnica de Derecho privado de la adquisición sucesoria mortis causa. No cabe prescindir de la realidad evidente: la legitimación para que el Estado adquiera determinados bienes relictos deriva de la LPE, que reconoce y establece tal posible adquisición".

Posturas todas ellas que a pesar de su divergencia ponen de manifiesto que son dos los títulos de adquisición a favor del Estado en relación con un mismo inmueble; de una parte, el artículo 956, que a falta de personas con derecho a heredar permite al Estado instar la declaración judicial de heredero abintestato previa tramitación del expediente administrativo de comprobación de concurrencia de los presupuestos legales de los derechos sucesorios del Estado, pero que al propio tiempo configura un supuesto de vacancia inmobiliaria, si en la herencia yacente existen inmuebles, que supone un título legal de adquisición automática a favor del Estado. Bienes vacantes o carentes de dueño, ya sea por fallecimiento de su titular sin herederos testamentarios o forzosos o por el abandono por sus titulares. Analogía entre ambos supuestos que no se contradice con la regulación de la Ley del Patrimonio del Estado, que a diferencia de la Ley de Mostrencos, donde la regulación de ambos supuestos era conjunta, deslinda la regulación de la adquisición de los bienes vacantes por el Estado (artículo 19) de la sucesión legítima del Estado que se rige por el Código Civil y disposiciones complementarias (artículo 24 párrafo 2º)[410].

---

[410] Rodríguez Carbajo, J.R.: "La competencia de las Comunidades Autónomas para legislar sobre su patrimonio y límites de la misma. Los inmuebles vacantes pertenecen al Estado y no a las Comunidades Autónomas", *Anuario de Derecho Civil*, tomo XXXVIII, fascículo I, enero-abril,

En ambos casos de vacancia y de sucesión intestada la atribución de los bienes al Estado es por ley[411]. Si bien con la diferencia, en lo que al presente trabajo nos interesa, que en el caso de los bienes vacantes sí está vinculada la atribución al concepto de soberanía y es por ello que se excluye de la competencia legislativa de las Comunidades Autónomas. Retomando la sentencia del Tribunal Constitucional, Rodríguez Carbajo[412] destaca que no se ha considerado por el Constitucional que en el caso de los bienes vacantes estemos ante un modo de adquirir regulado en el Derecho Civil y por tanto de competencia exclusiva del Estado; lo anterior supone que aparecen dos modos distintos de adquirir la propiedad, la ocupación[413] a que se refiere el párrafo primero del artículo 609 Código Civil y la adquisición por ley prevista en el mismo precepto al disponer que "la propiedad y los demás derechos sobre los bienes se adquieren y transmiten por la ley...". Atribución al Estado de los inmuebles vacantes que a la vista de la sentencia del Constitucional no constituye un modo de adquirir regulado en el Derecho civil, sino en la legislación administrativa de patrimonio del Estado y se vincula a la idea de soberanía.

La Abogacía General del Estado, en informe de marzo de 2003[414], partiendo de la compatibilidad jurídica de ambas vías, de la similitud, por estar en ambos casos ante bienes que carecen de titular, en la finalidad perseguida en ambos expedientes, de declaración de heredero abintestato a favor del Estado y de investigación patrimonial, que es la incorporación al Patrimonio del Estado de bienes vacantes o carentes de dueño con el fin de reintegrar tales bienes al tráfico jurídico, remarca sus diferencias: a) el título de adquisición: sucesión hereditaria forzosa a favor del Estado de los fallecidos sin otros herederos testamentarios o legales y adquisición automática del Estado por disposición legal en los supuestos de vacancia inmobiliaria; b) el presupuesto de hecho

---

1986, pg. 184, destaca que tal separación contenida en la legislación de patrimonio del Estado es consecuencia de la configuración del derecho del Estado como un auténtico derecho sucesorio sin estar vinculado a la soberanía al modo del Code Civil francés.

[411] Junto a la atribución de inmuebles vacantes al Estado y la adquisición por sucesión intestada Sánchez Aristi, R.: "La adquisición por ley de la propiedad y los demás derechos reales sobre los bienes". *Aranzadi Civil, nº3,* 2000, pg. 4 y ss, recoge como tercer supuesto el reconocimiento a comuneros y colindantes de un derecho de adquisición preferente. Común a los tres el autor destaca que es una norma legal la que provoca la adquisición y ello con independencia de la actuación o la intención de los sujetos involucrados.

[412] Rodríguez Carbajo, J.R.: "La competencia...", *Op. cit.,* pg. 183.

[413] Ha sido objeto de debate doctrinal si la adquisición de los inmuebles a favor del Estado es por ocupación o por atribución de ley siendo predominante la postura que excluye que estemos ante un supuesto de ocupación, polémica consecuencia de la ambiguedad del artículo 610 del Código Civil y la confusión creada por la Ley de Mostrencos de 1835 y su posterior interpretación por el Tribunal Supremo, García Cantero, G.: "La adquisición...", *Op. cit.,* pg. 64 y ss, analiza detenidamente la cuestión; *vid.* Sánchez Aristi, R.: *Op. cit...,* pg. 5.

[414] Informe de la Subdirección General de lo Consultivo. Abogacía General del Estado. Dirección del Servicio Jurídico del Estado. A.E.H- PATRIMONIO 47/02.

determinante del título de adquisición que en caso de sucesión abintestato requiere el fallecimiento del titular sin herederos y en el supuesto del artículo 21 de la LPE exige la vacancia inmobiliaria, tanto jurídica como de hecho; c) diferencia también, consecuencia de la anterior, en el procedimiento a seguir al exigirse declaración judicial de heredero del Estado y una manifestación administrativa de la voluntad de adquirir mediante la aceptación de la herencia frente a la adquisición automática[415] por disposición de ley de inmuebles vacantes sin perjuicio de la tramitación del expediente de investigación patrimonial[416] de comprobación de la situación de vacancia o carencia de dueño del inmueble con la finalidad de poder tomar posesión de los bienes en vía administrativa o, en caso necesario, el ejercicio de la oportuna acción judicial.

A las anteriores diferencias y siguiendo a García Cantero[417] podemos añadir que en el caso del artículo 21 LPE no se contempla la universalidad de bienes de tal manera que en cuanto a los muebles el Estado tiene una posición equivalente a la de cualquier ocupante sin ostentar privilegio alguno[418].

---

[415] La Subdirección General de lo Consultivo. Abogacía General del Estado. Dirección del Servicio Jurídico del Estado.(Informe A.E.H- PATRIMONIO 9/00) en interpretación del artículo 21 LPE acoge la doctrina civilista de adquisición automática: *"El sentido literal del artículo 21 inclina más bien a la tesis de la adquisición inmediata, que no es , entonces una adquisición voluntaria, sino una atribución legal. Tal atribución excluye la necesidad de cualquier aprehensión o contacto físico, ni otra manifestación de voluntad del Estado de devenir dueño de la finca: es la ley la que se la comunica automáticamente en el momento de quedar el suelo sin propietario (la Ley es fuente de derechos reales: cfr. artículo609). Por supuesto, y como advierte el artículo 25.2 de la propia Ley, "los particulares podrán usucapir a su favor los bienes y derechos patrimoniales del Estado de acuerdo con las leyes comunes". En realidad, no son sólo los particulares sino también Ayuntamientos, Diputaciones, etc., pues bien se ve que los inmuebles se atribuyen por la Ley del Patrimonio del Estado sólo al Estado, y no a estos otros entes. La STC de 27 de julio de 1982 afirma la incompetencia de las Comunidades autónomas para modificar la atribución al Estado de los bienes vacantes".*

[416] Previsto en el artículo 52 del Decreto 3588/1964, de 5 de noviembre, que aprueba el Reglamento de Patrimonio del Estado y regulado en los artículos 16 a 31 del mismo el ejercicio de la acción investigadora que puede acordarse de oficio por la Dirección General del Patrimonio del Estado o por denuncia de particulares, previo depósito de los gastos que la comprobación de la denuncia conlleve. Denunciantes que al igual que en el expediente de sucesión intestada a favor del Estado (o en su caso de las Comunidades Autónomas referidas en el presente trabajo) se les concede como premio e indemnización de todos los gastos el 10% del precio en que el Estado enajene los bienes investigados. Publicado en el BOE, en el boletín de la provincia donde radiquen los inmuebles y expuesto en el tablón de anuncios del Ayuntamiento, se practican las pruebas que correspondan, se emite informe por la Abogacía del Estado y tras las alegaciones que los afectados hayan formulado se resuelve por la Dirección General del Patrimonio.

[417] García Cantero, G.: "La adquisición..".., *Op. cit.*, pg. 65.

[418] El artículo 23 Ley 33/2003, de 3 de noviembre, del Patrimonio de las Administraciones Públicas (equivalente al artículo 26 de la Ley del Patrimonio del Estado) se remite en cuanto a la ocupación por el Estado de los bienes muebles a lo establecido en el Código Civil (artículos 610-617) y en las Leyes especiales como la Ley del Patrimonio Histórico Español 16/1985, de 25 de junio, artículos 41.3 y 44, por lo que se refiere a los bienes muebles de carácter histórico incluibles en el llamado Patrimonio arqueológico. Según la Disposición Final 2ª de esta Ley y conforme al

La analogía entre los bienes atribuidos al Estado como heredero abintestato y como vacantes no equivale a entender que la sucesión del Estado se configura producto del dominio eminente vinculado a la soberanía. Lo cierto es que si bien ambos expedientes persiguen una finalidad similar como es la integración de los bienes al Patrimonio del Estado por falta de personas con mejor derecho, trasladar los argumentos esgrimidos por el Tribunal Constitucional en Sentencia 58/1982 sobre adquisición de bienes vacantes a la atribución de los bienes al Estado por falta de herederos testamentarios o forzosos supone un paso, a mi juicio, excesivo, si no se valora previamente ¿Cuál es el fundamento de la sucesión a favor del Estado?

Siendo opinión consolidada que a falta de parientes con mejor derecho a suceder el Estado ostenta la condición de heredero, título de derecho privado y admitiendo, a salvo la postura contraria defendida por Guilarte Zapatero, la competencia autonómica para regular el régimen sucesorio sin modificar la Ley de Patrimonio del Estado siendo la normativa a aplicar el Código Civil y disposiciones complementarias, la postura a adoptar a favor o en contra de tal regulación dependerá en gran medida del fundamento de la sucesión al Estado.

Son varios los argumentos que tratan de encontrar el fundamento de la sucesión a favor del Estado:

a) La idea de soberanía, como recepción moderna del principio de dominio eminente, propio del Derecho germánico y feudal, difícil de defender sobre la regulación actual y que exige acudir a la Ley de Mostrencos que como, como pone de relieve De Los Mozos,[419] respondía a tal fundamento o mirando al derecho comparado encontramos el Code civil francés que establece en su artículo 539: "Tous les biens vacants et sans maitre, et ceux des personnes qui décedent sans hertiers, ou dont les sucessions sont abandones, appartiennent au domaine public"[420]. Idea de soberanía que al ser titular de la misma el Estado no cabe la atribución autonómica.

b) Seguridad jurídica al darse continuidad a las relaciones patrimoniales de los que mueren sin sucesión, evitando el abandono de los bienes a disposición del primer ocupante.

c) El mismo fundamento subjetivo de la sucesión intestada que se basa en la voluntad presunta del causante, ya que en el llamamiento a favor del Estado dos tercios de la herencia se atribuyen a instituciones benéficas.

---

artículo 149.1.8ª Constitución Española, el artículo 23 es de aplicación general sin perjuicio de los derechos forales allí donde existan.

[419] De los Mozos, J.L.: "La sucesión…", *Op. cit.*, pg. 408.

[420] "Todos los bienes vacantes y sin dueño, y los de las personas que fallecen sin herederos, o cuando las sucesiones son abandonadas, pertenecen al dominio público".

Voluntad presunta del causante que choca con el sentimiento de antipatía que el llamamiento al Estado puede suscitar al identificarse con el Fisco aunque, a salvo el tercio que corresponde al Tesoro, sean determinadas entidades las verdaderas beneficiarias sin adquirir, por ello, la condición de heredero. Conlleva presuponer, lo cual no se ajusta a la realidad, un conocimiento de la previsión legal de destino de los bienes. Planteamiento privatista que hoy se encuentra superado.

d) Vínculo de ciudadanía o nacionalidad del causante que en palabras de Guilarte[421] legitima limitar a tal grado los familiares con derecho a suceder al difunto y la recuperación de los bienes relictos a la comunidad. De admitirse la sucesión a favor de determinadas Comunidades Autónomas pierde fuerza esa justificación de ciudadanía o nacionalidad y parece sustituirse por una relación de vecindad.

e) Ejercicio de una función social para el cumplimiento de fines sociales. Doble función que, siguiendo a Guilarte[422], cumple el Estado de facilitar que los bienes reviertan a la comunidad garantizando la continuidad de la vida jurídica de los bienes y que sólo de manera parcial puede realizarse a nivel autonómico. Díez Picazo[423] da una respuesta negativa a la posibilidad de renuncia por parte del Estado pues ostenta no un derecho a suceder si no un deber, una función.

El planteamiento de carácter publicista que defiende la idea de soberanía como título para atribuir al Estado la sucesión intestada excluye cualquier posibilidad de regulación a favor de las comunidades autónomas por ser la soberanía sólo atribuible al Estado. De igual manera, Guilarte defiende como fundamento el vínculo de nacionalidad o ciudadanía para limitar en grado a los familiares con derecho a suceder, con la consiguiente recuperación de los bienes a la comunidad; entiende el autor que "el vínculo de nacionalidad española que liga a catalanes y navarros con el Estado no puede ser soslayado con apoyo en la simple relación de vecindad"[424].

Ilustrativas son las palabras de Salvador Coderch[425]: "responderá negativamente quien piense que ésta (la sucesión del Estado) es una función básica reservada al Estado en el artículo 24.2, de la LPE, en cuanto titular de la soberanía. Ni la reserva está legalmente explicitada ni la cualificación se corresponde con la actual conformación jurídica del fenómeno en el Código Civil: la sucesión del Estado es hoy por hoy una cuestión de legislación civil regulada, además,

421 Guilarte Zapatero, V.: *Comentarios...*, *Op.cit.*, pg. 299.
422 Guilarte Zapatero, V.: Comentarios..., *Op.cit.*, pg. 298.
423 Díez Picazo, L y Gullón, A.: *Sistema...*, *Op. cit.*, pg. 475.
424 Guilarte Zapatero, V.: *Comentarios...*, *Op.cit.*, pg. 302.
425 Salvador Coderch, P.: *Comentarios...*, *Op. cit.*, pg. 66.

con la técnica privatista de la sucesión por título de heredero. Es, además, una sucesión que conoce excepciones[426] antes y después de la aprobación de la LPE. La función, por último, de garantizar un último sucesor al causante, puede ser desempeñada por la Generalidad análogamente al Estado. No hay así razones de texto, para rechazar la interpretación propuesta ni las hay tampoco de fondo: postular que la "ratio" del artículo 22.4 LPE pasa por una cuestión de soberanía es incurrir en una petición del principio. Esta "ratio" no está positivizada en un texto legal que, precisamente, ha emprendido la ruta contraria que es privatizar la normativa de la cuestión. En ese marco cabe entender que la Generalidad sustituye efectivamente al Estado como sucesor en relación a las sucesiones intestadas a las que sea aplicable el Derecho catalán por gozar el causante de la vecindad civil catalana en el momento de su fallecimiento".

Lo cierto es que nos enfrentamos a una cuestión que exige conjugar el campo del Derecho Público con el del Derecho Privado. Público, pues no deja de ser una Administración (estatal o autonómica) la que adquiere la herencia en último término y el fundamento de tal atribución tiene una connotación claramente pública, ya sea en ejercicio de una función social; la necesidad de dar seguridad jurídica a las relaciones del causante; la vuelta al tráfico jurídico de los bienes propiedad del causante; la relación de nacionalidad o en último término (por ser más que discutible tal fundamento) la propia soberanía que como tal sólo es atribuible al Estado. Lo anterior unido a que al atribuirse la sucesión a una Comunidad Autónoma no puede discutirse que se priva al Patrimonio del Estado de un ingreso.

Privado al adquirir el Estado la condición de heredero, título jurídico de derecho privado y siendo la materia de sucesiones competencia no sólo estatal si no también de aquellas Comunidades Autónomas con derecho civil propio (art.149.8 CE), si bien con algunas especialidades tales como el beneficio de inventario por ministerio de la Ley; y la posibilidad discutida de repudiar la herencia o la propia distribución de los bienes que no queda a la libre decisión de la Administración heredera sino que viene fijada por Ley.

Si el Estado actúa como sujeto de derecho privado difícil encaje tiene la idea de soberanía, por lo que debemos delimitar la situación en la que se encuentra como heredero. Dos son las posiciones que adopta la Administración en sus relaciones con las demás personas físicas o jurídicas[427]. Se someterá al Derecho

[426] Coincidimos con Guilarte Zapatero, V.: *Comentarios..., Op. cit.*, pg. 303, en que la excepción en Aragón en beneficio del Hospital de Nuestra Señora de Zaragoza no es equiparable al régimen de atribución de la herencia en beneficio de determinadas comunidades autónomas.

[427] Como recoge Arias Ramos, J.: "*Derecho Romano I*", Madrid, 1986, pg. 98: "*La distinción que hace la doctrina moderna entre la actuación del Estado como soberano, regulada por el derecho público, y su actividad como simple persona jurídica titular de derechos patrimoniales, no se delineó en el Derecho Romano*".

privado cuando aparece como sujeto de derechos y obligaciones en situación de igualdad con los particulares. Si por el contrario actúa para satisfacer una necesidad pública[428], en el ejercicio de una función pública típicamente administrativa, como poder público, será a través de actos administrativos sujetos al derecho administrativo. Existen supuestos, a veces caracterizados como "Administración pública del Derecho privado" en los que, aun actuando la autoridad en el ejercicio de potestades públicas, su actividad tiene por objeto la garantía o definición de relaciones de Derecho privado. En estos casos, por lo general, nuestro ordenamiento jurídico considera prevalente el carácter objetivo de la materia, defiriendo la "cuestión civil" planteada a la jurisdicción de esta clase"[429].

La nota que marca la diferencia entre la sujeción en pie de igualdad al derecho privado y la actuación como sujeto de derecho público la encontramos en si se actúa o no en ejercicio del imperium. Traemos a colación sentencia de la Audiencia Nacional, Sala de lo Contencioso-Administrativo, de 12 de marzo de 1997: "Existen, por tanto, actos que aún procediendo de una Administración pública no están sujetos al derecho administrativo, para determinar cuándo la Administración actúa bajo el Derecho Administrativo y cuándo no, se acude tradicionalmente a verificar si la actuación se ha realizado en ejercicio del "imperium" o no. Es decir, a examinar si se han tutelado intereses primarios regidos por el Derecho público en una situación de supremacía en relación con los administrados o si se han tutelado intereses secundarios, regidos por el Derecho privado y disfrutando de la misma posición jurídica

[428] El Tribunal Supremo, Sala de lo Civil, en Sentencia de 25 de junio de 1992, recuerda que el artículo 1.º de la Ley Reguladora de la Jurisdicción Contencioso-Administrativa, cuando señala: «La Jurisdicción Contencioso-Administrativa conocerá de las pretensiones que se deduzcan en relación con los actos de la Administración Pública sujetos a Derecho Administrativo, y con las disposiciones de categoría inferior a la Ley. Se entenderán a estos efectos por Administración pública... etc.», *definición que la unanimidad de la doctrina jurisprudencial se ha encargado de interpretar con las siguientes declaraciones: la Jurisdicción ordinaria atribuye y atrae al conocimiento de los Jueces y Tribunales de esta clase, cuantos negocios civiles se susciten en territorio español, y no estén exceptuados por algún precepto especial; los Tribunales Contencioso-Administrativos tienen una función revisora de los actos administrativos, constituyendo estos actos el presupuesto procesal indispensable; dentro de los actos administrativos deberán incluirse, las disposiciones de carácter inferior a la ley, y la validez de las actuaciones administrativas; en la revisión de los actos procedentes de la Administración pública se necesita, para que corresponda su conocimiento a la jurisdicción especializada, que esta Administración actúe con sujeción al derecho administrativo, y no como cualquier otro sujeto de derecho, es decir, actuando para satisfacer una necesidad pública, y no como persona jurídica privada; etc.*

[429] Sentencia del Tribunal Supremo, Sala de lo Contencioso-Administrativo, de 12 de enero de 2004. Continúa la sentencia reconociendo que "*en nuestro ordenamiento jurídico falta una definición de lo que se considera como cuestión civil. No existen criterios que puedan aspirar a una validez general. Tanto las Leyes especiales como la jurisprudencia parten de considerar que los conflictos que afectan al derecho de propiedad, como institución nuclear del Derecho patrimonial privado, constituyen cuestiones de naturaleza civil*".

que los particulares con lo que se sitúa en un plano de igualdad. Con otras palabras, y según explica el Tribunal Supremo, deben distinguirse los llamados actos de administración de los denominados actos administrativos, mereciendo esta naturaleza exclusivamente aquellos que junto al requisito de emanar de la Administración Pública, son consecuencia de una actuación de ésta con facultad de imperium, o en ejercicio de una potestad que sólo ostentaría como persona jurídico pública y no como persona jurídica privada". Sentencia de la Audiencia Nacional que es confirmada por Sentencia del Tribunal Supremo, Sala de lo Contencioso-Administrativo de 13 de julio de 1999, donde en aplicación de la doctrina expuesta se analizaba en autos las facultades de administración y explotación de derechos de propiedad intelectual cuya titularidad corresponde al Estado como heredero universal de D. Salvador D. y D. Se califica la actuación del Estado como semejante a un acto de disposición que cualquier particular puede realizar con su patrimonio sin que se haya ejercitado potestad alguna de "imperium".

Trasladando lo anterior al campo de la sucesión intestada a favor del Estado y superadas las épocas de nuestro Derecho histórico donde se defendía la teoría de su dominio eminente o por ministerio de la Ley, el Código Civil en su artículo 957 y el artículo 24 in fine de la Ley de Patrimonio del Estado imponen la necesaria declaración judicial de heredero. Estamos ante un auténtico derecho hereditario del que es titular el Estado en ausencia de otros herederos legales y donde su posición es de sujeto de derecho privado. Como argumentos a favor de esta tesis, la Abogacía General del Estado en informe de octubre de 1996[430] sintetiza los siguientes:

- Como cualquier heredero debe justificar su derecho frente a terceros, incluido el tercer poseedor de los bienes hereditarios.
- No puede tomar posesión de los bienes en vía administrativa[431] sin previamente solicitar y obtener la declaración judicial de heredero.
- Asume la obligación de pago de deudas con los límites inherentes al beneficio de inventario.
- Obligación de pagar el legado en caso de ser una sucesión en parte testamentaria y en parte intestada.

[430] Dictamen de la Subdirección General de lo Consultivo. Abogacía General del Estado. Dirección General del Servicio Jurídico del Estado. AEH – Patrimonio 45/96.

[431] Recuperación posesoria de oficio calificada como prerrogativa de la Administración en el artículo 8 de la derogada Ley de Patrimonio del Estado de 1964. Referencia que ha de hacerse, por su vigencia, a los artículos 41 y 55-57 de la Ley 33/2003, de 3 de noviembre, del Patrimonio de las Administraciones Públicas.

- No es un heredero fideicomisario, sino que es el único heredero. Las instituciones municipales o provinciales son beneficiarias.

Como particularidades a destacar que le diferencian de otros herederos encontramos que en todo caso y por ministerio de la ley la aceptación es a beneficio de inventario y la necesaria distribución de los bienes de la herencia en los términos que fija la ley[432] siendo las instituciones municipales o provinciales las auténticas beneficiarias.

Argumentos todos ellos que difícilmente se conjugan con una idea de soberanía propia del Estado o de imperium extensible en mayor o menor medida al resto de administraciones públicas y que se reproducen en el régimen autonómico[433] . Nuestro Código Civil no regula la sucesión del Estado como una manifestación del dominio eminente vinculado a la soberanía; estamos ante un auténtico derecho sucesorio donde el Estado tiene los mismos derechos y obligaciones que los de los demás herederos (artículo 957 Código Civil).

Si por el contrario, al alejarnos de esa idea de soberanía, defendemos la función social que conlleva la entrega de los bienes que integran la herencia a las instituciones que cita la ley, la seguridad jurídica que supone el dotar de titularidad jurídica a los bienes hereditarios, la vuelta de los bienes al tráfico jurídico o la voluntad presunta del causante, podemos afirmar que tales criterios como fundamento de la atribución de la herencia al Estado son extensibles si es la Comunidad Autónoma quien hereda.

Lo anterior nos lleva a concluir diferenciando: la adquisición de los bienes vacantes por el Estado como un modo de adquirir previsto en la ley ligado a la idea de soberanía, cuya "titularidad corresponde al Estado en su conjunto y no a ninguna de sus instituciones en concreto (Sentencia del Tribunal Constitucional 58/1982, de 27 de julio)", y por tanto alejado del concepto de legislación civil

---

432 El artículo 956 del Código Civil (redacción dada por el Real Decreto Ley de 23 de enero de 1928), distribuye una tercera parte de la herencia a instituciones municipales del domicilio del difunto, de Beneficiencia, Instrucción, Acción social o profesionales, sean de carácter público o privado y otra tercera parte, a instituciones provinciales de los mismos caracteres, de la provincia del finado, prefiriendo aquéllas en las que el causante haya pertenecido por su profesión y haya consagrado su máxima actividad, aunque sean de carácter general. La otra tercera parte se destinará a la Caja de Amortización de la Deuda Pública; por Real Orden de 1 de abril de 1931 se dispuso que la tercera parte que se destina a la Caja de Amortización de la Deuda Pública se ingresara definitivamente en el Tesoro, ya que esta misma norma suprimió la Caja de Amortización de la Deuda Pública. Se deja a salvo la posibilidad de que el Consejo de Ministros acuerde darles, total o parcialmente, otra aplicación. Distribución que nos aleja del derecho de sucesiones para aplicar las normas de derecho administrativo que procedan.

433 Precisar que de los argumentos expuestos, sin mayor trascendencia, el pago de legado en aquellas comunidades como Cataluña donde rige el principio de derecho sucesorio romano *nemo pro parte testatus parte intestatus* no sería factible.

del artículo 149.1.8ª Constitución Española no pudiendo las Comunidades Autónomas modificar la actual distribución, y la sucesión abintestato en favor del Estado, auténtico derecho sucesorio que sí entra dentro del ámbito de la competencia de aquellas Comunidades Autónomas con derecho civil propio.

CAPÍTULO VII
ADQUISICIÓN DE INMUEBLES VACANTES

VII.1. EVOLUCIÓN HISTÓRICA

El Tribunal Constitucional en Sentencia 58/1982, de 27 de julio, de inconstitucionalidad del artículo 11 de la Ley catalana 11/1981, de 7 de diciembre, del Patrimonio de la Generalidad[434], recuerda el origen de la atribución al Estado de los bienes vacantes:

> "El derecho sobre los bienes ocupados o retenidos sin titulo válido es una derivación de la vieja regalía, como muy claramente se manifiesta en el Decreto de Carlos III, de 27 de noviembre de 1785 (Novísima Recopilación, 10, 22,6)[435], al referirse a «los bienes mostrencos, abintestatos y vacantes que pertenecen a mi Corona ...». Con la objetivación del poder y la fusión de los derechos mayestáticos en la noción única del poder soberano, este derecho pasa al Estado, traslación que entre nosotros se opera de manera positiva mediante la Ley de 9 de mayo de 1835 (Colección Legislativa, tomo XX, página 173). En cuanto que la titularidad de la soberanía corresponde al Estado en su conjunto y no a ninguna de sus instituciones en concreto, los bienes vacantes podrían, en principio, ser atribuidos a Entes distintos de la Administración Central, pero sólo el órgano que puede decidir en nombre de todo el Estado y no de una de

434 Este problema será abordado específicamente en un capítulo posterior de este trabajo.

435 Novísima Recopilación L.X,tit.XXII, Ley VI: *"Todo hombre ó muger que finare, y no hiciere testamento en que establezca heredero, y no hubiere heredero de los que suben ó descienden de línea derecha, de los que suben ó descienden de línea derecha, ó de travieso, todos los bienes sean para nuestra Cámara" (ley 12.tit.8.lib.5.R); "...el ramo y recaudación de los bienes mostrencos, abintestatos y vacantes que pertenecen á mi Corona, desde que se les encargó el conocimiento por Real cédula de 9 de octubre de 1766...".. Cédula de 1766 que declaró en conformidad con la ley. I. del tit. XXII y la 6. tit. 13 Partida 6 cuando los bienes quedasen mostrencos ó vacantes, evacuadas que fuesen las solemnidades necesarias, se adjudicasen á la Real Cámara como mandan las citadas leyes.*

sus partes puede modificar la actual atribución". (fundamento de derecho tercero).

El estudio histórico de toda institución jurídica arroja luz sobre su sentido, fundamento y sirve de soporte doctrinal. En el caso de la atribución de los bienes vacantes al Estado, lo anterior cobra un significado relevante al haberse planteado, con fundamento histórico, la constitucionalidad de las normas autonómicas (en concreto dos: el artículo 11 de la la Ley catalana 11/1981, de 7 de diciembre, del Patrimonio de la Generalidad; y el artículo 15 de la Ley Foral 14/2007, del Patrimonio de Navarra) que atribuyen a la Comunidad Autónoma la propiedad de los bienes vacantes en detrimento del derecho del Estado; unido a la justificación, sobre una base histórica, de la legitimidad constitucional del derecho de adquisición del Estado con respeto al contenido esencial del derecho de propiedad privada garantizado en el artículo 33 de la Constitución española, en relación con los fines de interés público recogido en el artículo 132.2 de la Constitución Española que conlleva la calificación de bienes como patrimoniales del Estado[436].

---

436 El Tribunal Constitucional en la Sentencia 204/2004, de 18 de noviembre, justifica implícitamente, la legitimidad constitucional del derecho de adquisición del Estado de los bienes inmuebles que estuvieren vacantes y sin dueño conocido, que tiene su antecedente histórico en la regulación establecida en la Novísima Recopilación, y tiene como límite la preservación de intereses jurídicamente protegibles, vinculados al respeto del contenido esencial del derecho de propiedad privada que garantiza el artículo 33 de la Constitución , en relación con los fines de interés público que sostiene la calificación de bienes patrimoniales del Estado, a que alude el artículo 132.3 de la Constitución:

«Al derecho a la propiedad privada le es aplicable la garantía del necesario respeto a su contenido esencial, en virtud de lo dispuesto en el artículo 53.1 CE. A este propósito es oportuno recordar sucintamente que sobre el concepto del contenido esencial de los derechos, a que se refiere el mencionado artículo 53.1 CE, este Tribunal tiene declarado que la determinación del contenido esencial de cualquier tipo de derecho subjetivo -y, por tanto, también de los derechos fundamentales de la persona- viene marcada en cada caso por el elenco de «facultades o posibilidades de actuación necesarias para que el derecho sea recognoscible como perteneciente al tipo descrito y sin las cuales deja de pertenecer a este tipo y tiene que pasar a quedar comprendido en otro, desnaturalizándose, por decirlo así. Todo ello referido al momento histórico de que en cada caso se trata y a las condiciones inherentes a las sociedades democráticas cuando se trate de derechos constitucionales». Determinación que, desde otro ángulo metodológico, no contradictorio ni incompatible con aquél, ha sido expresada también por este Tribunal como «aquella parte del contenido del derecho que es absolutamente necesaria para que los intereses jurídicamente protegibles, que dan vida al derecho, resulten real, concreta y efectivamente protegidos. De este modo, se rebasa o se desconoce el contenido esencial cuando el derecho queda sometido a limitaciones que lo hacen impracticable, lo dificultan más allá de lo razonable o lo despojan de la necesaria protección (STC 11/1981, de 8 de abril [RTC 1981, 11] , F. 10)» (STC 37/1987, de 26 de marzo [RTC 1987, 37] , F. 2).

A partir de esta doctrina general sobre el contenido esencial de los derechos constitucionales, proyectándola sobre el derecho a la propiedad privada, este Tribunal tiene declarado, poniendo en estrecha conexión los tres apartados del artículo 33 CE, que revelan la naturaleza del derecho en su formulación constitucional, "que la Constitución reconoce un derecho a la propiedad privada que se configura y protege, ciertamente, como un haz de facultades individuales sobre las cosas,

VII.1.1. Antecedentes legislativos

A grandes rasgos se han de citar los siguientes antecedentes normativos: el más lejano de dicho régimen lo encontramos en el Decreto de Carlos III, de 27 de noviembre de 1785 (Novísima Recopilación) al atribuir a la Corona "toda la cosa que fuera hallada en cualquier manera mostrenca desamparada" (título XII, libro X). Este derecho de adquisición pasó luego al Estado mediante la Ley de Mostrencos, aprobada por Real Decreto de 9-16 de mayo de 1835, cuyo artículo 1 atribuía al Estado los bienes semovientes, muebles e inmuebles, derechos y prestaciones que estuvieran vacantes y sin dueño conocido. Con la aprobación

pero también y al mismo tiempo, como un conjunto de derechos y obligaciones establecidos, de acuerdo con las Leyes, en atención a valores o intereses de la comunidad, es decir, a la finalidad o utilidad social que cada categoría de bienes objeto de dominio está llamada a cumplir. Por ello, la fijación del contenido esencial de la propiedad privada no puede hacerse desde la exclusiva consideración subjetiva del derecho o de los intereses individuales que a éste subyacen, sino que debe incluir igualmente la necesaria referencia a la función social, entendida no como mero límite externo a su definición o ejercicio, sino como parte integrante del derecho mismo. Utilidad individual y función social definen, por tanto, inescindiblemente el contenido del derecho de propiedad sobre cada categoría o tipo de bienes" (SSTC 37/1987, de 26 de marzo, F. 2; 170/1989, de 19 de octubre, F. 8.b; 89/1994, de 17 de marzo , F. 4; ATC 134/1995, de 9 de mayo).

Corresponde al legislador delimitar el contenido del derecho de propiedad en relación con cada tipo de bienes, respetando siempre el contenido esencial del derecho, entendido como recognoscibilidad de cada tipo de derecho dominical en el momento histórico de que se trate y como practicabilidad o posibilidad efectiva de realización del derecho, sin que las limitaciones y deberes que se impongan al propietario deban ir más allá de lo razonable (SSTC 37/1987, de 26 de marzo, F. 2; 170/1989, de 19 de octubre, F. 8.b; 89/1994, de 17 de marzo, F. 4; ATC 134/1995, de 9 de mayo). Incumbe, pues, al legislador, con los límites señalados, la competencia para delimitar el contenido de los derechos dominicales, lo que no supone, claro está, una absoluta libertad en dicha delimitación que le permita "anular la utilidad meramente individual del derecho" o, lo que es lo mismo, el límite lo encontrará, a efectos de la aplicación del artículo 33.3 CE, en el contenido esencial, esto es, en no sobrepasar "las barreras más allá de las cuales el derecho dominical y las facultades de disponibilidad que supone resulte recognoscible en cada momento histórico y en la posibilidad efectiva de realizar el derecho" [STC 170/1989, de 19 de octubre, F. 8 b)].

En este sentido ha de recordarse también que este Tribunal se ha referido ya en más de una ocasión al concepto de expropiación o privación forzosa que se halla implícito en el artículo 33.3 Constitución Española, declarando en esencia, y por lo que aquí interesa, que debe entenderse por tal la privación singular de la propiedad privada o de derechos o intereses patrimoniales legítimos acordada imperativamente por los poderes públicos por causa justificada de utilidad pública o interés social. De ahí que sea necesario, para que se aplique la garantía del artículo 33.3 Constitución Española, que concurra el dato de la privación singular característica de toda expropiación, es decir, la substracción o ablación de un derecho o interés legítimo impuesto a uno o varios sujetos, siendo distintas a esta privación singular las medidas legales de delimitación o regulación general del contenido del derecho. Es obvio que la delimitación legal del contenido de los derechos patrimoniales o la introducción de nuevas limitaciones no pueden desconocer su contenido esencial, pues en tal caso no cabría hablar de una regulación general del derecho, sino de una privación o supresión del mismo que, aun cuando predicada por la norma de manera generalizada, se traduciría en un despojo de situaciones jurídicas individualizadas, no tolerado por la norma constitucional, salvo que medie la indemnización correspondiente (STC 227/1988, de 29 de noviembre , F. 11). [...].

del Código Civil se debate si queda vigente la Ley de 1835, en cuyo caso se divide el régimen de adquisición de los bienes inmuebles y muebles vacantes o sin dueño conocido, pues en tanto los primeros continuaron rigiéndose por la Ley de mostrencos y, en consecuencia, siguieron siendo atribuidos al Estado, los bienes muebles abandonados siguieron un nuevo régimen diferenciado establecido por el Código Civil, cuyo artículo 610 dispone que: "Se adquieren por ocupación... las cosas muebles abandonadas"; o si se derogó, en cuyo caso todos los bienes, muebles e inmuebles, pueden ser objeto de ocupación pasando a ser regulados por el Código Civil. Discusión que se ve superada con el Decreto 1022/1964, de 15 de abril, por el que se aprueba el texto articulado de la Ley de Bases del Patrimonio del Estado (artículos 21 y 22), que expresamente derogó la Ley de Mostrencos (cláusula derogatoria) y atribuye al Estado como bienes patrimoniales los inmuebles que estuvieren vacantes y sin dueño, y aparece actualmente recogida en el artículo 17 de la Ley 33/2003, de 3 de noviembre, del Patrimonio de las Administraciones públicas.

Veamos detenidamente la evolución histórica de la adquisición de inmuebles por ocupación siguiendo a García Cantero[437], que distingue tres períodos:

A) Hasta la entrada en vigor de la Ley de Mostrencos.

1. Las Partidas.

Las Partidas admiten el abandono de inmuebles y su posterior adquisición por ocupación. Dedica dos leyes dentro del título XXVIII de la Partida III a la ocupación de inmuebles[438] con clara influencia del Derecho Romano. La ley 29[439], que se refiere al caso concreto de la isla surgida en el mar "que deve ser de aquel que la poblare primeramente" y la ley 50[440], que formula un principio

---

[437] Garcia Cantero, G.: "La adquisición de inmuebles vacantes por el Estado", *Revista de Administración Pública,* nº47, 1965, pg. 10 y ss.; Valladares Rascón, E.: "La Ley del Patrimonio del Estado y la Protección del Poseedor", *Revista de Derecho Privado,* Madrid, 1976, pg. 363 y ss.

[438] Sobre otros supuestos *vid.* Valladares Rascón, E.: "La Ley del Patrimonio...", *Op. cit.*, pg. 364, que analiza la regulación, con clara influencia del Derecho Romano, contenida en las Partidas. En concreto la Partida 2ª, título XXVI, sobre la adquisición de las cosas arrebatadas al enemigo, el botín o los territorios ocupados donde en su mayor parte se atribuía la propiedad al Rey; y las Leyes III y IV del título XXVIII de la Partida 3ª sobre construcción en la ribera del mar.

[439] Partida III, tít.XXVIII, l.29: *"Pocas vegadas aparece que se fagan islas nuevamente en la mar. Pero si acaeciese que se ficiese y alguna isla de nuevo, suya decimos que deve ser de aquel que la poblare primeramente; e aquel o aquellos que la poblaren, deban obedecer al Señor, en cuyo señorío es aquel lugar, do apareció tal isla".*

[440] Partida III, tít. XXVIII, l.50: "*Desamparando alguno me alguna cosa que fuesse rayz, porque se non pagasse della, luego que della saliesse corporalmente, con intencion que non quisiese que fuesse suya dende adelante, quien quier que primeramente la entrasse, ganaria el señorio della. Mas si el non saliesse della, Moguer dixesse que non queria que fuesse suya dende adelante, con todo esso en cuanto el la tuviesse assi, non la podria otro ninguno entrar; e si la entrasse, non ganaria el señorio della, fasta que corporalmente saliesse della, e desamparasse la tenencia. Otrosi dezimos, que si algund ome desamparare alguna su cosa, que non ossasse yr a ella por miedo de*

general con referencia a los requisitos que han de concurrir para entender abandonado un inmueble que pasa a ser res nullius pudiendo ser ocupada por un tercero. Dos son los requisitos: uno objetivo que es la pérdida del corpus ("que della saliesse corporalmente") y otro subjetivo que es la voluntad de abandono o animus dereliquendi ("que non quisiesse que fuesse suya dende adelante").

2. La Novísima Recopilación.

Ante la pregunta de si la regulación contenida en la Novísima Recopilación supuso un cambio de criterio en relación con la legislación de las Partidas, García Cantero manifiesta sus dudas por la falta de claridad de nuestra doctrina del siglo XIX[441]. Valladares Rascón se pronuncia de forma contundente al afirmar que se produce un completo cambio desapareciendo la ocupación como medio de adquirir la propiedad por atribuir la ley a la Real Cámara: "Toda la cosa que fuera hallada en cualquier manera mostrenca desamparada, debe ser entregada a la Justicia del lugar o de la Jurisdicción que fuese hallada, y debe ser guardada un año; y si dueño non pareciere debe ser dada para nuestra Cámara"[442]. Encontramos un precedente de la regulación actual no sólo en cuanto a la exclusión de ocupación de los inmuebles por su atribución a la Corona, si no también al establecer las diligencias a seguir en caso de hallarse alguna cosa mostrenca[443]. Con el estímulo del premio se incrementaron las denuncias a conocer por la jurisdicción especial cuyos abusos se intentaron superar con la Ley de 1835[444].

B) Desde 1835 hasta el Código Civil.

Por Real Decreto de 16 de mayo de 1835 se aprueba la Ley de Mostrencos, que nace para hacer frente a los abusos provocados por la aplicación de las normas contenidas en la Nueva y Novísima Recopilación. Valladares Rascón[445] recoge las palabras contenidas en el preámbulo al proyecto del Gobierno que ilustran de la situación de abuso a la que se había llegado consecuencia del incremento de denuncias "alimentadas por la esperanza de la parte alícuota y con la salvaguarda de la impunidad; sujetos á largos y dispendiosos litigios, y

enemigos, o de ladrones, que ninguno non la puede entrar; e Moguer la entrasse, non ganaria el señorio della. Ca como quier que este atal desamparasse la tenencia corporalmente, con todo esso retiene en su voluntad el señorio de la cosa. E porende non deue, nin puede ninguno entrarla".

441 Garcia Cantero, G.: "La adquisición...", *Op. cit.*, pg. 13.

442 Ley II, título XXII, libro X de la Novísima Recopilación (que recoge la Ley 6, título XIII, libro 6 de la Nueva).

443 Valladares Rascón, E.: "La Ley del Patrimonio...", *Op. cit.*, pg. 364, cita las Leyes III y IV que establecían las diligencias a seguir por quien hallare alguna cosa mostrenca contemplando un derecho a premio de la cuarta parte de su valor. Garcia Cantero, G.: "La adquisición...", *Op. cit.*, pg. 12, destaca la Ley 3ª como precedente de la moderna actividad investigadora y la importancia que se dio a los bienes mostrencos con la creación de una jurisdicción especial.

444 Garcia Cantero, G.: "La adquisición...", *Op. cit.*, pg. 13.

445 Valladares Rascón, E.: "La Ley del Patrimonio...", *Op. cit.*, pg..365.

amenazados del despojo de su propiedad por el fallo de tribunales que invocan en su favor las mal entendidas prerrogativas del Fisco, desatendiendo las respetables leyes de la prescripción, y poniendo en duda los títulos más sagrados del dominio de las cosas. Para poner término a tales males...tengo el honor de presentar á las Cortes el adjunto proyecto de Ley. Asegurar a la nación los capitales que legítimamente la corresponden a falta de dueño conocido; amparar a los particulares en el pacífico goce de su propiedad, sin temor a pesquisas, alarmas y pleitos ruinosos...dispensar a la posesión la protección más anchurosa.., tal es el fin á que se dirige el presente proyecto". Siendo clave para superar la situación descrita la supresión de la jurisdicción especial para conocer de los casos sobre bienes mostrencos que se someten a la jurisdicción ordinaria. Lo anterior no se contradice con el respeto a los principios de la anterior regulación consagrando la adquisición por el Estado de los bienes, semovientes, muebles e inmuebles, vacantes o mostrencos entendiendo por tales los bienes vacantes y sin dueño conocido. Si bien ya se había establecido la atribución al Estado en la Novísima Recopilación, para García Cantero[446] es la primera vez que se establece con claridad en Derecho español el derecho relativo a los inmuebles abandonados[447]. La atribución al Estado excluye la ocupación por los particulares, a los que les queda la posibilidad de adquirir la propiedad por usucapión a través de la prescripción adquisitiva extraordinaria siempre que el Estado no los reclame previamente.

Como disposiciones contenidas en la Ley de Mostrencos de 1835 se han de transcribir las siguientes: "Corresponden al Estado los bienes semovientes, muebles e inmuebles, derechos y prestaciones siguientes: Primero. Los que

---

[446] Garcia Cantero, G.: "La adquisición...", *Op. cit.*, pg. 13.

[447] Valladares Rascón, E.: "La Ley del Patrimonio...", *Op. cit.*, pg. 373 y ss, pone en duda que la Ley de Mostrencos prohiba que los particulares ocupen bienes sin dueño; defiende que se ha partido siempre de una base errónea que era entender que la Ley de 1835 atribuía al Estado los bienes sin dueño. Pero se plantea *"si ello no es así, ¿se puede deducir del Código Civil una prohibición de ocupar bienes inmuebles?"*. Toma la autora en consideración la voluntad del legislador de establecer dicha prohibición y la vigencia de las leyes administrativas que regulaban materias de derecho civil, lo que le lleva a entender que el Código Civil se remite tácitamente a la Ley de 1835 para la regulación de los inmuebles vacantes y sin dueño conocido. Considera aventurado afirmar que la Ley de Mostrencos atribuye al Estado todos los bienes sin dueño; afirma la autora: *"La Ley de Mostrencos atribuye al Estado dos tipos de bienes: los vacantes – carecen de propietario y de poseedor- y los que no tienen dueño conocido por no estar poseídos por nadie o por estar poseídos por un tercero sin título legítimo, bajo la presunción de que carecen de propietario. Evidentemente, si los bienes sin dueño conocido carecen en realidad de propietario, pertenecerán también al Estado. Pero no cabe olvidar que existe una clase de bienes que la Ley de Mostrencos excluye del ámbito de su normativa. Pues el artículo 3, al afirmar que <también corresponden al Estado los bienes detentados o poseídos sin título legítimo> afirma asimismo, a sensu contrario, que los bienes poseídos con título legítimo no corresponden al Estado. Y a estos efectos no importa que dichos bienes tengan o no propietario"*. Con este planteamiento da un paso y limita la atribución al Estado a: 1) los bienes vacantes y 2) los bienes sin dueño a) cuando no estaban poseídos por nadie; b) cuando estaban poseídos por un tercero sin título legítimo.

estuvieren vacantes y sin dueño conocido por no poseerlos los individuos ni Corporación alguna" (artículo 1); "También corresponden al Estado los bienes detentados o poseídos sin título legal, los cuales podrán ser reivindicados con arreglo a las Leyes comunes" (artículo.3); corresponde entonces al Estado probar que el poseedor o detentador no es dueño legítimo. Se diferencia la atribución directa en caso de no haber poseedor y condicionada a la reivindicación ante la jurisdicción ordinaria si estaban siendo poseídos por terceros debiendo el Estado ejercitar la acción correspondiente: "El Estado puede, por medio de la acción competente, reclamar como suyos de cualquier particular o Corporación, en cuyo poder se hallen, y en donde quiera que estuvieren"; "Los bienes que por no poseerlos ni detentarlos persona ni Corporación alguna carecieren de dueño conocido, se ocuparán desde luego a nombre del Estado, pidiendo la posesión real corporal ante Juez competente, que la mandará dar en la forma ordinaria" (artículo 6). El artículo 17 excluye de la jurisdicción especial el conocimiento de los juicios sobre la materia que pasan a ser de conocimiento de la jurisdicción real ordinaria.

En palabras de Valladares Rascón[448], tales disposiciones "responde, en el pensamiento tanto del Gobierno como de las Cortes, a la necesidad, sentida por todos, de conferir a la jurisdicción ordinaria el conocimiento de los casos que versaren sobre bienes mostrencos, evitando que el Estado litigase con las prerrogativas del Fisco a su favor".

C) Desde el Código Civil hasta la Ley de Patrimonio del Estado.

El mandato contenido en la Base 14 de la Ley de 11 de mayo de 1888: "Como uno de los medios de adquirir se definirá la ocupación, regulando los derechos sobre los animales domésticos, hallazgo casual del tesoro y apropiación de las cosas muebles abandonadas. Les servirán de complemento las Leyes especiales de caza y pesca, haciéndose referencia expresa a ellas en el Código", tuvo como consecuencia los artículos 609: "La propiedad se adquiere por la ocupación (...)" y artículo 610: "Se adquieren por la ocupación los bienes apropiables por naturaleza que carecen de dueño, como los animales que son objeto de la caza y pesca, el tesoro oculto y las cosas muebles abandonadas".

Para García Cantero[449], determinar el alcance y significado de ambos preceptos, así como la relación con la Ley de Mostrencos, constituye la cuestión esencial. Lo cierto es que la doctrina[450] coincide que tras la entrada en vigor del Código Civil se discute ampliamente la vigencia parcial, o derogación de la Ley de Mostrencos. Siendo mayoritaria la doctrina que diferencia el

[448] Valladares Rascón, E.: "La Ley del Patrimonio...", *Op. cit.*, pg. 366.

[449] Garcia Cantero, G.: "La adquisición...", *Op. cit.*, pg. 16.

[450] Un estudio completo de la cuestión lo encontramos en Garcia Cantero, G.: "La adquisición...", *Op. cit.*, pg. 15 y ss; Valladares Rascón, E.: "La Ley del Patrimonio...", *Op. cit.*, pg. 366 y ss.

régimen jurídico de los bienes vacantes según sean muebles, sujetos al Código Civil, quedando fuera el régimen de los inmuebles que continúan sometidos a la vigencia de la Ley de Mostrencos y por tanto se atribuyen al Estado. Tesis que encuentra su apoyo en la intención del legislador sobre un estudio de los proyectos y Leyes de Bases anteriores al Código Civil[451]; en la legislación administrativa posterior[452], se citan el Real Decreto de 18 de mayo de 1909, que limita la acción investigadora de bienes y derechos del Estado a aquellos cuyo descubrimiento puede ser de utilidad pública y el texto refundido de la Ley de Concentración Parcelaria de 8 de noviembre de 1962, y en la jurisprudencia calificada por García Cantero[453] en los siguientes términos "orientación suma-

[451] Añade Valladares Rascón, E.: "La Ley del Patrimonio…", *Op. cit.*, pg. 366, con la finalidad de resolver el problema de la vigencia o no de la Ley de Mostrencos tras la publicación del Código Civil, al trabajo de García Cantero (Garcia Cantero, G.: "La adquisición…", *Op. cit.*pg. 9 y ss.), un análisis de la voluntad del legislador, lo que exige un estudio de los proyectos y las Leyes de Bases anteriores al Código Civil. Afirma con buen criterio la autora que "sería muy extraño que si la intención del legislador fuese la de derogar la mencionada Ley, dicha intención no aparezca en los trabajos preparatorios del Código"; el de 1851 que no incluye la ocupación como modo de adquirir la propiedad inclinándose por la vigencia de la Ley en lo que se refiere a los bienes sin dueño; en la misma línea de interpretación recoge el proyecto del libro II del Código Civil redactado por la Comisión General de Codificación que atribuye al Estado los bienes vacantes. La Ley de Mostrencos como ley administrativa que regula materia civil quedaría en vigor bajo el proyecto de la ley de bases de 1881. Vigencia de las leyes especiales que regulan materias civiles que es una constante en las Leyes de Bases. La base IX del proyecto de 1885 (base X en su redacción definitiva de 1888) establece una enumeración *ad exemplum* de las leyes particulares por las que se rigen, entre otras la propiedad del Estado. Análisis que lleva a la autora a concluir que si bien la ausencia de referencias a la ocupación de inmuebles constituye una prueba inequívoca de la vigencia de la Ley de 1835 "sí nos parece altamente interesante y significativo que la línea seguida en esta materia sea, sin excepción, tan uniforme".

[452] Se cita, Garcia Cantero, G.: "La adquisición…", *Op. cit.*, pg. 22 y ss ; Valladares Rascón, E.: "La Ley del Patrimonio…", *Op. cit.*, pg. 372, como argumento a favor de la vigencia de la Ley de Mostrencos la legislación administrativa posterior que así lo corrobora. El Real Decreto de 18 de mayo de 1909, que regula el ejercicio de la acción investigadora por el Estado, establece la incoación de oficio admitiendo denuncias cuando se trate de: *"1º. Bienes inmuebles y derechos reales abandonados; semovientes vacantes que no tengan la calidad de reses mostrencas y valores mobiliarios que careciesen de dueño conocido. 4º.Bienes detentados o poseídos sin titulo legítimo"*. Por su parte, se cita el artículo 39 de la Ley de Concentración parcelaria, texto refundido de 8 de noviembre de 1962, que dispone: *"Las fincas que reemplacen a las parcelas cuyo dueño no fuese conocido durante el período normal de investigación se incluirán también en el acta de reorganización haciéndose constar aquella circunstancia y consignando, en su caso, las situaciones posesorias existentes. Tales fincas, sin embargo, no serán inscritas en el Registro de la Propiedad mientras no aparezca su dueño o fuese procedente inscribirlas a nombre del Estado, conforme a la legislación vigente"*.

[453] Garcia Cantero, G.: "La adquisición…", *Op. cit.*, pg. 23. La orientación de la jurisprudencia, sobre la vigencia o derogación de la Ley de Mostrencos por el Código Civil, siendo confusa, sí reconoce, Garcia Cantero, G.: "La adquisición…", *Op. cit.*, pg. 22 y ss; Valladares Rascón, E.: "La Ley del Patrimonio…", *Op. cit.*, pg. 370 y ss, la vigencia de la Ley de 1835, si bien en algunas resoluciones judiciales ese reconocimiento viene implícito al afirmar que no cabe la adquisición de inmuebles por ocupación. Se citan las sentencias de 10 de enero de 1894, 24 de junio de 1909, 1 de marzo de 1918, 18 de diciembre de 1928, 19 de noviembre de 1932, 21 de junio de 1955, 12

mente vacilante, imprecisa, no pocas veces contradictoria, y sin resolver con decisión los problemas debatidos en la doctrina" si bien confusa, por cambios de criterio, en su mayoría declaran vigentes la Ley de Mostrencos[454].

---

de noviembre de 1956 y 17 de junio de 1961. Especial interés tiene la Resolución de la Dirección General de los Registros y del Notariado de 8 de julio de 1920 que admite la vigencia de la Ley de Mostrencos y afirma, y aquí la diferencia, que de la misma *"no se deduce la imposibilidad de que los particulares tomen posesión a efectos adquisitivos de las fincas abandonadas, porque concede al Estado, más bien que un derecho de dominio, una facultad de apropiación, protegida por una acción reivindicatoria y con la carga de la prueba... ante el Juez competente y subordinada a la prescripción".* García Cantero analiza las diversas críticas que provocó la Resolución, alaba el análisis profundo sobre la facultad de apropiación a favor del Estado, pero considera incongruente que se afirme en la misma la existencia de una doctrina arraigada en el Derecho romano y en las tradiciones nacionales favorable a la ocupación de inmuebles. Resolución que sirve de soporte a alguna sentencia del Supremo, como la de 12 de noviembre de 1956, que si bien confusa parece que vuelve a la postura anterior y excluye la ocupación de inmuebles. Sentencia que merece la crítica por el autor, García Cantero, G.: "La adquisición...", *Op. cit.*, pg. 30: *"Dado que en el recurso se había planteado frontalmente el problema de la posibilidad de ocupación de los bienes inmuebles, cabría esperar un pronunciamiento neto sobre la cuestión. En su lugar sorprenden afirmaciones como la de que la <Sala de Instancia no ignora, ni este Tribunal desconoce, la posibilidad de que los inmuebles puedan adquirirse por ese título>, doctrina que se dice apuntada en la Resolución de 1920, lo que hemos visto no es cierto; ratificándose aquella afirmación y aclarándose en el sentido de que <esa adquisición puede hacerse legítimamente cuando se trate de cosa sin dueño>, siquiera a continuación se atenúe con la referencia a la usucapión que consolida aquélla. Pero si la ocupación es título legítimo de adquirir ¿qué necesidad tiene de consolidarse con la usucapión? ¿Cómo se cohonesta el reconocimiento de la ocupación como título de adquirir con la vigencia declarada de la Ley de Mostrencos? ¿Dónde queda el alcance general que se reconoce en el artículo 610 del Código Civil? ...Con todo tratándose de una cuestión de tanto alcance doctrinal hubiera sido de desear que esta sentencia no hubiera incurrido en tales contradicciones e inexactitudes".*

454 Frente a la doctrina mayoritaria, autores como Manresa, Valverde, Albaladejo y Espín defienden la derogación de la Ley de Mostrencos, siendo susceptibles de ocupación los bienes inmuebles con fundamento en interpretar que la enumeración del artículo 610 del Código Civil (*"como los animales que son objeto de la caza y la pesca, el tesoro oculto y las cosas muebles abandonadas"*) *es ad exemplum* al regular en los artículos posteriores supuestos de ocupación no mencionados en dicho artículo. Manresa y Navarro, J.Mª.: *Comentarios al Código Civil Español,* tomo V, Madrid, 1921, pg. 25, afirma –frente a quienes defienden la vigencia de las leyes 29 y 50, título 28, Partida 3ª por considerar que ante el silencio del Código Civil es indispensable buscar una solución–: *"La derogación por el artículo 1976 de todos los Cuerpos legales que constituían nuestro derecho común en todas las materias que son objeto del Código no puede ser más clara y terminante. Derogadas todas las disposiciones referentes a la materia de la ocupación, quedan derogadas todas las referentes a casos especiales dentro de esta materia. Ni vale utilizar sobre la extensión de la palabra materia, empleada en dicho artículo para limitarla a un precepto especial, porque por este camino se demostraría que el Código quiso dejar algo subsistente de nuestros antiguos cuerpos legales, y por disfrazar su letra contraría abiertamente su espíritu".* Según el autor no cabe hablar de falta de disposición aplicable en caso de bienes inmuebles sin dueño o abandonados. Al contrario, afirma que existe *"sobra de preceptos que en circunstancias dadas hará difícil la elección",* citando al caso de bienes inmuebles como precepto general el artículo 610 que hace referencia a bienes (muebles e inmuebles).

Valverde y Valverde, C.: *Tratado de Derecho Civil Español,* Valladolid, 1936, pg. 11, afirma que ante el silencio del Código Civil sobre la ocupación de inmuebles considera derogada la Ley de Mostrencos, admitiendo la ocupación de inmuebles por comprender todos el artículo 610 del Código Civil, que no hace distinción entre muebles e inmuebles, al igual que el artículo 439 del

Debate que se vió superado con la Ley de Patrimonio del Estado de 15 de abril de 1964 que de forma expresa derogó la Ley de Mostrencos. Derogación que excluye, más allá de interpretaciones doctrinales, la posible ocupación de los bienes inmuebles sin dueño que por ministerio de la ley se atribuyen al Estado.

Dos son los artículos que se refieren a los inmuebles vacantes. El artículo 21, que atribuye al Estado como bienes patrimoniales los inmuebles que estuvieren vacantes y sin dueño conocido. Atribución por ministerio de la ley, *desde luego*, esto es, desde que concurre el presupuesto de hecho de la vacancia del inmueble. Puede entonces el Estado tomar posesión de los mismos en vía administrativa, con el límite de existir un tercero que se oponga con posesión superior a un año, pues en tal caso el Estado tendrá que entablar la acción que corresponda ante la jurisdicción ordinaria. Se atribuyen al Estado, conforme al artículo 22, los inmuebles que estén siendo detentados o poseídos, sin título, por entidades o particulares, pudiendo reivindicarlos con arreglo a las leyes y correspondiendo al Estado la prueba de su derecho. Posesión sin título que puede derivar en una adquisición por usucapión ordinaria, si posee con título hábil para usucapir, pero careciendo de titularidad, o extraordinaria si carece de título.

Sánchez Aristi[455] recoge como ejemplo más claro de adquisición de la propiedad por ministerio de la ley el artículo 21 de la Ley de Patrimonio del Estado. Califica el supuesto de hecho de la norma como hipotético frente a las adquisiciones producto de contratos mediante la tradición o por sucesión mortis causa. Cierto es que no resulta común en el tráfico jurídico la existencia de inmuebles vacantes, pero la realidad discrepa del autor cuando afirma "no es

Código Civil. Albaladejo, M.: *Instituciones de Derecho Civil,* Derecho de cosas, Barcelona, 1964, pg. 201, expone como argumento a favor de la ocupabilidad de los inmuebles los términos del artículo 610 del Código Civil que al declarar susceptibles de ocupación "los bienes" lo hace con carácter general sin excluir los inmuebles. Para el autor, el Código Civil derogó la Ley de Mostrencos en la parte que lo contradice, como es el caso de la hipótesis de la ocupación de inmuebles. En palabras de Espín Canovas, D.: *Manual de Derecho civil español,* vol.II, Madrid, 1968, pg. 79-80: "*Se opondría si los bienes inmuebles abandonados no pudiesen ser adquiridos por ocupación, ya que el artículo 610 no excluye ninguna clase de bienes de ésta, sino que se limita a enumerar los principales casos de la misma*". Sobre el alcance de la cuestión resulta ilustrativa la pregunta que se fomula Azcárate y que recoge Manresa y Navarro, J.Mª.: *Comentarios..., Op. cit.*, pg. 22: "*Es que este modo de nacer la propiedad inmueble, la ocupación individual, que muchos han considerado, erróneamente por cierto, como el origen histórico de la misma, no puede tener aplicación hoy? No es esto debido, a nuestro juicio, a que toda la tierra esté ya apropiada, pues es evidente que hay mucha inculta e inapropiada, de lo cual es buen ejemplo España, sino a que se supone que los bienes raíces que están en ese caso pertenecen al Estado o a los municipios, como sucede entre nosotros con los baldíos*".

455 Sánchez Aristi, R.: "La adquisición por ley de la propiedad y los demás derechos reales sobre los bienes", *Aranzadi Civil* nº19/2000, Pamplona, 2000. Puede consultarse el texto de este comentario en www.westlaw.es, ref. BIB 2000\1798.

cambio seguro ni probable que vayan a existir inmuebles vacantes". Realidad que refleja la existencia de inmuebles vacantes según los datos facilitados por la Subdirección General del Patrimonio del Estado, Defensa Patrimonial y Urbanismo, que gestiona el Inventario General de Bienes y Derechos del Estado. Entre los años 2005 y 2010 se iniciaron 1542 expedientes de investigación de bienes vacantes, finalizando con la incorporación a Patrimonio del Estado de un total de 566 inmuebles.

D) Ley del Patrimonio de las Administraciones Públicas.

Añadimos un cuarto período, que es el vigente, constituido por la Ley 33/2003, de 3 de noviembre, del Patrimonio de las Administraciones Públicas, que unifica la atribución del Estado de los inmuebles vacantes en un único criterio (lo que merece la valoración positiva desde la técnica legislativa[456]) dedicando un único artículo, el 17, que dispone:

> "1. Pertenecen a la Administración General del Estado los inmuebles que carecieren de dueño.
> 1. La adquisición de estos bienes se producirá por ministerio de la ley, sin necesidad de que medie acto o declaración alguna por parte de la Administración General del Estado. No obstante, de esta atribución no se derivarán obligaciones tributarias o responsabilidades para la Administración General del Estado por razón de la propiedad de estos bienes, en tanto no se produzca la efectiva incorporación de los mismos al patrimonio de aquélla a través de los trámites prevenidos en el párrafo d) del artículo 47 de esta Ley.
> 2. La Administración General del Estado podrá tomar posesión de los bienes así adquiridos en vía administrativa, siempre que no estuvieren siendo poseídos por nadie a título de dueño, y sin perjuicio de los derechos de tercero.
> 3. Si existiese un poseedor en concepto de dueño, la Administración General del Estado habrá de entablar la acción que corresponda ante los órganos del orden jurisdiccional civil".

Se dicta al amparo del artículo 149.1.8 de la Constitución española que atribuye al Estado competencia exclusiva en materia civil. Destaca el Consejo de Estado en su dictamen sobre el anteproyecto que se "atribuye ya expresamente carácter básico a estos dos preceptos (se refiere también al 18 sobre atribución al Estado de saldos y depósitos abandonados) declarando así que los bienes vacantes corresponden, exclusivamente, a la Administración General del Estado, sin que las Comunidades Autónomas puedan, por vía legislativa,

[456] El Consejo de Estado en Dictamen de 3 de abril de 2003 sobre el anteproyecto de Ley del Patrimonio de las Administraciones Públicas, lo considera un criterio más claro y seguro que merece una valoración positiva. Su contenido es analizado en un capítulo posterior de este trabajo.

atribuir esa propiedad a sus propios órganos o a las entidades locales". El reconocimiento expreso de la competencia exclusiva del Estado sobre la materia cobra importancia si tenemos en cuenta el debate doctrinal que surgió a raíz de la regulación autonómica, en concreto la Ley 11/1981, de 7 de diciembre, de Patrimonio de la Generalidad de Cataluña, cuyo artículo 11 atribuía a la Comunidad Autónoma el derecho a "reivindicar, de acuerdo con las Leyes, los bienes inmuebles retenidos o disfrutados sin título válido por entidades o por particulares", y que derivó en la Sentencia del Tribunal Constitucional 58/1982, de 27 de julio, que declaró nulo el citado precepto por ser la atribución de los bienes vacantes un derecho que corresponde al Estado en su conjunto como titular de la soberanía. Admitiendo la posibilidad de que sean atribuidos a entes distintos de la Administración Central, pero tal decisión sólo corresponde al Estado.

Estamos ante una ley que tiene por objeto regular el patrimonio de las Administraciones públicas, ley administrativa que en lo que a bienes vacantes se refiere regula una materia de Derecho Civil y establece, con soporte en la jurisprudencia constitucional, una excepción al régimen general de la ocupación. Afirma la Abogacía General del Estado[457] que "excepción al régimen general de la ocupación como forma de adquirir la propiedad prevista en el artículo 610 Código Civil. La naturaleza del precepto supone la atribución de un derecho concedido al Estado, pero de naturaleza privada y de evidente orden público, no susceptible de derogación por acuerdo entre particulares y con clara vocación de seguridad jurídica ya que persigue la finalidad de evitar la vacancia indefinida de los bienes inmuebles".

VII.1.2. Antecedentes parlamentarios

El artículo 17 LPAP no sufrió ninguna modificación[458] durante su tramitación parlamentaria. Coincide en su redacción el artículo 17 del Proyecto de Ley de 22 de abril de 2003 con el texto definitivo aprobado por el Pleno sin que en el Senado se introduzca modificación alguna. No obstante, tanto en el Congreso de los Diputados como en el Senado se plantearon por diversos grupos parlamentarios enmiendas con un mismo fundamento, la Sentencia del Tribunal

[457] "*Comentarios...* ", *Op.cit*, pg. 276.

[458] La única modificación es consecuencia del informe emitido por la Ponencia en el Congreso de los Diputados que propone a la Comisión la incorporación al proyecto de Ley de la propuesta de sustituir la referencia "a la Administración" por la "Administración General del Estado" en el apartado cuarto del artículo 17. *BOCG,* Congreso de los Diputados, VII Legislatura, Serie A, núm 142-10, de 27 de junio de 2003, Informe de la Ponencia, 121/000142 Patrimonio de las Administraciones Públicas, pg. 143.

Constitucional 58/1982, de 27 de julio, que declaró la nulidad del artículo 11 de la Ley catalana 11/1981, de 7 de diciembre, del Patrimonio de la Generalidad consecuencia de la subrogación del Patrimonio de la Generalidad, en el lugar del Patrimonio del Estado "y para esto, como es evidente carece la Generalidad de toda competencia... En cuanto que la titularidad de la soberanía corresponde al Estado en su conjunto y no a ninguna de sus instituciones en concreto, los bienes vacantes podrían, en principio, ser atribuidos a Entes distintos de la Administración Central, pero sólo el órgano que puede decidir en nombre de todo el Estado y no de una de sus partes puede modificar la actual atribución". (fundamento de derecho tercero).

– Enmienda núm.7 presentada por el Grupo Parlamentario Vasco (EAJ-PNV), de modificación de los apartados 1, 2 y 3[459]:

> "1. Pertenecen a la Administración de la Comunidad Autónoma los inmuebles que carecieren de dueño situados en su correspondiente ámbito territorial.
> 2. La adquisición de estos bienes se producirá por ministerio de la ley, sin necesidad de que medie acto o declaración alguna por parte de la Administración adquirente. No obstante, de esta atribución no se derivarán obligaciones tributarias o responsabilidades para la Administración adquirente por razón de la propiedad...(resto igual)
> 3. La Administración adquirente, ...(resto igual)".

Se justifica la enmienda conforme a la jurisprudencia constitucional, en concreto la Sentencia del Tribunal Constitucional 58/1982, de 27 de julio[460], "los bienes vacantes podrían en principio ser atribuidos a entes distintos de la Administración Central, pero sólo el órgano que puede decidir en nombre de todo el Estado y no una de sus partes puede modificar la actual distribución". Con la enmienda que se propone la atribución de estos bienes se hace, por ley del Estado, a favor de las CC.AA. En coherencia con ello es necesario sustituir en los apartados 2 y 3 del citado artículo, el término "Administración General del Estado" por el de "Administración adquirente"[461].

[459] BOCG, Congreso de los Diputados, VII Legislatura, Serie A, núm 142-9, de 25 de junio de 2003, Enmiendas e índice de enmiendas al articulado, 121/000142 Patrimonio de las Administraciones Públicas, pg. 75.

[460] Este problema se aborda específicamente en un capítulo anterior de este trabajo.

[461] Por el Grupo Parlamentario del Partido Nacionalista Vasco tomó la palabra el señor Erkoreka Gervasio que defendió la enmienda 7, al artículo 17, en términos coincidentes con el portavoz del Grupo Catalán: *"La tesis que defendemos en nuestra enmienda es que el destino de los bienes vacantes no tiene por qué ser necesariamente la Administración general del Estado. Sí es cierto que una sentencia del Tribunal Constitucional reserva al legislador estatal la facultad de determinar quién ha de ser el destinatario de los inmuebles vacantes, pero esta potestad legislativa clarísimamente del Estado puede ejercerse de muchas maneras y nosotros creemos que hoy y aquí habría de ejercerse de manera que también se reconociera un papel a las administraciones autonómicas*

– Enmienda núm. 145 presentada por el Grupo Parlamentario Catalán (Convergencia i Unió)[462], de modificación de los apartados 1, 2 y 3 del artículo 17 con la misma redacción que propone el Grupo Parlamentario Vasco. Al igual que la anterior, la justificación se encuentra en permitir la atribución de los inmuebles vacantes a las Comunidades Autónomas, en coherencia a las Sentencias del Tribunal Constitucional 58/1982, de 27 de julio y 150/1998, de 2 de julio, en relación a Ley de Concentración Parcelaria de Castilla y León de 1990 que permiten atribuirlos a Entes distintos de la Administración Central[463].

– Enmienda núm. 146 presentada por el Grupo Parlamentario Catalán (Convergencia i Unió)[464], a los efectos de adicionar un nuevo apartado al artículo 17, el quinto, proponiendo la siguiente redacción: "5. Una vez la Administración General del Estado haya tomado posesión de los mismos, en el plazo de un año deberán destinarse a un uso general, al servicio público o al cumplimiento de otros fines o funciones públicas. Transcurrido el mencionado plazo sin que se hayan destinado dichos bienes a dichas finalidades, previa solicitud de las Comunidades Autónomas en cuya ámbito territorial se encuentren los bienes, la Administración General del Estado deberá ceder gratuitamente la propiedad de los mismos a las Comunidades Autónomas, en los términos y condiciones que prevé la Sección Quinta del Capítulo V del Título V de esta ley, si bien, en estos casos, el derecho de reversión únicamente se ejercitará en los supuestos de que los bienes cedidos no se destinen a un uso general, al servicio público o al cumplimiento de otros fines o funciones públicas, derecho de reversión que comportará que el cesionario pueda ser

---

en lo que se refiere al destino de los inmuebles de carácter vacante"., argumento que extiende la enmienda 8, al artículo 18, en relación con los saldos y depósitos abandonados al mantener que *"la reserva automática y exclusiva al Estado de estos saldos y depósitos no se sustenta en un Estado autonómico políticamente descentralizado y habría de abrirse esta reserva exclusiva al Estado a través de una previsión, flexibilizando este criterio y permitiendo también a las comunidades autónomas participar de este destino"*. Diario de Sesiones del Congreso de los Diputados, VII Legislatura, núm 788, Comisión de Economía y Hacienda, 25 de junio de 2003, pg. 24987.

462 BOCG, Congreso de los Diputados, VII Legislatura, Serie A, núm 142-9, de 25 de junio de 2003, Enmiendas e índice de enmiendas al articulado, 121/000142 Patrimonio de las Administraciones Públicas, pg. 114.

463 Por el Grupo Catalán Convergencia i Unió tomó la palabra el señor Jané I Guasch que defendió la enmienda 145 y 146, al artículo 17, en los siguientes términos: *"Existe una jurisprudencia del Tribunal Constitucional que nos remite a esta Cámara, a las Cortes Generales, para que legislemos una solución, pero no para que esa solución sea necesariamente atribuir esos inmuebles vacantes a la Administración general del Estado. Nosotros entendemos que el Estado es plural, que existe una pluralidad de administraciones públicas, que las comunidades autónomas también son Estado y que la Administración autonómica debería ser la destinataria de esos inmuebles vacantes"*. Diario de Sesiones del Congreso de los Diputados, VII Legislatura, núm 788, Comisión de Economía y Hacienda, 25 de junio de 2003, pg. 24983.

464 BOCG, Congreso de los Diputados, VII Legislatura, Serie A, núm 142-9, de 25 de junio de 2003, Enmiendas e índice de enmiendas al articulado, 121/000142 Patrimonio de las Administraciones Públicas, pg. 115.

indemnizado por los gastos e inversiones que haya realizado para cumplir con el destino de los bienes cedidos".

Se justicia en coherencia con los principios relativos a los bienes enumerados en los artículos 6 y 8 del proyecto de ley y se condiciona "en el supuesto de no prosperar el primer planteamiento realizado en la enmienda anterior".

Ninguna de estas enmiendas resultó aprobada, ni las presentadas en el Senado por los mismos Grupos Parlamentarios (EAJ-PNV y Convergencia i Unió)[465] donde insisten en la atribución de los inmuebles vacantes a la Administración de la Comunidad Autónoma correspondiente al ámbito territorial donde los inmuebles vacantes radiquen.

Cierto es que la sentencia del Tribunal Constitucional dejaba abierta la puerta a la atribución de los bienes vacantes a las Comunidades Autónomas, pero sólo el Estado puede modificar la actual atribución.

VII.2. PRESUPUESTOS

De entre los diferentes modos de adquirir la propiedad que enumera el artículo 609 del Código Civil el primero es la ocupación. Tres son las notas de las que se ha de partir al hablar de la ocupación: es un modo originario de adquisición, pues no existe relación jurídica con el anterior propietario, teniendo virtualidad para adquirir el derecho pero no para transmitirlo; se limita al derecho de propiedad, sin que se pueda extender a los demás derechos reales que requieren, como indica Bercovitz,[466] un acto de constitución a cargo del propietario que en caso de ocupación no existe y, sólo cabe adquirir por ocupación los bienes muebles, quedando reservada la propiedad de los inmuebles al Estado tal y como se recoge en el artículo 17 Ley del Patrimonio de las Administraciones Públicas, anterior artículo 21 Ley de Patrimonio del Estado.

Sin entrar, de momento, en la discusión doctrinal que enfrenta a quienes argumentan que la adquisición por el Estado de los bienes vacantes es un acto de ocupación frente a la mayoría que se decanta por defender que estamos ante una adquisición por ministerio de la ley, debemos hacer una referencia a los dos presupuestos que han de concurrir para que entre en juego el artículo 17 de la Ley 33/2003 que en su apartado primero dispone que: "Pertenecen a

[465] Enmiendas números 41, 42, 43 y 44 por parte del Grupo Parlamentario Vasco (EAJ-PNV); enmiendas de modificación números 152 y 153 por parte de Convergencia i Unió. *BOCD,* Senado, núm. 144.D, Serie II, de 10 de octubre de 2003.

[466] Bercovitz Rodriguez-Cano, R.: "Comentario al artículo 609 del Código Civil". Puede consultarse el texto de este comentario en www.westlaw.es, ref. BIB 2009\5232.

la Administración General del Estado los inmuebles vacantes que carecieren de dueño". La atribución del artículo 17 exige, por tanto, la concurrencia de dos presupuestos: que sea inmueble y que dicho inmueble se encuentre en la situación jurídica de vacancia.

VII.2.1. Inmueble

La Ley de Mostrencos, aprobada por Real Decreto de 9-16 mayo de 1835, atribuía al Estado el derecho de adquisición de los bienes mostrencos entendiendo por tales cualquier clase de bien (mueble, inmueble y semoviente) vacante y sin dueño conocido. Atribución que no impedía que pudieran ser adquiridos por los particulares a través de la prescripción adquisitiva tolerando su posesión. Régimen que si bien se consolida en cuanto a los inmuebles con la publicación del Código Civil, siendo objeto de amplio debate si la entrada en vigor del Código Civil supuso la vigencia o derogación de la Ley de Mostrencos, se modifica el régimen de adquisición de los muebles permitiendo su ocupación por los particulares. En sentido inverso la atribución a la Administración General del Estado de los inmuebles vacantes no se extiende a los muebles, pues en este caso la ocupación por parte de la Administración se sujeta a las mismas reglas que los particulares[467].

¿A qué tipo de inmuebles se refiere el artículo 17 de la Ley 33/2003? ¿Comprende todos los del artículo 334 del Código Civil? Nada dice ni la Ley del Patrimonio ni su Reglamento de desarrollo. El Código Civil no da un concepto de bien inmueble y opta por una enumeración[468] de lo que son bienes inmuebles.

---

[467] A excepción de los valores, dinero y demás bienes muebles depositados en sociedades de crédito y entidades financieras que (desde enero de 1977 las depositadas en Cajas de Ahorros y desde 1928 en entidades bancarias) pertenecen al Estado, cuando hayan sido abandonados por su titular o sus causahabientes. Estamos ante una atribución legal de bienes y derechos al Estado consecuencia de su abandono por los titulares; cuestiona Bercovitz Rodríguez-Cano la atribución de bienes abandonados o vacantes, muebles como inmuebles (artículo 21 LPE), *"cuando no viene respaldada por ocupación alguna y se hace prevalecer sobre situaciones posesorias pacíficas de sujetos privados",* destacando el autor que se fije un plazo de 20 años muy superior al establecido para la prescripción de acciones personales (cuentas crédito o depósitos dinerarios) o para la usucapión de bienes muebles (valores). Bercovitz Rodríguez-Cano, R.: "Bienes abandonados y Patrimonio del Estado", *Aranzadi Civil num. 4/2000*, Pamplona, 2000. Puede consultarse el texto de este comentario en www.westlaw.es, ref. BIB 2000\182.

[468] Es tradicional, *Vid.* Clavería Gosalbez, L.H.: *Comentario del Código Civil,* Ministerio de Justicia, Madrid, 1991, pg. 924; O, Callaghan, X.: *Código Civil comentado y con jurisprudencia,* Madrid, 2006, pg. 381; Pasquau Liaño, M.: *Jurisprudencia civil comentada,* Granada, 2000, pg. 906, la clasificación de los bienes inmuebles recogidos en el artículo 334 del Código Civil en cuatro grupos partiendo que son inmuebles los que no pueden desplazarse sin menoscabo de su naturaleza o que está incorporada o que está destinada o que guarda analogía con la primera: a) Inmuebles por naturaleza, que son el suelo; b) Inmuebles por incorporación, todo lo que está incorporado

De la misma Domínguez Luelmo[469] excluye las concesiones administrativas de obras públicas, por ser ajenas a la situación de vacancia o abandono en sentido estricto; las servidumbres y demás derechos reales sobre bienes inmuebles, que en caso de abandono el efecto es la absorción por el propietario, por la elasticidad propia del derecho real de propiedad y los inmuebles por destino recogidos en los apartados 4, 5, 6 y 7, bienes muebles por naturaleza que pueden desplazarse sin quebranto del inmueble. Su consideración como inmuebles es consecuencia de un acto de afectación económica por parte del propietario que en caso de abandono del inmueble recupera su anterior naturaleza de bien mueble[470]. De igual forma, la doctrina excluye los diques y construcciones referidos en el apartado 9, por entender García Cantero que se asimilan a los buques que de acuerdo con el Código de Comercio son bienes muebles; por su parte, Domínguez Luelmo los excluye al ser calificados como de dominio público por aplicación de la legislación de costas, puertos o aguas, sin perjuicio de la posible concesión administrativa.

Fuera de las exclusiones citadas se considera por la doctrina[471] que sí comprende los inmuebles por naturaleza o por incorporación enumerados en los apartados 1, 2, 3 y 8 del artículo 334 del Código Civil. Siendo así que el legislador ha pensado en el abandono de fincas, rústicas o urbanas, sobre el concepto tradicional de finca como trozo de superficie terrestre, delimitado por una línea poligonal, con o sin edificaciones incorporadas. Siendo indiferente, añade García Cantero, como se halle el inmueble (cultivado o baldío; edificio abierto o cerrado) o su situación fiscal. Sin embargo, la práctica lleva al Estado a considerar cualquier indicio que sirva de prueba para comprobar la vacancia del inmueble. Sí compartimos con el autor que ocupa un lugar especial la situación posesoria y registral de la finca para poder conocer la situación jurídica del bien abandonado.

VII.2.2. Inmueble vacante

De acuerdo con el precepto citado, el presupuesto de hecho para que se atribuya al Estado la propiedad del inmueble es la vacancia e inexistencia de

natural o artificialmente ; c) Inmuebles por destino, que siendo muebles por naturaleza se destinan al servicio de un inmueble ; d) Inmuebles por analogía asimilados por el Código.

[469] Domínguez Luelmo, A.: "La adquisición de inmuebles vacantes por el Estado en la Ley 33/2003, de 3 de noviembre, del patrimonio de las Administraciones Públicas", *Revista de Administración Pública,* núm.47, pg. 8.

[470] García Cantero, G.: "La adquisición...", pg. 57.

[471] Garcia Cantero, G.: "La adquisición...", *Op. cit.,* pg. 57;Domínguez Luelmo,A.:"La adquisición...", *Op. cit.,* pg. 8.

dueño conocido del inmueble. La Subdirección General de lo Consultivo de la Abogacía General del Estado en dictamen emitido el 8 de octubre de 2004[472] en la investigación patrimonial de inmuebles, precisa que la vacancia a la que alude la legislación patrimonial se ha de entender en el sentido jurídico y no meramente fáctico del término, "como expresiva de que el inmueble carece de dueño conocido, pues la existencia de un poseedor no propietario no obsta a la adquisición legal del dominio por el Estado que el citado precepto establece, sino que tan solo impide la toma de posesión en vía administrativa del inmueble, perteneciente desde luego al Estado en cuanto carente de dueño, si el poseedor no lo fuera en concepto de dueño, en cuyo caso el Estado habrá de entablar la acción que corresponda ante el órgano judicial del orden jurisdiccional civil". Se trata de un hecho negativo que corresponde probar al Estado tramitando el correspondiente expediente de investigación patrimonial incorporando pruebas que acrediten la vacancia, certificación catastral a nombre de propietario desconocido, declaraciones testificales y descripción del estado de la finca objeto de investigación.

De la redacción del precepto se evidencia que el presupuesto que ha de concurrir es la vacancia del inmueble, con independencia de si están o no poseídos por alguien a título de dueño. En cuyo caso sigue siendo propiedad del Estado, pero para poder tomar posesión se requiere que acuda a la vía judicial, entablando la correspondiente acción reivindicatoria.

De las consideraciones expuestas son dos los aspectos que han de ser objeto de investigación. Se ha de determinar si la finca tiene o no dueño conocido y la situación registral del inmueble.

VII.2.2.1. Supuestos de vacancia

Dos son los artículos que dedicaba la Ley del Patrimonio del Estado a la atribución de inmuebles. El artículo 21 dispone: "Pertenecen al Estado como bienes patrimoniales los inmuebles que estuvieren vacantes y sin dueño conocido. Los bienes a que se refiere el párrafo anterior se entenderán adquiridos, desde luego, por el Estado, y tomará posesión de los mismos en vía administrativa, salvo que se oponga un tercero con posesión superior a un año, pues en tal caso el Estado tendrá que entablar la acción que corresponda ante la jurisdicción ordinaria" y el artículo 22 que dispone: "También corresponden al Estado los bienes inmuebles detentados o poseídos, sin título, por entidades o particulares, pudiendo reivindicarlos con arreglo a las Leyes. En esta reivindicación incumbe

[472] Dictamen de la Subdirección General de lo Consultivo. Abogacía General del Estado. Servicio Jurídico del Estado. A.E.H-Patrimonio 25/04.

al Estado la prueba de su derecho, sin que los detentadores o poseedores puedan ser compelidos a la exhibición de sus títulos ni inquietados en la posesión hasta ser vencidos en juicio".

Del régimen establecido en ambos artículos Valladares[473] distingue dos categorías de inmuebles: los "vacantes", que carecen efectivamente de dueño por no haberlo tenido nunca o haber sido abandonados, y los inmuebles "sin dueño conocido" donde se presume que no lo tienen sin llegar a una certeza de tal carencia. Para la autora, el artículo 22 recoge la misma categoría de inmuebles pero bajo una situación añadida al estar poseídos sin título[474].

En contra de esta diferencia encontramos un argumento literal y el camino seguido por el legislador. Una interpretación literal del artículo 21 al utilizar la conjunción "y" lleva a defender que "vacantes" y "sin dueño conocido" son dos formas de describir la misma situación en la que se encuentra el inmueble que por ley le corresponde al Estado. Sobre la interpretación descrita de Valladares y dejando a un lado el supuesto poco probable en la práctica de no haber tenido dueño, distinguir "vacantes" por carecer de dueño, de los inmuebles "sin dueño conocido" donde se presume que no existe dueño pero no existe certeza, supone a nuestro juicio poner el peso de la diferencia en una cuestión de hecho sometida a prueba inapreciable en la práctica donde el Estado, y más concretamente Patrimonio del Estado, habrá de investigar la situación en la que se encuentra el inmueble y siempre con admisión de la prueba en contrario que destruya la presunción de vacancia.

Postura que se ve reforzada con la redacción dada al artículo 17 de la vigente Ley del Patrimonio de las Administraciones Públicas donde bajo la rúbrica "Inmuebles vacantes" dispone: "1. Pertenecen a la Administración General del Estado los inmuebles que carecieren de dueño. 2. La adquisición de estos bienes se producirá por ministerio de la ley, sin necesidad de que medie acto o declaración alguna por parte de la Administración General del Estado...". Redacción que lleva a concluir que sólo cabe hablar de un tipo de inmuebles que carecen de dueño, denominados vacantes. Tal y como apunta el Consejo de Estado en Dictamen de 3 de abril de 2003, examinado el expediente relativo al Anteproyecto de Ley del Patrimonio de las Administraciones Públicas. El artículo 17 del anteproyecto, unifica los diversos criterios de atribución al Estado de los inmuebles vacantes que establecen los artículos 21 y 22 de la

473 Valladares Rascón, E.: "La Ley del Patrimonio...", *Op. cit.*, pg. 389.

474 Diferente es la postura defendida por Garcia Cantero, G.: "La adquisición...", *Op. cit.*, pg. 54 y ss y Moreu Ballonga, JL.: *Ocupación, hallazgo y tesoro,* Barcelona, 1980, pg. 640; ambos autores defienden que el artículo 22 no añade nada al 21 refiriéndose ambos preceptos de la Ley de 1964 al mismo supuesto: la existencia de inmuebles vacantes faltos de dueño, lo fueran actualmente (artículo 21) o lo hubieran sido anteriormente, pero que están siendo poseídos por un particular que todavía no los ha adquirido por usucapión (artículo 22).

vigente Ley del Patrimonio del Estado, refundiéndolos en un solo criterio más claro y seguro. Frente a los criterios de atribución basados en simples presunciones, el elemento determinante de la incorporación al patrimonio público dejaría de ser la vacancia de los bienes unida (apunta el Consejo de Estado por tanto que es lo mismo vacancia que sin dueño conocido) al desconocimiento de su dueño, o la posesión ilegítima de los mismos; valora el máximo órgano consultivo que la nueva regulación consagra el criterio de atribución que sobre los artículos 21 y 22 recogía la doctrina y la jurisprudencia de que el Estado sólo adquiere los inmuebles "vacantes sin dueño conocido" o "poseídos sin título" cuando efectivamente carezcan de dueño. En otro caso, la adquisición por el Estado sólo podría producirse vía prescripción adquisitiva, en las mismas condiciones que cualquier otro sujeto, público o privado. La diferencia, como apunta Domínguez Luelmo[475], se asienta en que estén o no poseídos por alguién a título de dueño. La nueva regulación, tal y como pone de relieve el Consejo de Estado, no sólo conserva los mecanismos de protección del poseedor de la anterior regulación, si no que los incrementa al establecer la acción civil en caso de existir un poseedor en concepto de dueño sin exigir que la posesión sea superior a un año. Plazo que venía justificado al ser el establecido en el Código Civil como pérdida de la posesión.

Se trata, por tanto, de una misma categoría de inmueble, denominado vacante y entendiendo por vacante el que carece de dueño en sentido jurídico que no impide la adquisición legal del dominio por el Estado si existe poseedor, exigiendo en tal caso acudir al orden jurisdiccional civil para ejercitar la acción que corresponda.

La situación de ausencia de dueño o vacancia puede venir provocada por diversas situaciones. Junto al caso hipotético que nunca haya tenido propietario y dejando a un lado –por faltar el presupuesto de vacancia al resultar heredero el Estado– el supuesto que el propietario haya fallecido sin herederos con derecho a sucederle (lo que plantea la dualidad de procedimiento abintestato a favor del Estado- investigación patrimonial como bien vacante) encontramos el supuesto de renuncia o abandono, en cuyo caso con arreglo a la legislación de Patrimonio de las Administraciones Públicas se deberá poner en conocimiento de la Dirección General del Patrimonio del Estado a los efectos oportunos.

Siendo objeto de un estudio más detenido en otro capítulo la dualidad declaración de heredero abintestato- expediente de investigación patrimonial,

---

[475] Domínguez Luelmo, A.: "La Adquisición de Inmuebles Vacantes por el Estado en la Ley 33/2003, de 3 de noviembre, del Patrimonio de las Administraciones Públicas", en *Propiedad y Derecho Civil,* Coordinador Guilarte Gutiérrez, V. Centro de Estudios del Colegio de Registradores de la Propiedad y Mercantiles de Europa, Madrid, 2006, pg. 187.

nos detenemos en el supuesto de renuncia o abandono por parte del propietario como requisito previo a la situación de vacancia jurídica del inmueble.

Entendiendo por renuncia, en la técnica jurídica, "aquella manifestación de voluntad que lleva a cabo el titular de un derecho por cuya virtud hace dejación del mismo sin transmitirlo a otra persona"[476], el Código Civil en su artículo 513 contempla como causa de extinción del usufructo la renuncia del usufructuario, precepto al que se remite la regulación de los derechos de uso y habitación; en relación al derecho real de servidumbre, el apartado quinto del artículo 546 hace referencia a la extinción por la renuncia del dueño del predio dominante y sin embargo no hay preceptos específicos para la extinción del derecho real por excelencia, el de propiedad[477], lo que ha planteado a nivel doctrinal la discusión sobre si resulta admisible el abandono o la renuncia de inmuebles con la consecuencia de pérdida del dominio[478].

Admitido doctrinalmente el abandono de inmuebles, se configura como un negocio jurídico de disposición, unilateral, no recepticio e irrevocable, no sujeto a forma en caso de inmueble no inscrito que provoca la calificación del inmueble abandonado como bien vacante, con la consecuencia de pertenecer al Estado como bien patrimonial. Como efecto principal del abandono desaparece la relación dominical entre ella y el antiguo dueño, convirtiéndose la cosa en res nullius, si bien ello no supone que se extingan el resto de relaciones jurídicas que en palabras de González y Martínez[479] quedan en suspenso, dormidas mientras el Estado no se apropie del bien inmueble.

---

[476] "*Dicha renuncia, aparte de tener que ser personal, ha de revestir en cuanto a la forma, las características de ser clara, terminante e inequívoca, como expresión indiscutible de criterio de voluntad determinante de la misma, admitiéndose, no sólo la forma escrita y expresa, sino también la tácita, mediante actos concluyentes igualmente claros e inequívocos*". Sentencia de la Sala de lo Civil del Tribunal Supremo, de 16 de octubre de 1987.

[477] García Cantero, G.: "La adquisición...", *Op. cit.*, pg. 59, recoge la crítica doctrinal sobre el silencio del Código Civil que nada dice sobre la extinción del derecho real de dominio.

[478] González y Martínez, J.: *Estudios de Derecho Hipotecario y Derecho Civil,* Tomo II, Ministerio de Justicia, Madrid, 1948, pg. 32, es un claro defensor de la admisión del abandono como causa de pérdida del dominio. Para el autor existe una clara influencia del Derecho romano donde, como ocurrió en muchas otras cuestiones jurídicas, las dos escuelas defendían una interpretación opuesta. En opinión de los proculeyanos (Digesto 2, párrafo 1°., 41,7) la cosa no deja de pertenecer a su dueño hasta que sea poseída por otro; para los sabinianos la cosa dejaba de pertenecer a su dueño pero no se hacía de otro hasta que la poseía. Criterio este último recogido por Justiniano en sus Instituciones (II, 1°-47), exigiendo junto al corpus el animus para que se perfeccione el abandono tanto de la propiedad como de la posesión.. Si bien, nos dice el autor, no siempre se ha defendido históricamente que las fincas abandonadas no son de nadie sino del primer ocupante, tal idea cobró vigencia con la recepción del Derecho Romano y se trasladó a nuestro derecho histórico.

[479] González y Martínez, J.: *Estudios..., Op. cit.*, pg. 37, para quién los derechos de vecindad son un ejemplo de subsistencia de relaciones jurídicas sin perjuicio de que el Estado para poder exigir responsabilidades necesita tomar posesión del inmueble.

En caso de inmueble inscrito se plantea si resulta título inscribible la escritura pública de renuncia abdicativa. La Resolución de la Dirección General de los Registros y del Notariado de 18 de febrero de 2003 se pronuncia sobre la posible inscripción de la renuncia unilateral, irrevocable y gratuita del dominio de determinadas fincas efectuada por su propietario en escritura pública. Siendo denegada por el Registrador[480] que parte de un sistema registral causalista que

[480] El Registrador deniega la inscripción con apoyo en la Resolución de la Dirección General de los Registros y del Notariado de 27 de septiembre de 1999. Se debate la procedencia de la extensión de un asiento de cancelación solicitado cuando, aunque consta el consentimiento para la cancelación otorgado por el titular registral, no consta la causa o razón jurídica que justifique la cancelación pretendida. La Dirección General de los Registros y del Notariado declaró que: "*El párrafo primero del artículo 82 de la Ley Hipotecaria no puede ser interpretado aisladamente, sino en congruencia con el conjunto del ordenamiento, y de él resulta que la admisión del puro consentimiento formal como título bastante para la cancelación no se conviene con las exigencias de nuestro sistema registral, las cuales responden, a su vez, a nuestro sistema civil causalista. Ha de advertirse, en primer lugar, que no hay razón suficiente para hacer en el sistema general, una excepción cuando de lo que se trata es de reflejar en el Registro, por vía de asiento de cancelación, la extinción o la reducción de un derecho real inscrito, pues en estos casos el asiento de cancelación, aunque con forma propia, tiene la naturaleza genérica y los efectos de las inscripciones... Es doctrina de este centro directivo que, para que pueda registrarse cualquier acto traslativo, se requiere la expresión de la naturaleza del título causal tanto por exigirlo el principio de determinación registral como por ser la causa presupuesto lógico necesaria para que el Registrador pueda, en primer lugar, cumplir con la función calificadora en su natural extensión, y después, practicar debidamente los asientos que procedan. Esta misma doctrina ha de regir cuando, por consistir la vicisitud jurídico-real en la extinción o en la reducción de un derecho real inscrito, el asiento que proceda practicar sea un asiento de cancelación, total o parcial, no ya sólo por exigirlo su naturaleza genérica de inscripción, sino también porque resulta impuesto por las normas específicas sobre cancelaciones: En aplicación del principio de determinación registral, se exige, entre las circunstancias del asiento de cancelación, la expresión de la «causa o razón de la cancelación» (cfr. artículo 193.2 del Reglamento Hipotecario). La expresión de la causa de la cancelación es presupuesto obligado para la calificación registral, pues obviamente no son los mismos los requisitos que se exigen, por ejemplo, para la extinción de un derecho real limitado por redención, para la extinción por pago si del crédito hipotecario se trata, o para la extinción por donación (o condonación); no son las mismas la capacidad o las autorizaciones exigidas para un acto de extinción que implique una enajenación a título gratuito o para una renuncia (cfr. artículos 99 de la Ley Hipotecaria y 178.1 del Reglamento Hipotecario), que para el que implique una enajenación a título oneroso (cfr. por ejemplo artículos 166 y 271 del Código Civil). Y también de la causa o razón de la cancelación dependerá que sean unos u otros los asientos procedentes (cfr. por ejemplo artículo 240 del Reglamento Hipotecario)...*

Entender, en cambio, que es posible la cancelación en virtud de un mero consentimiento formal equivaldría a admitir la desinscripción al arbitrio del titular del derecho que el asiento publica, siendo que no sólo a él interesa la inscripción, que pudo, por eso, haber sido solicitada y costeada por persona distinta (cfr. artículo 6 de la Ley Hipotecaria); de poder ser cancelada así la inscripción de la última adquisición del dominio o de un derecho real, habría cuestión sobre si la inscripción precedente, que formalmente pasaría a ser la última, habría recobrado su plena eficacia a pesar de lo dispuesto en el artículo 76 de la Ley Hipotecaria y si, por tanto, proclamaría a todos los efectos -también, a los efectos que perjudican- que el titular del dominio o del derecho real trasmitido (un derecho de censo, un crédito hipotecario, etc.) es el anterior titular, a pesar de que con él no se hubiera contado para la cancelación y para la consiguiente reviviscencia de efectos del asiento precedente".

excluye como título bastante para la cancelación el puro consentimiento formal. Admitir la cancelación por el simple consentimiento formal sin expresar la causa o razón de la cancelación equivale a admitir la desinscripción al arbitrio del titular del derecho. Lo anterior unido a que la renuncia del dominio no viene recogida en el artículo 2.1 de la Ley Hipotecaria como título inscribible, a diferencia del apartado 2 que sí lo incluye respecto de la extinción de los derechos reales, siendo contrario a los principios de publicidad y especialidad. En defensa de la nota el Registrador de la Propiedad informa que lo que procede es practicar una cancelación y no una inscripción que impediría saber que titularidad publicaría el Registro.

Se interpone por el interesado recurso gubernativo con base al artículo 6.2 y 4.1 del Código Civil que establece que todos los derechos son renunciables sin contener mención en contra respecto del derecho de propiedad de los inmuebles y entiende que si la renuncia no resulta contraria al interés o al orden público ni perjudica a terceros al tratarse de un bien inscrito en el Registro de la Propiedad debe tener el acto de renuncia reflejo registral. El Tribunal Superior de Justicia de Cataluña revocó la nota del Registrador, siendo confirmado el auto por la Dirección General de los Registros y del Notariado que examina como única cuestión si la no inclusión de la renuncia del dominio en el artículo 2.1 de la Ley Hipotecaria es suficiente para negar su acceso al Registro: "Y en este sentido la respuesta no puede ser sino negativa, toda vez que claramente establece el artículo 1 de la Ley Hipotecaria y confirma el artículo 7 del Reglamento Hipotecario, que el Registro de la Propiedad tiene por objeto todos los actos o contratos relativos al dominio de los inmuebles, y sin que exista argumento alguno para sostener el carácter taxativo de la enumeración de títulos inscribibles que contiene en el artículo 2.1 de la Ley Hipotecaria, restringiéndose así el ámbito de la materia inscribible previamente definido; antes al contrario, la propia Ley Hipotecaria, a lo largo de su articulado recoge títulos inscribibles no incluidos en aquella enumeración (cfr. Artículos 26 y 107-6 de la Ley Hipotecaria) y así ocurre precisamente, con la extinción misma del dominio".

VII.2.2.2. Situación registral del inmueble

Hemos analizado en el capítulo correspondiente a los obstáculos que presenta la inscripción de bienes vacantes en el registro, que cuando las fincas investigadas figuren inscritas en el Registro de la Propiedad a favor de un tercero, no resulta procedente la inscripción a favor del Estado sin entablar previamente la correspondiente acción judicial que declare la inexactitud de la inscripción. Existiendo una inscripción de dominio a favor de un tercero, del que no trae causa el Estado, entran en juego los artículos 20 y 38 de la Ley Hipotecaria que dificultan el acceso al Registro de la resolución administrativa que atribuye al Estado un bien vacante. Una vez practicadas las diligencias tendentes a acreditar la vacancia del inmueble, procede promover la acción más eficaz para garantizar los intereses del Estado, destruyendo las presunciones de propiedad y posesión que derivan de la inscripción a favor del titular registral. Procede entonces, o bien una demanda declarativa de dominio con fundamento en el artículo 17 de la Ley del Patrimonio de las Administraciones Públicas o en caso de existir un tercero poseyendo la finca una acción reivindicatoria. Siendo estimada la acción judicial, existe título suficiente que permite la inscripción a favor del Estado quedando destruida la apariencia de titularidad dominical consecuencia de la inscripción registral.

VII.3. MODO DE ADQUIRIR

VII.3.1. Planteamiento

De los diferentes modos a través de los cuales se puede adquirir la propiedad y demás derechos reales enumerados en el artículo 609 del Código Civil ,la atribución de bienes inmuebles vacantes al Estado tiene encaje en dos. De una parte la ocupación y de otra la mención que hace el precepto de la ley; si bien técnicamente la ley no es un modo de adquirir, sí lo son los hechos que por disposición de la ley producen el efecto de adquirir el derecho real[481]. Siendo la ocupación un modo originario de adquirir el dominio de bienes apropiables por naturaleza que carecen de dueño con ánimo de incorporarlo al propio patrimonio se discute si la atribución de bienes vacantes es un modo originario de adquirir la propiedad de bienes que no son de nadie o se adquiere por ministerio de la Ley.

Lo anterior guarda relación con la discusión que surge a raíz de la publicación del Código Civil y que trata de resolver si había derogado o no la Ley de Mostrencos. Con anterioridad a 1835 los inmuebles abandonados podían ser adquiridos por ocupación. Las Partidas, con clara influencia del Derecho Romano, admitían el abandono de inmuebles y su posterior adquisición[482]. Tras la ley de Mostrencos se atribuye al Estado y es al entrar en vigor el Código Civil cuando se plantea si el artículo 610 al regular la ocupación se limita a los

---

[481] O, Callaghan Muñoz, X.: *Código Civil..., Op. cit.,* pg. 609; Miquel González, JMª.: *Comentario del Código Civil,* Ministerio de Justicia, tomo I, Madrid, 1991, pg. 1544.

[482] Antecedentes legislativos que se abordan específicamente en un capítulo anterior de este trabajo.

bienes muebles, por mantenerse en vigor la Ley de Mostrencos, o si al derogarse esta última se pueden adquirir por ocupación tanto los bienes muebles como los inmuebles.

VII.3.2. Adquisición por ocupación/adquisición por Ministerio de la Ley

La Ley de Patrimonio del Estado aprobada por Decreto de 1964 derogó expresamente la Ley de Mostrencos de 1835, poniendo fin a la discusión de si seguía vigente tras la publicación del Código Civil. El régimen contenido en los artículos 21 y 22 de la Ley de Patrimonio del Estado puesto en relación con el artículo 610 del Código Civil configura la ocupación como modo de adquirir el dominio limitado a los bienes muebles, quedando reservados para el Estado los bienes inmuebles. Surge entonces una nueva discusión que plantea de entre los títulos que describe el artículo 609 del Código Civil el modo de adquirir que representa la atribución de bienes vacantes ¿Es un modo por ocupación o estamos ante una atribución por ministerio de la ley a favor del Estado? Al dar respuesta surgen dos posturas doctrinales claramente diferenciadas.

a) Adquisición por ocupación

Partimos del concepto de ocupación como un modo originario de adquirir el dominio de bienes apropiables por naturaleza que carecen de dueño con ánimo de incorporarlo al propio patrimonio, concepto que Moreu[483] considera que el legislador de 1962-1964 maneja de forma imprecisa. Para el autor coexisten dos nociones distintas e incompatibles de ocupación: la del Código Civil como modo de adquirir lo falto de dueño por quien lo encuentra y la contenida en la legislación de patrimonio como modo de adquirir lo falto de dueño por atribución directa al Estado por la Ley.

García Cantero[484] interpreta que el artículo 21 de la Ley del Patrimonio del Estado no ha creado un nuevo título de adquisición, pues lo considera una manifestación del artículo 609.2 que dispone que: "La propiedad y los demás derechos sobre los bienes se adquieren y transmiten por la Ley…".Título de adquisición que califica como vago e impreciso más allá de excluir dentro de la teoría del título y el modo, este último[485]. La adquisición por el Estado "ofrece

[483] Moreu Ballonga, JL.: *Ocupación…*, *Op. cit.*, pg. 634 y ss, analiza "el desconocimiento" del legislador de la noción de ocupación.

[484] Garcia Cantero, G.: "La adquisición…", *Op. cit.*, pg. 64.

[485] Siendo la ley el título de adquisición, Garcia Cantero, G.: "La adquisición…", *Op. cit.*, pg. 64 y ss, opina que no le es aplicable la doctrina del título y el modo por ser perfecta la adquisición antes de la toma efectiva de posesión, lo que plantea el carácter voluntario o automático de la adquisición.

parentesco" con la ocupación y la califica como un supuesto de "ocupación privilegiada o de un monopolio de ocupación en favor del Estado" para concluir que son dos títulos diferentes al ser originaria la ocupación y mixta[486] la adquisición del artículo 21 claramente diferenciadas en la Ley del Patrimonio del Estado (artículos 21-22, por Ley/ artículo 19.1, por ocupación) y con efectos diversos.

b) Adquisición por ministerio de la ley

Frente a quienes defienden que el Estado adquiere por ocupación los inmuebles vacantes, la doctrina de forma mayoritaria defiende que los adquiere por ministerio de la ley. Así lo entiende Valladares Rascón[487] sobre un estudio comparativo de la Ley de Mostrencos con la Ley del Patrimonio del Estado; defiende, en contra de la postura mantenida por García Cantero, que la adquisición por el Estado de los bienes vacantes lo es por ministerio de la ley. Presenta básicamente tres argumentos: un primer argumento histórico al prever la Ley de Mostrencos[488] el mismo título de adquisición y hacer una referencia expresa en la Ley de Bases de la LPE. Una interpretación literal de los artículos 21 y 22 de la Ley, por contener expresiones como "le pertenecen" "le corresponden" "desde luego" desde el momento de la vacancia exigiendo la toma de posesión, no la adquisición de la propiedad[489]. Y como tercer argumento a favor recoge la enumeración de los modos contenida en el artículo 19, donde hace referencia al título de la ley y a la ocupación, si bien el artículo 26 sólo prevé la ocupación de los bienes muebles. De lo anterior concluye que el Estado adquiere los bienes inmuebles vacantes y sin dueño conocido por atribución de la ley, siendo por tanto propietario legitimado para reclamar la posesión vía acción reivindicatoria: "admitir la tesis de la adquisición por ocupación cae por su base, ya que no toma posesión de ellos hasta que la reivindicación prospera"[490] . Como postura a destacar dentro de los administrativistas, García de Enterría[491] defiende que

[486] Garcia Cantero, G.: "La adquisición…", *Op. cit.*, pg. 66.

[487] Valladares Rascón, E.: "La Ley del Patrimonio…", *Op. cit.*, pg. 385 y ss.

[488] La adquisición por ocupación no encaja en la Ley de Mostrencos por exigir al Estado la petición dirigida al Juez para que entregue la cosa ocupada, Valladares Rascón, E.: "La Ley del Patrimonio…", *Op. cit.*, pg. 391: *"la adquisición por ocupación no se produce mediante la petición dirigida al Juez para que entregue la cosa ocupada, sino aprehendiéndola por sí mismo el ocupante";* para el autor si no adquiere por ocupación por deber seguir el procedimiento del artículo 6 de la Ley de Mostrencos no por usucapión, por no ser poseedor, sólo puede adquirir por atribución de la Ley.

[489] Comparte Chinchilla Marín, C.: *Bienes..., Op. cit.*, pg. 195, la interpretación literal que fundamenta la conclusión de Valladares Rascón, E.: "La Ley del Patrimonio…", *Op. cit.*, pg. 393 y recoge en apoyo de esta tesis la literalidad del artículo 6 de la Ley de Mostrencos que legitimaba al Estado para ocupar (entendida como necesidad de pedir al Juez la entrega) *"se ocuparán"*.

[490] Valladares Rascón, E.: "La Ley del Patrimonio…", *Op. cit.*, pg. 390.

[491] García de Enterría, E.: *Apuntes de Derecho Administrativo,* tomo I, Madrid, 1975-76, pg. 213, afirma: *"De esta forma se conecta el principio regaliano germánico con el romano de la ocupación.*

el Estado ostenta un verdadero título de adquisición de los inmuebles vacantes que al ser suyos puede tomar por vía administrativa, quedando reservada la acción reivindicatoria en caso de que un particular haya tomado posesión de más de un año. Sobre esto último recordemos que la Ley del Patrimonio de las Administraciones Públicas prevé la acción civil si existe poseedor en concepto de dueño sin fijar plazo alguno.

Un argumento de naturaleza formal añade Chinchilla Marín[492] como fundamento de la atribución por ley sobre una interpretación sistemática de los artículos 21 y 22 de la Ley de Patrimonio del Estado de 1964. Toma la autora el artículo 19, primero de los preceptos que integran el capítulo II del Título I "Adquisición de bienes y derechos", donde enumera los títulos de adquisición (ley; título oneroso; herencia, legado o donación; prescripción y ocupación) existiendo una correlación entre los mismos y los artículos siguientes correspondiendo los artículos 20, 21 y 22 al primero de los títulos recogidos en el artículo 19 "por atribución de la Ley" y así sucesivamente.

Partiendo de las diferencias entre la atribución de inmuebles vacantes y la adquisición a favor del Estado por sucesión intestada, lo cierto es que una de las notas comunes es que en ambos supuestos la atribución es por ministerio de la ley, el título sobre el cual el Estado sustenta su derecho es la ley. En tales casos, siguiendo a Sánchez Aristi[493], la norma anuda el efecto adquisitivo a un supuesto de hecho ajeno a la voluntad negocial adquisitiva presentando la adquisición un carácter atributivo. A diferencia de los muebles donde la ocupación funciona como hecho atributivo de la titularidad de un derecho de dominio respecto de las cosas *nullius*, limitando para los inmuebles la ocupación como un hecho atributivo de la posesión que en su caso puede derivar en dominio mediante la usucapión. Desechada la adquisición por ocupación, se plantea Valladares Rascón a que se refiere García Cantero cuando afirma que la adquisición automática imposibilita la adquisición por un tercero, argumento que obvia que los bienes y derechos patrimoniales del Estado sí se pueden usucapir por los particulares, lo que sí no cabe es la adquisición por ocupación por los particulares. En la misma línea, apuntar que el Estado junto al título de la adquisición por ministerio de la ley, puede usucapir la propiedad del inmueble en caso de existir un propietario cuyos derechos en todo caso han de ser respetados no entrando en juego por no concurrir el presupuesto de la vacancia que establece la legislación de

El primer ocupante no adquiere la propiedad sino solo la posesión. Pero en cuanto ha pasado un año la Administración para hacer valer su propiedad tiene que acudir ante los tribunales".

492 Chinchilla Marín,C.: *Bienes patrimoniales del Estado. Concepto y formas de adquisición por atribución de ley,* Madrid, 2001, pg. 197.

493 Sánchez Aristi, R.: "La adquisición...", *Op. cit.* Puede consultarse el texto de este comentario en www.westlaw.es, ref. BIB 2000\1798.

patrimonio del Estado[494]. Nada impide, según Díez Picazo[495] "que en materia de bienes inmuebles pueda funcionar la ocupación material como un modo de adquisición de la posesión y que esta posesión adquirida por ocupación surta en el orden posesorio todos sus efectos, como son el ejercicio de los interdictos o el comienzo de la usucapión, de acuerdo con las leyes comunes"[496].

Sobre la cuestión de si la atribución al Estado de los bienes vacantes es materia de Derecho Civil o corresponde su regulación al Derecho Administrativo se ha pronunciado el Tribunal Constitucional en Sentencia 58/1982, de 27 de julio, de inconstitucionalidad del artículo 11 de la Ley catalana 11/1981, de 7 de diciembre, del Patrimonio de la Generalidad[497]. No se ha considerado por el Constitucional que en el caso de los bienes vacantes estemos ante un modo de adquirir regulado en el Derecho Civil y por tanto de competencia exclusiva del Estado; lo anterior supone, siguiendo a Rodríguez Carbajo[498], que aparecen dos modos distintos de adquirir la propiedad, la ocupación, párrafo primero del artículo 609 Código Civil y la adquisición por ley prevista en el mismo precepto al disponer que "la propiedad y los demás derechos sobre los bienes se adquieren y transmiten por la ley…". Atribución al Estado de los inmuebles vacantes que a la vista de la sentencia del Constitucional no constituye un modo de adquirir regulado en el Derecho civil sino en la legislación administrativa de Patrimonio del Estado y se vincula a la idea de soberanía quedando excluida de la competencia autonómica.

---

494 Como aclara Valladares Rascón, E.: "La Ley del Patrimonio…", *Op. cit.*, pg. 39: *"No cabe la prueba total y absoluta de que un inmueble carece de propietario en un sistema como el nuestro donde la inscripción en el Registro de la Propiedad no es constitutiva. Cabe, por tanto, que el Estado tome posesión de un inmueble que considere vacante, sin que éste lo sea. En tal caso, no puede adquirirlo por atribución de la Ley, pues los presupuestos de ésta (que esté vacante) no se darían. De igual modo, no podrían adquirir por atribución de la Ley un inmueble sin dueño conocido cuando las presunciones en virtud de las cuales lo adquiere no se revelan como ciertas (tiene propietario). Pero en ambos casos sí podría adquirirlo por usucapión, de igual modo que los particulares pueden hacerlo, ya se trate de bienes del Estado, ya de otro particular".*

495 Díez Picazo, L.: *Fundamentos del Derecho Civil Patrimonial,* tomo III, Madrid, 1995, pg. 605.

496 En el orden penal la ocupación de inmuebles abandonados por no ser ajenos plantea si excluye la tipicidad del delito. *Vid.* Barber Burusco,S.:"La ocupación de inmuebles del artículo 245.2 del Código Penal", Sentencias de TSJ y AP y otros Tribunales, vol.V (Comentario), Pamplona,1999. Analiza la autora si el requisito de ajenidad limita el conjunto de bienes inmuebles protegidos por el delito de ocupación de inmuebles o usurpación tipificado en el artículo 245.2 Código Penal, LO 10/1995, de 23 de noviembre, que dispone: *"El que ocupare, sin autorización debida, un inmueble, vivienda o edificio ajenos que no constituyan morada, o se mantuviere en ellos contra la voluntad de su titular, será castigado con la pena de multa de tres a seis meses".* Si "ajeno" es lo que no es propio unido a ser susceptible de ocupación la autora considera dudoso que "*ante la ocupación de un inmueble efectivamente abandonado, ya porque se encuentre vacante o porque no tenga dueño conocido, pueda afirmarse contundentemente que no se da el requisito de ajenidad, y de esta manera excluir la tipicidad".*

497 Este problema será abordado específicamente en un capítulo posterior de este trabajo.

498 Rodríguez Carbajo, J.R.: "La competencia…", *Op. cit.*, pg. 183.

No es materia propia del Código Civil siendo la Ley del Patrimonio de las Administraciones Públicas el texto legal al que se ha de acudir en materia de atribución a la Administración Pública del Estado de los bienes vacantes. El artículo 17 de la Ley patrimonial es claro en sus términos al disponer en su apartado segundo que: "La adquisición de estos bienes (inmuebles que carecieren de dueño) se producirá por ministerio de la ley...". Se pone fin a la discusión sobre el modo de adquirir siendo automática la atribución de los inmuebles vacantes al Estado. La interpretación del artículo 17 más conforme con su letra y con el espíritu y finalidad de la norma es la que sostiene la adquisición ipso iure de los inmuebles vacantes y sin dueño conocido por el Estado en cuanto se produce el supuesto de hecho, sin perjuicio de la necesaria tramitación del expediente de investigación patrimonial que acredite que concurren los presupuestos legales y la necesidad de tomar posesión del inmueble.

De lo anterior se puede concluir que se ha de diferenciar la adquisición por ocupación de la atribución de los inmuebles vacantes al Estado como un modo de adquirir previsto en la Ley administrativa ligado a la idea de soberanía, cuya "titularidad corresponde al Estado en su conjunto y no a ninguna de sus instituciones en concreto" (Sentencia del Tribunal Constitucional 58/1982, de 27 de julio), y por tanto alejado del concepto de legislación civil del artículo 149.1.8ª CE.

Ante la atribución por ministerio de la ley, la doctrina[499] ha manifestado su preocupación por las responsabilidades que como propietario la atribución inmediata del dominio le puede generar al Estado. Consciente de ello el legislador introduce un inciso en el apartado segundo del artículo 17 al disponer que "No obstante, de esta atribución no se derivarán obligaciones tributarias o responsabilidades para la Administración General del Estado por razón de la propiedad de estos bienes, en tanto no se produzca la efectiva incorporación de los mismos al patrimonio de aquélla a través de los trámites prevenidos en el párrafo d) del artículo 47 de esta Ley". Inclusión en el Inventario General de bienes y derechos del Estado y la inscripción en el Registro de la Propiedad[500].

[499] Domínguez Luelmo, A.: "La Adquisición...", *Op. cit.*, pg. 190, recoge la preocupación de autores como González Martínez, J.: "La renuncia en el Derecho Inmobiliario", *Estudios de Derecho Hipotecario y Derecho Civil,* II, Madrid, 1948, pg. 36: *"La atribución inmediata al Estado de la propiedad de las fincas abandonadas o sin dueño sobre comprometer gravemente sus intereses con las responsabilidades del dominio ni responde a la naturaleza de las cosas, no a la organización administrativa, ni a las finalidades que la Ley de Mostrencos perseguía"*, citado a su vez por García Cantero, G.: "La adquisición..."..., *Op. cit.*, pg. 68, para quién la interpretación de la frase *"se entenderán adquiridos desde luego"* admite que *"una vez ejercitado el derecho estatal de adquisición, la eficacia de ésta se retrotrae al momento del abandono, con obvias y útiles consecuencias en cuanto a las responsabilidades ob rem en el período intermedio"*.

[500] La problemática que plantea la inscripción en el Registro de la Propiedad se aborda específicamente en un capítulo anterior de este trabajo.

Se exime al Estado de las obligaciones tributarias y responsabilidades que le pudiera corresponder asumir desde que se produce la situación de vacancia hasta la efectiva incorporación al patrimonio. Lo anterior se logra al introducir dos excepciones a la regla general de eficacia automática. De una parte, las obligaciones tributarias (impuestos devengados y no satisfechos que graven la propiedad de los inmuebles) sólo serán exigibles desde su incorporación al patrimonio a través de la inclusión en el Inventario General de bienes y derechos y la inscripción en el Registro de la Propiedad. Y, en segundo lugar, se suspende la eficacia respecto de las "responsabilidades por razón de la propiedad de estos bienes" que engloba diferentes supuestos dada la amplitud del concepto[501].

¿Se justifican las excepciones descritas? Resulta interesante el paralelismo con el beneficio de inventario que establece el artículo 957 del Código Civil en caso de ser el Estado heredero por entrar en juego el artículo 956 del Código Civil a falta de parientes con mejor derecho. Afirma la Abogacía General del Estado[502] que encuentra su justificación, su fundamento, en el principio "por razón del abandono o pérdida de la propiedad de los bienes por parte de los particulares el Estado no puede convertirse en garante, asegurador u obligado subsidiario universal de los gastos u obligaciones a que los mismos estuvieren sujetos".

VII.3.3. Adquisición voluntaria/adquisición automática

Un estudio comparativo de los dos expedientes, de declaración de herederos y de investigación patrimonial, exige detenernos en el procedimiento dirigido a constatar que concurren los presupuestos de una u otra vía. Analizada la necesaria declaración judicial de heredero abintestato del Estado nos ocupamos de la adquisición de bienes vacantes, lo que plantea si se produce de forma automática, por ministerio de la ley, sin necesidad de declaración judicial ni de manifestación de la voluntad de adquirir por parte de la Administración y las consecuencias que se derivan del no ejercicio por parte de la Administración de su facultad investigadora.

Parece que la Ley 33/2003, de 3 de noviembre, del Patrimonio de las Administraciones Públicas ha querido zanjar la discusión doctrinal al establecer

---

[501] Cabe citar responsabilidades hipotecarias; contractuales (contrato de arrendamiento...); gastos de comunidad de propietarios o responsabilidad extracontractual por daños y perjuicios que ocasione la propiedad.

[502] Abogacía General del Estado. Dirección del Servicio Jurídico del Estado, "*Comentarios a la Ley del Patrimonio de las Administraciones Públicas*", Ministerio de Justicia, Navarra, 2008, pg. 284.

en su artículo 17 (correlativo con el artículo 21 de la Ley del Patrimonio del Estado aprobado por Decreto 1022/1964, de 15 de abril) lo siguiente:

"1. Pertenecen a la Administración General del Estado los inmuebles que carecieren de dueño.

2. La adquisición de estos bienes se producirá por ministerio de la Ley, sin necesidad de que medie acto o declaración alguna por parte de la Administración General del Estado. No obstante, de esta atribución no se derivarán obligaciones tributarias o responsabilidades para la Administración General del Estado por razón de la propiedad de estos bienes, en tanto no se produzca la efectiva incorporación de los mismos al patrimonio de aquélla a través de los trámites prevenidos en el párrafo d) del artículo 47 de esta Ley", que regula el procedimiento de investigación de bienes y derechos y establece que una vez se considere suficientemente acreditada la titularidad de la Administración General del Estado sobre el bien se declarará en resolución que ponga fin al procedimiento y establece las actuaciones posteriores de tasación, inclusión en el Inventario General de Bienes y Derechos del Estado y su inscripción en el Registro de la Propiedad.

Adquisición automática que no se afirmaba con igual rotundidad en al artículo 21 de la derogada Ley de Patrimonio del Estado, lo que se veía reflejado en diferentes interpretaciones:

1. Adquisición voluntaria. Coincide con el criterio legal vigente en el Derecho alemán y defendida de forma aislada por la Subdirección General de lo Consultivo de la Abogacía General del Estado[503] en informe emitido al ser objeto de consulta la obligatoriedad de iniciar un expediente de investigación patrimonial para atribuir el dominio al Estado en caso de denuncia de inmuebles abandonados que por estar en ruinas "se sospeche que lo único que se pretende por el denunciante es encontrar un propietario a quien dirigirse para que efectúe las pertinentes reparaciones o derribo, con lo que el Estado resultaría perjudicado, más que beneficiado, con la atribución de la propiedad del inmueble". En el informe se interpreta el artículo 21 de la Ley del Patrimonio en el sentido de entender que no se da una solución de continuidad entre dueños, de manera que perdido por el particular de manera automática y por ministerio de la ley la adquiere el Estado. El carácter potestativo para la Administración del ejercicio de la acción investigadora encuentra su fundamento en lo siguiente: en primer lugar, la situación de vacancia es un hecho sometido a prueba que debe probarse en Derecho, y una vez se dicta el acto administrativo que declara la vacancia es cuando opera la declaración legal de atribución de la propiedad. A lo anterior

[503] Publicado en los Anales de la Dirección General de lo Contencioso del Servicio Jurídico del Estado, Madrid, 1979.

añade que es necesario la instrucción de un expediente de investigación para efectuar la declaración de un bien vacante, siendo el ejercicio de la acción investigadora de oficio o por denuncia. En tercer lugar, el expediente encierra un principio de discrecionalidad administrativa siendo la ratio legis de la legislación patrimonial la defensa de los intereses del Estado, no su perjuicio (como sería el soportar las cargas inherentes a bienes vacantes sin valor como en caso de ruina de edificios con cargas de reparación, derribo e indemnizaciones de daños y perjuicios). Criterio mantenido desde la Dirección General del Patrimonio respecto a la adjudicación de bienes inmuebles al Estado donde se suele abstener de solicitar la adjudicación de bienes embargados y no adjudicados por falta de licitadores, cuando se tiene constancia que no va a producir beneficio alguno el ingreso del bien en el Patrimonio del Estado sino, al contrario, dificultades administrativas o pérdidas o perjuicios[504].

En la misma línea Bayona de Perogordo[505], que caracteriza el derecho atribuido como derecho de apropiación de carácter real que recae sobre bienes inmuebles, irrenunciable y probablemente imprescriptible, afirma que "no comporta una obligatoriedad de ejercicio para el Estado, quien tiene la exclusividad de su titularidad, sin que pueda concederse a otros". Interesa destacar como el autor considera el carácter voluntario de la adquisición al ponerla en relación con las facultades de investigación que se atribuyen a la Administración, y afirma que "el resultado de la investigación puede conducir a la convicción de que no es aconsejable adquirir el inmueble". El autor va más allá de una formulación teórica y desde un conocimiento del funcionamiento de la Administración pone en evidencia la situación descrita que plantea la viabilidad del abandono de los inmuebles por el Estado.

[504] Solicitud a la que hace referencia el artículo 109 del Real Decreto 939/2005, de 29 de julio, que aprueba el Reglamento General de Recaudación. Contempla el supuesto de no adjudicación de alguno o algunos de los bienes embargados en cuyo caso el órgano de recaudación competente podrá proponer de forma motivada al órgano competente su adjudicación a la Hacienda Pública en pago de las deudas no cubiertas. Se diferencian dos supuestos: a) Si se trata de bienes inmuebles que no tengan cargas o gravámenes o, aun teniéndolos, el importe de dichas cargas sea inferior al valor en que deban ser adjudicados, el órgano competente acordará la adjudicación. No obstante, podrá no acordarla cuando existan circunstancias que permitan prever que dichos bienes no tendrán utilidad para la Hacienda pública; a tales efectos, se solicitará informe previo al Delegado de Economía y Hacienda para la valoración de dichas circunstancias; b) Si las cargas o gravámenes son superiores, el órgano competente consultará a la Dirección General del Patrimonio del Estado sobre la conveniencia de dicha adjudicación. El citado centro directivo contestará a la consulta en el plazo de tres meses. Si no contesta en dicho plazo o la contestación es denegatoria, no se acordará la adjudicación. En caso de contestación afirmativa, el órgano competente acordará la adjudicación.

[505] Bayona de Perogordo, J.J.: *El Patrimonio del Estado,* Estudios de Hacienda Pública, Instituto de Estudios Fiscales, Ministerio de Hacienda, Madrid, 1977, pg. 244.

2. Adquisición automática. La mayoría de la doctrina civilista se inclina por defender una adquisición automática[506] y así lo recogía la Abogacía General del Estado[507] en los siguientes términos: "El sentido literal del artículo 21 inclina más bien a la tesis de la adquisición inmediata, que no es, entonces, una adquisición voluntaria, sino una atribución legal. Tal atribución excluye la necesidad de cualquier aprehensión o contacto físico, ni otra manifestación de voluntad del Estado de devenir dueño de la finca; es la ley la que se la comunica automáticamente en el momento de quedar el suelo sin propietario, la ley es fuente de derechos reales".

No se contradice el carácter automático de la adquisición con la necesidad de tramitar el expediente de investigación patrimonial previsto en el artículo 52 del Reglamento y artículos 16 a 31, para verificar que concurre la situación de vacancia o carencia del dueño[508]. En palabras de la Subdirección General de lo Consultivo de la Abogacía General del Estado "sería compatible desde el punto de vista lógico-jurídico, el ejercicio discrecional de esta facultad del Estado de investigar, cuando no le conste, la propiedad de sus bienes presuntamente patrimoniales con la adquisición automática de los mismos por efecto de la ley. En el caso de no ejercitarse la correspondiente facultad investigadora, no se habría constatado por la Administración estatal su propiedad sobre los bienes inmuebles vacantes de que se trate, pero sin que por ello dejaran de pertenecer por título legal tales bienes, aunque no se acordare formalmente su incorporación al Patrimonio del Estado y la consiguiente toma de posesión en vía administrativa o, en su caso, el ejercicio de la oportuna acción judicial"[509]. Como conclusión, es importante fijar el momento en que la Administración adquiere la propiedad del inmueble, y no es una vez dictada la resolución administrativa que pone fin al procedimiento de investigación patrimonial si no cuando concurre el presupuesto de hecho, esto es, cuando se produce la situación de vacancia e inexistencia de dueño conocido. Al quedar constancia

506 Interpretación de adquisición automática que no se contradice con una crítica de la atribución inmediata al Estado, *vid*, González y Martínez, J.: *"Estudios... ", Op. cit.*, pg. 36. El autor no considera justificada la atribución inmediata al Estado de la propiedad de las fincas abandonadas o sin dueño *"sin comprometer gravemente sus intereses con las responsabilidades del dominio, ni responde a la naturaleza de las cosas, ni la organización administrativa, ni a las finalidades que la Ley de Mostrencos perseguía"*.

507 Dictamen de la Subdirección General de lo Consultivo. Abogacía General del Estado. A.E.H-Patrimonio 9/00; 6/04.

508 Razones de seguridad jurídica que justifican la necesidad de comprobar que concurren los presupuestos de hecho para atribuir la propiedad al Estado. En este sentido son ilustrativas las palabras contenidas en el Preámbulo de la Ley de Bases del Patrimonio del Estado de 24 de diciembre de1962: *"A la necesidad de que toda adjudicación al Estado se haga con la suficiente certeza, a fin de evitar atribuciones patrimoniales ficticias o de tal vaguedad que hagan de la adjudicación un puro expediente carente de toda trascendencia o efectividad"*.

509 Dictamen de la Subdirección General de lo Consultivo. Abogacía General del Estado. Dirección del Servicio Jurídico del Estado. A.E.H-Patrimonio 9/00.

de la vacancia del inmueble, lo que procede es declarar su pertenencia al Estado como bien patrimonial y proceder a su incorporación al Patrimonio del Estado tomando posesión del mismo en vía administrativa o en caso de conflicto mediante el ejercicio de la correspondiente acción judicial.

El carácter discrecional de la facultad investigadora pierde fuerza ante la inactividad de la Administración que puede provocar la pérdida de la propiedad. Baste pensar en la existencia de un tercer poseedor en concepto de dueño que adquiere el dominio por usucapión o la situación de realización forzosa del inmueble para el pago de deudas reclamadas en vía judicial por la comunidad de propietarios ante el impago de las cuotas de propietario. Si del supuesto descrito resulta un saldo positivo una vez satisfechos los créditos, por el concepto de subrogación real, pasan al propietario del inmueble. Pero ante un saldo negativo parece que defender la adquisición automática supone que el Estado ha de asumir el pago de dicha deuda y de ahí cobra sentido la referencia introducida en el apartado tercero del artículo 17 de la Ley del Patrimonio de las Administraciones Públicas: "de esta atribución no se derivarán obligaciones tributarias o responsabilidades para la Administración General del Estado por razón de la propiedad de estos bienes, en tanto no se produzca la efectiva incorporación de los mismos al patrimonio".

Otra consecuencia a tener en cuenta que deriva del carácter automático es la irrenunciabilidad al derecho dominical que la ley le confiere al Estado de los bienes vacantes. Admitir la renuncia conduce al absurdo legal de estar ante una res derelicta cuya propiedad se atribuiría de nuevo al Estado por el mismo precepto 21 de la Ley del Patrimonio de las Administraciones Públicas, lo que deriva en un círculo vicioso sin solución legal. Es por ello que se rechaza la posibilidad de archivar el expediente por motivos económicos o de otra naturaleza diferente a la no concurrencia de la vacancia[510].

Si por el contrario se defiende la postura minoritaria de entender que la adquisición no es automática si no voluntaria, sí que se podría admitir el archivo del expediente quedando a la decisión de la Administración la adquisición en función del interés que se tenga.

VII.4. TOMA DE POSESIÓN

Entramos en una fase distinta de la adquisición del bien vacante que al ser por ministerio de la ley es automática en cuanto se de el supuesto de hecho de

[510] Este problema será abordado específicamente en un capítulo posterior de este trabajo.

vacancia del inmueble. Adquisición automática que no se contradice con la necesidad de tomar posesión de los bienes.

La regulación contenida en Ley de Patrimonio del Estado clasificaba los bienes en dos categorías. Una primera que recoge el artículo 21, referida a los inmuebles vacantes y sin dueño conocido, y una segunda en el artículo 22 para los inmuebles detentados o poseídos sin título. Se diferencia dentro de esta segunda categoría según la posesión fuera o no superior a un año para exigir al Estado, en caso de superar la posesión el año, acudir a la vía judicial quedando excluida la toma de posesión en vía administrativa. De acuerdo con el artículo 460.4 Código Civil, la posesión se pierde por la posesión de otro, aun contra la voluntad del antiguo poseedor, si la nueva posesión hubiese durado más de un año. Por el transcurso de un año el Estado si bien sigue siendo propietario, lo es por ministerio de la ley desde el momento de la vacancia del inmueble, pero ha perdido la posesión por la posesión de otro y en tal caso exige entablar la correspondiente acción reivindicatoria ante la jurisdicción ordinaria.

Desde el punto de vista de técnica legislativa se valora positivamente la Ley del Patrimonio de las Administraciones Públicas que refunde en un único precepto, el artículo 17, la regulación de los bienes inmuebles que carecen de dueño. Sobre la toma de posesión dispone el artículo 17: "3. La Administración General del Estado podrá tomar posesión de los bienes así adquiridos en vía administrativa, siempre que no estuvieren siendo poseídos por nadie a título de dueño, y sin perjuicio de los derechos de tercero. 4.Si existiese un poseedor en concepto de dueño, la Administración General del Estado habrá de entablar la acción que corresponda ante los órganos del orden jurisdiccional civil".

Con arreglo a lo dispuesto en el apartado tercero, para que pueda la Administración General del Estado tomar posesión de los bienes no deben estar siendo poseídos por nadie a título de dueño, pues en tal caso deberá entablar la acción que corresponda ante el órgano judicial del orden jurisdiccional civil. Si el bien inmueble viene siendo poseído a título de dueño y durante el plazo legalmente establecido para adquirir el dominio por usucapión, la acción del Estado tanto para ser declarado heredero como la declarativa de dominio o reivindicatoria no prosperaría.

La Ley del Patrimonio de las Administraciones Públicas emplea la expresión "a título de dueño" propia del Código Civil francés "a tître de proprietère"[511].

[511] Inspirado en el modelo francés, el Proyecto de 1851 modificó la expresión francesa "*a título de dueño*" por la equivalente de "*en concepto de dueño*" a excepción del artículo 1948 ("el título de posesión"). El Código Civil (artículos 432, 436, 447, 448, 463 y 1941), la doctrina, *Vid.* Morales Moreno, A.M.: *Posesión y usucapión,* Madrid, 1972, pg. 89, y el Tribunal Supremo emplean la expresión "en concepto de dueño".

Siendo ambas expresiones equivalentes, tomamos de Morales Moreno[512] el significado jurídico de la expresión "posesión en concepto de dueño" como el elemento subjetivo integrante de la posesión ad usucapionem –tanto ordinaria con justo título y buena fe como extraordinaria- pero objetivado al exigir la concurrencia del animus con que se adquirió la posesión con la continuidad en el concepto posesorio[513]. No siendo suficiente la intención se requiere un elemento causal o precedente objetivo que inicialmente estaba constituido por un acto o negocio jurídico idóneo para transmitir el dominio, a entender por la doctrina más autorizada que puede estar constituido por circunstancias objetivas de las que pueda deducirse racionalmente que el poseedor lo es en concepto de dueño. El criterio jurisprudencial considera insuficiente la intención, el aspecto subjetivo, para poseer en concepto de dueño si no va acompañado de títulos que sirven normalmente para transmitir el dominio: "el plazo de la usucapión empieza a correr en el momento en que comience a tenerse la posesión con los caracteres requeridos a que alude el artículo 1941, y hay que reputar como posesión en concepto de dueño, sin vicio de precariedad, a la que se adquiere por virtud de títulos que sirven normalmente para transmitir el dominio" (por todas, Sentencia de la Sala de lo Civil del Tribunal Supremo de 9 de febrero de 1935). La doctrina da un paso más y admite que ese elemento causal sean circunstancias objetivas, actos inequívocos, de clara trascendencia exterior, propios al derecho dominical del que pueda deducirse que el poseedor lo es en concepto de dueño. Y así lo ha recogido el Tribunal Supremo al señalar que el elemento objetivo y causal puede consistir en la existencia de "actos inequívocos, con clara manifestación externa en el tráfico" (Sentencias de 3 de octubre de 1962, 16 de mayo de 1983, 7 de febrero de 1997) "realización de actos que solo el propietario puede por sí realizar" (Sentencia de 3 de junio de 1993), "actuar y presentarse al mundo exterior como efectivo dueño y propietario de

---

512 Morales Moreno, A.M.: *Posesión..., Op. cit.*, pg. 73 y ss.

513 El Tribunal Supremo se ha pronunciado en numerosas ocasiones sobre los requisitos de la prescripción; afirma que *"para adquirir los inmuebles por prescripción, tanto ordinaria como extraordinaria, es condición esencial que la posesión sea con ánimo y a título de propietario" (Sentencia de 17 de febrero de 1894) "como dice de manera expresa el artículo 447 del Código Civil y reitera el 1941 sólo la posesión que se adquiere y disfruta en concepto de dueño puede servir de título para adquirir el dominio; y tan terminantes son estos preceptos que este Tribunal, al aplicarlos, hubo de declarar que tanto la prescripción ordinaria como la extraordinaria no pueden tener lugar, conforme a la constante doctrina de esta Sala, en armonía con el artículo 1941, sin la base cierta de una posesión continuada durante todo el tiempo necesario para prescribir en concepto de dueño, según las sentencias de 29 de enero de 1953, 24 de diciembre de 1928, 27 de noviembre de 1923" (Sentencia de 4 de julio de 1964). "Para que pueda originarse la prescripción adquisitiva, incluso la extraordinaria, como medio de adquirir el dominio, se requiere no sólo el transcurso de los treinta años, sin interrupción de la posesión, sino también que esta posesión no sea la simple tenencia material o la posesión natural, sino que sea la civil, es decir, la tenencia unida a la intención de haber la cosa como suya <en concepto de dueño>"* (Sentencia de 6 de junio de 1986).

la cosa sobre la que se proyectan los actos posesorios" (Sentencia de 30 de diciembre de 1994).

En sentido negativo y conforme a lo dispuesto en el artículo 1942 Código Civil: "No aprovechan para la posesión los actos de carácter posesorio, ejecutados en virtud de licencia o por mera tolerancia del dueño", la posesión meramente tolerada o en precario si bien bajo la Ley de Patrimonio del Estado si era superior a un año exigía al Estado acudir a la vía judicial, con la nueva redacción incorporada en la Ley del Patrimonio de las Administraciones Públicas la recuperación del inmueble vacante no poseído en concepto a título de dueño permite a la Administración su recuperación en vía administrativa. De otra parte, se incrementa la protección del poseedor en concepto de dueño sin exigir plazo alguno.

a) Vía administrativa

Por lo que se refiere a la vía administrativa, una de las manifestaciones de la autotutela administrativa es la potestad de desahucio administrativo que permite a la Administración adquirir la posesión de los bienes sin necesidad de acudir al auxilio judicial, incluso contra la voluntad del poseedor actual[514].

514 Potestad de desahucio, regulada en la sección 5ª Ley 33/2003, que alcanza a los bienes demaniales, bienes patrimoniales adquiridos como consecuencia de un procedimiento de adjudicación y en general a todos los bienes que integran el patrimonio. La jurisprudencia declara el desahucio como una manifestación de la autotutela administrativa de protección sobre el demanio: *Sentencia de la Sala de lo Contencioso-Administrativo del Tribunal Supremo de <protección que tiene su expresión máxima en la potestad de recuperar por sí misma, sin necesidad de acudir a la tutela judicial, la posesión de tales bienes si tal posesión ha sido objeto de perturbación o despojo, potestad que ha sido calificada de interdicto administrativo, interdictum propium, y, que, como tal potestad y no simple facultad, no es de índole discrecional sino de obligado ejercicio, ejercicio además que carece de límite temporal, pues puede efectuarse en cualquier momento, dada la imprescriptibilidad del dominio público>;* Sentencia de la Sala de lo Contencioso-Administrativo del Tribunal Supremo de 13 de octubre de 1998 afirma la naturaleza de protección del dominio, no sancionadora, del desahucio administrativo. Siendo de ejercicio obligatorio sin que pueda la Administración optar por la recuperación vía administrativa vía judicial cuando concurran los presupuestos para el desahucio administrativo; la Sentencia de la Sala de lo Contencioso-Administrativo del Tribunal Supremo de 23 de marzo de 1999 < *ejercicio de la potestad de autotutela conservativa que el ordenamiento jurídico le confiere para proteger la situación de los bienes de dominio público, protección que tiene su expresión máxima en la potestad para recuperar por sí misma, sin necesidad de acudir a la tutela judicial, la posesión de tales bienes si tal posesión ha sido objeto de perturbación o despojo, potestad que ha sido calificada de interdicto administrativo («interdictum propium»), y que como tal potestad y no simple facultad, no es de índole discrecional sino de obligado ejercicio, ejercicio además que carece de límite temporal pues puede efectuarse en cualquier momento -dada la imprescriptibilidad del dominio público- a diferencia de la recuperación administrativa de la posesión de los bienes patrimoniales o privados, que sólo puede ejercerse en el plazo de un año desde la ocupación (art. 8 de la Ley de Patrimonio del Estado. Es doctrina jurisprudencial reiterada la de que el ejercicio de esta potestad recuperatoria de los bienes demaniales está sujeto a dos requisitos fundamentales: 1) Demostrar que los bienes usurpados son del dominio de la Administración que ejerce esta facultad, y 2) El uso público debe haber sido obstaculizado por la*

Potestad de desahucio que procede sólo respecto de los bienes demaniales. En caso de bienes patrimoniales del Estado procede la recuperación posesoria limitada a que no haya transcurrido un año desde la usurpación. Se diferencia el desahucio administrativo de la recuperación posesoria en que esta última presenta un usurpador que carece de relación con la Administración titular del bien y carece de título alguno que le legitime para la ocupación; por su parte, el desahucio exige como presupuesto legal que la ocupación viene legitimada por la existencia de un título pero que ha decaído, lo que provoca que la posesión de los bienes devenga precaria. La facultad de reintegro posesorio que la Ley del Patrimonio de las Administraciones Públicas otorga a la Administración se establece como medio de defensa de su patrimonio pudiendo recuperar la posesión indebidamente perdida sobre los bienes y derechos de su patrimonio. Estamos ante un deber por ser obligado su ejercicio, pero que a la vez representa un privilegio de recuperar por si misma la posesión sin intervención de los Tribunales que no tiene cabida en las relaciones de derecho privado.

En el caso de bienes vacantes, al no ser demaniales no cabe el ejercicio de la potestad de desahucio y tampoco cabe el ejercicio de la potestad de recuperación posesoria. Afirma Valladares Rascón[515] que no resulta aplicable el artículo 8 LPE al referirse a la "recuperación" de la posesión indebidamente perdida sobre los bienes o derechos patrimoniales. No se trata de recuperar, si no de tomar posesión por primera vez, al no haber sido poseídos antes por el Estado, los bienes inmuebles vacantes. Como señala Domínguez Luelmo[516] "no se trata de recuperar la posesión indebidamente perdida, sino de tomar posesión por primera vez de los mismos. Es claro que el poseedor lesiona el <ius possidendi> del Estado, pero no su <ius possessionis>". Si consideramos de aplicación la potestad de recuperación posesoria surge el problema del plazo de un año que marca el artículo 55.3 Ley del Patrimonio de las Administraciones Públicas. Transcurrido el año, contado desde el día siguiente al de la usurpación, para recuperar la posesión de estos bienes deberán ejercitarse las acciones correspondientes ante los órganos del orden jurisdiccional civil. Con el nuevo criterio contenido en su artículo 17, superando el plazo de un año como línea divisoria entre la posibilidad de actuar en vía administrativa sin intervención de órgano

persona contra la que se dirige la potestad recuperatoria (SSTS 2 de junio y 17 de julio de 1987, 2 de junio y 30 de diciembre de 1986, 2 de febrero de 1982, 3 de octubre de 1981).>.

[515] Valladares Rascón, E.: "La Ley del Patrimonio...", *Op. cit.*, pg. 408. En contra Garcia Cantero, G.: "La adquisición...", *Op. cit.*, pg. 70, que considera la acción que concede al Estado el artículo 21 LPE como una manifestación de la prerrogativa de la Administración que establece el artículo 8 LPE: *"La Administración del Estado podrá recuperar por sí la posesión indebidamente perdida sobre los bienes o derechos del Patrimonio antes de que se cumpla un año, contando desde el día siguiente al de la usurpación. Transcurrido dicho plazo, la Administración deberá acudir a los Tribunales ordinarios ejercitando la acción correspondiente. No se admitirán interdictos contra las actuaciones de los Agentes de la autoridad en esta materia".*

[516] Domínguez Luelmo, A.: "La Adquisición...", *Op. cit.*, pg. 193.

judicial y la necesidad de acudir al orden civil, no parece que tenga encaje el plazo de un año que recoge el artículo 53. A lo anterior añadir como argumento que refuerza que no estamos ante el ejercicio de la facultad de recuperar la Administración, por si misma, la posesión de los bienes de su patrimonio, que al ser un privilegio su ejercicio esta sometido a una serie de requisitos que no encajan en la toma de posesión de los inmuebles vacantes[517].

b) Protección del poseedor

Frente al privilegio de la Administración de recuperación de oficio se ha de diferenciar según estemos bajo el prisma de la Ley de Patrimonio del Estado donde la diferencia se establecía según la posesión fuera superior o inferior al año, de la Ley 33/2003, del Patrimonio de las Administraciones Públicas que, con independencia de la duración de la posesión, protege al que posea en concepto de dueño. ¿Se protege más al poseedor bajo la vigencia de la nueva ley? Así lo cree el Consejo de Estado en el dictamen emitido al examinar el Anteproyecto de Ley del Patrimonio[518] donde destaca que la nueva regulación conserva los mecanismos de protección de la regulación anterior y los incrementa al imponer el ejercicio de la acción civil que corresponda cuando exista un poseedor en concepto de dueño sin exigir una posesión superior a un año.

Se excluye por tanto el camino más fácil para la Administración del Estado de toma de posesión directamente en vía administrativa en caso de existir un poseedor en concepto de dueño (no superior a un año) previsto bajo la regulación anterior. Se exige, por tanto, el ejercicio de la acción reivindicatoria, como acción que corresponde al Estado propietario frente al poseedor no propietario. Acción que exige la acreditación del dominio, esto es, la prueba de la concurrencia del presupuesto de hecho para que se atribuya al Estado la propiedad del inmueble es la vacancia e inexistencia de "dueño conocido" del inmueble.

Concluir que la vacancia a que hace referencia tanto el artículo 21 de la regulación anterior como el vigente artículo 17 se ha de entender en sentido jurídico como equivalente a inmuebles que carecen de dueño. La posesión del inmueble por otro en concepto de dueño limita la toma de posesión en vía administrativa, pero sigue siendo "desde luego" propiedad del Estado. Si la posesión lo es a título de dueño (artículo 17 Ley del Patrimonio de las Administraciones

---

[517] Es doctrina jurisprudencial reiterada la de que el ejercicio de esta potestad recuperatoria de los bienes demaniales está sujeto a dos requisitos fundamentales: *"1) Demostrar que los bienes usurpados son del dominio de la Administración que ejerce esta facultad, y 2) El uso público debe haber sido obstaculizado por la persona contra la que se dirige la potestad recuperatoria" (SSTS 2 de junio y 17 de julio de 1987, 2 de junio y 30 de diciembre de 1986, 2 de febrero de 1982, 3 de octubre de 1981).*

[518] Informe de la Subdirección General de lo Consultivo. Abogacía General del Estado. Dirección General del Servicio Jurídico del Estado de 3 de abril de 2003.

Públicas) o si era superior a un año (artículos 21 y 22 Ley de Patrimonio del Estado) se le exige al Estado acudir a la vía judicial civil y ejercitar la acción correspondiente.

Por tanto, de lo dispuesto en el artículo 17 se ha de diferenciar a la hora de la toma de posesión de los inmuebles que carecieren de dueño, dos supuestos:

1. Inmuebles que carecieren de dueño y no estuvieren siendo poseídos por nadie a título de dueño. En tal caso el Estado puede tomar posesión de los mismos en vía administrativa. Se considera una manifestación de la autotutela ejecutiva recogida en el artículo 95 de la Ley 30/1992, de 26 de noviembre, de Régimen Jurídico de las Administraciones Públicas y del Procedimiento Administrativo Común[519].

2. Inmuebles que carecieren de dueño y estuvieren siendo poseídos a título de dueño. El Estado deberá acudir ante los órganos del orden jurisdiccional civil y ejercitar como propietario que es la correspondiente acción reivindicatoria frente al poseedor no propietario. La prueba que le corresponde al Estado es la vacancia o inexistencia de dueño por ser el presupuesto que fija la Ley para atribuir al Estado la propiedad del inmueble y deberá probar que el poseedor no es propietario (inexistencia o invalidez del título que invoque el poseedor o falta de requisitos necesarios para la usucapión).

Si bien los bienes inmuebles no pueden adquirirse por ocupación por los particulares por ser propiedad del Estado sí cabe la prescripción contra el Estado

[519] Se descarta que estemos ante una manifestación de la facultad de recuperación posesoria recogida en los artículos 55 y 56 de la Ley del Patrimonio de las Administraciones Públicas que contempla la recuperación por sí misma de los bienes y derechos de su patrimonio cuya posesión haya sido indebidamente perdida y por tanto ya estaban integrados en el patrimonio de las Administraciones cuya posesión esté perdida.

Se trata de una manifestación de la potestad ejecutoria que permite a la Administración obtener la efectividad de sus resoluciones por sí misma, sin auxilio judicial. Tal prerrogativa no aparece mencionada en la Constitución, a diferencia de otras cuyo fundamento inmediato se encuentra en ella, como la sancionadora (artículo 25) y la reglamentaria (artículos 9 y 105). Sin embargo, el Tribunal Supremo ha dado por supuesta siempre la supervivencia de la antedicha potestad, una vez promulgada nuestra norma fundamental y el Tribunal Constitucional (Sala Segunda, núm.22/1984, de 17 de febrero), por su parte, coincide explícitamente con tal criterio. Por todas Sentencia de la Sala de lo Contencioso-Administrativo de Tribunal Supremo de 17 de junio de 1987: *"La facultad de autotutela «se encuentra, en nuestro Derecho positivo vigente, legalmente reconocida y no puede considerarse que sea contraria a la Constitución», como desarrollo del principio de «Eficacia» predicado de la actividad administrativa en el artículo 103, párrafo 1.º. En definitiva, la potestad ejecutoria, inherente a nuestro sistema administrativo, es obra directa de la Ley, y en ella encuentra su raíz y configuración... Ahora bien, la ejecución forzosa administrativa exige como presupuesto inexcusable de su viabilidad la existencia de un acto declarativo previo que, a su vez implica otra modalidad de la misma potestad de autotutela consistente en que la Administración configure situaciones por sí misma y, eventualmente, cree sus propios títulos ejecutivos".*

siempre que se den los requisitos del artículo 1959 del Código Civil a tenor del cual el dominio de los bienes inmuebles, donde se incluyen los patrimoniales del Estado, se prescribe mediante su posesión ininterrumpida, sin necesidad de título ni de buena fe, durante treinta años. Posibilidad recogida en el artículo 25.2 de la Ley de Patrimonio del Estado para los bienes vacantes al disponer que *"Los particulares podrán usucapir a su favor los bienes y derechos patrimoniales del Estado de acuerdo con las Leyes comunes".* Guarda silencio la Ley del Patrimonio de las Administraciones Públicas respecto a la prescripción de los inmuebles vacantes, si bien al quedar incorporados al patrimonio del Estado quedan sujetos al régimen jurídico general de los bienes patrimoniales siendo susceptibles de usucapión por los particulares siempre que no pierdan el carácter de patrimoniales por pasar a ser demaniales al quedar afectos al uso general o al servicio público, en cuyo caso entraría en juego la imprescriptibilidad propia de los bienes de dominio público tal y como establece el artículo 132 de la Constitución Española[520].

VII.5. PROCEDIMIENTO DE INVESTIGACIÓN

VII.5.1. Planteamiento

El carácter automático de la atribución de los inmuebles vacantes no se contradice con la necesidad de constatar la concurrencia del presupuesto de hecho que determina la adquisición ex lege del Estado. La acción investigadora que recae sobre los bienes y derechos que se presumen patrimoniales se configura como una facultad y prerrogativa de la Administración "...a fin de determinar la titularidad de los mismos cuando ésta no les conste de modo cierto"[521]. Los

[520] Régimen jurídico general que nos lleva al artículo 30 LPAP que en su apartado segundo admite que los bienes y derechos patrimoniales puedan ser objeto de prescripción adquisitiva por terceros de acuerdo con lo dispuesto en el Código Civil y en las leyes especiales *Vid.* Dictamen de la Subdirección General de lo Consultivo. Abogacía General del Estado. Dirección del Servicio Jurídico del Estado. A.E.H-Patrimonio 8/98, donde ante la oposición por parte de un poseedor a la atribución del bien al Estado se comprobó que había adquirido la propiedad de la parcela por usucapión al acreditar el cultivo de la finca desde tiempo superior a treinta años, lo que derivó en el archivo del expediente por entrar en juego la prescripción adquisitiva prevista en el artículo 1959 del Código Civil.

[521] Artículo 45 de la Ley del Patrimonio de las Administraciones Públicas. Junto a la facultad de investigación, en el artículo 41 se enumeran las restantes facultades de defensa y protección: investigación, deslinde, recuperación de oficio y desahucio en vía administrativa. A excepción de la facultad de desahucio en vía administrativa limitada a los bienes demaniales, el resto de las facultades de defensa y protección se destina a todo el Patrimonio de todas las Administraciones Públicas integrado por todos los bienes y derechos cualquiera que sea su naturaleza y el título de su adquisición o aquel en virtud del cual les hayan sido atribuidos.

términos "facultad y prerrogativa" no deben llevar a la confusión a la hora de analizar la naturaleza de la facultad de investigación. Estamos ante una función que tiene por finalidad la defensa de un patrimonio cuyo titular es la Administración General del Estado, facultad no discrecional sujeta a la voluntad del Estado si no irrenunciable y de ejercicio obligatorio consecuencia del interés público que ha de presidir toda la actuación de la Administración, tal y como dispone el artículo 103 de la Constitución Española. La literalidad del artículo 28 de la Ley del Patrimonio de las Administraciones Públicas no deja lugar a dudas que estamos ante una obligación: "Las Administraciones públicas están obligadas a proteger y defender su patrimonio. A tal fin, protegerán adecuadamente los bienes y derechos que lo integran, procurarán su inscripción registral, y ejercerán las potestades administrativas y acciones judiciales que sean procedentes para ello". A diferencia de la sucesión intestada a favor del Estado donde la doctrina se divide ante la pregunta de si el Estado puede renunciar al derecho hereditario previsto en el artículo 956 del Código Civil, en el caso de bienes vacantes la doctrina de forma unánime considera que la renuncia sería contraria al interés público, y al interés particular si el procedimiento se ha iniciado por denuncia de un particular. Lo anterior resulta coherente con el carácter obligatorio y no discrecional del ejercicio de las potestades de investigación, deslinde, recuperación posesoria y desahucio[522].

[522] Abogacía General del Estado "*Comentarios...*", *Op.cit*, pg. 518. Potestades todas ellas que buscan la defensa del patrimonio de las Administraciones Públicas y que son irrenunciables, de ejercicio obligatorio, siendo funciones administrativas calificadas como poder-deber. La Ley 33/2003, del Patrimonio de las Administraciones Públicas, no puede ser más clara en sus términos: "*Las Administraciones públicas están obligadas a proteger y defender su patrimonio. A tal fin, protegerán adecuadamente los bienes y derechos que lo integran, procurarán su inscripción registral, y ejercerán las potestades administrativas y acciones judiciales que sean procedentes para ello*". La jurisprudencia se ha pronunciado de manera reiterada sobre el carácter obligatorio del ejercicio de las potestades de investigación, deslinde, recuperación posesoria y desahucio. En Sentencia de la Sala de lo Contencioso-Administrativo del Tribunal Supremo de 23 de marzo de 1999 afirma que: "*La potestad de autotutela conservativa que el ordenamiento jurídico le confiere para proteger la situación de los bienes de dominio público, protección que tiene su expresión máxima en la potestad para recuperar por sí misma, sin necesidad de acudir a la tutela judicial, la posesión de tales bienes si tal posesión ha sido objeto de perturbación o despojo, potestad que ha sido calificada de interdicto administrativo («interdictum propium»), y que como tal potestad y no simple facultad, no es de índole discrecional sino de obligado ejercicio, ejercicio además que carece de límite temporal pues puede efectuarse en cualquier momento -dada la imprescriptibilidad del dominio público- a diferencia de la recuperación administrativa de la posesión de los bienes patrimoniales o privados, que sólo puede ejercerse en el plazo de un año desde la ocupación (art. 8 de la Ley de Patrimonio del Estado)*".

VII.5.2. Límites a la facultad de investigación. Alcance de la facultad.

Configurada la facultad de investigación como una potestad que la ley otorga al Estado, no está exenta de límites. Estamos ante una de las prerrogativas que el Derecho otorga al Estado, pero la investigación tiene por finalidad comprobar si concurre el presupuesto de hecho que atribuya la propiedad del inmueble al Estado. Se busca, partiendo de una presunción de dominio, determinar, o no, la condición de propietaria del Estado, lo que plantea hasta donde alcanza la investigación y más en concreto ¿Puede la Administración resolver cuestiones de índole civil?

En sede parlamentaria el Grupo Parlamentario Vasco (EAJ-PNV) formuló una enmienda de adición[523] al artículo 45 de la Ley del Patrimonio de las Administraciones Públicas que recoge la facultad de investigación que corresponde por ministerio de la ley a las Administraciones Públicas de los bienes y derechos que presumiblemente formen parte de su patrimonio, a fin de determinar la titularidad de los mismos, proponiendo la adición de un segundo párrafo: "No procederá el ejercicio de esta potestad cuando la titularidad conste en registros públicos y se declarará la no procedencia de declaración alguna sobre titularidad cuando se produzca contradicción sobre cuestiones de naturaleza civil determinantes de la resolución final". Enmienda que justificó en los siguientes términos: "El expediente de investigación constituye un conjunto de actuaciones encaminadas a esclarecer, en la esfera interna de la propia administración, la eventual titularidad pública de determinados bienes y derechos; pero no debe olvidarse que a las Administraciones Públicas y al orden jurisdiccional contencioso-administrativo les está vedado resolver cuestiones de índole civil. Por ello, es necesario que la potestad de investigación marque claramente los límites cuyo traspaso vulnera el principio mencionado. En tal sentido, proponemos que el artículo 45 no entre en juego cuando en el expediente se produzca contradicción sobre cuestiones de naturaleza civil determinantes de la resolución final que haya de adoptarse".

El criterio que recoge la Ley del Patrimonio en su redacción definitiva mantiene una postura intermedia. No excluye, como pretendía el Grupo Parlamentario EAL-PNV, la exclusión de la investigación en caso de constar la titularidad en registros públicos. La propuesta no tiene en cuenta que la presunción de titularidad que representa la inscripción en el Registro de la Propiedad admite prueba en contrario, prueba resultado del ejercicio de la facultad de investigar y que son los propios principios registrales, sin necesidad de llegar

[523] *BOCG*, Congreso de los Diputados, VII Legislatura, Serie A, núm 142-9, de 25 de junio de 2003, Enmiendas e índice de enmiendas al articulado, 121/000142 Patrimonio de las Administraciones Públicas, pg. 78. Enmienda nº16.

al extremo propuesto en la enmienda, suficientes para garantizar el derecho del titular registral y limitan el acceso al Registro de cualquier título que resulte contradictorio con los asientos registrales[524].

En línea con lo anterior, como límite al ejercicio y alcance de la investigación, encontramos el control judicial en materia patrimonial donde, si bien no siempre resulta con claridad, se dividen las funciones de control entre el orden jurisdiccional civil que conoce de las cuestiones de índole civil, sustantivas o de fondo y el orden contencioso administrativo para fiscalizar el procedimiento. Si la investigación tiene por finalidad, cuando existan dudas sobre la titularidad y existiendo una presunción de dominio a favor del Estado, determinar la titularidad por concurrir el presupuesto de hecho de vacancia del inmueble, parece que no estamos ante una mera declaración posesoria, si no como pone de manifiesto la Abogacía General del Estado[525] el resultado de la investigación determinará la atribución de la titularidad y la condición de propietaria a la Administración del Estado. Atribución por ministerio de la ley y con efectos constitutivos, a lo que añade que tal declaración permitirá la incorporación del bien al patrimonio y la inscripción en el Registro de la Propiedad. Afirmación que exige ser matizada por haberse considerado, por aplicación del principio registral de tracto sucesivo, que la resolución administrativa que declare la titularidad es título insuficiente para inscribir la propiedad a nombre del Estado. Si ello contradice asientos registrales por no traer causa el derecho del Estado del titular registral se ha de acudir a la vía judicial civil para el ejercicio de la acción correspondiente[526]. Dejando a un lado la cuestión registral, la Abogacía General del Estado pone de manifiesto que el carácter constitutivo de la resolución administrativa puede llamar la atención por ser el procedimiento de investigación patrimonial un procedimiento administrativo sujeto a los criterios exclusivos de la Administración Pública, eso sí, con las debidas garantías de publicidad y audiencia de todos los posibles interesados. Justifica el autor el alcance constitutivo de la potestad de investigación por referirse a unos bienes, como son los bienes mostrencos, que de conformidad con lo dispuesto en el artículo 17 de la Ley del Patrimonio de las Administraciones Públicas exigen para su incorporación al Patrimonio del Estado el ejercicio de la facultad investigadora. Lo anterior no excluye el debido control judicial por el orden civil cuando se trate de discutir un derecho privado como es el derecho de propiedad[527].

---

524 Las dificultades que se presentan a la hora de inscribir la titularidad del Estado sobre un bien vacante se ha abordado específicamente en un capítulo anterior de este trabajo.

525 "*Comentarios...*", *Op.cit.*, pg. 520

526 El problema que plantea la inscripción a favor del Estado ha sido abordado específicamente en un capítulo anterior de este trabajo.

527 El problema que plantea la delimitación del orden jurisdiccional competente se aborda específicamente en un capítulo de este trabajo.

VII.5.3. Procedimiento. Fases

La Ley sobre Desamortización Civil y Eclesiástica, de 1 de mayo de 1855, regula por primera vez la potestad investigadora referida a la investigación de fincas, censos, foros y demás propiedades que se hayan ocultado incautándose de ellas el Estado[528]. Sería reformada por la Ley desamortizadora de 11 de julio de 1856 que traslada al Ministerio de Hacienda la competencia para promover la investigación. Regulación que se completa con la Real Orden de 20 de diciembre de 1862 donde recoge el derecho de los investigadores de reclamar de los custodios de documentos públicos y notarios copias y certificaciones necesarios para poder determinar los derechos que corresponden al Estado. La Real Orden de 8 de junio de 1896 que reguló el procedimiento de investigación, y en cuyo desarrollo se dicta el Reglamento de Inspección de Bienes de 15 de abril de 1902[529] que regula el ejercicio de la acción investigadora de las propiedades y derechos del Estado, ha permanecido hasta nuestro días siendo derogada por la Ley de Patrimonio del Estado (cláusula derogatoria).

VII.5.3.1. Inicio

El procedimiento de investigación puede iniciarse de oficio o en virtud de denuncia, exigiendo al denunciante con finalidad disuasoria fianza que cubra los gastos necesarios para comprobar la denuncia. En caso de denuncia, la Dirección General del Patrimonio del Estado se ha de pronunciar sobre su admisibilidad; si considera que carece de fundamento o les conste de modo cierto

[528] Publicado en la Gaceta de Madrid el 3 de mayo de 1855, nº 852.

[529] Reglamento para el ejercicio de la acción investigadora respecto a las propiedades y derechos del Estado, publicado en la Gaceta de Madrid el 18 de abril de 1902, nº108. La acción investigadora va dirigida a descubrir, entre otros bienes, los pertenecientes al Estado con arreglo a la Ley de 9 de mayo de 1835 desconocidos de la Administración y los bienes que puedan corresponder al Estado con arreglo al artículo 956 del Código Civil y no tenga noticias de ellos la Administración.

En esencia, el procedimiento que establece de investigación de bienes vacantes y de bienes que pertenecen al Estado por sucesión intestada se ha mantenido hasta hoy. Se contempla que pueda iniciarse de oficio o a instancia de parte, si bien en este segundo supuesto se establece como requisito para dar trámite a la denuncia presentada (por quién no tiene el deber de auxiliar la acción investigadora como Notarios o Registradores de la Propiedad) la constitución de una garantía que anticipe el importe de los gastos necesarios para su comprobación. A las personas que promuevan el ejercicio de la acción investigadora se les reconoce derecho a premio e indemnización por todos los gastos. Iniciado el procedimiento se contemplan dentro de la fase de instrucción diversas actuaciones como la notificación de la iniciación del procedimiento al detentador del bien, la práctica de pruebas y el informe a emitir por la Abogacía del Estado. La resolución del expediente de investigación corresponde a la Dirección General de Propiedades y Derechos del Estado.

la propiedad, lo que procede es no admitirla a trámite; en otro caso acordará el inicio del procedimiento de investigación.

VII.5.3.2. Instrucción

Iniciado el procedimiento entramos en la fase de instrucción que corresponde a la Sección de Patrimonio de la Delegación de Economía y Hacienda. El siguiente paso es dar publicidad exigiendo el apartado b) del artículo 47 de la Ley del Patrimonio la publicación del acuerdo de incoación en el Boletín Oficial del Estado[530]. Sobre la admisibilidad de las pruebas presentadas por los interesados, el apartado c) del artículo 47 de la Ley del Patrimonio prevé la emisión de informe a cargo de la Abogacía del Estado o los órganos a los que corresponda el asesoramiento jurídico de las entidades públicas dependientes de la Administración General del Estado, resolviendo la Sección de Patrimonio de la Delegación de Economía y Hacienda. Nada dice la Ley sobre los medios de prueba, si bien se acepta cualquier medio de prueba admisible en derecho dada la trascendencia de la misma en un procedimiento "...que no va a concluir con el establecimiento de un hecho sino con la declaración y reconocimiento con carácter constitutivo de un derecho...Dicho en otros términos, si el procedimiento puede concluir con la declaración de titular del bien o derecho a favor de una Administración Pública y en perjuicio de un tercero, es necesario que conste debida e indubitadamente fundado y probado dicho derecho de propiedad"[531].

Tratándose de un expediente de investigación patrimonial de un bien inmueble, se tendrá en cuenta cualquier documento[532] que pueda arrojar luz sobre la propiedad del inmueble. Se suele incorporar certificación o nota simple infor-

---

[530] A lo que añade *"sin perjuicio de la posibilidad de utilizar adicionalmente otros medios de difusión"*. Lo que plantea la Abogacía General del Estado en "*Comentarios...* ", *Op.cit*, pg. 530, la necesidad de publicarlo en el boletín de la provincia en que radique el bien o derecho investigado tal y como establece el artículo 20 del Reglamento de Patrimonio del Estado. ¿Ha derogado en este punto la Ley al Reglamento? La respuesta es negativa si tenemos en cuenta la puerta abierta del último inciso transcrito siendo uno de tales medios de difusión la publicación en el Boletín Oficial de la Provincia, si bien pierde el carácter obligatorio y por tanto ya no será gratuita. Sobre los medios de publicidad del acuerdo de iniciación que amplíen el ámbito territorial de difusión garantizando el conocimiento por todos los posibles interesados e incorporando las posibilidades que ofrecen las tecnologías de la información,

[531] Abogacía General del Estado. Dirección General del Servicio Jurídico del Estado, *Comentarios a la Ley del Patrimonio de las Administraciones Públicas,* Ministerio de Justicia, Navarra, 2008, pg. 532.

[532] Son numerosos los factores a tener en cuenta (parentesco, vecindad civil, sucesión intestada, poseedor, etc...), siendo así que el casuismo impide una enumeración de documentos a tener en cuenta más allá de una mera mención de los mismos como testamento, contrato, negocio jurídico origen de la transmisión...

mativa del Registro de la Propiedad que corresponda por el lugar de ubicación del bien a investigar y certificación catastral descriptiva y gráfica de la finca[533].

VII.5.3.3. Resolución. Archivo de las actuaciones

Cuando se considere que se ha acreditado suficientemente la titularidad de la Administración General del Estado sobre el inmueble vacante se dictará resolución que acuerda su incorporación como bien patrimonial del Estado, se procede a su tasación, a su inclusión en el Inventario General de Bienes y Derechos del Estado y a su inscripción en el Registro de la Propiedad[534].

---

[533] *«La inclusión de un mueble o un inmueble en un Catastro, Amillaramiento o Registro Fiscal, no pasa de constituir un indicio de que el objeto inscrito puede pertenecer a quien figura como titular de él, en dicho Registro, y lo mismo los recibos de pago de los correspondientes impuestos; y tal indicio, unido a otras pruebas, puede llevar al ánimo del Juzgador el convencimiento de que, efectivamente, la propiedad pertenece a dicho titular; pero no puede constituir por sí sola un justificante de tal dominio, ya que tal tesis conduciría a convertir a los órganos administrativos encargados de ese registro en definidores del derecho de propiedad y haría inútil la existencia de los Tribunales de Justicia, cuya misión es precisamente la de declarar los derechos controvertidos»; doctrina reiterada en posteriores resoluciones como la de 2 de diciembre de 1998 según la cual «el Catastro afecta sólo a datos físicos (descripción, linderos, contenido, etc.) nada más, no sienta ninguna presunción de posesión dominical en favor de quien en él aparece propietario. Si las certificaciones catastrales no prueban la propiedad, no pasan de ser meros indicios que necesitan conjugarse con otros medios probatorios (* Sentencias de esta Sala de 16 de noviembre de 1988 y 2 de marzo de 1996 *y las que en ellas se citan), con más razón no pueden ser tampoco por sí mismas prueba de una posesión a título de dueño». De igual forma carece de fuerza probatoria acerca del dominio la inclusión del bien litigioso en el Inventario de Bienes del Ayuntamiento".* Sentencia de la Sala de lo Civil del Tribunal Supremo de 26 de mayo de 2000.

[534] Con fecha 6 de junio de 2006 se emite por el Abogado del Estado-Jefe de la Asesoría Jurídica de la Secretaría de Estado de Hacienda y Presupuestos informe referente a la aplicación del artículo 17 de la Ley 33/2003, de 3 de noviembre, de Patrimonio de las Administraciones Públicas, desde la perspectiva catastral. Se plantea la posibilidad de atribuir la titularidad del bien vacante en el catastro a favor del Estado con carácter previo a la conclusión del procedimiento de investigación que declare la titularidad del Estado como bien patrimonial y se incluya en el Inventario General de Bienes y Derechos del Estado. Difiere el informe del criterio que defiende la propuesta de informe que considera que el artículo 17 establece un sistema de adquisición ipso iure que permite, una vez consultado el Registro, requerido información a colindantes y consultado el Ayuntamiento correspondiente, un cambio de titularidad automática en la base de datos catastral a favor del Patrimonio del Estado por existir indicio de que el inmueble carece de dueño. Frente a tal criterio, la Asesoría Jurídica de la Secretaría de Estado de Hacienda y Presupuestos estima, con buen criterio, que no procede la atribución catastral de titularidad mientras no finalice el procedimiento de investigación. La adquisición automática a favor del Estado desde que quedan vacantes no se contradice con exigir que para la plena eficacia de la atribución del dominio se concluya el procedimiento de investigación. Finalizar el procedimiento repercute en el campo de las obligaciones tributarias, y admitir su modificación en el Catastro antes de finalizar el procedimiento de investigación carece de sentido al ser un registro administrativo con un carácter tributario, pues la nueva regulación establece que las obligaciones tributarias no son exigibles en tanto no se incluya el bien en el Inventario General de Bienes y Derechos del Estado. No se puede inscribir en el Registro de la Propiedad la

En caso contrario, como novedad que introduce la Ley del Patrimonio de las Administraciones Públicas, se prevé el archivo de las actuaciones en caso de resultar que el inmueble investigado no es vacante por tener dueño o no quedar acreditada la situación de vacancia. Se establece, entonces, un plazo de dos años contados desde el día siguiente al de la publicación del acuerdo de incoación en el BOE sin que haya recaído resolución en el expediente de investigación[535]. Si la finalidad del expediente es constatar que concurren los

titularidad dominical en tanto no finalice el procedimiento de investigación y por tanto admitir su modificación en el Catastro Inmobiliario previamente a su modificación registral iría en contra de la concordancia entre el Catastro y el Registro de la Propiedad. Concluye el informe en considerar improcedente *"la atribución de titularidad del bien vacante en el Catastro antes de la inscripción de la titularidad en el Registro de la Propiedad que, conforme a lo dispuesto en el artículo 47.d) LPAP, no ha de producirse sino después de que se declare la titularidad en la resolución que ponga fin al procedimiento de investigación y se procederá a su tasación e inclusión en el Inventario General de Bienes y Derechos del Estado, so pena de provocar la discordancia entre el Catastro y el Registro de la Propiedad. Por último, si se produjera la atribución al Estado del bien en el Catastro antes de recaer la resolución que, poniendo fin al proceso de investigación, declare la titularidad del Estado, el acto administrativo de atibución de titularidad en el Catastro, dotado de presunción de certeza, sustituiría al acto que conforme a la LPAP declara latitularidad del bien, aquella resolución, con lo que se vulnerarían los artículos 17.2 y 47.d) LPAP".*

535 Se justifica un plazo de dos años para evitar dilaciones indebidas en la resolución del procedimiento administrativo y con ello se cubre el silencio de la Ley del Patrimonio del Estado y el Decreto que aprobó su Reglamento que no establecían un plazo máximo de duración. Ante el silencio de la legislación patrimonial, el Tribunal Supremo en Sentencia de la Sala de lo Contencioso Administrativo de 27 de maryo de 2008 descarta la aplicación de la Ley 30/1992, de Régimen Jurídico de las Administraciones Públicas ante la caducidad del expediente de investigación invocada de contrario: *"Plantea además la recurrente dos motivos que sí pueden encuadrarse sin esfuerzo bajo la definición de infracciones procedimentales: por un lago, la caducidad del expediente; por otro, la vulneración durante su tramitación del derecho a la defensa de la sociedad demandante.*

En cuanto al primero, se advierte que el expediente se inició el 22 de junio de 1998, siendo así que la Resolución que ahora se recurre y que le puso fin se dictó el 4 de abril de 2001, habiendo transcurrido con exceso el plazo que para la caducidad de los expediente administrativos se establece con carácter general en la Ley 30/1992, de 26 de noviembre.

En concreto, y como se trata de un procedimiento iniciado bajo la vigencia de la redacción original de la Ley 30/1992 -es decir, anterior a la reforma operada por la Ley 4/1999, de 13 de enero, se invoca lo establecido en el artículo 42, apartados 1 y 2, en relación con el artículo 43.4, de cuya interpretación conjunta deduce que el plazo máximo para la resolución del expediente bajo consecuencia, en caso de excederse, de su caducidad, era de tres meses.

En este sentido, ha de comenzarse advirtiendo que ni la Ley de Patrimonio del Estado ni el Decreto de 5 de noviembre de 1964, que aprobó su Reglamento, establecen un plazo máximo de duración del expediente de investigación.

Y es lo cierto que del tenor literal de los preceptos de la Ley 30/1992 que se invocan tampoco puede afirmarse que tal plazo sea, como pretende la actora, de tres meses.

En efecto, es claro que nos encontramos ante un procedimiento iniciado de oficio (a lo que no empece que dicha iniciación, acordada por el órgano competente, tuviera su origen en la denuncia de un particular, como se sigue de lo establecido en el artículo 69.1 de la Ley 30/1992), que excluye por tanto la aplicabilidad del artículo 42.2, el cual se refiere al plazo para resolver las solicitudes formuladas por los interesados.

presupuestos del derecho del Estado a la titularidad del inmueble vacante carece de sentido, dado que la adquisición es automática y por ministerio de la ley, que no pudiera incoarse un nuevo procedimiento de investigación. Lo anterior lleva a considerar que estamos ante un supuesto de caducidad que no impide la incoación de un nuevo procedimiento conservando aquellos actos y trámites que se hubiesen mantenido igual[536].

VII.6. RÉGIMEN DE CONTROL JUDICIAL. ORDEN JURISDICCIONAL COMPETENTE

Analizados los presupuestos que han de concurrir para que la Administración acuerde la incorporación a su patrimonio de un bien vacante y el expediente administrativo de investigación a tramitar, se deduce claramente que la Administración ejerce una prerrogativa de declaración de la propiedad de un bien a su favor. Siendo un acto administrativo parece que el mismo es revisable ante la jurisdicción contenciosa, a diferencia de la declaración de heredero a favor del Estado, que dada su naturaleza privada equiparable a cualquier otro heredero la competencia se atribuye a la jurisdicción ordinaria. Podemos, por tanto, extraer una nueva diferencia entre ambos procedimientos con las consecuencias procesales que diferencian ambos órdenes jurisdiccionales. La

---

Por otra parte, la cita del artículo 43.4 tampoco puede tener la consecuencia pretendida: si bien estamos precisamente ante un procedimiento iniciado de oficio no susceptible, en principio, de producir efectos favorables a los interesados, es lo cierto que no existe un plazo específico en el que debía ser dictada la Resolución que le pusiera fin, pues dicho plazo en modo alguno puede entenderse que fuera el de tres meses, como se afirma en la demanda con remisión al artículo 42.2, precepto que, como hemos visto, se refiere a procedimientos distintos como son los iniciados a solicitud del interesado.

Conclusión obligada de todo ello es que no existía, al menos bajo la vigencia de la redacción original de la Ley 30/1992, un plazo máximo para resolver el procedimiento de investigación previsto en los artículos 9 y siguientes de la LPE lo que excluye que pueda declararse caducado en los términos que se exigen en la demanda; y sin que en modo alguno pueda resultarle de aplicación el plazo de seis meses que se invoca con cita de la Sentencia del Tribunal Superior de La Rioja de 10 de febrero de 1997 la cual se refiere a un supuesto obviamente distinto, como es el de un expediente sancionador para el que dicho plazo está expresamente previsto en el artículo 20.6 del Reglamento de Procedimiento para el ejercicio de la Potestad Sancionadora".

[536] Si bien desde la Abogacía General del Estado *Comentarios...,Op.cit, pg. 534,* se defiende la aplicación analógica del artículo 66 de la Ley 30/1992 de conservación de actos y trámites, exige ciertas precisiones que resultan razonables: 1. Publicación del acuerdo de incoación del nuevo procedimiento; 2. Conservación de las declaraciones ya practicadas; 3. Si se presentan nuevas alegaciones que desvirtúen las anteriores se deberá solicitar nueva declaración a los testigos que declararon en el procedimiento anterior; 4. Conservación de informes y 5. Solicitud de nueva nota simple informativa o certificación registral.

Al estudio del archivo del expediente de investigación patrimonial se dedica un capítulo posterior de este trabajo.

Audiencia Nacional, Sala de lo Contencioso-Administrativo, en Sentencia de 12 de marzo de 1997, estima la causa de inadmisibilidad de falta de jurisdicción articulada por el Abogado del Estado y por la codemandada Fundación "Gala-Salvador Dalí" por ser una cuestión estrictamente de derecho privado al atribuir al Estado la condición de heredero con los mismos derechos y obligaciones[537]. Criterio judicial que reforzó la postura de quienes defendían la naturaleza privada del derecho sucesorio del Estado frente a sistemas como el francés donde se configura en el ámbito público como un reflejo de la soberanía del Estado.

Trasladando el debate al procedimiento de investigación de un bien como vacante se plantea ¿qué orden, civil o contencioso, es competente para revisar la declaración de vacancia de un inmueble y su integración en el Patrimonio del Estado?

Tanto la Ley de Patrimonio del Estado como la Ley del Patrimonio de las Administraciones Públicas han regulado el régimen de control judicial. Así, el artículo 12 de la derogada Ley del Patrimonio del Estado, según el cual "El conocimiento de las cuestiones de naturaleza civil que se susciten con ocasión de la investigación practicada corresponderá a la jurisdicción ordinaria. Los afectados por la resolución del expediente de investigación que no tengan la condición de denunciantes sólo podrán impugnarla en vía contencioso-administrativa por infracción del procedimiento" y el vigente artículo 43 que en su apartado segundo dispone que "Los actos administrativos dictados en los procedimientos que se sigan para el ejercicio de estas facultades y potestades (recuperación de oficio, deslinde e investigación) que afecten a titularidades y derechos de carácter civil sólo podrán ser recurridos ante la jurisdicción contencioso-administrativa por infracción de las normas sobre competencia y procedimiento, previo agotamiento de la vía administrativa. Quienes se consideren perjudicados en cuanto a su derecho de propiedad u otros de naturaleza civil por dichos actos podrán ejercitar las acciones pertinentes ante los órganos del orden jurisdiccional civil, previa reclamación en vía administrativa".

La línea que delimita el orden jurisdiccional civil y el contencioso cuando un acto procede de la Administración no siempre resulta clara. La resolución dictada por la Dirección General del Patrimonio que acuerda la incorporación de un bien al Patrimonio del Estado es un acto administrativo fiscalizable por la jurisdicción contenciosa, salvo "el conocimiento de las cuestiones de naturaleza civil que se susciten con ocasión de la investigación practicada corresponderá

[537] El recurso contencioso contra la Orden de la Ministra de Cultura, de 25 de julio de 1995, por la que se otorga a la Fundación Gala-Salvador Dalí el ejercicio de las facultades de administración y explotación de los derechos de la propiedad intelectual derivados de la obra artística de don Salvador D y D, y lo hace en cuanto que su titularidad corresponde al Estado como heredero universal, se aborda específicamente en un capítulo independiente de este trabajo.

a la jurisdicción ordinaria". Se produce al igual que en la sucesión intestada a favor del Estado una interrelación que no exclusión de normas de derecho civil y normas administrativas. Tomamos el mismo punto de partida que en el supuesto de sucesión intestada para poder determinar que orden es el competente para revisar un acto administrativo que afecta a derechos privados. El criterio a tener en cuenta es si se trata "de una actuación en la que la Administración no ejerce "imperium" sino que es semejante a un acto de disposición que cualquier particular puede realizar con su patrimonio"[538] en cuyo caso corresponde al orden civil.

No se puede desconocer la jurisprudencia de la Sala de lo Contencioso-Administrativo del Tribunal Supremo, que sostiene la extensión del control de la actuación administrativa a verificar si por parte de la Administración, en el ejercicio de las prerrogativas de defensa del patrimonio del Estado, ha cumplido los límites y presupuestos legales.

De las distintas potestades que enumera el artículo 41 de la Ley 33/2003, del Patrimonio, es la de deslinde la que ha generado mayor doctrina jurisprudencial y ello nos permite formular algunas premisas generales sobre la cuestión que se puede trasladar a la potestad de investigación. La Sentencia de la Sala de lo Contencioso-Administrativo del Tribunal Supremo de 27 de mayo de 2003 parte del artículo 1 de la Ley 13/1998, de la Jurisdicción Contenciosa-Administrativa, que atribuye a la jurisdicción contenciosa el conocimiento de las pretensiones que se deduzcan en relación a los actos de la Administración sujetos a Derecho Administrativo, "siéndolo el denominado deslinde administrativo, que supone un procedimiento que culmina en acto probatorio, por el cual, la Administración Pública, en el ejercicio de una potestad exorbitante de autotutela, sin necesidad de acudir a los órganos jurisdiccionales, defiende provisionalmente determinados bienes.... El Deslinde Administrativo, se ha calificado de una potestad cuasi-interdictal y provisional de defensa del Dominio Público, mediante la delimitación de la posesión de forma unilateral por la Administración. La función de la Jurisdicción Contencioso Administrativa no es la de declarar el derecho de propiedad ni el de posesión, sino el verificar que el ejercicio de la potestad de deslinde se ha ejercido conforme a las normas de Derecho Administrativo, de ahí que la regulación de los arts. 14 y 24.2° del Reglamento de Vías Pecuarias, aprobado por RD 2876/78, de 3 de noviembre , sólo contemplen la posibilidad de impugnar ante los Tribunales de este Or-

[538] La Audiencia Nacional, Sala de lo Contencioso-Administrativo, en Sentencia de 12 de marzo de 1997, estima la causa de inadmisibilidad de falta de jurisdicción articulada por el Abogado del Estado y por la codemandada Fundación "Gala-Salvador Dalí": *Al efecto recuérdese que según el Tribunal Supremo, las cuestiones relativas a la propiedad intelectual son de "derecho común" es decir, de Derecho civil* (Sentencia de 7 de julio de 1990 y, en el mismo sentido, Sentencias de 18 de septiembre y 3 de diciembre de 1990)(F J° 4).

den Jurisdiccional por motivo de defectos procedimentales, remitiendo a los Tribunales Civiles las controversias relativas a la propiedad o posesión. Ello no significa que, en el ejercicio de la potestad de deslinde, la Administración no deba tener en cuenta ciertas reglas civiles, como las relativas a los títulos sobre la propiedad o posesión alegados por los interesados que participen en el procedimiento de deslinde, por lo que en este caso, si no los tiene en cuenta adecuadamente, el acto probatorio de deslinde sí que podía ser impugnado en el recurso contencioso administrativo, por lo que esta Jurisdicción aplicaría las normas civiles en los términos del artículo 4 de la LJCA, como cuestión prejudicial".

Recoge la sentencia la jurisprudencia del Tribunal Supremo, si bien referido al deslinde pero de aplicación al resto de potestades, que el ejercicio de tales potestades se ve limitado por la presunción de legalidad[539], artículo 34 Ley Hipotecaria, a favor de la propiedad inscrita en el Registro de la Propiedad. Reflejo de ello es la problemática que encuentra el Estado a la hora de inscribir los bienes en el Registro de la Propiedad si por estar inscrito a favor de persona de quién no trae causa el tracto sucesivo bloquea cualquier inscripción contradictoria[540].

Al trasladar la doctrina del Tribunal Supremo a la potestad de investigación se puede afirmar que la resolución que ponga fin al procedimiento y declare un bien propiedad del Estado por haber quedada acreditada la vacancia, como acto administrativo que es, resulta fiscalizable por la jurisdicción contenciosa. Durante la tramitación del expediente la Administración del Estado deberá tener en cuenta reglas civiles y registrales: las primeras representadas por los títulos de propiedad y el hecho de la posesión y los principios registrales que por ley sujetan a todo propietario cuyo título quiere acceder al registro. Afirma el Tribunal Supremo en Sentencia de 31 de diciembre de 2003 que "La Jurisdicción Contencioso-Administrativa no puede resolver cuestiones de propiedad, pero sí decidir si un deslinde realizado por la Administración es o no conforme con los criterios expresados por la Ley de Costas para definir el dominio público, y

[539] La Sentencia de la Sala de lo Contencioso del Tribunal Supremo de 7 de febrero de 1996, dice en su Fundamento Segundo: *"La jurisprudencia del TS, representada por la STS de 3-3-1994 y las que en ella se citan, ha declarado, en efecto, que el deslinde administrativo no puede desconocer, sino que ha de respetar, la presunción de legalidad que se deriva del concreto texto del artículo 34 de la LH en favor de la propiedad inscrita en el Registro, estableciendo de esta forma una limitación de la facultad de deslinde de la Administración. Ahora bien, como señala la propia Sentencia para que entre en juego esa limitación habrá de estar suficientemente probado, por lo menos 'prima facie', que la porción de terreno discutido, se encuentra inscrita en el Registro de la Propiedad. En efecto ello ha de ser así por cuanto el objeto y la fe de dicho registro se limita a los actos y contratos relativos al dominio y demás derechos reales sobre bienes inmuebles, fe que no se extiende a los datos de hecho".*

[540] Problema que ha sido abordado específicamente en un capítulo anterior de este trabajo.

también declarar si la Administración ha justificado o no la inclusión de unos terrenos en los criterios legales.

...sin perjuicio de que los interesados puedan ejercitar las acciones de que se crean asistidos en relación con la titularidad dominical de los terrenos ante la jurisdicción civil.

En contra del parecer del Abogado del Estado, la jurisdicción del Orden Contencioso-Administrativo no puede limitarse a decidir sobre la corrección procedimental del deslinde practicado, ya que éste, conforme a lo establecido por los artículos 11 y 13.1 de la referida Ley de Costas, tiene como finalidad constatar la existencia de las características físicas de los bienes, relacionadas en los mencionados artículos 3, 4 y 5 de la misma Ley, para declarar la posesión y titularidad dominical a favor del Estado, de modo que a tal actividad administrativa debe extender su control la jurisdicción Contencioso-Administrativa para resolver si aquélla se ajusta o no a lo dispuesto en los indicados preceptos".

Doctrina jurisprudencial que se refleja en el régimen de control judicial del artículo 43 de la Ley 33/2003, que lleva a diferenciar:

1.- Competencia del orden contencioso-administrativo para el control de la regularidad procedimental. El procedimiento de investigación de la vacancia de un inmueble puede afectar a titularidades y derechos de carácter civil, pero se admite su impugnación ante la jurisdicción contenciosa por infracción sobre competencia y procedimiento.

2.- Competencia de la jurisdicción civil para el conocimiento de las cuestiones sustantivas relativas a la propiedad u otros derechos de naturaleza civil.

El régimen general descrito se traslada al procedimiento de investigación de bienes vacantes en la Sentencia de 27 de mayo de 2008 de la Sala de lo Contencioso-Administrativo del Tribunal Supremo[541], donde se analiza un

[541] Como antecedentes a tener en cuenta, la Dirección General del Patrimonio en Resolución de 4 de abril de 2001 acuerda, entre otros extremos, *"la incorporación al Estado de la antigua Venta del Cantal de la Cruz, sita en la calle Escritor José María Alcalde núms. 29-31, en virtud de lo dispuesto en el artículo21 de la Ley del Patrimonio del Estado"*. Interpuesto recurso por Sociedad Financiera y Minera, argumenta que la Administración General del Estado se extralimitó en sus competencias al existir elementos suficientes que evidenciaban que no concurrían los requisitos del artículo 21 de la Ley Patrimonio del Estado para que ejercitara la facultad de autotutela declarativa sobre la finca. La Sala de lo Contencioso-Administrativo del Tribunal Superior de Justicia de Madrid, desestimó el recurso contencioso en Sentencia de 2 de abril de 2004, sin entrar en el fondo y por tanto sin analizar la cuestión de extralimitación competencial, al entender que la jurisdicción contencioso-administrativa no es la competente para el conocimiento de la cuestión: " ... *la discrepancia no radica aquí en la posesión, sino en la titularidad del bien litigioso, lo que exige replantear la competencia de este orden jurisdiccional para conocer de los actos dictados por la Administración del Estado en esta materia. Y la solución viene determinada en la misma Ley de*

supuesto de posible extralimitación competencial de la Administración en el uso de la facultad reconocida en el artículo 21 de la Ley del Patrimonio del Estado, de aplicación temporal en el caso analizado, por cuanto éste le permite incorporar a su patrimonio bienes vacantes y sin dueño conocido, pero carece de competencia para hacerlo cuando existen terceros. Interesa la parte actora que se deje sin efecto la Resolución de la Dirección General del Patrimonio del Estado por no estar suficientemente acreditado que pueda caracterizarse de vacante o sin dueño conocido debiendo haber entablado la Administración acción reivindicatoria ante la jurisdicción civil. Se discute la competencia del orden contencioso para revisar un acto, como es la Resolución de la Dirección General de Patrimonio del Estado, que si bien es administrativo, a criterio del Tribunal Superior de Justicia de Madrid no deja de ser una cuestión relativa a la titularidad de bienes controvertidos y por tanto propio del orden civil.

Derivadas las actuaciones ante el Tribunal Supremo se interesa por la mercantil recurrente que se deje sin efecto la Resolución de 4 de julio de 2001. Argumenta de forma sólida la competencia del orden contencioso, al defender que constituye (siendo el único motivo por el que pueden ser recurridos los actos administrativos dictados en el ejercicio de las prerrogativas que legalmente se establecen para la defensa de su patrimonio) una "infracción del procedimiento" la posible extralimitación en sus competencias al declarar la pertenencia de la finca al Patrimonio del Estado cuando no concurrían las circunstancias del artículo 21 de la Ley del Patrimonio del Estado al venir siendo poseída pacíficamente en concepto de dueño por la recurrente, que si bien el recurso no tiene por objeto el reconocimiento de un derecho de propiedad a su favor[542], sí considera que debió dar por finalizado el expediente de investigación

Patrimonio del Estado, en su artículo 12, reproducido por el artículo 31 del Decreto 3588/1964, de 5 de noviembre, según el cual <El conocimiento de las cuestiones de naturaleza civil que se susciten con ocasión de la investigación practicada corresponderá a la jurisdicción ordinaria. Los afectados por la resolución del expediente de investigación que no tengan la condición de denunciantes sólo podrán impugnarla en vía contencioso-administrativa por infracción del procedimiento>. Resulta indudable entonces que las posibilidades de impugnación ante este orden jurisdiccional quedan limitadas a los motivos relacionados con la tramitación del procedimiento, correspondiendo a los órganos de la Jurisdicción Civil el conocimiento de cualesquiera otras cuestiones que, con arreglo a lo establecido en el artículo 9 y siguientes de la LPE, se siguiere para la adquisición por el Estado de los bienes que pudieran presumirse patrimoniales; y entre dichas cuestiones, y significadamente, las relativas a la titularidad de los bienes controvertidos".

542 Se desconoce el interés de la parte, pues en el escrito de recurso reitera que no pretende ni en vía administrativa ni en el posterior procedimiento jurisdiccional una declaración de su derecho de propiedad sobre la finca, cuestión claramente excluida del conocimiento de la jurisdicción contenciosa por imperativo del artículo 3.a) de la Ley de jurisdicción Contenciosa Administrativa. Lo cierto es que examinado el escrito de recurso de casación formulado por la recurrente y el propio de oposición de la Abogacía del Estado con fundamento en la interpretación dada por el Tribunal Superior de Justicia que da por sentado que la recurrente está suscitando una cuestión de titularidad.

e instar la correspondiente acción reivindicatoria en vía civil con arreglo a lo que disponía el artículo 22 de la Ley del Patrimonio del Estado.

De acuerdo con la doctrina jurisprudencial [543]procedente de la Sala de lo Contencioso-Administrativo del Tribunal Supremo, formulada en relación

Se da una situación, cuanto menos curiosa, como es el negar la primera y afirmar la segunda el interés de la recurrente de pretender el reconocimiento de su derecho de propiedad sobre la finca.

[543] En la Sentencia de la Sala de lo Contencioso-Administrativo del Tribunal Supremo de 19 de diciembre de 2001, se reconoce la potestad del orden jurisdiccional contencioso-administrativo para controlar la legalidad del procedimiento administrativo de recuperación demanial o posesoria de bienes patrimoniales del Estado, que se extiende al examen de los vicios de procedimiento, en los que se incluyen las «extralimitaciones administrativas competenciales*:*

"El primer problema que debe ser abordado al analizar el motivo inicial de casación es el relativo al contenido de los términos «infracción de procedimiento» que, según el artículo 14 de la Ley de Patrimonio, limita el ámbito de conocimiento de la jurisdicción Contencioso-Administrativa cuando se trate de juzgar una resolución ministerial aprobatoria del deslinde. La frontera entre lo que es cuestión de procedimiento (que compete a esta jurisdicción) y cuestión de fondo (que compete a la civil) parecería, en una primera aproximación, excluir de nuestro conocimiento toda pretensión basada en una "lesión de derechos" patrimoniales que los afectados habrían de hacer valer ante los jueces civiles, reduciendo aquél a la mera comprobación de la regularidad de los trámites seguidos.

En la misma línea la Sentencia de la Sala de lo Contencioso-Administrativo del Tribunal Supremo de 27 de mayo de 2008: "*La jurisprudencia de esta Sala ha sido constante, sin embargo, al incluir en el primer género de cuestiones (de procedimiento) las relativas al ejercicio mismo de la potestad de deslindar cuando se trate de terrenos que se encuentran en determinadas situaciones de hecho y de derecho a consecuencia de las cuales no es posible practicar un deslinde administrativo válido sobre ellos. Aquella jurisprudencia ha calificado de extralimitación de la competencia -y, por tanto, de vicio de procedimiento- el ejercicio en estos casos, por parte de los órganos administrativos, de la potestad de deslinde utilizada con desconocimiento de determinadas situaciones jurídicas (derechos inscritos, posesión pacífica de un tercero) consolidadas y preferentes.*

Las sentencias que han adoptado este enfoque exp, en lo que se refiere a bienes de dominio público, muy numerosas. Como recordábamos en la de 8 de octubre de 1999, por referencia a la precedente de 22 de septiembre de 1983, el deslinde es disconforme con el ordenamiento jurídico en cuanto no respeta una previa situación amparada, a la vez, por la presunción registral y por una sentencia firme anterior; la de 5 de noviembre de 1990 reitera esta misma tesis sobre la eficacia de la inscripción registral frente a la actuación administrativa en materia de deslinde, y añade que cuando se trata de situaciones complejas que se están tratando de dirimir en litigios sobre la titularidad del inmueble, no debe la Administración unilateralmente utilizar sus facultades de deslinde para arrogarse por sí aquélla.

En dichas sentencias, así como en otras muchas similares), el juicio sobre los límites de la competencia administrativa para deslindar, incluyendo bajo estos términos ansivo de nuestra competencia jurisdiccional al enfrentarse con deslindes administrativos son la verificación de que el deslinde haya respetado las presunciones registrales y determinadas situaciones posesorias, se ha entendido, de manera constante, atribuido a los órganos jurisdiccionales Contencioso-Administrativos.

Este mismo enfoque ha prevalecido también en otras sentencias de esta Sala del Tribunal Supremo que se han pronunciado sobre la validez de los deslindes administrativos no ya de bienes demaniales sino, específicamente, de los bienes patrimoniales, sean éstos del Estado o de las corporaciones locales. Las sentencias de 29 de noviembre de 1982, 15 de diciembre de 1987 o 5 de noviembre de 1990, entre otras, no dudan en juzgar acerca de la corrección del deslinde de bienes privados de la Administración verificando, al igual que en el caso de los bienes de dominio público y como un presupuesto de validez del deslinde mismo (esto es, como una "cuestión de procedimiento" en el sentido antes expresado), si mediante él se han desconocido determinadas situaciones jurídicas preferentes, lo que es calificado como extralimitación constitutiva de una infracción procedimenta".

Valga por todas la primera de las citadas, esto es, la sentencia, de 29 de noviembre de 1982 que, aun cuando referida a bienes de corporaciones locales, es igualmente aplicable a los patrimoniales del Estado en relación con la cuestión que ahora estamos analizando. En ella se afirma:

"[...] si bien no cabe negar a la Administración municipal la facultad de promover y ejecutar el deslinde, la propia regulación normativa contenida [...] nos está delimitando el ámbito objetivo e institucional que debe atribuirse a esta operación técnica, en lo esencial, de señalamiento de la línea perimetral de una finca que supone, a veces, declaración provisional de posesión de hecho sobre la zona deslindada, ya que si bien el deslinde procede cuando apareciesen límites imprecisos entre la propiedades o de indicios de usurpación, las operaciones técnicas de comprobación y la rectificación de situaciones jurídicas sólo es posible legalmente si nos encontramos ante supuestos plenamente acreditados, esto es, que la Administración en el momento de levantar el acta de apeo -o al aprobar el deslinde- no puede desentenderse de las demás situaciones jurídicas consolidadas a favor de los particulares colindantes por venir éstas amparadas o protegidas por preceptos civiles e hipotecarios, ya que aparte de situaciones surgidas al amparo del artículo 34 LH, existen otras en base de la simple inmatriculación (arts. 200, 205, 206, 207 y cc. de la Ley citada) que no pueden ser ignoradas, unido todo ello a la carga u obligación legal de respetar las situaciones posesorias de más de 1 año (en armonía, en cierto modo, con lo dispuesto en el artículo 14.b) de la Ley y pfo. 1º artículo 64 Rgto. de montes y artículo 6.3 y disp. trans. 1ª L 26 abril 1969 de costas que se verían contradichas si la Administración pudiese hacer declaraciones posesorias, aun con el carácter de provisionales, más á del ámbito temporal que la Ley prevé, pues ello supondría violación notoria de preceptos legales con incidencia, lesión o desconocimiento del derecho de los particulares y no sólo por desapoderamiento de la Administración en este campo de los derechos civiles, sino también porque en este caso la posesión de los particulares colindantes es material o de hecho y con una duración muy superior al año (alcanza por accesión a 1918 y 1922 respectivamente); a la vez que por ser titulares de un derecho de propiedad sobre fincas inscritas en el Registro de la propiedad - adquisiciones a título oneroso- el juego de los principios de fe pública y legitimación registral impiden a la Administración hacer una declaración provisoria de posesión (y cualquier acto o hecho jurídico contrario) que contradiga la declaración o presunción legal del artículo 38 de la Ley "a todos los efectos legales se presumirá que los derechos reales inscritos... existen y pertenecen a su titular en la forma determinada en e l asiento respectivo... de igual modo se presumirá que quien tenga inscrito el dominio... tiene la posesión de los mismos", dado que en nuestro derecho la posesión, como hecho, no puede reconocerse dos personalidades distintas, fuera de los casos de indivisión (art. 445 Código Civil [LEG 1889, 27]) e independientemente de la preferencia del poseedor actual, por sí mismo su "status" se refuerza como reflejo de la presunción legal nacida del dominio inscrito que se encuentra bajo la salvaguardia de los tribunales y produce todos sus efectos, mientras no se declare su inexactitud en los términos establecidos en la Ley hipotecaria (art. 1.3), por eso ha podido afirmarse que las personas a cuyo favor aparezcan extendidos los asientos del registro tienen derecho a que se soporte la situación jurídica con arreglo a los términos de la inscripción, mientras los tribunales no decidan lo contrario.

[...] sería un contrasentido que la Administración en los supuestos de deslinde de dominio público (montes, zona marítimo-terrestre etc.) tuviese que respetar las situaciones jurídicas consolidadas de los particulares en los casos a que nos hemos referido antes por imposición legal, mientras que en el deslinde de un bien patrimonial [...] pudiese prescindir de tales límites que además de legales son consecuencia de los principios que informan los institutos de la propiedad y de la posesión en nuestro derecho, enteramente encomendada su garantía y defensa a los tribunales ordinarios, con lo cual se vislumbra una clara extralimitación de la autoridad municipal al aprobar el acto de deslinde con vulneración de los preceptos legales citados [...]".

[...] Refrendada, pues, la posibilidad, en abstracto, de que los tribunales del orden Contencioso-Administrativo analicen, al juzgar las resoluciones ministeriales aprobatorias del deslinde

con la determinación del ámbito y la extensión de la jurisdicción contencioso-administrativa para conocer de los vicios in procedendo en que haya incurrido la Administración pública en el ejercicio de su potestad de adquisición de bienes patrimoniales del Estado, en la tramitación y resolución del expediente de investigación, concluye: 1) Considera inadecuada la respuesta dada por la Sala de instancia sobre la denunciada extralimitación competencial al no fundamentarse en la aplicación de las disposiciones de la Ley del Patrimonio del Estado, suponiendo una denegación de justicia lesiva al derecho a la tutela judicial efectiva, garantizada por el artículo 24 de la Constitución, que deja imprejuzgada la pretensión de nulidad deducida por la entidad recurrente con base a un argumento, que resulta contrario a la doctrina jurisprudencial que atribuye al orden contencioso la competencia para controlar la legalidad del procedimiento administrativo, en el ejercicio de sus facultades de defensa de los bienes patrimoniales. Lo que se extiende a la revisión de los vicios del procedimiento, entre los que se incluyen las extralimitaciones administrativas competenciales "que se producen cuando los órganos administrativos ejercen sus facultades de defensa de los bienes patrimoniales con desconocimiento de las situaciones jurídicas que se revelen incompatibles con el ejercicio de dicha prerrogativa"[544]. Cabe significar, asimismo, que este criterio jurisprudencial es congruente, con la doctrina de la Sala de lo Civil del Tribunal Supremo[545], que

de bienes patrimoniales del Estado, si mediante ellas se ha producido una extralimitación de la actuación administrativa, en el sentido ya expresado, hemos de continuar bajo esta perspectiva el análisis del primero de los motivos de casación. Como ya hemos recordado, en él y al amparo del artículo 95.1.4º de la Ley Jurisdiccional se denuncia la infracción del artículo 8 de la Ley del Patrimonio del Estado)»".

[544] Sentencia de la Sala de lo Contencioso-Administrativo del Tribunal Supremo de 27 de mayo de 2008.

[545] Sentencia de la Sala de lo Civil del Tribunal Supremo de 31 de octubre de 1990: "... *Si bien es cierto que el artículo 1 de la Ley de la jurisdicción contencioso-administrativa atribuye a dicha jurisdicción el conocimiento de las pretensiones deducidas en relación con los actos de la Administración Pública sujetos al derecho administrativo, no lo es menos que el artículo 2 a) excluye de esa jurisdicción las cuestiones de índole civil atribuidas a la jurisdicción ordinaria, y por lo que respecta a la Ley de Patrimonio del Estado por más que su artículo 17 confiere a la Administración la posibilidad de aplicar las normas precedentes para el deslinde de bienes de dominio público, de los arts. 13, 14 y 15 se desprende que el deslinde habrá de hacerse a través de procedimiento administrativo, que su aprobación compete al Ministerio de Hacienda y que una vez que sea firme el acuerdo de aprobación de deslinde, se procederá al amojonamiento con intervención de los interesados, llegando a establecerse en el artículo 12 que el conocimiento de las cuestiones de naturaleza civil que se susciten con ocasión de la investigación (se está refiriendo a la de situación de los bienes y derechos que se presuman patrimoniales) corresponderá a la jurisdicción ordinaria. Por consiguiente, la concurrencia de una simple «vía de hecho» en la conducta de la Administración demandada, con la consecuente inexistencia de «acto administrativo», lleva a la conclusión de que en el caso de autos no hubo «exceso en el ejercicio de la jurisdicción», especialmente, cuando la fuerza atractiva de la jurisdicción civil ha de prevalecer en aquellas cuestiones que afectan a la titularidad del dominio o de la propiedad, cual acontece en el ejercicio de las acciones reivindicatorias, a cuya naturaleza pertenece la promovida por la sociedad actora-recurrida, atracción la indicada que aparece recogida en constante y uniforme jurisprudencia de*

determina la competencia de la jurisdicción civil para conocer de las acciones reivindicatorias ejercitadas por particulares contra la Administración del Estado o de la Administración del Estado contra particulares, respecto de bienes cuya titularidad demanial y posesoria son controvertidas, con base en «la fuerza atractiva de la jurisdicción civil» que ha de prevalecer en aquellas cuestiones que afectan a la titularidad del demanio o de la propiedad; 2) El título jurídico en que funda el Director General del Patrimonio del Estado la incorporación al Patrimonio del Estado carece de justificación, al haberse acreditado que existe un tercero poseedor que exige reivindicar la titularidad del bien ante la jurisdicción civil. Procede una interpretación sistemática e integradora de los artículos 9, 12, 21 y 22 de la Ley del Patrimonio del Estado, "para no lesionar el contenido esencial del derecho de propiedad privada y no desnaturalizar la garantía de acceso a un Tribunal, promueve la declaración de que la Administración del Estado está legitimada para adquirir bienes que se presuman patrimoniales, mediante la tramitación del oportuno expediente administrativo de investigación, respecto de aquellos bienes inmuebles que estuvieren vacantes y sin dueño conocido, o detentados o poseídos sin título, porque no consta o se presume que carecen de propietario o de poseedor, de modo que cuando se trata de bienes inmuebles en que no concurran dichos presupuestos, entre los que se incluyen los bienes inmuebles detentados o poseídos con título, la Administración no puede utilizar esta forma privilegiada de adquisición, y debe, para incorporarlos a su patrimonio, inexcusablemente, ejercitar la acción reivindicatoria ante la jurisdicción civil"[546].

---

la Sala que, por conocida, excusa de la cita de las sentencias que la integran, y de aquí que, por cuanto antecede proceda rechazar el motivo examinado".

[546] Sentencia de la Sala de lo Contencioso-Administrativo del Tribunal Supremo de 27 de mayo de 2008.

CAPÍTULO VIII
EXPEDIENTE DE ABINTESTATO ↔ EXPEDIENTE DE INVESTIGACIÓN PATRIMONIAL

VIII.1. PLANTEAMIENTO

Ante un inmueble, cuyo titular ha fallecido sin otros herederos llamados a la sucesión, el Estado puede o bien instar la declaración judicial de heredero abintestato a su favor o bien actuar ante una situación de vacancia inmobiliaria, en caso de haber bienes inmuebles en la herencia yacente, teniendo a su favor un título legal de adquisición automática. En caso de no prosperar ninguno de los expedientes queda siempre la vía judicial que requiere el ejercicio de la acción correspondiente, acción declarativa del dominio o acción reivindicatoria, reservada esta última para el caso de que existiendo ocupantes del inmueble se opongan a la titularidad estatal, pues la existencia de un poseedor no propietario no obsta a la adquisición legal del dominio por el Estado. Con el objeto de evitar acudir innecesariamente a la vía judicial, la opción de ejercitar una acción ante los tribunales queda relegada a un segundo plano frente a la promoción de juicio de abintestato o en su caso expediente de investigación patrimonial[547].

La Subdirección General de lo Consultivo[548], partiendo de la compatibilidad lógica y jurídica de ambas vías, de la similitud, por estar en ambos casos ante bienes que carecen de titular, en la finalidad perseguida en ambos expedientes, de declaración de heredero abintestato a favor del Estado y de investigación patrimonial, que es la incorporación al Patrimonio del Estado de bienes vacantes o carentes de dueño con el fin de reintegrar tales bienes al tráfico jurídico, remarca sus diferencias:

---

[547] La práctica refleja que desde Patrimonio del Estado, siguiendo instrucciones de la Abogacía General del Estado, el ejercicio de la acción judicial de dominio se plantea como última opción. *Vid.* Informes de la Subdirección General de lo Consultivo, Abogacía General del Estado-Dirección General del Servicio Jurídico del Estado, A.E.H Patrimonio 15/99; 16/99; 21/99,23/99.

[548] Informes de la Subdirección General de lo Consultivo, Abogacía General del Estado-Dirección General del Servicio Jurídico del Estado, A.E.H Patrimonio 47/02; 23/99.

a) El presupuesto de hecho determinante del título de adquisición. En caso de sucesión abintestato requiere el fallecimiento del titular sin herederos y en el supuesto del artículo 17 de la Ley del Patrimonio de las Administraciones Públicas exige la vacancia inmobiliaria, tanto jurídica como de hecho.

b) El título de adquisición: sucesión hereditaria forzosa a favor del Estado de los fallecidos sin otros herederos testamentarios o legales y adquisición automática del Estado por disposición legal en los supuestos de vacancia inmobiliaria.

c) Diferencia también, consecuencia de la anterior, en el procedimiento a seguir al exigirse declaración judicial de heredero del Estado y una manifestación administrativa de la voluntad de adquirir mediante la aceptación de la herencia frente a la adquisición automática por disposición de ley de inmuebles vacantes, sin perjuicio de la tramitación del expediente de investigación patrimonial[549] de comprobación de la situación de vacancia o carencia de dueño del inmueble con la finalidad de poder tomar posesión de los bienes en vía administrativa o, en caso necesario, el ejercicio de la acción judicial que corresponda. A las anteriores diferencias y siguiendo a García Cantero[550], podemos añadir que en el caso de atribución de bienes vacantes no se contempla la universalidad de bienes de tal manera que en cuanto a los muebles el Estado tiene una posición equivalente a la de cualquier ocupante sin ostentar privilegio alguno[551].

Siendo legítima la opción de la Administración del Estado de optar por el título que resulte más conveniente al interés público procede analizar los

549 Previsto en el artículo 52 del Decreto 3588/1964, de 5 de noviembre, que aprueba el Reglamento de Patrimonio del Estado y regulado en los artículos 16 a 31 del mismo el ejercicio de la acción investigadora que puede acordarse de oficio por la Dirección General del Patrimonio del Estado o por denuncia de particulares, previo depósito de los gastos que la comprobación de la denuncia conlleve. Denunciantes, que al igual que en el expediente de sucesión intestada a favor del Estado (o en su caso de las Comunidades Autónomas referidas en el presente trabajo), se les concede como premio e indemnización de todos los gastos el 10% del precio en que el Estado enajene los bienes investigados. Publicado en el BOE, en el boletín de la provincia donde radiquen los inmuebles y expuesto en el tablón de anuncios del Ayuntamiento, se practican las pruebas que correspondan, se emite informe por la Abogacía del Estado y tras las alegaciones que los afectados hayan formulado se resuelve por la Dirección General del Patrimonio.

550 García Cantero, G.: "La adquisición..."., *Op. cit.*, pg. 65.

551 El artículo 23 Ley 33/2003, de 3 de noviembre, del Patrimonio de las Administraciones Públicas (equivalente al artículo 26 de la Ley de Patrimonio del Estado) se remite en cuanto a la ocupación por el Estado de los bienes muebles a lo establecido en el Código Civil (artículos 610-617) y en las Leyes especiales como la Ley del Patrimonio Histórico Español 16/1985, de 25 de junio, artículos 41.3 y 44 por lo que se refiere a los bienes muebles de carácter histórico incluibles en el llamado Patrimonio arqueológico. Según la Disposición Final 2ª de esta Ley y conforme al artículo 149.1.8ª Constitución Española, el artículo 23 es de aplicación general sin perjuicio de los derechos forales allí donde existan.

factores a tener en cuenta a la hora de tramitar el procedimiento que resulte oportuno, el expediente de investigación patrimonial o el de abintestato.

VIII.2. PRESUPUESTO DE HECHO

Siendo la sucesión mortis causa el camino para que las relaciones jurídicas no cesen con la muerte del causante, el regular, ante su silencio, el destino del patrimonio, viene a garantizar la vigencia de las relaciones jurídicas en la persona del sucesor hereditario. Y es al concretar la ley la extensión de la familia llamada a suceder a través de los límites en el grado de parentesco cuando aparece el derecho del Estado en defecto de personas, que por sus vínculos familiares y sobre una presunción de la voluntad del causante tienen mejor derecho. Si dentro del patrimonio del causante hay inmuebles, ante la situación de vacancia inmobiliaria el Estado puede tomar dos caminos: instar la declaración judicial de heredero abintestato a su favor o tramitar el expediente de investigación patrimonial que permita constatar la existencia de inmuebles vacantes lo que supone un título legal de adquisición automática a favor del Estado. Caminos alternativos recogidos en dos textos legales que corresponden a disciplinas jurídicas claramente diferenciadas, el Derecho Civil y el Derecho Administrativo: 1.- El artículo 956 del Código Civil, en la redacción dada por el Real Decreto Ley de 13 de enero de 1928[552], dispone que "A falta de personas que tengan derecho a heredar conforme a lo dispuesto en las precedentes Secciones, heredará el Estado, quien asignará una tercera parte de la herencia a Instituciones municipales del domicilio del difunto, de beneficencia, instrucción, acción social o profesional..".; 2.- Por su parte, el artículo 17 de la Ley 33/2003, de 3 de noviembre, del Patrimonio de las Administraciones Públicas atribuye al Estado los inmuebles que carecieren de dueño. Atribución de inmuebles vacantes "...por ministerio de la Ley, sin necesidad de que medie acto o declaración alguna por parte de la Administración General del Estado".

Lo anterior nos lleva como primer punto diferenciador a valorar conjuntamente los presupuestos de hecho determinantes del título de adquisición. En caso de sucesión intestada el fallecimiento del titular sin herederos, testamentarios o forzosos, y en el supuesto de bienes vacantes la vacancia inmobiliaria tanto jurídica como de hecho.

Sin entrar en la realidad del conocimiento por parte de Patrimonio del Estado del fallecimiento intestado, que por regla general viene de la mano de un particular que denuncia el hecho, se ha de constatar el lugar y fecha del fa-

[552] Real Decreto Ley de 13 de enero de 1928.

llecimiento del causante, su domicilio en el momento del óbito, la concurrencia de alguno de los supuestos previstos en el artículo 912 del Código Civil y la relación de bienes y derechos de su titularidad. Como documentación mínima a adjuntar al escrito de demanda, se aporta certificado del Registro Civil que acredita el fallecimiento y certificado del Registro General de Actos de Última Voluntad que depende de la Dirección General de los Registros y del Notariado, Ministerio de Justicia, sobre el extremo de si ha otorgado o no testamento. En caso de presumir que existen familiares más allá de los que consta en el Registro Civil se aporta informe de la Dirección General de Policía, Unidad de documentación. En relación al patrimonio del causante se incorporan al expediente certificados bancarios y certificación del Registro de la Propiedad si existe algún inmueble del que es titular registral el causante. Una vez formulada demanda es en la tramitación judicial del proceso de jurisdicción voluntaria donde surge un obstáculo en el desarrollo de la prueba testifical, que exige la Ley de Enjuiciamiento Civil. Dos testigos, como mínimo, a proponer por la parte actora para que respondan a preguntas sobre inexistencia de testamento ológrafo y de parientes con mejor derecho. Se suele proponer al denunciante, no sólo por ser quién conoce la situación del fallecido si no también por tener un interés en que recaiga un auto que declare el derecho del Estado como heredero lo que le puede suponer una renumeración económica en concepto de premio. Información testifical que tiene por objeto acreditar que el Estado es el único heredero y que, en ocasiones, presenta una dificultad "a veces insalvable, que se derivan de la tramitación del expediente de abintestato, como la de obtener el testimonio de dos personas que declaren haber conocido al fallecido y tener constancia de que éste carecía de herederos, dificultades que se constatan al intentar la tramitación del expediente"[553]. Identificar testigos, si no es con ayuda del propio denunciante, resulta complicado para el Estado cuya relación con el finado ha sido inexistente. En tal caso, si a juicio del Fiscal o del Juez hubiere motivos racionalmente fundados para creer que podrán existir otros parientes, el Juez mandará fijar edictos para que quienes se crean con mejor derecho puedan reclamar la herencia.

Añadir a la dificultad que, en ocasiones, presenta el desarrollo de la prueba testifical, que una visión casuística pone de manifiesto otros obstáculos a superar por el Estado en la tramitación de los abintestatos. Mencionar los supuestos donde no se puede determinar el lugar y la fecha del fallecimiento o la prueba negativa de ausencia de parientes con derecho de sucesión mortis causa que

[553] Escrito de 30 de septiembre de 2002 de la Subdirección General del Patrimonio del Estado, donde somete a consulta de la Subdirección General de lo Consultivo la discrepancia entre la Sección de Patrimonio del Estado en la Delegación de Economía y Hacienda de Alicante frente a la Abogacía del Estado en Alicante sobre el expediente a tramitar. (Informe A.E.H-Patrimonio 47/02).

supone al actor una labor que puede frustrar el derecho sucesorio del Estado. En tal caso, si las gestiones a realizar por Patrimonio del Estado para averiguar los datos sobre el fallecimiento del titular o la suerte de los herederos no dan resultado, lo que procede es el archivo del expediente de abintestato[554]. No exento de dificultad se presenta también el desarrollo de la actividad interpretativa prevista en el artículo 675 del Código Civil como paso previo a autorizar al Abogado del Estado que corresponda la presentación de la demanda para obtener la declaración judicial de heredero[555]. En casos como los descritos, afirma la Subdirección General de lo Consultivo de la Abogacía General del Estado que "son razones de orden práctico las que llevan a forzar la interpretación de las circunstancias que rodean al supuesto para considerar que nos encontramos ante un inmueble posiblemente vacante y sin dueño conocido"[556].

La atribución al Estado como bienes patrimoniales de los inmuebles que estuvieran vacantes y sin dueño conocido, es una atribución por ministerio de la ley, *desde luego,* desde que concurre el presupuesto de hecho de la vacancia del inmueble y es entonces cuando el Estado puede tomar posesión en vía administrativa siempre que no estuvieren siendo poseídos por nadie a título de

[554] Informes de la Subdirección General de lo Consultivo, Abogacía General del Estado-Dirección General del Servicio Jurídico del Estado, A.E.H. 15/99; 16/99; 17/99; 18/99; 21/99 y 23/99 emitidos por la Subdirección General de lo Consultivo de la Abogacía General del Estado que plantean un supuesto donde la ausencia de datos que permitan conocer el destino de los dos herederos instituidos en el testamento provoca el archivo del expediente de abintestato y la apertura de un expediente de investigación patrimonial sobre las seis fincas como bienes vacantes y sin dueño conocido. La Subdirección General de lo Consultivo, Abogacía General del Estado-Dirección General del Servicio Jurídico del Estado en informe A.E.H 61/99 afirma que *"la inexistencia de documentación y datos concretos sobre el titular registral (fecha de fallecimiento, si otorgó o no testamento y grado de parentesco certero con el causante) dificultan la tramitación de un procedimiento judicial de declaración de herederos abintestato de dicho señor. Así las cosas, puede afirmarse que la finca investigada se encuentra vacante y sin dueño conocido y que, en consecuencia, pertenece al Estado como bien patrimonial, conforme a lo dispuesto en el artículo 21 de la Ley de Patrimonio del Estado, texto articulado aprobado por Decreto 1022/1964, de 15 de abril".*

[555] Informe de la Subdirección General de lo Consultivo, Abogacía General del Estado-Dirección General del Servicio Jurídico del Estado, A.E.H Patrimonio 39/08. La Abogacía General del Estado archiva la denuncia presentada por un particular tras realizar el Centro Directivo la actividad interpretativa del artículo 675 del Código Civil. Una vez interpretada la cláusula *"si sine liberis decesserit"* contenida en testamento olográfo concluye que la voluntad real del testador es que los bienes no salieren del ámbito familiar. Voluntad que no se cumple si se abriese la sucesión abintestato y los bienes correspondieren a la Administración General del Estado.

En el Informe A.E.H. Patrimonio 17/93 la Subdirección General de lo Consultivo, Abogacía General del Estado- Dirección General del Servicio Jurídico del Estado lleva a cabo una labor interpretativa sobre una disposición testamentaria (transcrita en el antecedente de hecho primero del informe) que da lugar a tres criterios interpretativos con opiniones encontradas pero con fundamentos jurídicos a tener en cuenta. Precisar si se trata de una institución condicional, un doble llamamiento o una sustitución fideicomisaria sujeta a condición suspensiva queda lejos de ser una cuestión pacífica que dificulta el análisis de las posibilidades de actuación del Estado.

[556] Informe de la Subdirección General de lo Consultivo, Abogacía General del Estado-Dirección General del Servicio Jurídico del Estado, A.E.H Patrimonio 47/02.

dueño, lo que le exigiría acudir al orden jurisdiccional civil. Exige que concurran dos presupuestos: que sea inmueble y que se encuentre en la situación jurídica de vacancia. Derogada la Ley de Mostrencos que sí atribuía al Estado un derecho de adquisición sobre toda clase de bien, el sistema actual configura la ocupación como un modo originario de adquirir la propiedad de los bienes muebles perteneciendo a la Administración General del Estado los inmuebles que carecieren de dueño. Inmueble vacante, entendiendo la vacancia en un sentido jurídico y no meramente fáctico del término "como expresiva de que el inmueble carece de dueño conocido, pues la existencia de un poseedor no propietario no obsta a la adquisición legal del dominio por el Estado que el citado precepto establece, sino que tan solo impide la toma de posesión en vía administrativa del inmueble, perteneciente desde luego al Estado en cuanto carente de dueño, si el poseedor no lo fuera en concepto de dueño, en cuyo caso el Estado habrá de entablar la acción que corresponda ante el órgano judicial del orden jurisdiccional civil"[557]. Hecho negativo que corresponde probar al Estado, lo que lleva a tramitar el correspondiente expediente de investigación patrimonial que permita incorporar pruebas que acrediten la vacancia. Razones de seguridad exigen que se acredite la realidad del presupuesto de hecho buscando "la necesidad de que toda adjudicación al Estado se haga con la suficiente certeza, a fin de evitar atribuciones patrimoniales ficticias o de tal vaguedad que hagan de la adjudicación un puro expediente carente de toda trascendencia o efectividad"[558].

Como trámites a seguir se exige, a fin de permitir comparecer en el expediente a persona que se crea con derecho sobre la finca, la publicación en los Boletines Oficiales del Estado, de la provincia y en el tablón de anuncios del Ayuntamiento. Se incorpora al expediente informe a emitir por el Ayuntamiento sobre la propiedad del inmueble así como certificación a expedir por el Registrador de la Propiedad que haga constar a qué nombre figura inscrita la finca. Se ha de obtener información sobre la situación posesoria de la finca a proporcionar por los servicios del Catastro ó, en su caso, a través de los servicios técnicos de la Delegación Especial de Economía y Hacienda. Información sobre el estado posesorio en los últimos treinta años, lo que exige el desplazamiento del técnico que corresponda al inmueble objeto de investigación para que compruebe "in situ" el estado de la finca, siendo de gran ayuda la información

[557] Informe de la Subdirección General de lo Consultivo, Abogacía General del Estado-Dirección del Servicio Jurídico del Estado de 8 de octubre de 2004. Al concepto descrito añadir que no cabe confundir una situación de incertidumbre que genera una titularidad litigiosa con un bien con apariencia de abandono o vacancia que haga presumir que carece de dueño (Informe de la Subdirección General de lo Consultivo, Abogacía General del Estado-Dirección del Servicio Jurídico del Estado,A.E.H.17/93).

[558] Preámbulo de la Ley de Bases del Patrimonio del Estado, de 24 de diciembre de 1962, BOE de 27 de diciembre de 1962, pg.18291.

a obtener por parte de los titulares u ocupantes de fincas colindantes o vecinos de la zona. Pruebas a practicar que pueden reflejar una situación de abandono que justifique que estamos ante un bien vacante[559].

Ambos expedientes tienen por tanto un inicio común de investigación del inmueble que permite conocer cuestiones de hecho, como son la descripción física o su valor catastral, y otras que exigen un mayor rigor jurídico para poder acreditar que es un inmueble vacante y que por tanto no existe propietario, ya sea a título de heredero o por haber adquirido la propiedad por cualquiera de los medios de adquisición que recoge el artículo 609 del Código Civil. Si no se acredita que se haya deferido la sucesión, ha transcurrido el plazo de treinta años para reclamar la herencia y no consta que el inmueble se encuentre poseído por tercero durante el plazo legal para adquirir el dominio por usucapión, en principio se trata de un bien vacante y sin dueño conocido. A lo anterior tener presente que tanto si estamos en un expediente de investigación patrimonial como de abintestato y existe un poseedor la propiedad sigue siendo del Estado pero, para tomar posesión se le exige acudir al orden jurisdiccional civil ejercitando la correspondiente acción reivindicatoria, la cual no prosperaría si existe un tercero que ha adquirido el dominio por usucapión.

559 La Subdirección General de lo Consultivo de la Abogacía General del Estado-Dirección del Servicio Jurídico del Estado, en Informe A.E.H.-Patrimonio 42/98, estima que las parcelas catastrales investigadas se hallan vacantes y sin dueño conocido a la vista de las actuaciones practicadas que acreditan el total abandono, desde el punto de vista agrícola, de las parcelas, la ruina total de la casa y que las parcelas catastrales aparecen en el antiguo Catastro aprobado en 1964 a nombre de persona sin que conste el título jurídico de adquisición. La dirección que aparece en el Catastro no es correcta y el propietario de finca colindante afirma que la propiedad se encuentra en estado de abandono. Los datos que obran en el Padrón de Habitantes no permiten la localización del titular que aparece en el Catastro y nadie se ha personado en el procedimiento alegando derechos sobre las fincas y los informes emitidos por la Gerencia Territorial del Catastro y el Ayuntamiento confirman que estamos ante bienes vacantes. Una vez se complete el expediente con las certificaciones del Registro Civil sobre el estado civil, la existencia de descendientes y, en su caso, defunción, si de las mismas no resulta persona con mejor derecho que el del Estado lo que procede es la atribución de la propiedad al Estado como bien patrimonial.

Vacancia que queda acreditada en otro expediente una vez se incorpora el informe sobre el estado posesorio, emitido por parte del técnico que comprueba in situ el inmueble, y donde afirma que la vivienda *"se encuentra aparentemente deshabitada, tanto por el estado de abandono que se aprecia en la edificación y en el jardín, lleno de maleza y con algunos cobertizos, como por la cantidad de materiales de desecho y restos de enseres acumulados en el acceso a la vivienda..."*. A lo anterior se unen las declaraciones de vecinos que declaran que *"la vivienda lleva muchos años deshabitada, cifrando el tiempo en que esta situación se mantiene en más de veinte años"*. (Informe de la Subdirección General de lo Consultivo, Abogacía General del Estado-Dirección del Servicio Jurídico del Estado AEH-Patrimonio 43/97).

VIII.3. TÍTULO DE ADQUISICIÓN: SUCESORIO Y LEGAL

En ambos casos de vacancia y de sucesión intestada el título de adquisición es por ministerio de la ley pero con un fundamento claramente diferenciado. La atribución de los inmuebles vacantes tal y como recoge la doctrina del Tribunal Constitucional constituye un modo de adquirir regulado en la legislación administrativa de patrimonio del Estado vinculado a la idea de soberanía. El Estado actúa como un sujeto de Derecho Público, en ejercicio del "imperium" que marca la diferencia para determinar cuando la Administración actúa bajo el Derecho Administrativo, "*Es decir, a examinar si se han tutelado intereses primarios regidos por el Derecho público en una situación de primacía en relación con los administrados o si se han tutelado intereses secundarios, regidos por el Derecho privado y disfrutando de la misma posición jurídica que los particulares con los que se sitúa en un plano de igualdad*"[560] .

Adquisición automática del Estado por disposición legal en los supuestos de vacancia inmobiliaria frente a la sucesión hereditaria forzosa a favor del Estado de los fallecidos sin otros herederos testamentarios o legales. Se presenta como cuestión esencial del presente trabajo la naturaleza jurídica privada o pública del derecho hereditario del Estado como paso previo al estudio de la constitucionalidad del llamamiento a las Comunidades Autónomas. Sin desconocer la doctrina de algún autor[561], que de modo aislado sitúa el derecho del Estado en el campo del Derecho público con fundamento en el ius imperio ligado a la atribución de los bienes vacantes, lo cierto es que la doctrina mayoritaria encuentra su encaje en el Derecho privado. Superadas épocas de nuestro derecho histórico donde se defendía la teoría de dominio eminente, como fundamento de la sucesión del Estado, cabe afirmar que nuestro Código Civil de clara tradición romanista regula el derecho del Estado como un auténtico derecho sobre los bienes relictos por ausencia de parientes con mejor derecho. La posición del Estado es de sujeto de derecho privado desprovisto de "imperium", con los mismos derechos y obligaciones que el resto de herederos. Auténtico derecho hereditario que le impide tomar posesión de los bienes en vía administrativa sin haber obtenido previamente la declaración judicial de heredero. Asume la obligación de pago de deudas con los límites inherentes al beneficio de inventario, y debe justificar su derecho frente a terceros. Es el único heredero siendo las instituciones municipales y provinciales meras beneficiarias legales[562]. Estamos

[560] Sentencia de la Sala de lo Contencioso-Administrativo, Audiencia Nacional, de 12 de marzo de 1997 confirmada por Sentencia del Tribunal Supremo de 13 de julio de 1999.

[561] Guilarte Zapatero, V.: *Comentarios…, Op. cit.*, pg. 286.

[562] Afirma la Subdirección General de lo Consultivo, Abogacía General del Estado-Dirección del Servicio Jurídico del Estado en Informe A.E.H. Patrimonio 45/96: "*El Estado no es un heredero fideicomisario, sino que es el único heredero en los supuestos de que se trata. Las Institu-*

ante un derecho hereditario, pues el Estado, afirma Manresa, "Al heredar cae bajo el imperio de las leyes de carácter civil, tanto sustantivas como adjetivas. No habría razón para conferir al Estado un privilegio sólo por la importancia de su personalidad, y no se le confiere la ley"[563].

Insistir que la naturaleza pública-privada del derecho del Estado lejos de ser una cuestión meramente teórica tiene una repercusión práctica con consecuencias en diversos planos: internacional en la resolución de conflictos de leyes al determinar la ley aplicable en una sucesión internacional; e interno, exclusivo de nuestro ordenamiento, donde confluye el Derecho Civil común y los diversos Derechos Civiles forales planteando la posible constitucionalidad de las normas autonómicas que se han atribuido el derecho a suceder en último lugar con exclusión del artículo 956 del Código Civil.

VIII.4. LEY NACIONAL DEL CAUSANTE

Es común en todas las legislaciones reconocer el derecho del Estado, si bien claramente se han diferenciado dos sistemas, con mayor o menor influencia de la visión romana o germana de la sucesión, atendiendo a la naturaleza de la condición que adquiere el Estado:

- Sistemas de adquisición ex iure hereditario que configuran el derecho del Estado como último heredero y cuyo máximo exponente es el sistema italiano que se aproxima a nuestro sistema con la diferencia de admitir la adquisición de la propiedad por ocupación, lo que excluye la doble opción intestado-vacantes para el Estado italiano. Sistemas, el español, italiano, alemán, portugués y suizo, de clara influencia romanista, pues no olvidemos que el Fisco no era llamado, heres, pero a través de una ficción legal le sometía a las reglas hereditarias como si lo fuera.
- Sistemas de adquisición ex iure publicum como el francés con una regulación única de la sucesión en déshérence y la sucesión vacante que atribuye al Estado con fundamento en su derecho de soberanía o el sistema inglés que considera la herencia como bona vacantia, al ser vacantes y

ciones municipales o provinciales llamadas a participar del producto de la herencia son meras beneficiarias legales conforme al artículo 956 del Código Civil. No puede ser de otro modo, dado que "ab initio" las aludidas Instituciones llamadas a participar en la herencia abintestato son indeterminadas y sólo una vez declarado el Estado heredero en el referido concepto abintestato, y a través del oportuno expediente administrativo, se determina qué Instituciones concretas serán beneficiarias de parte de los bienes hereditarios o del producto de su enajenación".

[563] Manresa y Navarro, J.Mª.: *Comentarios..., Op. cit.*, pg. 174.

no tener dueño pasan a ser de la Corona aplicando la teoría del dominio eminente.

Ante una sucesión internacional el juego de los diversos sistemas exige determinar la ley aplicable siguiendo o bien el criterio territorial de situación de los bienes, Lex rei sitae, ligado al concepto de soberanía, o bien una concepción universal de la herencia donde se aplica la ley personal del causante sin tener en cuenta la localización de los bienes. Considerar al Estado como un heredero más encuentra apoyo en las normas de conflicto del sistema español de Derecho internacional privado, en concreto el artículo 9.8 Código Civil, que establece que la ley aplicable a la sucesión es la ley nacional del causante. Añadir que en caso de conflicto de leyes el Tribunal Supremo fija en los principios de universalidad y unidad de la herencia los límites para admitir el reenvío. Se evita una solución que provoque el fraccionamiento legal de la sucesión y se busca llegar a una solución similar al obtenido si se aplicara la ley extranjera.

Reflejo de la repercusión que la cuestión tiene en el campo del Derecho internacional privado volvemos a mencionar el conocido caso Maldonado como ejemplo de conflicto con un sistema como el inglés, que atribuye a la Corona la propiedad de los bienes que estén en suelo inglés al considerarlos bona vacantia, negando el Treasury Solicitor el derecho del Estado español al afirmar que encuentra su fundamento en el derecho de soberanía. Interpretación soberanista no aceptada por el Juez que resuelve otorgando al Estado español la propiedad de los bienes situados en Inglaterra como heir, y es en la solución del caso donde encontramos un pronunciamiento internacional sobre la naturaleza hereditaria y privada del derecho del Estado español. Defender una concepción soberanista hubiera provocado una solución contraria a los intereses de España al chocar la petición con el orden público inglés.

Lo anterior nos lleva a afirmar que al plantear el procedimiento oportuno se ha de tener en cuenta el posible conflicto en las relaciones internacionales privadas, al resultar, en supuestos como el expuesto, más beneficioso la declaración judicial de heredero por ser el inglés un sistema soberanista. De igual modo se habrá de tener en cuenta la nacionalidad del propietario o titular registral fallecido, se han de conocer las normas de conflicto de su ley nacional y en caso de corresponder, con arreglo a la ley que regula la sucesión al Estado de nacionalidad del causante, lo que procede es el archivo del expediente, tanto de abintestato como de investigación patrimonial, por existir heredero con mejor derecho, lo que excluye no sólo los derechos sucesorios del causante si no también la existencia de vacancia.

VIII.5. PROCEDIMIENTO JUDICIAL-ADMINISTRATIVO A TRAMITAR

La posible complejidad de los trámites, la intervención judicial o razones de economía procesal son factores a tener en cuenta por Patrimonio del Estado a la hora de tramitar el procedimiento que mejor vele por los intereses públicos, que no es otro que aquel que permita cumplir la finalidad común de incorporar el bien al patrimonio del Estado. En determinadas épocas de nuestro derecho se ha defendido que la sucesión del Estado era consecuencia de su dominio eminente o por ministerio de la ley sin necesidad de declaración judicial que así lo reconozca. Situación que se supera con el Código Civil y la legislación patrimonial del Estado que exigen obtener la declaración judicial de heredero. Es por ello que en la decisión del expediente a tramitar no se puede obviar la diferencia entre el expediente de declaración de herederos, que exige obtener una resolución judicial que declare su derecho hereditario, y el de investigación patrimonial donde entra en juego la soberanía que corresponde al Estado con los "privilegios" que ello conlleva. El casuismo de la situación descrita nos lleva a un planteamiento donde ambos expedientes se entrecruzan y la legitimidad de la opción lleva al archivo de un expediente de abintestato para incoar un expediente de investigación patrimonial o a la inversa en función de los obstáculos que se presenten y con el objetivo presente en la mente del gestor de evitar la compleja acción judicial.

En el caso de los bienes vacantes, desde el momento de la situación de vacancia el inmueble pertenece al Estado, si bien se requiere la previa constatación del presupuesto de hecho a través de la instrucción de un expediente de investigación y es por ello que se ha defendido una adquisición voluntaria con fundamento en el carácter potestativo, en la discrecionalidad administrativa del ejercicio de la acción investigadora. Conclusión que se supera con la redacción del artículo 17 de la Ley 33/2003, del Patrimonio de las Administraciones Públicas al afirmar en su apartado segundo que: "La adquisición de estos bienes se producirá por ministerio de la Ley, sin necesidad de que medie acto o declaración alguna por parte de la Administración General del Estado". Sentido literal del precepto que nos lleva a una adquisición automática por ministerio de la ley, lo que no se contradice con la necesidad de tramitar un expediente de investigación patrimonial que acredite la situación de vacancia al que se pone fin con una resolución administrativa que declara su pertenencia al Estado como bien patrimonial.

En todo caso, si la finca investigada está inscrita en el Registro de la Propiedad, el Estado no puede atribuirse la propiedad del inmueble si no destruye la presunción de propiedad y posesión a favor del titular registral contemplada en los artículos 34 y 38 de la Ley Hipotecaria. Lo que exige el ejercicio de la acción judicial que corresponda[564].

Por lo que se refiere a la aceptación de la herencia, está vigente en nuestro derecho el sistema romano donde el llamado a la herencia ha de aceptar ya sea de forma expresa al manifestar su voluntad o de forma tácita derivada de actos realizados por el llamado que implican actuar como heredero. Aceptación expresa o tácita, sucesión testada o intestada, que siendo el llamado el Estado exige diferenciar:

- En caso de sucesión testada, se requiere aceptación expresa mediante orden ministerial correspondiendo al Ministro de Hacienda aceptar las herencias, legados y donaciones a favor de la Administración General del Estado.
- La sucesión intestada exige declaración judicial previa formalización de la demanda y la ejecución de los actos que regula el Real Decreto 1373/2009, lo que equivale a una aceptación tácita en los términos del artículo 999 del Código Civil por ser actos que "suponen necesariamente la voluntad de aceptar, o que no habría derecho a ejecutar sino con la cualidad de heredero" sin necesidad de orden del Ministro de Hacienda, si bien, conforme al artículo 958 Código Civil: "Para que el Estado pueda apoderarse de los bienes hereditarios habrá de preceder declaración judicial de heredero". Al no ostentar el Estado la relación de parentesco de descendiente, ascendiente o cónyuge del causante, se excluye la vía notarial y sólo puede obtener la declaración de ser el único heredero abintestato a través de pronunciamiento judicial, lo que en palabras de Díez Picazo y Gullón[565] "tenía por sana intención colocar al Estado en la misma posición que el resto de los particulares alejando toda sombra de imperio y soberanía" y al exigir resolución judicial para el autor le coloca en peor situación que a los demás herederos. La regulación nos lleva a la Ley de Enjuiciamiento Civil de 1881 que contempla un procedimiento de jurisdicción voluntaria sin dificultades a destacar más allá de la prueba testifical antes mencionada, pero que no tiene la entidad suficiente para excluir la tramitación judicial en defensa de un procedimiento de investigación patrimonial como bien vacante. Al contrario, al ser "un procedimiento especial" frente al general de investigación entendemos que tiene una prioridad y es ante los obstáculos que se presenten y la imposibilidad de obtener un auto que declare al Estado heredero lo que debería plantear poner fin al mismo e iniciar un expediente de investi-

564 Informe de la Subdirección General de lo Consultivo, Abogacía General del Estado-Dirección del Servicio Jurídico del Estado, A.E.H. Patrimonio, 44/98.

565 Díez Picazo, L y Gullón, A.: *Sistema...*, *Op. cit.*, pg. 476.

gación patrimonial lo que nos lleva a valorar los obstáculos que plantea la inscripción de bienes del Estado en el Registro de la Propiedad.

VIII.6. ACCESO DEL TÍTULO AL REGISTRO

El carácter imperativo con que están redactados los artículos 36 y 47 d) LPAP impide una interpretación conforme al principio de inscripción potestativa. Cumplir el mandato legal que exige inscribir los bienes públicos con independencia del modo de adquisición, sea el título de adquisición sucesorio o legal, presenta dificultades a superar. A lo largo del presente trabajo se ha dedicado una especial atención al que consideramos el problema registral que mayor obstáculo representa por ser común a la hora de inscribir los bienes vacantes que por ministerio de la Ley pasan a ser patrimoniales del Estado. Si la finca objeto de investigación está inscrita en el Registro de la Propiedad, el Estado no puede atribuirse la propiedad sin haber previamente destruido las presunciones de propiedad y posesión que la inscripción otorga a favor del titular registral. Presunción que despliega todos sus efectos en tanto no se declare la inexactitud del asiento registral en los términos establecidos en la Ley Hipotecaria, tal y como dispone el artículo 1.

Consecuencia del principio de tracto sucesivo, contemplado en el artículo 20 de la Ley Hipotecaria, según el cual se exige que conste previamente inscrito o anotado el derecho de la persona que otorgue la transmisión o gravamen, se impide el acceso al Registro del título del Estado respecto de un inmueble calificado como vacante pero que está inscrito a nombre de persona, sin que el derecho del Estado traiga causa del titular registral.

No se puede discutir la conformidad a los principios hipotecarios de la calificación registral pero lo cierto es que también se ha de tener en cuenta que en caso de bienes vacantes el derecho del Estado nunca puede traer causa directa del titular registral ni de titulares intermedios, pues estamos ante una adquisición originaria con fundamento en un título legal. Ante la situación descrita se han analizado vías alternativas: la vía del artículo 306 del Reglamento Hipotecario, medio inmatriculador excepcional y supletorio que permite el acceso al Registro de fincas que no están inscritas, no siendo el caso que nos ocupa. Una segunda vía sería el expediente de dominio, solución que obvia que en el caso del Estado se ha producido una ruptura del tracto sucesivo, no una interrupción, sin que el derecho del Estado traiga causa de titularidades intermedias y es por ello que tampoco se obtiene el resultado deseado con la nueva redacción del artículo 37 LPAP que introduce la certificación de dominio como nuevo medio para reanudar el tracto interrumpido.

La Dirección General de los Registros y del Notariado, Resolución de 20 de enero de 2005, estima el recurso gubernativo interpuesto por la Abogacía del Estado frente a la denegación del Registrador de inscribir a favor del Estado un inmueble vacante por el procedimiento establecido en el artículo 37.3 LPAP, permitiendo el acceso del título al Registro por considerar como título válido la certificación de dominio del artículo 206 Ley Hipotecaria. Solución confusa a la que se ha puesto fin en la vía judicial al confirmar el Juzgado de Primera Instancia nº 7 de Valladolid de 19 de septiembre de 2006 la calificación negativa del Registrador "dado que, en efecto, no se está en el caso de tracto sucesivo interrumpido, pues no hay transmisiones intermedias, por lo que no cabe inscripción contradictoria".

La situación descrita es un claro reflejo del problema que se le presenta al Estado al dar cumplimiento a un mandato legal de inscripción de bienes públicos donde parece que la vía alternativa que queda es la siempre poco deseada vía judicial. Es por ello que hacemos nuestra la conclusión de la Abogacía General del Estado, que afirma que una vez examinados los títulos de adquisición sucesorio y legal y la consiguiente legitimidad de la opción de la Administración del Estado de utilizar el título que resulte más conveniente al interés público y tramitar el procedimiento que resulte oportuno al efecto, "la opción de archivar el expediente de abintestato tramitado para incoar un expediente de investigación patrimonial en supuestos como el reseñado no resulta conveniente ni por las razones de eficiencia administrativa ni las de orden práctico, por tratarse de supuestos en los que el inmueble en cuestión aparece inscrito en el Registro de la Propiedad a favor del fallecido, de modo que sólo la declaración del Estado como heredero abintestato del titular registral permite al Estado no ya adquirir el inmueble –lo que se produce automáticamente por el título legal– pero sí inscribirlo a su nombre en el Registro respetando el principio de tracto sucesivo". [566]

Afirmación que se ha de completar con una realidad que refleja, ante la ausencia de nuevos conflictos jurídicos, una interpretación favorable a los intereses del Estado. En la práctica se admite, a salvo el rechazo inicial, la certificación administrativa como título para inscribir a favor del Estado la adquisición del bien vacante, siempre que hayan transcurrido más de treinta años de antigüedad de las inscripciones contradictorias y se garanticen los derechos de terceros con la publicación de edictos y suspensión de la fe pública registral durante dos años.

[566] Informe de la Subdirección General de lo Consultivo, Abogacía General del Estado-Dirección del Servicio Jurídico del Estado, A.E.H. Patrimonio, 47/02.

VIII.7. DERECHO DE LAS CCAA

La Constitución Española de 1978 ha motivado que surjan nuevos temas de estudio en las distintas ramas del Derecho. No siendo ajeno a la nueva "organización territorial del Estado" la rama del Derecho Civil de sucesiones y dentro de ella la sucesión intestada.

El Derecho Civil ha venido reconociendo la sucesión del Estado como norma de cierre en la sucesión intestada a falta de parientes con mejor derecho a suceder; sin embargo, la aplicación real del título VIII, con la creación de las Comunidades Autónomas, plantea nuevos problemas por ser éstas y no el Estado quién herede en último lugar con arreglo a la normativa autonómica que Navarra, Aragón, Cataluña, Baleares, Galicia, País Vasco y Valencia han aprobado con el presupuesto previo de ostentar el causante la vecindad civil de alguna de estas Comunidades Autónomas. El trabajo de investigación centrado en las siete Comunidades Autónomas con competencia en materia de Derecho Civil, incluyendo Valencia, ha tenido por objeto el estudio de la constitucionalidad de tales normas que permita dar respuesta a la pregunta de si tales normas ¿respetan el orden de distribución de competencias del artículo149.1.8 Constitución Española o por el contrario estamos ante normas cuya constitucionalidad resulta discutible por ser un derecho exclusivo del Estado?

El estudio se inicia a partir del derecho histórico, pues conocer la historia real del Derecho foral propio de aquellas Comunidades Autónomas con derecho civil, foral o especial, "allí donde existan", es indispensable en todo trabajo ligado al derecho foral. Precedentes históricos como presupuesto previo para reconstruir el proceso legislativo, exponiendo los distintos pasos legislativos hasta la legislación vigente que atribuye el llamamiento sucesorio a las Comunidades Autónomas, con exclusión del Estado.

Navarra, Aragón, Cataluña y Galicia tienen en común una regulación de la sucesión intestada a su favor a falta de personas con mejor derecho, establecen un orden de sucesión propio y en algunos casos como Navarra y Aragón se destaca la presencia del elemento troncal. En las cuatro Comunidades Autónomas se ha aprobado un régimen administrativo propio aplicable a la sucesión legal. Si el causante ostenta la vecindad civil balear quien hereda es el Estado por remitirse el derecho balear al Código Civil, sin perjuicio de una futura regulación autonómica que siga la linea de las anteriores por tener competencia para excluir al Estado en su beneficio. El derecho civil foral vasco resulta más complejo por coexistir distintos sistemas de Derecho Civil dentro de un mismo territorio, pudiendo heredar el Estado o la Diputación Foral del territorio histórico correspondiente. El caso de Valencia se expone en último lugar por ser dudosa la competencia en materia civil de la Comunidad Autónoma": ¿Existe un Derecho Civil foral o estamos ante normas consuetudinarias integradas dentro del Derecho Civil común? El artículo149.1.8 Constitución Española establece la competencia exclusiva del Estado en legislación civil "sin perjuicio de la conservación, modificación y desarrollo por las CCAA de los derechos civiles, forales o especiales, allí donde existan". En el caso de Valencia, en el momento de aprobarse la Constitución Española no tenía la Comunidad Valenciana Derecho Civil propio. Los Decretos de Nueva Planta de 1707 supusieron la derogación de los Fueros de Valencia. Sin embargo, el Tribunal Constitucional en su Sentencia 121/1992 ha abierto la puerta al desarrollo de un Derecho Civil valenciano desaparecido, cuya primera piedra ha sido la Ley 10/2007, de régimen económico matrimonial donde se anuncia una futura Ley de sucesión valenciana. En materia de sucesión intestada el propio Estado[567] ha admitido el derecho a suceder a favor de la Comunidad Valenciana, lo que consideramos se contradice con el criterio defendido por el Tribunal Constitucional en la interpretación de la expresión "allí donde existan" del citado precepto.

Dejando a un lado el caso particular de Valencia, una visión en conjunto de la regulación autonómica nos ha llevado a plantear si la atribución de la condición de sucesor legal, a título de heredera, a la Comunidad Autónoma, respeta el orden de distribución de competencias del artículo 149.1.8 Constitución Española o si por el contrario estamos ante normas cuya constitucionalidad resulta discutible por ser un derecho exclusivo del Estado.

A excepción de determinados preceptos de la Ley 9/1987, del Parlamento de Cataluña, de 25 de mayo, de sucesión intestada, la legislación foral no fue objeto de impugnación ante el Tribunal Constitucional. Y al ser derogada la legislación catalana por la Ley 40/1991, del Código de Sucesiones por causa de muerte en el Derecho civil de Cataluña, el Estado desistió del único recurso interpuesto. Ello no obstante, se han analizado los fundamentos defendidos por la Abogacía del Estado en el citado Recurso nº1188/87 que tiene como base la doctrina del Tribunal Constitucional contenida en la Sentencia 58/1982, de 27 de julio, de inconstitucionalidad del artículo 11 de la Ley catalana 11/1981, de 7 de diciembre, del Patrimonio de la Generalidad, por subrogar al Patrimonio de la Generalidad en el lugar del Estado careciendo el legislador autonómico de competencia para ello. Se discrepa del criterio mantenido por la Abogacía del Estado ante el Tribunal Constitucional, pues no cabe defender que la sucesión del Estado se ha comprendido tradicionalmente dentro de la "regalía de mostrencos" atribuidos al Estado como poder soberano, manifestación del ius imperii obviando que la sucesión abintestato a favor del Estado es un auténtico

[567] Informe de la Subdirección General de lo Consultivo, Abogacía General del Estado-Dirección del Servicio Jurídico del Estado, A.E.H. Patrimonio, 15/1998.

derecho sucesorio regulado en el artículo 956 Código Civil, que le atribuye la condición de heredero, título jurídico de derecho privado que se aleja de cualquier idea de soberanía y que sí entra dentro del ámbito de competencia de aquellas Comunidades Autónomas con Derecho Civil propio.

La idea de soberanía "cuya titularidad corresponde al Estado en su conjunto y no a ninguna de sus instituciones en concreto" sí tiene encaje en la atribución por la Ley de Patrimonio de los bienes vacantes al Estado"y para esto, como es evidente carece la Generalidad de toda competencia" (Sentencia del Tribunal Constitucional 58/1982).

Como venimos diciendo, resulta legítimo la opción para el Estado del título de adquisición sucesorio y legal que considere oportuno, pero ante la regulación autonómica descrita resulta esencial determinar el título de adquisición, vacante o hereditario, pues el primero es exclusivo del Estado, frente al segundo que permite, en caso de ostentar el causante vecindad civil foral, transmitir un derecho a favor de la Comunidad Autónoma con exclusión del artículo 956 del Código Civil. Es por ello que si se opta por el expediente de abintestato el derecho del Estado desaparece si el causante ostenta vecindad civil aragonesa, catalana, navarra, vasca, gallega, balear o valenciana. Por el contrario, si se tramita un expediente de investigación patrimonial como bien vacante, lo que requiere una situación de vacancia jurídica como expresiva de que el inmueble carece de dueño "lo que excluye que no concurra un derecho hereditario autonómico" el camino queda vedado a las Comunidades Autónomas.

VIII.8. POSIBILIDAD DE ARCHIVO

Tomando los datos facilitados por la Subdirección General de Patrimonio del Estado, Defensa Patrimonial y Urbanismo, que gestiona el Inventario General de Bienes y Derechos del Estado entre los años 2006 y 2009, se han realizado 28.495 operaciones de actualización de Inventario de Bienes Inmuebles propios, lo que comprende altas, bajas y modificaciones.

Se diferencian las actividades de investigación de bienes vacantes de los expedientes de defensa patrimonial:

- Se aprecia un claro descenso en las actividades de investigación de bienes vacantes desde el año 2006 en que finalizaron 1733 expedientes; 1018 en el año 2007; 803 en el año 2008 y 357 en el año 2009. Se ha de tener en cuenta que en los años anteriores a 2009 en las actividades de investigación de vacantes se incluían también las relativas a los bienes de titular catastral desconocido y bienes procedentes de concentración parcelaria.

- Por lo que se refiere a los expedientes de defensa patrimonial, el volumen se mantiene: en el año 2006 se tramitaron 84 expedientes (2.527.821 €); 150 expedientes en el año 2007 (9.071.444 €); 133 expedientes en el año 2008 (10.922.376 €) y 138 en el año 2009 (2.543.185 €). No se incluyen los expedientes de abintestato a tramitar por las Comunidades Autónomas de Aragón, Cataluña, Navarra, Baleares, País Vasco y Valencia.

La finalidad de ambos expedientes es determinar la propiedad del Estado sobre aquellos bienes que se presumen patrimoniales. Es por ello que con su tramitación se busca que se ponga fin al expediente de abintestato por auto de declaración de herederos a favor del Estado y al expediente de investigación patrimonial por resolución administrativa que acuerde la incorporación al Patrimonio del Estado del bien vacante. Pero, en ocasiones, la falta de constancia de los presupuestos del derecho del Estado provocan el archivo del expediente. Así, si el expediente tramitado revela que existen personas con derecho a heredar abintestato, lo que procede es acordar la conclusión del expediente con archivo de las actuaciones que lo integran. De igual forma si presenta dificultad la prueba de la vacancia o existe un tercero que puede hacer valer su mejor derecho frente al Estado en un procedimiento declarativo, por haber adquirido el dominio de la finca por prescripción, lo que procede es acordar el archivo del expediente de investigación[568].

[568] Como supuestos donde se concluye que lo que procede es el archivo del expediente de investigación podemos citar, entre otros:

- Si el Estado no puede suceder a los antiguos propietarios por la existencia de parientes con mejor derecho (Informe AEH-Patrimonio 58/99).
- Se propone el archivo del expediente de investigación de un inmueble por no existir fundamento jurídico suficiente para acordar la iniciación de un expediente, que concluya con la incorporación de la finca al Patrimonio del Estado, y tampoco el inicio de un procedimiento para obtener la declaración del Estado heredero abintestato, por existir una persona con derecho preferente al del Estado para suceder mortis causa a la propietaria del inmueble por transmisión del ius delationis que correspondía a su marido, sobrino carnal y, en consecuencia por falta de otros parientes de orden preferente, heredero abintestato de la propietaria (Informe AEH- Patrimonio 8/05).
- Ante un posible conflicto judicial entre un tercero que invoca una titularidad dominical aportando un documento privado de compraventa fechado en 1976, lo que plantea una posible adquisición del dominio por prescripción, y el Estado que carece de elementos de prueba suficientes que le permitan defender su derecho en un procedimiento declarativo (el inmueble no reúne los requisitos de vacancia y resulta imposible acreditar el fallecimiento de los titulares registrales a efectos de incoar un expediente de declaración judicial de heredero abintestato), lo que procede es concluir el expediente de investigación acordando su archivo (Informe A.E.H- Patrimonio 24/03).
- La existencia de una titularidad litigiosa que enfrenta a varios sobre el dominio de un bien no puede confundirse con un supuesto de abandono o vacancia que haga presumir que carece de dueño (Informe A.E.H. Patrimonio-17/93).

Sobre la posibilidad de acordar el archivo por causas de índole económica, o diferentes de la imposibilidad de acreditar los presupuestos del derecho del Estado, la Ley del Patrimonio de las Administraciones Públicas, artículo ocho, introduce como novedad el archivo del expediente de abintestato al disponer: "Si en la masa hereditaria no figurasen bienes inmuebles o éstos no se localizasen, y el valor de los bienes muebles que pudieran formar el caudal previsiblemente no supere los gastos de tramitación del expediente, tales como los de publicación de anuncios, los de depósito de bienes, o los procesales por la práctica de prueba testifical, la Dirección General del Patrimonio del Estado podrá acordar el archivo del expediente, a propuesta de la Delegación de Economía y Hacienda". Entendemos que se busca evitar un coste innecesario derivado de la simple tramitación del procedimiento.

La Ley 33/2003 también hace referencia a la posibilidad de acordar el archivo del expediente de abintestato, pero en diferentes términos. Se establece un plazo de dos años de duración de la tramitación del expediente, transcurrido el cual si no queda acreditado que el bien inmueble es vacante y, por tanto, no ha recaído resolución en el expediente de investigación, se ha de proceder al archivo de las actuaciones evitando dilaciones indebidas. Archivo que no impide la incoación de un nuevo procedimiento que incorpore aquellas actuaciones que sean de utilidad. Se excluye el archivo del expediente de investigación patrimonial por causas distintas de las descritas, lo que viene a confirmar el criterio mantenido por la Subdirección General de lo Consultivo, Abogacía General del Estado, que considera que no cabe el archivo por motivos de rentabilidad económica "pues, esta resolución no sería conforme a la finalidad del expediente tramitado, determinar, cuando no le conste, la propiedad del Estado sobre los bienes que se presumen patrimoniales, y además implicaría una renuncia al derecho dominicial adquirido carente de amparo legal y conducente a un absurdo jurídico, pues el inmueble devendría res derelicta (o se confirmaría su condición de tal) y su propiedad se atribuiría de nuevo al Estado en virtud del artículo 21 LPE, produciéndose un círculo vicioso sin fin"[569].

Puede ocurrir que el archivo venga motivado por las dificultades que, en ocasiones, supone para el Estado acreditar el presupuesto de su derecho. Situación que se supera con el archivo del expediente que presenta problemas para lograr la incorporación del bien al Patrimonio del Estado e incoación del otro. Resulta cuanto menos sorprendente que dos expedientes, con fundamento privado el de abintestato y público el expediente de investigación patrimonial, al tener una misma finalidad de reintegrar el bien al tráfico jurídico, supongan

[569] Informe emitido por la Subdirección General de lo Consultivo, Abogacía General del Estado-Servicio Jurídico del Estado, A.E.H - Patrimonio 9/00. Plantea el informe la posibilidad de archivo de un expediente de investigación por criterios de rentabilidad económica, lo que sí sería factible defender a quién considere que estamos ante una adquisición, no automática, sino voluntaria.

en la práctica que desde Patrimonio del Estado se planteen en un mismo plano como vía alternativa uno del otro[570]. Así afirma la Subdirección General de lo Consultivo de la Abogacía General del Estado[571] :"Después de la tramitación de un expediente de abintestato, no se considera posible acreditar suficientemente los derechos sucesorios del Estado respecto del titular fallecido de un inmueble cuya vacancia tanto de hecho como de derecho se haya podido constatar en el expediente de abintestato tramitado, decidiéndose por ello utilizar el título legal de adquisición del inmueble vacante, supuestos en los que resulta ineludible la tramitación del oportuno expediente de investigación patrimonial, que puede por ello incoarse al propio tiempo que se acuerda el archivo del expediente de abintestato, incorporando al nuevo expediente incoado las actuaciones practicadas en el que se archiva en cuando acreditativas del mismo presupuesto de hecho que se trata de constatar, y completando la tramitación del expediente de investigación patrimonial con los anuncios e informes preceptivos que se establecen reglamentariamente".

Baste pensar en un supuesto donde las gestiones realizadas por la sección de Patrimonio del Estado para averiguar la suerte de los herederos no dan resultado, ya sea por falta de datos o por ser confusos, y no sea posible obtener la documentación mínima que se exige para formular demanda de declaración judicial de heredero del Estado. En tal caso procede archivar el expediente de abintestato y remitir las actuaciones al Servicio de Investigación para que tramite el expediente de investigación patrimonial. Estamos ante un bien vacante al no haber constancia de que el propietario tenga herederos que hayan aceptado la herencia y no haber comparecido en el expediente persona que alegue derechos sobre el inmueble. Es entonces cuando surge el obstáculo registral que impide acceder al Registro de la Propiedad el título que atribuye al Estado la propiedad del bien vacante, al estar inscrito a favor de tercero del que el Estado no trae causa. Obstáculo que si el Registrador impide el acceso del título la vía que queda es la poco deseada judicial. Se exige entonces el ejercicio de la acción declarativa del dominio o reivindicatoria, si existen ocupantes que se opongan a la titularidad del Estado sobre el inmueble. Como

[570] La Subdirección General de lo Consultivo de la Abogacía General del Estado justifica el expediente de investigación; en Informe A.E.H- Patrimonio 33/97 se inclina por el expediente de investigación de bien vacante frente a la declaración judicial de heredero atendiendo a criterios de temporalidad al afirmar que " *el criterio sostenido viene jutificado por la mayor celeridad que este procedimiento presenta frente a la acción de declaración de heredero abintestato...por estimar que aquélla puede obtenerse mediante un procedimiento más rápido (el del expediente de investigación), sin perjuicio de que para obtener la inscripción en el Registro de la Propiedad fuera necesaria, en su caso, la incoación de la declaración de heredero abintestato a favor del Estado... sin perjuicio de que, caso de no obtenerse ésta, se siguiera la vía procesal del juicio declarativo correspondiente".*

[571] Informe de la Subdirección General de lo Consultivo de la Abogacía General del Estado-Dirección General del Servicio Jurídico del Estado A.E.H –Patrimonio 47/02.

alternativa al ejercicio de la acción judicial surge de nuevo el expediente de abintestato, si bien con la dificultad expuesta de falta de documentación. Punto muerto que plantea, si se dispone del certificado de defunción, solicitar la certificación del Registro General de Actos de Última Voluntad e intentar obtener la documentación necesaria para formular demanda de declaración de heredero a favor del Estado[572].

Supuesto descrito que pone de manifiesto que estamos ante expedientes alternativos cuya apertura o archivo depende de las circunstancias del caso, no del fundamento de su atribución al Estado. Parece que la titularidad privada como heredero o la base de su soberanía pierde fuerza en la elección de aquel expediente que sea más beneficioso para el interés público, representado por la necesidad de reintegrar el bien al tráfico jurídico.

Diferente del archivo por no concurrencia del presupuesto del derecho del Estado es el no ejercicio de la facultad investigadora. En caso de bienes que son del Estado, a título de heredero, si no ejercita la acción judicial que corresponda, instando la declaración judicial de heredero, se produce el absurdo que tales bienes quedaran vacantes y sin dueño pasando a ser propiedad del Estado. Consecuencias diferentes tiene el no ejercicio de la facultad investigadora para constatar la situación de vacancia. En tal caso, no por ello dejan de pertenecerle por título legal por ser una adquisición automática. Pero al no constatarse la concurrencia de los presupuestos de vacancia y carencia de dueño, la inactividad por parte de la Administración del Estado puede provocar la pérdida de la propiedad del inmueble al haberlo adquirido un tercero por usucapión o por el ejercicio de un derecho de crédito sobre el inmueble (pensar en una situación de impago de las cuotas de comunidad siendo estimada la demanda formulada por la comunidad de propietarios, lo que provoca el embargo y posterior subasta del inmueble, gozando el tercer adquirente de la protección que le otorga el artículo 34 de la Ley Hipotecaria[573]).

[572] Supuesto que se planteó en otro expedientes de investigación sobre inmuebles del mismo propietario y que llevó a analizar la opción descrita. Informes de la Subdirección General de lo Consultivo de la Abogacía General del Estado- Dirección General del Servicio Jurídico del Estado A.E.H -Patrimonio 15/99, 16/99, 17/99, 18/99, 21/99 y 23/99.

[573] Seguido por la comunidad de propietarios juicio de cognición contra el propietario y herederos en reclamación de cuotas de comunidad, el Juzgado de Primera Instancia e Instrucción el 27 de septiembre de 1996, dictó sentencia estimando la demanda y condenó a los herederos desconocidos al pago de las cuotas. En ejecución de la sentencia se procedió al embargo y posterior subasta. No existiendo herederos (el Estado no había formulada demanda de declaración judicial de heredero abintestato) el bien vacante y sin dueño pasó de ser propiedad del Estado al adjudicatario, protegido por la fe pública registral. El sobrante una vez pagadas las deudas, por el principio de subrogación real correspondió en propiedad al Estado. (Informe de la Subdirección General de lo Consultivo de la Abogacía General del Estado-Dirección General del Servicio Jurídico del Estado A.E.H. Patrimonio 6/04).

VIII.9. OTROS FACTORES A TENER EN CUENTA

VIII.9.1. Prescripción de la acción de petición de herencia

Resulta una ventaja a destacar del expediente de abintestato que basta el fallecimiento del titular del inmueble y constatar los presupuestos del derecho del Estado para formular demanda. Por el contrario, en caso de expediente de investigación patrimonial no sólo se ha de acreditar la situación de vacancia del inmueble sino también, en caso de presumir la existencia de herederos, esperar el transcurso del plazo de treinta años para entender prescrita la acción de reclamación de herencia. La acción de petición de herencia, «actio» que aún cuando no aparece específicamente recogida en el Código Civil viene reconocida tanto por la doctrina científica civilista como por la jurisprudencia, ha de estimarse sometida al plazo de prescripción de treinta años fijados para las acciones inmuebles por el artículo mil novecientos sesenta y tres del Código Civil, al estar ello sancionado por una muy constante jurisprudencia[574]. Plazo a considerar a la hora de elegir el expediente adecuado ante el supuesto de haber fallecido el titular de un inmueble en un plazo considerable y de la investigación resultare que existen parientes con derecho a suceder, si bien no consta la aceptación (serían los sucesores de la herencia no teniendo el Estado ningún derecho sucesorio) o la renuncia (sucedería el Estado previa tramitación del correspondiente expediente de declaración de heredero abintestato).

Al existir parientes que no han aceptado la herencia, el Estado no es llamado a la herencia en tanto no prescriba el derecho a reclamar la herencia de los herederos legítimos. Ante tal situación son dos los supuestos a plantear[575]:

---

[574] *<..que comprende desde la sentencia de treinta de marzo de mil ochocientos ochenta y nueve hasta la de veintitrés de diciembre de mil novecientos setenta y uno> Sentencia de la Sala de lo Civil del Tribunal Supremo de 2 de junio de 1987. <... se ha probado también que la acción se ha dirigido contra quien posee los bienes de la herencia, y ello dentro del plazo de prescripción de treinta años, que la jurisprudencia ha declarado aplicable a la acción de petición de-Sentencias, entre otras, de 12 de noviembre de 1953 y 8 de octubre de 1962 > Sentencia de la Sala de lo Civil del Tribunal Supremo de 10 de abril de 1990; < la acción «petitio hereditatis» es prescriptible conforme reconocen los artículos 192 y 1016 del Código Civil, el tiempo de esta prescripción extintiva ha de entenderse es el de treinta años , según doctrina, entre otras, de las Sentencias de 30 de marzo de 1889 Y 18 de mayo de 1932> Sentencia de la Sala de lo Civil del Tribunal Supremo de 12 de noviembre de 1953. Vid. Informes de la Subdirección General de lo Consultivo, Abogacía General del Estado-Dirección del Servicio Jurídico del Estado, A.E.H. Patrimonio, 86/95; 45/00.*

[575] Posibilidad que analiza el Informe de la Subdirección General de lo Consultivo, Abogacía General del Estado-Dirección del Servicio Jurídico del Estado, A.E.H. Patrimonio 86/95. Ante el fallecimiento en el año 1973 del propietario de un inmueble se considera conveniente confirmar la existencia de personas con mejor derecho que el Estado. Y si ello no fuera posible, plantea promover el procedimiento de declaración de heredero abintestato como vía para que se personen aquellos familiares que se crean con derecho a suceder. Si se acredita la existencia de parientes,

a) Mientras no prescriba el derecho de los herederos legítimos para aceptar la herencia. En tal caso los bienes no se encuentran vacantes y el Estado no puede apoderarse de los bienes por no ser vacantes. Se exige el ejercicio de la acción judicial de declaración de heredero abintestato donde se podrán personar los herederos legítimos en defensa de su derecho, lo que llevaría al Estado a desistir de su petición al no concurrir el presupuesto que exige el Código Civil de ausencia de herederos con mejor derecho.

b) Transcurrido el plazo de treinta años o el fijado por el Juez, en caso de que un tercero instase en juicio para que el heredero aceptase o repudiase la herencia sin que atienda el requerimiento. Los bienes inmuebles que forman parte de la herencia se encuentran vacantes y el Estado se puede apoderar de ellos para incorporarlos al patrimonio del Estado como bien vacante tras el correspondiente expediente de investigación.

VIII.9.2. Adquisición por usucapión

Sánchez Román[576] defiende la atribución al Estado "a título de representante jurídico del cuerpo social" como solución menos perturbadora que adjudicar cada bien a cada ocupante. Para el autor es la única solución jurídica posible; al haber perdido su dueño, los bienes que integran la herencia, ante la falta de heredero, se convierten en res nullius.

---

pero no consta la aceptación de la herencia, transcurridos treinta años el Estado lo incorpora a su patrimonio como bien vacante. Otro supuesto similar analiza el Informe de la Subdirección General de lo Consultivo, Abogacía General del Estado-Dirección del Servicio Jurídico del Estado, A.E.H. Patrimonio 24/02, que concluye en proponer la atribución al Estado, como bien patrimonial, del inmueble objeto de investigación. Como datos a tener en cuenta que llevan a concluir que estamos ante una finca vacante y sin dueño conocido se mencionan las siguientes razones: la propietaria de la finca investigada falleció en el año 1919, su marido en 1938. No consta testamento, ni parientes dentro del cuarto grado, a salvo unos sobrinos que se desentienden de la supuesta herencia, y sin perjuicio de la posible sucesión del Estado. El inmueble se encuentra arrendado sin que por tanto se posea en concepto de dueño, lo que excluye su adquisición por prescripción. A lo anterior se une *"el deterioro y estado de ruina del inmueble"* según informe pericial emitido en el año 2000. Datos todos ellos que llevan a atribuir al Estado el inmueble como bien vacante sin que se plantee la opción de tramitar una declaración de heredero abintestato, entendemos que por haber transcurrido el plazo de treinta años sin que conste la aceptación de la herencia por parte de los sobrinos de la causante.

La Subdirección General de lo Consultivo, Abogacía General del Estado en Informe A.E.H-Patrimonio 43/97, requiere la práctica de nuevas diligencias que informen sobre el estado posesorio de la finca durante los últimos treinta años. Al haber fallecido el titular registral en el año 1957 ha transcurrido el derecho de sus sucesores a reclamar la herencia, y es por ello, que si la finca no se encuentra poseída por tercero, que haya adquirido el dominio por usucapión, estamos ante un bien vacante y sin dueño conocido.

[576] Sánchez Román, F.: *Estudios..., Op. cit.*, pg. 1670.

Solución que se puede calificar como la menos perturbadora, pero no la única, pues excluida la adquisición por ocupación de los inmuebles vacantes que por ministerio de la ley corresponden al Estado, al no exigirse una aprehensión física por ser una adquisición automática a su favor puede ocurrir que un tercero posea el inmueble y adquiera su propiedad por usucapión. Posibilidad que admitía el artículo 25.2 Ley del Patrimonio del Estado al disponer que "Los particulares podrán usucapir a su favor los bienes y derechos patrimoniales del Estado de acuerdo con las leyes comunes"; y si bien no se contiene un precepto similar en la legislación vigente, al quedar incorporados al patrimonio del Estado quedan sujetos al régimen jurídico general de los bienes patrimoniales en tanto no pierdan ese carácter por pasar a ser demaniales al quedar afectos al uso general o al servicio público, en cuyo caso entraría en juego la imprescriptibilidad propia de los bienes de dominio público que dispone el artículo 132 de la Constitución española. Si el inmueble está siendo poseído por un tercero no deja de ser del Estado por el simple hecho de la posesión, si bien le impide tomar posesión en vía administrativa si es superior a un año, pues en tal caso debe acudir a los tribunales. La legislación patrimonial del Estado impide la adquisición por ocupación, pero al admitir la posesión compatible con la adquisición automática a favor del Estado se admite la prescripción adquisitiva. La Subdirección General de lo Consultivo de la Abogacía General del Estado[577] afirma que "La finalidad perseguida por el artículo 21 LPE apoya la conclusión anterior, pues tal precepto parece más dirigido a evitar situaciones de vacancia inmobiliaria que perjudiquen la seguridad del tráfico y los intereses de terceros que a atribuir al Estado una preferencia frente a los particulares para la adquisición de inmuebles sin dueño y que presumiblemente no tendrán mucho valor económico, puesto que habrán sido abandonados por su anterior titular, y que de no atribuirse por ley al Estado quedarían indefinidamente vacantes, sin titular frente al que los terceros pudieran exigir el cumplimiento de las obligaciones que la propiedad de tales inmuebles pueda llevar aparejadas". Estamos ante una función de interés público que permite reintegrar al tráfico jurídico los bienes para su posterior venta o cesión gratuita. Función que se cumple tanto si se atribuye al Estado como bien vacante como si adquiere el dominio un tercero[578].

---

[577] Informe de la Subdirección General de lo Consultivo, Abogacía General del Estado-Dirección del Servicio Jurídico del Estado, A.E.H. Patrimonio 9/00.

[578] Afirma la Subdirección General de lo Consultivo, Abogacía General del Estado-Dirección General del Servicio Jurídico del Estado, Informe A.E.H. Patrimonio 9/00, que el archivo del expediente cuando resulte imposible o, cuanto menos, difícil, probar la vacancia, resulta *"conforme tanto con la finalidad del propio expediente, al no haberse podido constatar la propiedad de los bienes investigados, como con la atribuido al artículo 21 de la LPE, que podrá considerarse razonablemente como no defraudada en cuanto no exista en tales hipótesis una vacancia de hecho (pues existe un poseedor material), aunque pudiera serlo de derecho (en la medida en que carezca*

Admitida la adquisición por usucapión si el bien viene siendo poseído por un tercero y adquiere el dominio por usucapión, la acción del Estado de ser declarado heredero no prosperaría[579]. Adquisición por usucapión que exige la posesión en concepto de dueño, pública y pacífica durante el plazo de 10 años entre presentes, 20 entre ausentes, con buena fe y justo título. Treinta años sin necesidad de buena fe y justo título, conforme a lo dispuesto en el artículo 1959 del Código Civil.

Lo anterior lleva a exigir que se ha de conocer la situación posesoria de la finca durante el mencionado plazo, y las condiciones de la posesión para anticiparse al ejercicio de una acción que no puede prosperar por existir un tercero con mejor derecho que excluya un supuesto de vacancia o que haga perder al Estado cualquier derecho como heredero abintestato[580]. Si de la documentación[581] que obra en el expediente resulta acreditada la posesión de

de título) y permitiría la usucapión del inmueble por el poseedor, reintegrándose así el bien a la normalidad del tráfico jurídico".

579 Sobre la posibilidad de adquirir por usucapión un bien vacante, la Subdirección General de lo Consultivo, Abogacía General del Estado-Dirección del Servicio Jurídico del Estado, en informe A.E.H- Patrimonio 44/98, analiza la necesidad de investigar la posible adquisición del dominio por usucapión, pues afirma: *"Si resultase que la persona que figura en el Registro como dueña del solar falleció sin herederos que puedan ostentar algún derecho en la sucesión de la titular registral, el Estado se convertiría en el sucesor de todos los bienes del causante a tenor del artículo 956 del Código Civil, tras la tramitación del oportuno procedimiento de declaración de heredero abintestato. Por otra parte, si resultase que el bien en cuestión viene siendo poseído por una persona, que sin ostentar la condición de heredero, ha adquirido el dominio por usucapión, la acción del Estado tendente a ser declarado heredero no prosperaría".*

580 Afirma la Subdirección General de lo Consultivo, Abogacía General del Estado-Dirección General del Servicio Jurídico del Estado que *"Es preciso analizar las posibilidades de actuación con que cuenta la Administración del Estado... Una primera vía de actuación consistiría en promover la declaración judicial de heredero abintestato a favor del Estado.... Una segunda vía, distinta de la anterior, sería la posible consideración del inmueble como vacante... Lo eventuales derechos que, pudieran corresponder al Estado, se verían indudablemente afectados si se estimase que la Fundación ha adquirido la cuota discutida en virtud de prescripción. Si se acreditase suficientemente que la Fundación ha poseído en concepto de dueña conforme exige el artículo 1941 del Código Civil y que, en consecuencia ha adquirido por usucapión, habría perdido el Estado cualquier derecho sobre la misma, cuestión que debe ser resuelta antes de iniciar actuación alguna dirigida a obtener la declaración de heredero abintestato".*(*Informe A.E.H- Patrimonio 17/93*).

581 Para la Subdirección General de lo Consultivo, Abogacía General del Estado-Dirección General del Servicio Jurídico del Estado, Informe A.E.H- Patrimonio 8/98, resulta *"razonablemente acreditada"* la posesión desde hace más de treinta años al incorporar al expediente los siguientes documentos: *"a) Informe del Ayuntamiento en el que se indica que viene cultivando la finca <desde tiempo inmemorial, ya que anteriormente la venían ocupando sus antepasados, sin que se pueda precisar el número de años de esta circunstancia>; b) Informe emitido por la Consejería de Agricultura y Medio Ambiente de la Junta de Comunidades de Castilla-La Mancha, en el que se indica que, según sus bases de datos, en las campañas 96/97 y 97/98 ha solicitado las ayudas a cultivos herbáceos; c) Declaración prestada ante la Sección del Patrimonio del Estado ...que manifiesta que viene cultivando la parcela durante más de treinta años".*

la finca investigada por el plazo que recoge el Código Civil, lo que procede es la conclusión del expediente con archivo de las actuaciones que lo integran.

VIII.9.3. Control judicial

La sucesión del Estado exige combinar normas de Derecho Público con el Derecho Privado. Público al ser una Administración Pública, la estatal, la que adquiere la herencia en último término y está presente la función social al permitir la vuelta al tráfico jurídico de los bienes propiedad del causante con el componente de seguridad jurídica que ello conlleva. Privado al adquirir el Estado la condición de heredero, título jurídico de Derecho privado, con los mismos derechos y obligaciones que el resto de los herederos. Interrelación que no exclusión que dificulta, en ocasiones, determinar el orden jurisdiccional competente para revisar la resolución que ponga fin a ambos expedientes. Siendo el Estado un heredero rige el Derecho Privado por excelencia, el Derecho Civil, pero a su vez goza de personalidad jurídica propia de Derecho Público como Administración Pública lo que lleva a que sean normas administrativas las que regulan el procedimiento a seguir.

Analizados los presupuestos que han de concurrir para que la Administración acuerde la incorporación a su patrimonio de un bien vacante y el expediente administrativo de investigación a tramitar el mismo está investido de imperium susceptible de revisión ante la jurisdicción contenciosa. Por su parte, la declaración judicial de heredero exige la tramitación de un procedimiento de jurisdicción voluntaria ante el Juzgado de Primera Instancia competente. Se presenta un aspecto diferenciador procesal que exige delimitar la competencia de los órdenes jurisdiccionales en conflicto.

Estamos ante una materia donde la interdisciplinariedad alcanza a la revisión jurisdiccional y si bien no es el objeto del presente trabajo realizar un estudio de las diferencias que supone para el Estado acudir al orden jurisdiccional "propio" como es el contencioso o al civil, sí resulta ilustrativo determinar cual es el orden jurisdiccional competente a través del análisis de resoluciones judiciales que han recaído en la resolución de conflictos. Es más, son las propias resoluciones judiciales las que sirven de fundamento en la defensa de cuestiones jurídicas a las que se ha dedicado una mención especial.

- ORDEN JURISDICCIONAL CIVIL.

Reconocen la condición de heredero del Estado, por todas, la Sentencia de la Sala de lo Civil del Tribunal Supremo de 17 de noviembre de 1898 y la Sentencia de la Sala de lo Civil del Tribunal Supremo de 23 de julio de 1993 que al desestimar la excepción opuesta a la legitimación del Estado para instar la nulidad de un testamento en virtud del llamamiento que a su favor hace el artículo 956 del Código Civil equipara el derecho del Estado al resto de los herederos legitimarios. Legitimación que reconoce la Sentencia de la Audiencia Provincial de Asturias de 23 de noviembre de 2004 al analizar la legitimación del Estado para "interponer el recurso de apelación, tanto porque su intervención es la confiere la resolución de instancia en pronunciamiento no recurrido como porque su interés directo y legítimo viene dado porque es el llamado por la Ley a la sucesión aunque no haya recaído aún declaración de herederos a su favor". Encontramos en la resolución del caso Maldonado, antes mencionado, un reconocimiento en las relaciones internacionales privadas de la condición de heredero del Estado español que excluye una concepción soberanista.

Producto del expediente de investigación patrimonial se han analizado pronunciamientos recaídos en el orden jurisdiccional civil consecuencia de los obstáculos que presenta la inscripción en el Registro de bienes vacantes y que ha llevado a la Abogacía del Estado, en no pocas ocasiones, a recurrir Resoluciones de la Dirección General de los Registros y del Notariado que resuelven recursos gubernativos interpuestos contra la calificación del Registrador. Es entonces cuando la competencia es del orden civil al no excepcionar la Ley Hipotecaria para el Estado los principios hipotecarios a regir en el acceso al Registro de un título de propiedad a su favor, sin perjuicio de ser la titularidad adjudicada un reflejo de la soberanía exclusiva del Estado y manifestación de su imperium.

Como ejemplo del derecho a favor de una Comunidad Autónoma, con exclusión del Estado, podemos citar el Auto de 5 de febrero de 1999, del Juzgado de Primera Instancia nº10 de Zaragoza, que declara único heredero a la Comunidad Autónoma de Aragón. Auto de declaración judicial de heredero del Estado, o de la Comunidad Autónoma, que al no tener el carácter de resolución definitiva puede impugnarse por la vía ordinaria sin olvidar que carece de efecto de cosa juzgada, pudiendo los interesados promover juicio declarativo.

- ORDEN JURISDICCIONAL CONTENCIOSO ADMINISTRATIVO.

La Sala de lo Contencioso Administrativo de la Audiencia Nacional en Sentencia de 12 de marzo de 1997 estima la causa de inadmisibilidad por falta de jurisdicción articulada por el Abogado del Estado, al considerar la Sala que la condición de heredero es una cuestión que queda fuera del orden contencioso administrativo por ser estrictamente de Derecho Privado el ejercicio de las facultades de administración y explotación de los derechos de propiedad intelectual de la obra artística del causante. Diferente es la conclusión a la que llega la Sala de lo Contencioso Administrativo de la Audiencia Nacional en Sentencia de 15 de diciembre de 2010 al examinar la causa de inadmisibilidad alegada por el Abogado del Estado que pone de manifiesto a la Sala que si bien se recurre contra la desestimación de una reclamación de responsabilidad patrimonial, el fundamento de la misma es entender el recurrente que al no actuar el Estado para incorporar al patrimonio hereditario un crédito que había a favor del causante ha impedido el cobro de su deuda. Se le imputa al Estado una negligencia en su condición de heredero al no cobrar una deuda de la que era acreedor el causante para poder a su vez cobrar el recurrente[582]. La Sala rechaza la causa de inadmisibilidad por ser objeto de recurso la conformidad a derecho de una Orden Ministerial, si bien el fondo de la cuestión afecta al Derecho Privado.

Cuestión no dudosa, en cuanto al orden jurisdiccional competente, es la revisión de la concesión o denegación del premio a que tienen derecho aquellos que han puesto en conocimiento el fallecimiento intestado ante la Administración, o el acto de distribución de la herencia entre las entidades beneficiarias a que alude el artículo 956 del Código Civil, por no constituir esta última, siguiendo a Busto Lago, una partición en sentido técnico[583]. Estamos ante un acto administrativo íntimamente ligado a un proceso civil como es la declaración de heredero del Estado y resulta competente el orden contencioso administrativo, como señala la Sentencia de la Sala de lo Contencioso Administrativo del Tribunal Superior de Justicia de Aragón de 18 de marzo y de 18 de noviembre de 2003.

Del criterio jurisprudencial se llega a un mismo punto de partida en ambos expedientes: el orden jurisdiccional civil es el competente para revisar un acto administrativo que afecta a derechos privados si se trata "de una actuación en la que la Administración no ejerce "imperium" sino que es semejante a un acto de disposición que cualquier particular puede realizar con su patrimonio". El siguiente paso nos permite marcar la siguiente diferencia:

- En la sucesión del Estado al recaer un auto de declaración judicial de heredero, la competencia jurisdiccional civil tanto para dictar el auto como para su posible revisión no plantea problema. El orden contencioso administrativo queda relegado para revisar actos puramente adminis-

[582] La Sentencia de la Sala de lo Contencioso Administrativo de la Audiencia Nacional de 15 de diciembre de 2010 desestima la petición de responsabilidad patrimonial al no existir en los autos dato alguno que acredite la realidad del daño y faltar el requisito de causalidad entre la actuación de la Administración *"porque el ejercicio de las acciones relativas a los derechos de crédito de la herencia corresponde al administrador judicial- Como resulta de los antecedentes de hecho de la resolución impugnada, y del expediente administrativo el Juzgado de Primera Instancia núm.12 de Granada dictó auto declarando heredero único y universal abintestato al Estado y la Delegación de Economía y Hacienda de Granada solicitó al Juzgado la entrega de los bienes, solicitud a la que no se dio cumplimiento por lo que se reinteró el 12 de marzo de 2008, no habiendo sido cumplimentada a la fecha en que se dicta el acto administrativo impugnado".*

[583] Busto Lago, J. M.: *Derecho de sucesiones...,Op. Cit.*, pg. 279.

trativos, como la concesión del premio o la resolución de archivo del expediente de abintestato.

- Más complicado se plantea delimitar la línea que separa el orden civil del contencioso en la revisión del expediente de investigación patrimonial consecuencia del ejercicio de prerrogativas en la defensa del patrimonio del Estado, pero que al poder afectar a derechos privados están sometidos, de conformidad con la jurisprudencia del Tribunal Supremo, al control judicial de los límites y presupuestos legales. Baste citar la presunción de legalidad que se deriva de artículo 34 Ley Hipotecaria que impide el acceso al Registro del título del Estado si su adquisición no trae causa del titular registral.

El control judicial del expediente de investigación patrimonial lo regula el artículo 43 Ley Patrimonio de las Administraciones Públicas al disponer que la resolución dictada por la Dirección General del Patrimonio que acuerda la incorporación de un bien al patrimonio del Estado es un acto administrativo fiscalizable por la jurisdicción contenciosa, salvo "el conocimiento de las cuestiones de naturaleza civil que se susciten con ocasión de la investigación practicada que corresponderá a la jurisdicción ordinaria".

- Competencia del orden contencioso-administrativo para el control de la regularidad procedimental. El procedimiento de investigación de la vacancia de un inmueble puede afectar a titularidades y derechos de carácter civil, pero se admite su impugnación ante la jurisdicción contenciosa por infracción sobre competencia y vicios del procedimiento, "extralimitaciones administrativas competenciales" "que se producen cuando los órganos administrativos ejercen sus facultades de defensa de los bienes patrimoniales con desconocimiento de las situaciones jurídicas que se revelen incompatibles con el ejercicio de dicha prerrogativa". [584]

- Competencia de la jurisdicción civil para el conocimiento de las cuestiones sustantivas relativas a la propiedad u otros derechos de naturaleza civil. Criterio jurisprudencial que atribuye la competencia de la jurisdicción civil para conocer de las acciones reivindicatorias que enfrenten al Estado con particulares respecto de bienes cuya titularidad resulte controvertida. Afirma el Tribunal Supremo, Sentencia de la Sala de lo Civil de 31 de diciembre de 2003 que: "La Jurisdicción Contencioso-Administrativa no puede resolver cuestiones de propiedad...".

En consecuencia la Administración del Estado está legitimada para adquirir bienes que se presuman patrimoniales, mediante la tramitación del oportuno

[584] Sentencia de la Sala de lo Contencioso-Administrativo del Tribunal Supremo de 27 de mayo de 2008.

expediente administrativo de investigación respecto de aquellos bienes inmuebles que estuvieren vacantes y sin dueño conocido, o detentados o poseídos sin título, porque no consta o se presume que carecen de propietario y no existe poseedor. Cuando se trata de bienes inmuebles en que no concurran dichos presupuestos, entre los que se incluyen los bienes inmuebles detentados o poseídos con título, la Administración no puede utilizar esta forma privilegiada de adquisición, y debe, para incorporarlos a su patrimonio, inexcusablemente, ejercitar ante la jurisdicción civil la acción declarativa de dominio o, si existe un tercero que discute la titularidad estatal, la acción reivindicatoria.

CONCLUSIONES

En base a lo expuesto en los distintos capítulos de la presente monografía se pueden extraer las siguientes conclusiones que permiten ilustrar la vía más adecuada, declaración judicial de heredero abintestato o expediente de investigación patrimonial, para reintegrar el bien al tráfico jurídico mediante su incorporación al patrimonio del Estado.

PRIMERA.- Son dos los posibles títulos de adquisición a favor del Estado en relación con un mismo inmueble. De una parte, el artículo 956 del Código Civil, que a falta de personas con derecho a heredar permite al Estado instar la declaración judicial de heredero abintestato, previa tramitación del expediente administrativo de comprobación de concurrencia de los presupuestos legales de los derechos sucesorios del Estado. Al propio tiempo, la situación descrita puede configurar un supuesto de vacancia inmobiliaria, si en la herencia yacente existen inmuebles, que supone un título legal de adquisición automática a favor del Estado. Bienes vacantes o carentes de dueño ya sea por fallecimiento de su titular sin herederos testamentarios o forzosos o por el abandono por sus titulares.

En ambos casos la atribución de los bienes al Estado es por ley y persiguen una finalidad similar como es la integración de bienes carentes de dueño al Patrimonio del Estado por falta de personas con mejor derecho. Como diferencias a destacar encontramos el presupuesto de hecho representado por el fallecimiento del titular sin herederos frente a la vacancia inmobiliaria; el título de adquisición privado del derecho hereditario del Estado frente a la soberanía como fundamento de la atribución de los bienes vacantes o la necesaria declaración judicial de heredero frente a la adquisición automática por disposición de ley de inmuebles vacantes.

La discusión sobre la compatibilidad jurídica de ambos expedientes y el título de adquisición supera el campo doctrinal, que centra su atención en el fundamento de la atribución de tal derecho al Estado, y llega a la realidad jurídica al tener consecuencias en la norma aplicable que nos lleva del Código Civil a la legislación patrimonial del Estado, en el orden jurisdiccional competente para su fiscalización, en el derecho de las Comunidades Autónomas o en el campo de las relaciones internacionales de Derecho Privado.

SEGUNDA.- El llamamiento in extremis, en la sucesión intestada, al Estado, garantiza la continuidad de las relaciones jurídicas evitando que cesen de forma brusca con la muerte del causante. La seguridad jurídica está presente en una regulación que encuentra precedentes en el Derecho Romano, a través de una ficción jurídica, sometiendo al Fisco a las mismas reglas hereditarias pero sin ser llamado heredero, y en nuestro Derecho histórico, desde la persona del Rey, llamada a suceder en último lugar bajo la vigencia del Fuero Real, pasando por la Cámara del Rey, en las Partidas, hasta el derecho del Estado, en sustitución del Fisco, que recoge la Ley de Mostrencos de 1835. Derecho que llega a nuestros días de la mano del Código Civil, que reconoce al Estado, artículo 956, el último lugar en el orden de llamamientos a suceder abintestato a falta de descendientes, ascendientes, cónyuge y colaterales dentro del cuarto grado, "más allá del cual no se extiende el derecho a heredar abintestato".

TERCERA.- El sistema español de sucesión intestada, de clara influencia romanista, se sitúa dentro de los sistemas de adquisición ex iure hereditario. El Código Civil regula el derecho del Estado como un auténtico derecho hereditario sobre los bienes relictos, alejado de una concepción soberanista propia de sistemas como el francés o el inglés. Naturaleza hereditaria privada del derecho del Estado español que le otorga los mismos derechos y obligaciones que el resto de los herederos, con los límites inherentes al beneficio de inventario y que le impide tomar posesión de los bienes en vía administrativa sin previa declaración judicial de heredero abintestato.

La atribución al Estado de los bienes vacantes encuentra su fundamento en la soberanía del Estado, lo que excluye la adquisición del dominio por ocupación a favor de los particulares, que no por usucapión. Si se acuerda la incoación de un expediente de investigación patrimonial por no ser viable instar la declaración judicial de heredero, entonces es cuando nuestro sistema se aproxima a los sistemas de adquisición ex iure publicum que al no considerar al Estado un heredero, los bienes que integran la herencia son res nullius y no siendo de nadie son del Estado aplicando la teoría del dominio eminente.

Admitiendo la compatibilidad jurídica de ambas vías no existe una situación similar entre los sistemas de Derecho comparado. La doble previsión normativa que nos lleva del Código Civil a la legislación del Patrimonio de las Administraciones Públicas y, lo que es más diferenciador, un Estado donde reside la soberanía sin perjuicio de una organización territorial en Comunidades Autónomas, nos alejan de encontrar un criterio a seguir en el Derecho comparado. A través de un planteamiento casuístico, con el elemento internacional presente, permite plantear la vía a seguir sin provocar un conflicto soberanista.

CUARTA.- Rige en nuestro Código Civil el sistema romano de aceptación de la herencia que exige que el llamado manifieste su voluntad de aceptar o repudiar la herencia para poder ser considerado heredero. Al ser de naturaleza hereditaria el derecho del Estado, y no darse las circunstancias previstas en la ley con carácter general, se le exige para tomar posesión de los bienes el Estado instar la declaración judicial de heredero.

Presupuesto de acción judicial para que tenga lugar la adquisición de la herencia que no se contradice con afirmar que la realización por el Estado de los trámites necesarios, al ser actos que no habría derecho a ejecutar sino con la cualidad de heredero, equivalen a una aceptación tácita de la herencia.

El llamamiento in extremis tiene un componente indudable de función social a realizar a través de las instituciones de beneficencia, que son las beneficiarias, si bien la condición de heredero queda reservada al Estado. El Estado como heredero puede no aceptar la herencia, con los límites que establece el artículo 6.2 del Código Civil, pero no procede por ostentar un deber al estar presente la función social de la institución. La realidad práctica presenta un camino alternativo a la renuncia, pero con las mismas consecuencias. La no aceptación se materializaría al no instar la declaración judicial de heredero o al acordar el archivo que prevé el artículo 8 de la Ley 33/2003, del Patrimonio de las Administraciones Públicas, ante una masa hereditaria insuficiente para cubrir los gastos de tramitación del expediente de abintestato. La pasividad del Estado, mediante el no ejercicio de aquellos actos que derivan en la declaración de heredero, lleva al absurdo de provocar que los inmuebles que integran la herencia queden sin dueño, pasando a ser bienes patrimoniales del Estado como bienes vacantes.

La atribución de los bienes vacantes al Estado como manifestación de su soberanía se recoge en la Ley 33/2003, de 3 de noviembre, del Patrimonio de las Administraciones Públicas en su artículo 21, al afirmar que la adquisición de los bienes vacantes se produce por ministerio de la ley, "sin necesidad de que medie acto o declaración alguna por parte de la Administración General del

Estado". Adquisición automática por ministerio de la ley que no se contradice con la necesidad de tramitar un expediente de investigación patrimonial que constate el presupuesto de hecho, la situación de vacancia y acuerde su incorporación como bien patrimonial del Estado. Y que tampoco se contradice, pues no desaparece el título legal de pertenencia, con la posibilidad de que un tercero adquiera por usucapión la propiedad del inmueble vacante ante la inactividad por parte del Estado que no ejercita la actividad investigadora.

QUINTA.- Como consecuencia del principio hipotecario de tracto sucesivo, que busca reflejar el historial jurídico completo de cada finca en el Registro de la Propiedad, se ha impedido el acceso al Registro del título de atribución de bienes vacantes por no traer causa el derecho del Estado del titular registral. Denegación conforme al sistema registral que representa un obstáculo a superar por el Estado para dar cumplimiento al mandato legal de inscribir sus bienes como garantía del tráfico inmobiliario registral.

La protección registral debe alcanzar al Estado, titular actual que adquiere por ministerio de la ley quedando protegidos los derechos del titular registral y de terceros con las garantías de publicidad legales a cumplir durante la tramitación del procedimiento de investigación patrimonial que tiene por objeto acreditar la vacancia del inmueble.

La realidad jurídica presenta un vacío legal, al no contemplar nuestro derecho un procedimiento que permita la inscripción de quién adquiere por ministerio de la ley, sin traer causa del titular registral. Esta situación se ha intentado superar sin éxito por caminos alternativos. Así, se rechaza la visión teórica que presenta la atribución por ministerio de la ley como una excepción al principio de tracto sucesivo. De igual modo, se descarta un expediente de dominio al estar previsto para lograr la inscripción del titular actual cuando por interrupción del tracto sucesivo no se han inscrito las transmisiones intermedias.

Consciente el legislador del problema, introduce un apartado en el artículo 37 de la Ley 33/2003, de 3 de noviembre, del Patrimonio de las Administraciones Públicas, que contempla la certificación de dominio, instrumento inmatriculador, como título válido para reanudar el tracto sucesivo interrumpido junto al acta de notoriedad y el expediente de dominio. Se presenta como título válido para reanudar el tracto sucesivo con las garantías necesarias para evitar perjuicios a terceros a través de la publicación de edictos, suspensión de la fe pública registral durante dos años, tramitación de expediente administrativo y exigiendo, para poder inscribir, el transcurso de más de treinta años de antigüedad de las inscripciones contradictorias si los interesados no son conocidos. Solución que no encontró el respaldo esperado en la calificación inicial por los Registradores de la Propiedad, que apreciaban un defecto al no concurrir un supuesto de interrupción del tracto sucesivo por ausencia de transmisiones intermedias. La realidad práctica, salvo algún supuesto aislado, ha recogido una interpretación favorable a los intereses del Estado, al responder en sentido afirmativo a la certificación administrativa como título para inscribir un supuesto de adquisición por ministerio de la ley de un bien vacante que figura inscrito a favor de un titular registral teniendo la inscripción una antigüedad superior a treinta años.

SEXTA.- La competencia de conservación, modificación y desarrollo por las Comunidades Autónomas de los derechos civiles forales o especiales, allí donde existan, reconocida en el artículo 149.1.8 Constitución Española, alcanza no sólo a aquellos derechos civiles que fueron objeto de compilación, sino a aquellas normas civiles de formación consuetudinaria preexistentes a la Constitución. Siendo la sucesión del Estado o de la Comunidad Autónoma una cuestión de legislación civil, regulada con la técnica privatista de sucesión por título de heredero, requiere que quién lo regule ostente competencia en materia de derecho civil.

El artículo 956 del Código Civil establece la sucesión del Estado como norma de cierre en materia de sucesión intestada a falta de parientes con mejor derecho a suceder. Llamamiento a favor del Estado que no resulta de aplicación en Navarra, Aragón, Cataluña, Galicia, País Vasco y Valencia, Comunidades Autónomas que se han atribuido el derecho a suceder in extremis con exclusión del Estado. Por su parte, Baleares ha renunciado de momento a regular esta materia.

Navarra, Aragón, Cataluña y Galicia tienen en común una regulación completa con aprobación de un régimen administrativo propio aplicable a la sucesión legal. Destacar el privilegio histórico, vigente desde el año 1626, que encontramos en Aragón con la sucesión a favor del Hospital de Nuestra Sra. de Gracia.

El Derecho Civil vasco presenta un sistema mixto debido a la coexistencia de distintos sistemas de Derecho Civil dentro de un mismo territorio. Ello exige conocer no sólo la vecindad civil del causante, sino también la naturaleza troncal de los bienes y el Fuero aplicable, sea el de Vizcaya, Álava o Guipúzcoa. Consecuencia de ello puede heredar el Estado o la Diputación Foral del territorio histórico correspondiente.

El Derecho Civil balear es el único que sigue aplicando el régimen contenido en el Código Civil, de tal modo que si el causante ostenta la vecindad civil balear quien hereda es el Estado. No obstante, no existe duda que tiene competencia para excluir al Estado en su beneficio.

Como cuestión aparte, pero ligada a la realidad autonómica, ponemos en duda la constitucionalidad de la norma valenciana que pretende recuperar un Derecho Foral inexistente en materia de sucesiones por ausencia de costumbres derivadas de los antiguos fueros, derecho consuetudinario que constituye el presupuesto y límite de su competencia legislativa en materia de Derecho Civil.

SÉPTIMA.- La regulación autonómica lleva a plantear si la atribución de la condición de sucesor legal, a título de heredero, a la Comunidad Autónoma, respeta el orden de distribución de competencias del artículo 149.1.8 de la Constitución Española o si por el contrario estamos ante normas cuya constitucionalidad resulta discutible por ser un derecho exclusivo del Estado.

El Tribunal Constitucional no ha llegado a pronunciarse sobre el tema; cierto es que no se le ha dado tal oportunidad, bien por no haber sido objeto de recurso de inconstitucionalidad la legislación foral que ha establecido tal llamamiento en favor de una Comunidad Autónoma, bien por haber desistido el Gobierno de la Nación del único recurso promovido contra una norma que atribuye a una Comunidad Autónoma la condición de heredero último necesario en lugar del Estado (recurso de inconstitucioalidad 1188/1987 interpuesto contra determinados preceptos de la Ley 9/1987, del Parlamento de Cataluña, de 25 de mayo, de sucesión intestada). El desistimiento viene justificado al ser derogados los preceptos objeto de recurso por la Ley 40/1991, del Código de Sucesiones por causa de muerte en el Derecho civil de Cataluña.

Tomando como referencia los fundamentos defendidos en el citado recurso nº1188/87, que tiene como base la doctrina del Tribunal Constitucional contenida en la sentencia 58/1982, de 27 de julio, de inconstitucionalidad del artículo 11 de la Ley 11/1981, de 7 de diciembre, del Patrimonio de la Generalidad de Cataluña, por subrogar al Patrimonio de la Generalidad sobre los bienes vacantes en el lugar del Estado careciendo el legislador autonómico de competencia para ello, discrepamos de los mismos al entender que no se da una identidad que permita trasladar a la legislación autonómica de atribución de la condición de heredero los argumentos contenidos en la Sentencia del Tribunal Constitucional 58/1982.

Discrepamos por entender que no concurre identidad en el fundamento de los dos posibles títulos de adquisición a favor del Estado en relación con un mismo inmueble. El Estado como heredero que es actúa como un sujeto de Derecho Privado donde mal encaje tiene la idea de soberanía "cuya titularidad corresponde al Estado en su conjunto y no a ninguna de sus instituciones en concreto" que sí se reconoce en la atribución por la Ley de Patrimonio de los bienes vacantes y para esto, como es evidente carece la Generalidad de toda competencia" (Sentencia del Tribunal Constitucional 58/1982).

La atribución de la condición de heredero al Estado supone un auténtico derecho hereditario donde su posición es de sujeto de Derecho Privado con los mismos derechos y obligaciones que los demás herederos, presentando particularidades tales como el beneficio de inventario por ministerio de la Ley, la posibilidad discutida de repudiar la herencia o la distribución de la herencia que no queda a libre disposición de la Administración heredera. Condición de heredero, ya sea estatal o autonómico, que sí entra dentro del ámbito competencial de aquellas Comunidades Autónomas con Derecho Civil propio.

OCTAVA.- En relación con el ejercicio de las acciones correspondientes por parte del Estado, sea expediente de abintestato o de investigación patrimonial de bienes vacantes, es importante el tiempo y los efectos que el transcurso del mismo produce en la adquisición y extinción de derechos, como factor a tener en cuenta por el Estado a la hora de elegir el camino más adecuado para lograr la incorporación del bien a su patrimonio. Son dos los plazos a tener en cuenta: de una parte, el plazo de prescripción para el ejercicio de la acción de petición de herencia, y de otra, el plazo que ha de transcurrir para adquirir la propiedad del inmueble por usucapión.

La acción de petición de herencia somete el derecho del Estado al transcurso de 30 años en caso de existir personas llamadas a la herencia sin que conste su aceptación o renuncia. En tanto no prescriba la actio los bienes no son vacantes y sólo puede el Estado optar por la vía del abintestato. Una vez transcurridos los treinta años, ha prescrito para los llamados a la herencia, incluido el Estado, el derecho a aceptar la herencia y en consecuencia los inmuebles que integran la masa hereditaria carecen de dueño. Se produce así una situación de vacancia inmobiliaria integrándose como bienes patrimoniales del Estado. Si no se acredita que se haya deferido la sucesión a favor de persona alguna, ha prescrito la acción de petición de herencia y no consta que se encuentre poseída por tercero, en principio se puede concluir que se trata de un bien vacante sin dueño conocido que por ministerio de la ley pertenece al Estado.

La función de reintegrar los bienes al tráfico se cumple con independencia de quién sea el nuevo titular. Nuestro ordenamiento configura la atribución de los inmuebles vacantes al Estado como solución jurídica dirigida a evitar una situación de vacancia inmobiliaria, pero no es la única al admitir que los particulares puedan usucapir los bienes patrimoniales del Estado de acuerdo con las leyes comunes, siendo compatible la posesión por un tercero con la adquisición automática ante la pasividad de la Administración del Estado que no tramite el expediente de investigación.

NOVENA.- Por mandato constitucional el Estado sirve con objetividad los intereses generales y actúa con pleno sometimiento a la ley y al Derecho, estando sometida su actuación al control judicial. Consecuencia de la interdisciplinariedad de la materia y la dualidad pública-privada, se ha de conocer el orden jurisdiccional civil o contencioso-administrativo competente para fiscalizar los actos del Estado. Hay que partir del criterio jurisprudencial que atribuye al orden civil la competencia para conocer de aquellos actos "en la que la Administración no ejerce imperium sino que es semejante a un acto de disposición que cualquier titular puede realizar con su patrimonio".

La naturaleza privatista del derecho hereditario del Estado y la exigencia de declaración judicial de heredero a través de un proceso de jurisdicción voluntaria a tramitar ante el Juzgado de Primera Instancia competente no plantea duda sobre la competencia del orden jurisdiccional civil tanto para declarar tal condición como para conocer su posible impugnación. Es doctrina jurisprudencial que la declaración de herederos puede obtenerse en un proceso declarativo y el auto no tiene carácter de resolución definitiva pudiendo impugnarse por la vía ordinaria.

El orden contencioso-administrativo no es ajeno al expediente de abintestato. Le corresponde revisar aquellos actos administrativos que se dicten consecuencia de su tramitación, como son el archivo del expediente o la concesión o denegación del premio previsto en la legislación a favor de quién ponga en conocimiento de la Administración los hechos que dan lugar a la tramitación del expediente.

La resolución que acuerde la incorporación de un bien al patrimonio del Estado es un acto administrativo revisable por el orden contencioso-administrativo en lo que afecta a vicios del procedimiento, pero el conocimiento de las cuestiones de naturaleza civil, cuestiones de propiedad, corresponde a la jurisdicción ordinaria.

DÉCIMA.- Se reconoce la compatibilidad jurídica entre el expediente de abintestato y el de investigación patrimonial que tienen una finalidad común de reintegrar los bienes carentes de dueño al tráfico jurídico. Se presentan como expedientes alternativos, en un mismo plano, siendo legítima la opción del Estado de tramitar aquél que resulte más favorable en la defensa del interés público. Se presentan como dos caminos alternativos a favor del Estado pero con un fundamento claramente opuesto. Sus diferencias no impiden que el archivo de uno provoque, en ocasiones, la apertura del otro.

El archivo, con carácter general en ambos expedientes, procede ante la imposibilidad de acreditar los presupuestos del derecho del Estado. Se excluye el archivo por motivos de rentabilidad económica, si bien para evitar la tramitación de un expediente de abintestato que genere unos gastos que no se puedan cubrir con los bienes inmuebles de la masa hereditaria, el legislador introduce en la Ley del Patrimonio de las Administraciones Públicas la posibilidad del archivo limitado a tal supuesto. Solución diferente en caso de tramitar un expediente de investigación, se introduce en la Ley, para evitar dilaciones indebidas, un plazo máximo de dos años de duración del expediente para acreditar que el bien inmueble es vacante, transcurrido el cual se ha de proceder al archivo, aunque nada impide incoar de nuevo el expediente. Fuera de los motivos descritos se excluye el archivo, lo que implicaría una renuncia al derecho dominical "conducente a un absurdo jurídico, pues el inmueble devendría res derelicta (o se confirmaría su condición de tal) y su propiedad se atribuiría de nuevo al Estado en virtud del artículo 21 LPE, produciéndose un círculo vicioso sin fin", tal y como pone de manifiesto la Subdirección General de lo Consultivo de la Abogacía General del Estado.

El permitir el archivo de uno y la apertura del otro en atención al caso concreto deja en un segundo plano la naturaleza privada del derecho hereditario del Estado y la soberanía que justifica y fundamenta la atribución del bien vacante.

BIBLIOGRAFÍA

ABOGACÍA GENERAL DEL ESTADO. DIRECCIÓN GENERAL DEL SERVICIO JURÍDICO DEL ESTADO, *Comentarios a la Ley del Patrimonio de las Administraciones Públicas,* Ministerio de Justicia, Navarra, 2008.

ALBALADEJO GARCIA, M.: "La adquisición de la herencia en el derecho español", *Anuario de Derecho Civil,* Madrid, 1955.

- "La sucesión *iure transmissionis*", *Anuario de Derecho Civil,* 1952.
- "La llamada aceptación entendida a beneficio de inventario", *Actualidad* Civil, tomo 1995-2, nº 14 .
- *Instituciones de Derecho Civil, Derecho de cosas*, Barcelona, 1964.

ALONSO MARTÍNEZ, M.: *El Código Civil en las relaciones con las legislaciones forales,* Madrid, 1885.

ARCE JANARIZ, A.: *Constitución y Derechos civiles forales,* Temas clave de la Constitución Española, Madrid, 1987.

ARIAS RAMOS, J. y ARIAS BONET J.A.: *Derecho Romano I*, Madrid, 1986.

- *Derecho Romano II*, Madrid, 1986.

ARRIOLA ARANA, J. Mª.: "Ámbito territorial y personal de aplicación del Fuero Civil de Bizkaia. La troncalidad y sus efectos en las enajenaciones inter vivos de los bienes troncales: la saca foral" en *El derecho foral vasco tras la reforma de 1992,* jornadas organizadas por el Ilustre Colegio Notarial de Bilbao, Navarra, 1996.

- "La sucesión forzosa en la Ley 3/1992, de 1 de julio, del Derecho civil foral del País Vasco", en *El Derecho foral vasco tras la reforma de 1992,* Pamplona, 1994.

ASTOLFI, R.: *La Lex Iulia Et Papia,* Padova, 1996.

ASÚA GONZÁLEZ, C.I., GIL RODRÍGUEZ, J. y HUALDE SÁNCHEZ, J.J.: *Derechos civiles de España,* Directores Bercovitz, R. y Martínez-Simancas, J.M, Aranzadi, Madrid, 2000.

AZCÁRRAGA MONZONÍS, C.: *Sucesiones Internacionales. Determinación de la norma aplicable,* Valencia, 2008.

BARBER BURUSCO, S.:"La ocupación de inmuebles del artículo 245.2 del Código Penal", *Sentencias de TSJ y AP y otros Tribunales,* vol.V (Comentario), Pamplona,1999.

BAUDRY-LACANTINERIE, G.: *Traité théorique et pratique de Droit Civil. Des succesiions,* tomo I, Paris, 1905.

BAYONA DE PEROGORDO, J. J.: *Comentarios al Estatuto de Autonomía de la Comunidad Valenciana,* dirigidos por Martín Mateo, R. Madrid, 1985.

- *El Patrimonio del Estado,* Estudios de Hacienda Pública, Instituto de Estudios Fiscales, Ministerio de Hacienda, Madrid, 1977.

BELLED HEREDIA, J.M.: "La sucesión intestada en el derecho aragonés", *Revista Crítica de Derecho inmobiliario,* núm.465, Madrid, 1968.

BERCOVITZ RODRÍGUEZ-CANO, R.: "Bienes abandonados y patrimonio del Estado", *Aranzadi Civil num. 4/2000,* Pamplona, 2000. Puede consultarse el texto de este comentario en www.westlaw.es, ref. BIB 2000\182.

- "Comentario al artículo 609 del Código Civil". Puede consultarse el texto de este comentario en www.westlaw.es, ref. BIB 2009\5232.

- "Derecho Civil Foral Valenciano*", Aranzadi Civil,* núm. 4, 2008.

- *Comentarios al Código Civil,* Navarra, 2009.

BIONDI, B.: *Sucesión Testamentaria y Donación,* Barcelona, 1960.

BLANCH NOUGUÉS, J.M.: "Ordenación sistemática del Derecho financiero y tributario actual y Derecho fiscal romano", *Derecho Administrativo Histórico,* Xunta de Galicia, 2005.

- "Reflexiones en torno al interés jurídico del tributo y del derecho fiscal romano", *Hacia un Derecho Administrativo y Fiscal Romano,* Madrid, 2011.

BLASCO GASCÓ, F y CLEMENTE MEORO, M.E.: "La sucesión intestada a favor de la Generalitat Valenciana y la condición jurídica de Valenciano", *Revista de Derecho Civil Valenciano,* en Estudios en recuerdo de la profesora Sylvia Romeu Alfaro, Valencia, 1989.

BODINO, J.: *Los seis libros de la República*, Madrid 2000.

BONFANTE, P.: *Instituciones de Derecho Romano*, Madrid,1929.

BRAGA DA CRUZ.: *O Direito de Troncalidade e o regimen jurídico do patrimonio familiar, Coimbra,* 1947.

BURLADA ECHEVESTE, J.L; BURLADA ECHEBESTE,I.: "La denuncia pública en el derecho tributario", www.westlaw.es, *Quincena Fiscal Aranzadi,* núm.6/2010, Pamplona, 2010, BIB 2010\275.

BUSTO LAGO, J.M.: *Derecho de Sucesiones. Legislación, comentarios y jurisprudencia,* Pamplona, 2007.

CALVO CARAVACA, A.L., CARRASCOSA GONZÁLEZ, J.: *Derecho Internacional Privado,* vol. I, Granada, 2008.

CANO TELLO, C. A.: "La sucesión de las Comunidades Autónomas. Una nota para su estudio", *Homenaje al Profesor Juan Roca Juan*, Universidad de Murcia, 1989.

CASTÁN TOBEÑAS, J.: *Derecho civil español común y foral*, tomo I, volumen II, Madrid, 1926.

- *Derecho civil español foral y de la zona del protectorado de España en Marruecos*, Madrid,1922.

- *Derecho civil español, común y foral*, Madrid,1986.

CASTELLANOS RUIZ, E.: "Sucesión hereditaria", *Derecho Internacional Privado,* directores Calvo Caravaca, A. L y Carrascosa González, J, Granada, 2010.

CELAYA IBARRA, A.: *Comentarios al Código Civil y Compilaciones Forales.* Dirigidos por Manuel Albaladejo, tomo XXVI, Ley sobre el Derecho Civil Foral del País Vasco, Madrid, 1997.
- *Comentarios al Código Civil y Compilaciones Forales.* Dirigidos por Manuel Albaladejo, tomo XXVI, Compilación de Vizcaya y Álava, Jaén, 1979.

CHINCHILLA MARÍN, C. y OTROS, *Comentarios a la Ley 33/2003, del Patrimonio de las Administraciones Públicas,* Madrid, 2004.
- *Bienes patrimoniales del Estado. Concepto y formas de adquisición por atribución de ley,* Madrid, 2001.

CIMBALI, E.: *La nuova fase del Diritto Civile,* Torino, 1885.

CLAVERÍA GOSALBEZ, L. H.: *Comentario del Código Civil,* Ministerio de Justicia, Madrid, 1991.

COLIN, A. y CAPITANT. H.: *Curso elemental de derecho civil,* Madrid, 1927.

DE ALFONSO I PINAZO, C.: "La generalidad como heredera en las sucesiones legítimas. Breve análisis del artículo 248.3 de la compilación del Derecho civil catalán", *Boletín de Información. Ministerio de Justicia.* Núm.1396 y 1397, Madrid, 1985.

DE DIEGO, F.: *Instituciones de Derecho Civil,* tomo III, Madrid, 1959.

DE LOS MOZOS, J. L.: *Comentario del Código Civil,* Ministerio de Justicia, Madrid, 1991.
- "La Sucesión abintestato en favor del Estado", *Anuario de Derecho Civil,* abril-junio, 1965.

DE PABLO CONTRERAS, P.: "Las fuentes del derecho civil navarro en la nueva configuración del régimen foral", *Revista jurídica de Navarra,* núm.6, vol. II, 1988.

DE PEDRO BONET, J.: "Crónica jurídica sobre la herencia de D. Elías Alfredo Martínez Santiago", *Revista de Derecho Civil Aragonés,* 2003/2004-IX-X.

DELGADO RAMOS, J.: "Comentario a la resolución de la Dirección General de los Registros y del Notariado de 20 de enero de 2005", en http://www.notariosy registradores.com/RESOLUCIONES/2005, Marzo.htm.

DÍEZ PICAZO, L. y GULLÓN, A.: *Sistema de Derecho Civil,* vol. IV, Madrid, 2006.
- *Fundamentos del Derecho Civil Patrimonial,* tomo III, Madrid, 1995.

DOMÍNGUEZ LÓPEZ, E.: "La impotencia en las *Leges Iulia et Papia Poppaea", El derecho de familia. De Roma al derecho actual,* Universidad de Huelva, 2004.

DOMÍNGUEZ LUELMO, A.: "Comentario a la Resolución de la Dirección General de los Registros y del Notariado de 20 de enero de 2005", *Cuadernos Civitas de Jurisprudencia Civil,* nº70/2006, BIB 2005\2257 .
- "La adquisición de inmuebles vacantes por el Estado en la Ley 33/2003, de 3 de noviembre, del patrimonio de las Administraciones Públicas", *Revista de Administración Pública,* núm.47.
- "La Adquisición de Inmuebles Vacantes por el Estado en la Ley 33/2003, de 3 de noviembre, del Patrimonio de las Administraciones Públicas", en *Propiedad y Derecho Civil,* Coordinador Guilarte Gutiérrez, V. Centro de estudios del Colegio de Registradores de la Propiedad y Mercantiles de Europa, Madrid, 2006.

D,ORS, A.: *Derecho privado romano,* Pamplona, 2004.

ESCUDERO, J.A.: *Genesis territorial de España,* El justicia de Aragón, Zaragoza, 2007.

ESPÍN CANOVAS, D.: *Manual de Derecho civil español,* vol. II, Madrid, 1968.

ESTÍBALEZ, L. M.: *La sucesión intestada y troncal en las regiones forales según el Tribunal Supremo*, en Estudios de Deusto, 1959.

FERNÁNDEZ DE BUJÁN, A.: *Derecho Público Romano,* Madrid, 2010.

FERNÁNDEZ GONZÁLEZ-REGUERAL, MªA.: *Los derechos sucesorios del cónyuge viudo en la nulidad, la separación y el divorcio,* Madrid, 2006.

FUGARDO ESTIVILL, J. Mª.: "La declaración judicial de herederos ab intestato en acto de jurisdicción voluntaria. Inexcusabilidad del otorgamiento o de la denegación del derecho a los que la hayan pretendido (Auto Audiencia Provincial de Girona, Sección Segunda, de 31 de marzo de 2003)", *La Notaria* (Colegi de Notaris de Catalunya),nº4, 2004.

GARCÍA CANTERO, G.: "La adquisición de inmuebles vacantes por el Estado", *Revista de Administración Pública,* núm. 47, mayo-agosto, 1965.

GARCÍA DE ENTERRÍA, E.: "Inscripción registral y facultades de recuperación posesoria por la Administración", *Revista española de Derecho Administrativo,* 2006.

- *Apuntes de Derecho Administrativo,* tomo I, Madrid, 1975-1976.
- *Curso de Derecho Administrativo,* Madrid, 2002.

GARCÍA GARCÍA, J. M.: *Código de Legislación Inmobiliaria Hipotecaria y del Registro Mercantil,* Navarra, 2006.

GARCÍA VALDECASAS, G.:"La adquisición de la herencia en el Derecho español", *Revista de Derecho Privado,* Madrid, 1944.

- "De nuevo sobre la adquisición de la herencia", *Revista de derecho privado,* Madrid, 1951.

GILVETI GUBÍA, B.: *Comentarios al Fuero Nuevo. Compilación del Derecho Civil Foral de Navarra.* Director Rubio Torrano, E., Aranzadi. Navarra.

GONZÁLEZ Y MARTÍNEZ, J.: "La renuncia en el Derecho Inmobiliario", *Estudios de Derecho Hipotecario y Derecho Civil,* II, Madrid, 1948.

- *Estudios de Derecho Hipotecario y Derecho Civil,* Tomo II, Ministerio de Justicia, Madrid, 1948.

GRIMALDI, M.: *Droit Civil Successions,* Paris, 1998.

GUILARTE GUTIÉRREZ, V.: "El efecto vinculante de las Resoluciones singulares de la Dirección General de los Registros", *Cuadernos de Derecho Registral,* 2006.

- *Comentario al Código Civil y Compilaciones Forales,* dirigidos por Manuel Albaladejo, Tomo XIII, vol.1, Madrid, 1989.

HAURIOU, A.: *Derecho Constitucional e Instituciones Políticas,* Barcelona, 1971.

HELLER, H.: *Teoria del Estado,* México, 1974.

HIDALGO GARCÍA, S.: *La sucesión por el Estado, El derecho de las instituciones de interés general y de algunas Comunidades Autónomas,* Barcelona, 1995.

ILLANES RÍOS, C.: "Informe en Derecho", *emitido por el Profesor de Derecho Civil de la Facultad de Derecho de la Universidad de Chile.*

JAÉN, V.: *Derecho Civil. Apuntes y notas de derecho filosófico, histórico y positivo, especialmente español, común y foral,* Madrid, 1928.

JORDANO FRAGA, F.: *La sucesión en el ius delationis,* Sevilla-Madrid, 1990.

KUNKEL, W.: *Historia del Derecho Romano,* trad. Miquel, J., Barcelona, 2003.

LACRUZ BERDEJO, J. L. y SANCHO REBULLIDA, F.: *Elementos de Derecho Civil V. Derecho de sucesiones,* Barcelona, 1988.

LACTANCIO, *Instituciones Divinas,* I, 20-6, Madrid, 1990.

LATORRE MARTÍNEZ DE BAROJA, E.: *Manual de Derecho Sucesorio aragonés,* Colección Derecho Civil Aragonés. Coordinado por Merino Hernández, J.L. Zaragoza, 2006.

MANRESA Y NAVARRO, J. Mª.: *Comentarios al Código Civil Español,* tomo VII, Madrid, 1914.

- *Comentarios al Código Civil Español,* tomo V, Madrid, 1921.

MATA RIVAS, F.: *Manual de Derecho Sucesorio aragonés,* Colección Derecho Civil Aragonés. Coordinado por Merino Hernández, J.L., Zaragoza, 2006.

MAZEAUD, H, MAZEAUD, L. y MAZEAUD, J.: *Lecons de Droit Civil, Successions, Liberalites,* tomo IV, vol. II, Paris, 1966.

MERINO HERNÁNDEZ, J. L.: "La sucesión intestada: aspectos concretos", en *Actas de los segundos Encuentros del Foro de Derecho Aragonés",* El Justicia de Aragón, Zaragoza, 1993.

- *Comentarios al Código Civil y Compilaciones Forales.* Dirigidos por Manuel Albaladejo, tomo XXXIV, vol. 2º, 1988.

MIQUEL GONZÁLEZ, J. Mª.: *Comentario del Código Civil,* Ministerio de Justicia, tomo I, Madrid, 1991.

MIQUEL, J.: *Derecho Privado Romano,* Madrid, 1992.

MOLINS GARCÍA-ATANCE, E.: "La reforma de la sucesión intestada de la Comunidad Autónoma de Aragón", *Revista de Derecho Civil Aragonés,* nº1,1995.

MORALES MORENO, A.M.: *Posesión y usucapión,* Madrid, 1972.

MOREU BALLONGA, J. L.: *Ocupación, hallazgo y tesoro,* Barcelona, 1980.

MUÑOZ SALILLAS, "Privilegios a favor del Hospital de Nuestra Señora de Gracia de Zaragoza", *Anuario de Derecho Aragonés I,* 1944.

NAVAS NAVARRO, S.: *La herencia a favor del Estado,* Madrid, 1996.

- "La sucesión intestada de la Generalidad de Cataluña", *Anuario de Derecho civil,* tomo LV, fascículo III, 2002.

NOGUERA ROIG, F.: *Comentarios al Código Civil y Compilaciones Forales.* Dirigidos por Manuel Albaladejo, tomo. XXXI, vol.1.

O' CALLAGHAN MUÑOZ, X.: *Código Civil comentado y con jurisprudencia,* Madrid, 2006.

- *Comentario del Código Civil,* Tomo I. Ministerio de Justicia, Madrid, 1993.

ORTEGA CARRILLO DE ALBORNOZ, A.: *Derecho Privado Romano,* Málaga, 2007.

ORTEGA LLORCA, V.: "Del derecho foral valenciano al derecho civil especial valenciano", *Revista General de Derecho,* núm. 627, Valencia, 1996.

ORTÍN GARCÍA, C.: "Edad, matrimonio y *Lex Iulia et Papia Poppaea", El derecho de familia. De Roma al derecho actual,* Universidad de Huelva, 2004.

PAREJO GAMIR, R.: *Cuestiones Hipotecarias de Derecho Administrativo,* Consejo General del Notariado, Madrid, 2002.

PASCUAL GONZALEZ, L.: *Derecho civil de Mallorca,* Palma de Mallorca, 1979.

PASQUAU LIAÑO, M.: *Jurisprudencia Civil comentada,* Granada, 2000.

PAU PEDRÓN, A.: *"El derecho foral vasco tras la reforma de 1992",* Jornadas organizadas por el Ilustre Colegio Notarial de Bilbao, Navarra, 1996.

PECES-BARBA, G.: *Tránsito a la modernidad y derechos fundamentales,* Madrid, 1982.

PEROZZI, S.: *Istituzioni di Diritto Romano,* Firenze, 1908.

PUIG BRUTAU, J.: *Fundamentos de Derecho Civil Patrimonial,* vol.V, Barcelona, 1964.

REBOLLEDO VARELA, A. L: "El Derecho Civil de Galicia", *Derechos civiles de España,* coord. por Martínez- Simancas Sanchez, J., y Bercovitz Rodríguez-Cano, R., Vol.4, 2000.

RIVAS MARTÍNEZ, J. J.: *Derecho de Sucesiones, común y foral,* tomo II, vol.2°, Dykinson, Madrid, 2004.

ROBLES LATORRE, P.: "El concursado heredero", *Anuario de Derecho Concursal,* n°16, enero 2009, Navarra.

ROCA SASTRE, R. Mª.: "La designación, la vocación y la delación sucesorias", *Problemática de la ciencia del derecho,* Barcelona, 1962.

- "La adquisición y la repudiación de la herencia en el derecho común y en el derecho foral", *Estudios de Derecho Privado II Sucesiones,* Madrid, 1948.

RODRÍGUEZ CARBAJO, J.R.: "La competencia de las Comunidades Autónomas para legislar sobre su patrimonio y límites de la misma. Los inmuebles vacantes pertenecen al Estado y no a las Comunidades Autónomas", *Anuario de Derecho Civil,* tomo XXXVIII, Fascículo I, Enero-Abril, 1986.

RONCESVALLES BARBER, M.: *Comentarios al Código Civil y Compilaciones Forales.* Dirigidos por Manuel Albaladejo, tomo XXXVII, vol.2.

RUIZ FERNÁNDEZ, E.: "Algunas observaciones críticas sobre las repercusiones sociales de la legislación matrimonial de Augusto", *Revista de la Facultad de Derecho de la Universidad Complutense,* n° 73, 1987-1988.

- *El divorcio en Roma,* Universidad Complutense, Facultad de Derecho, Madrid, 1988.

SABINE, GEORGE H.: *Historia de la teoría política,* Madrid, 2002.

SAINZ DE VARANDA, R.: *La Ley Paccionada de Navarra y la vigencia de las normas forales sobre sucesión intestada,* Biblioteca de derecho foral, Tomo XIV.

SALINAS QUIJADA, F.: "Compendio de derecho civil Navarro", *Revista Critica de Derecho Inmobiliario,* n° 614, enero-febrero, 1993.

- *Derecho civil de Navarra,* tomo VI, Pamplona, 1977.

SALVADOR CODERCH, P.: *Comentarios al Código Civil y Compilaciones Forales dirigidos por Manuel Albaladejo,* tomo XXIX, vol 3, Madrid, 1986.

SÁNCHEZ ARISTI, R.: "La adquisición por ley de la propiedad y los demás derechos reales sobre los bienes", *Aranzadi Civil, n°3,* 2000.

- "La adquisición por ley de la propiedad y los demás derechos reales sobre los bienes", *Aranzadi Civil* n°19/2000, Pamplona, 2000. Puede consultarse el texto de este comentario en www.westlaw.es, ref. BIB 2000\1798.

SÁNCHEZ DE LA TORRE, A.: "El párrafo 3° del artículo 10 del Código civil y los abintestatos de los vizcaínos según la sentencia de la Audiencia Territorial de Burgos de 15 de diciembre de 1953", *Revista Las Ciencias,* de Madrid, Año XXIII, núm. I, Madrid, 1958.

SÁNCHEZ ROMÁN, F.: *Estudios de Derecho Civil,* Derecho de Sucesión, tomo sexto, vol. 3°, Madrid, 1910.

SÁNCHEZ-CALERO ARRIBAS, B.: *La inscripción de los bienes públicos,* Cuadernos de derecho registral, Madrid, 2009.

SANTAMARÍA ANSA, J.: "La sucesión abintestato en el derecho foral de Navarra", *Curso de Derecho Foral Navarro*, 1955.

SANTORO PASARELLI, F.: *"Teoria della successione legitima dello Statu", Saggi di Diritto Civile, Introduzione di Pietro Rescigno,* Napoli, 1961.

SAVIGNY, F.K. VON.: *Sistema del Derecho romano actual,* Madrid, s/d, Traducción de Mesía, J. y Poley, M.

SCHULZ, F.: *Derecho romano clásico,* Barcelona, 1960.

SERRERA CONTRERAS, P.:"Dos apuntes registrales en torno a la nueva Ley de Patrimonio", *Revista Crítica de Derecho Inmobiliario,* núm. 684, 2004, http://vlex.com/vid/328761,.

TAPIA PARREÑO, J. J.: "Notas sobre la Ley 3/1992, de 1 de julio, del Parlamento Vaso, del Derecho foral del país Vasco", en *Civil: Recopilación de Ponencias y comunicaciones. Planes provinciales y territoriales de formación: año 1993,* vol.I, Madrid, Consejo General del Poder Judicial, 1994.

TERRE F. y LEQUETTE Y. : *Droit civil. Les successions. Les Libéralités,* Paris, 1988.

TORRES LANA, J.A.: "La sucesión *mortis causa* en la reforma del Fuero Nuevo", *Revista jurídica de Navarra,* núm. 6, vol. II, 1988.

URRUTIA BADIOLA, A.: "Ambito territorial y personal de aplicación del Fuero Civil de Bizkaia. La troncalidad y sus efectos en las enajenaciones inter vivos de los bienes troncales: la saca foral", en *El derecho foral vasco tras la reforma de 1992,* jornadas organizadas por el Ilustre Colegio Notarial de Bilbao, Navarra, 1996.

- "La sucesión intestada y la declaración de herederos abintestato en el Derecho Foral Vasco", *Derecho civil foral vasco,* Vitoria, 1995.

VALLADARES RASCÓN, E.: "La Ley del Patrimonio del Estado y la Protección del Poseedor", *Revista de Derecho Privado,* Madrid, 1976.

VALLS LLORET, J.D.: "El llamamiento sucesorio a la Generalitat de Cataluña. Una crítica al extinto recurso de inconstitucionalidad 1188/87", *Rev. Jur. Castilla-La Mancha,* núm.19, 1994.

- *La Sucesión Intestada en favor del Estado,* tesis no publicada, Universidad de Barcelona.

VALVERDE Y VALVERDE, C.: *Tratado de Derecho Civil Español,* Valladolid, 1936.

VASALLI,F.: <Concepto e natura del Fisco>, *Studi di Diritto Romano,*Milan, 1960.

VATTIER FUENZALIDA, C.: *Comentario del Código Civil,* Ministerio de Justicia, Madrid, 1991.

VILLAGÓMEZ RODIL, A.: *Comentario del Código Civil,* coordinado por Sierra Gil de la Cuesta, I, Barcelona, 2006.

VOCI P.: *Diritto Ereditario Romano,* Milan, 1956-1960, 2 vol. (T.I, 1956-T.II,1960).

ZABALO ESCUDERO, Mª. E.: "El privilegio del Hospital de Nuestra Señora de Gracia en el Derecho Internacional Privado e Interregional", *Revista de Derecho Civil Aragonés,* 1997.

JURISPRUDENCIA Y DICTÁMENES

- Sentencia del Tribunal Constitucional 58/1982, de 27 de julio.
- Sentencia del Tribunal Constitucional 22/1984, de 17 de febrero.
- Sentencia del Tribunal Constitucional 123/1984, de 18 de diciembre.
- Sentencia del Tribunal Constitucional 94/1985, de 29 de julio.
- Sentencia del Tribunal Constitucional 76/1988, de 26 de abril.
- Sentencia del Tribunal Constitucional 121/1992, de 28 de septiembre.
- Sentencia del Tribunal Constitucional 156/1993, de 6 de mayo.
- Sentencia del Tribunal Constitucional 88/1993, de 12 de marzo.
- Sentencia del Tribunal Constitucional 150/1998, de 2 de julio.
- Sentencia del Tribunal Constitucional 47/2004, de 25 de marzo.
- Sentencia del Tribunal Constitucional 47/2004, de 23 de abril.
- Sentencia del Tribunal Constitucional 204/2004, de 18 de noviembre.
- Auto del Tribunal Constitucional 126/1992, de 12 de mayo.
- Auto del Tribunal Constitucional 2685/1992, 1 de diciembre.
- Sentencia de la Sala de lo Civil del Tribunal Supremo de 20 de marzo de 1893.
- Sentencia de la Sala de lo Civil del Tribunal Supremo de 17 de noviembre de 1898.
- Sentencia de la Sala de lo Civil del Tribunal Supremo de 6 de julio de 1914.
- Sentencia de la Sala de lo Civil del Tribunal Supremo de 9 de febrero de 1935.
- Sentencia de la Sala de lo Civil del Tribunal Supremo de 2 de junio de 1952, ref. 1545.
- Sentencia de la Sala de lo Civil del Tribunal Supremo de 21 de marzo de 1953.
- Sentencia de la Sala de lo Civil del Tribunal Supremo de 12 de febrero de 1955, ref. 735.
- Sentencia de la Sala de lo Civil del Tribunal Supremo de 23 de mayo de 1955.
- Sentencia de la Sala de lo Civil del Tribunal Supremo de 3 de octubre de 1962.
- Sentencia de la Sala de lo Civil del Tribunal Supremo de 30 de noviembre de 1977.
- Sentencia de la Sala de lo Civil del Tribunal Supremo de 16 de mayo de 1983, ref. 2825.
- Sentencia de la Sala de lo Civil del Tribunal Supremo de 6 de junio de 1986, ref. 3293.

- Sentencia de la Sala de lo Civil del Tribunal Supremo de 17 de junio de 1987, ref. 4892.
- Sentencia de la Sala de lo Civil del Tribunal Supremo de 16 de octubre de 1987, ref. 7292.
- Sentencia de la Sala de lo Civil del Tribunal Supremo de 11 de marzo de 1988, ref. 1961.
- Sentencia de la Sala de lo Civil del Tribunal Supremo de 7 de julio de 1990, ref. 6323.
- Sentencia de la Sala de lo Civil del Tribunal Supremo de 18 de septiembre de 1990.
- Sentencia de la Sala de lo Civil del Tribunal Supremo de 31 de octubre de 1990, ref. 8272.
- Sentencia de la Sala de lo Civil del Tribunal Supremo de 3 de diciembre de 1990, ref. 10029.
- Sentencia de la Sala de lo Civil del Tribunal Supremo de 25 de junio de 1992.
- Sentencia de la Sala de lo Civil del Tribunal Supremo de 3 de junio de 1993, ref. 4385.
- Sentencia de la Sala de lo Civil del Tribunal Supremo de 23 de julio de 1993.
- Sentencia de la Sala de lo Civil del Tribunal Supremo de 30 de diciembre de 1994, ref. 10592.
- Sentencia de la Sala de lo Civil del Tribunal Supremo de 18 de noviembre de 1996, ref. 8213.
- Sentencia de la Sala de lo Civil del Tribunal Supremo de 7 de febrero de 1997, ref. 685.
- Sentencia de la Sala de lo Civil del Tribunal Supremo de 25 de noviembre de 1997, ref. 8428.
- Sentencia de la Sala de lo Civil del Tribunal Supremo de 21 de mayo de 1999, ref. 4580.
- Sentencia de la Sala de lo Civil del Tribunal Supremo de 26 de mayo de 2000, ref. 3498.
- Sentencia de la Sala de lo Civil del Tribunal Supremo de 16 de julio de 2001, ref. 5226.
- Sentencia de la Sala de lo Civil del Tribunal Supremo de 23 de septiembre de 2002, ref. 8029.
- Sentencia de la Sala de lo Civil del Tribunal Supremo de 26 de diciembre de 2002, ref. 328.
- Sentencia de la Sala de lo Civil del Tribunal Supremo de 31 de diciembre de 2003, ref. 221.
- Sentencia de la Sala de lo Civil del Tribunal Supremo de 24 de junio de 2004, ref. 4090.
- Sentencia de la Sala de lo Contencioso-Administrativo del Tribunal Supremo de 17 de junio de 1987, ref. 4892.
- Sentencia de la Sala de lo Contencioso-Administrativo del Tribunal Supremo de 4 de mayo de 1992, ref. 3736.
- Sentencia de la Sala de lo Contencioso-Administrativo del Tribunal Supremo de 7 de febrero de 1996, ref. 985.

- Sentencia de la Sala de lo Contencioso-Administrativo del Tribunal Supremo de 13 de octubre de 1998.
- Sentencia de la Sala de lo Contencioso-Administrativo del Tribunal Supremo de 23 de marzo de 1999, ref. 2714.
- Sentencia de la Sala de lo Contencioso-Administrativo del Tribunal Supremo de 13 de julio de 1999, ref. 5166.
- Sentencia de la Sala de lo Contencioso-Administrativo del Tribunal Supremo de 22 de diciembre de 2000.
- Sentencia de la Sala de lo Contencioso-Administrativo del Tribunal Supremo de 31 de enero de 2001, ref. 1083.
- Sentencia de la Sala de lo Contencioso-Administrativo del Tribunal Supremo de 19 de diciembre de 2001, ref. 9946.
- Sentencia de la Sala de lo Contencioso-Administrativo del Tribunal Supremo de 27 de mayo de 2003, ref. 4104.
- Sentencia de la Sala de lo Contencioso-Administrativo del Tribunal Supremo de 12 de enero de 2004.
- Sentencia de la Sala de lo Contencioso-Administrativo del Tribunal Supremo de 16 de marzo de 2004.
- Sentencia de la Sala de lo Contencioso-Administrativo del Tribunal Supremo de 9 de febrero de 2007, ref. 791.
- Sentencia de la Sala de lo Contencioso-Administrativo del Tribunal Supremo de 27 de mayo de 2008, ref. 2872.
- Sentencia de la Sala de lo Contencioso-Administrativo del Tribunal Supremo de 21 de enero de 2009, ref.488.
- Sentencia de la Sala de lo Contencioso-Administrativo de la Audiencia Nacional de 12 de marzo de 1997.
- Auto de la Sala de lo Contencioso-Administrativo de la Audiencia Nacional de 15 de abril de 2010, recurso contencioso 122/2010.
- Auto de la Sala de lo Contencioso-Administrativo de la Audiencia Nacional de 15 de diciembre de 2010, recurso contencioso 848/2009.
- Sentencia de la Sala de lo Civil y Penal del Tribunal Superior de Justicia del País Vasco de 10 de septiembre de 1992, ref. 10269.
- Sentencia de la Sala de lo Contencioso-Administrativo del Tribunal Superior de Justicia de Aragón de 18 de marzo de 2003, ref. 209771.
- Sentencia de la Sala de lo Contencioso-Administrativo del Tribunal Superior de Justicia de Aragón de 18 de noviembre de 2003, ref. 89082.
- Sentencia de la Sala de lo Contencioso-Administrativo del Tribunal Superior de Justicia de Madrid de 2 de abril de 2004.
- Sentencia de la Audiencia Provincial de Badajoz de 11 de julio de 1995, ref. 1395.
- Sentencia de la Audiencia Provincial de Alicante de 13 de febrero de 1996, ref. 301.
- Sentencia de la Audiencia Provincial de Málaga de 18 de diciembre de 1996, ref. 2441.
- Sentencia de la Audiencia Provincial de Asturias de 19 de diciembre de 2000, ref. 66467.

- Sentencia de la Audiencia Provincial de Asturias de 23 de noviembre de 2004, ref. 82916.
- Auto de la Audiencia Provincial de Zaragoza de 7 de enero de 1982.
- Auto de la Audiencia Provincial de Madrid de 12 de diciembre de 1995, ref. 2415.
- Auto de la Audiencia Provincial de Badajoz de 29 de enero de 1997, ref. 76.
- Auto de la Audiencia Provincial de Valladolid de 4 de mayo de 1998, ref. 5657.
- Auto de la Audiencia Provincial de Sevilla de 24 de mayo de 1999, ref. 5175.
- Auto de la Audiencia Provincial de Toledo de 4 de abril de 2000, ref. 4856.
- Auto de la Audiencia Provincial de Girona de 31 de marzo de 2003, ref. 810.
- Auto de la Audiencia Provincial de Las Palmas de 22 de diciembre de 2003, ref. 60164.
- Auto de la Audiencia Provincial de Las Palmas de 22 de diciembre de 2003, ref. 60167.
- Auto de la Audiencia Provincial de las Islas Baleares de 29 de diciembre de 2003, ref. 350.
- Auto de la Audiencia Provincial de Sevilla de 24 de noviembre de 2010, ref. 706.
- Sentencia del Juzgado de Primera Instancia nº2 de Zaragoza de 21 de mayo de 1986.
- Sentencia del Juzgado de Primera Instancia nº4 de Málaga de 4 de mayo de 1987.
- Sentencia del Juzgado de Jerez de los Caballeros de 30 de enero de 1995.
- Sentencia del Juzgado de Primera Instancia nº1 de Torrox en Sentencia de 27 de junio de 1995.
- Sentencia del Juzgado de Primera Instancia nº.3 de Gijón de fecha 15 de enero de 2004.
- Sentencia del Juzgado de Primera Instancia nº7 de Valladolid de 23 de septiembre de 2005.
- Sentencia del Juzgado de Primera Instancia nº7 de Valladolid de 19 de septiembre de 2006.
- Auto del Juzgado de Primera Instancia nº 10 de Zaragoza de 29 mayo de 1998.
- Auto del Juzgado de Primera Instancia nº10 de Zaragoza, de 5 de febrero de 1999.
- Auto del Juzgado de Primera Instancia nº67 de Madrid de 9 de febrero de 2009.
- Auto del Juzgado de Primera Instancia nº 9 de Sevilla de 3 de marzo de 2010.

SENTENCIAS EXTRANJERAS

Re Maldonado (deceased); State of Spain v Treasury Solicitor. All England Law Reports/1953/Volume 2/Re Maldonado (deceased); Stated of Spain v Treasury Solicitor (1953) 2 All ER 300.

Re Maldonado (deceased); State of Spain v Treasury Solicitor. All England Law Reports/1953/Volume 2/Re Maldonado (deceased); Stated of Spain v Treasury Solicitor (1953) 2 All ER 1579.

Resolución de 12 de enero de 2000 del 26º Juzgado Civil de Santiago, en causa Rol V-186-1999.

DICTÁMENES

- Dictamen del Consejo de Estado 1537/1992, de 27 de mayo de 1993.
- Dictamen del Consejo de Estado de 13 de julio de 1993.
- Dictamen del Consejo de Estado 1116/1995, de 28 de septiembre.
- Dictamen del Consejo de Estado 805/2003, de 3 de abril.
- Dictamen del Consejo de Estado 2340/2007.
- Resolución de la Dirección General de los Registros y del Notariado de 8 de julio de 1920.
- Resolución de la Dirección General de los Registros y del Notariado de 18 de diciembre de 1942.
- Resolución de la Dirección General de los Registros y del Notariado de 1 de junio de 1943.
- Resolución de la Dirección General de los Registros y del Notariado de 30 de marzo de 1944.
- Resolución de la Dirección General de los Registros y del Notariado de 22 de diciembre de 1949.
- Resolución de la Dirección General de los Registros y del Notariado de 16 de julio de 1973.
- Resolución de la Dirección General de los Registros y del Notariado de 29 de agosto de 1983.
- Resolución de la Dirección General de los Registros y del Notariado de 7 de junio de 1991.
- Resolución de la Dirección General de los Registros y del Notariado de 11 de noviembre de 1992.
- Resolución de la Dirección General de los Registros y del Notariado de 18 de enero de 1993.
- Resolución de la Dirección General de los Registros y del Notariado de 1 de junio de 1996.
- Resolución de la Dirección General de los Registros y del Notariado de 7 de julio de 1997.
- Resolución de la Dirección General de los Registros y del Notariado de 27 de septiembre de 1999.
- Resolución de la Dirección General de los Registros y del Notariado de 27 de marzo de 1999.
- Resolución de la Dirección General de los Registros y del Notariado de 13 de abril de 1999.
- Resolución de la Dirección General de los Registros y del Notariado de 19 de abril de 1999.
- Resolución de la Dirección General de los Registros y del Notariado de 27 de septiembre de 1999.
- Resolución de la Dirección General de los Registros y del Notariado de 12 de noviembre de 1999.
- Resolución de la Dirección General de los Registros y del Notariado de 23 de diciembre de 1999.

- Resolución de la Dirección General de los Registros y del Notariado de 18 de febrero de 2000.
- Resolución de la Dirección General de los Registros y del Notariado de 6 de junio de 2000.
- Resolución de la Dirección General de los Registros y del Notariado de 15 de enero de 2001.
- Resolución de la Dirección General de los Registros y del Notariado de 19 de enero de 2001.
- Resolución de la Dirección General de los Registros y del Notariado de 20 de septiembre de 2001.
- Resolución de la Dirección General de los Registros y del Notariado de 18 de febrero de 2003.
- Resolución de la Dirección General de los Registros y del Notariado de 15 de noviembre de 2003.
- Resolución de la Dirección General de los Registros y del Notariado de 20 de enero de 2005.
- Resolución de la Dirección General de los Registros y del Notariado de 19 de abril de 2005.
- Resolución de la Dirección General de los Registros y del Notariado de 7 de marzo de 2009.
- Dictamen de la Subdirección General de lo Consultivo. Abogacía General del Estado. Dirección del Servicio Jurídico del Estado. A.G.Justicia 6/87.
- Dictamen de la Subdirección General de lo Consultivo. Abogacía General del Estado. Dirección del Servicio Jurídico del Estado. A.E.H-Patrimonio 76/90.
- Dictamen de la Subdirección General de lo Consultivo. Abogacía General del Estado. Dirección del Servicio Jurídico del Estado. A.E.H-Patrimonio 17/93. .
- Dictamen de la Subdirección General de lo Consultivo. Abogacía General del Estado. Dirección del Servicio Jurídico del Estado. A.E.H-Patrimonio 21/94.
- Dictamen de la Subdirección General de lo Consultivo. Abogacía General del Estado. Dirección del Servicio Jurídico del Estado. A.E.H-Patrimonio 86/95.
- Dictamen de la Subdirección General de lo Consultivo. Abogacía General del Estado. Dirección del Servicio Jurídico del Estado. A.E.H-Patrimonio 45/96.
- Dictamen de la Subdirección General de lo Consultivo. Abogacía General del Estado. Dirección del Servicio Jurídico del Estado. A.E.H-Patrimonio 46/96.
- Dictamen de la Subdirección General de lo Consultivo. Abogacía General del Estado. Dirección del Servicio Jurídico del Estado. A.E.H-Patrimonio 33/97.
- Dictamen de la Subdirección General de lo Consultivo. Abogacía General del Estado. Dirección del Servicio Jurídico del Estado. A.E.H-Patrimonio 43/97.
- Dictamen de la Subdirección General de lo Consultivo. Abogacía General del Estado. Dirección del Servicio Jurídico del Estado. A.E.H-Patrimonio 4/98.
- Dictamen de la Subdirección General de lo Consultivo. Abogacía General del Estado. Dirección del Servicio Jurídico del Estado. A.E.H-Patrimonio 8/98.
- Dictamen de la Subdirección General de lo Consultivo. Abogacía General del Estado. Dirección del Servicio Jurídico del Estado. A.E.H-Patrimonio 15/98.

- Dictamen de la Subdirección General de lo Consultivo. Abogacía General del Estado. Dirección del Servicio Jurídico del Estado. Servicios Jurídicos Periféricos 15/98.
- Dictamen de la Subdirección General de lo Consultivo. Abogacía General del Estado. Dirección del Servicio Jurídico del Estado. Servicios Jurídicos Periféricos 15/98.
- Dictamen de la Subdirección General de lo Consultivo. Abogacía General del Estado. Dirección del Servicio Jurídico del Estado. A.E.H-Patrimonio 42/98.
- Dictamen de la Subdirección General de lo Consultivo. Abogacía General del Estado. Dirección del Servicio Jurídico del Estado. A.E.H-Patrimonio 44/98.
- Dictamen de la Subdirección General de lo Consultivo. Abogacía General del Estado. Dirección del Servicio Jurídico del Estado. A.E.H-Patrimonio 15/99.
- Dictamen de la Subdirección General de lo Consultivo. Abogacía General del Estado. Dirección del Servicio Jurídico del Estado. A.E.H-Patrimonio 16/99.
- Dictamen de la Subdirección General de lo Consultivo. Abogacía General del Estado. Dirección del Servicio Jurídico del Estado. A.E.H-Patrimonio 17/99.
- Dictamen de la Subdirección General de lo Consultivo. Abogacía General del Estado. Dirección del Servicio Jurídico del Estado. A.E.H-Patrimonio 18/99.
- Dictamen de la Subdirección General de lo Consultivo. Abogacía General del Estado. Dirección del Servicio Jurídico del Estado. A.E.H-Patrimonio 21/99.
- Dictamen de la Subdirección General de lo Consultivo. Abogacía General del Estado. Dirección del Servicio Jurídico del Estado. A.E.H-Patrimonio 22/99.
- Dictamen de la Subdirección General de lo Consultivo. Abogacía General del Estado. Dirección del Servicio Jurídico del Estado. A.E.H-Patrimonio 23/99.
- Dictamen de la Subdirección General de lo Consultivo. Abogacía General del Estado. Dirección del Servicio Jurídico del Estado. A.E.H-Patrimonio 35/99.
- Dictamen de la Subdirección General de lo Consultivo. Abogacía General del Estado. Dirección del Servicio Jurídico del Estado. A.E.H-Patrimonio 58/99.
- Dictamen de la Subdirección General de lo Consultivo. Abogacía General del Estado. Dirección del Servicio Jurídico del Estado. A.E.H-Patrimonio 61/99.
- Dictamen de la Subdirección General de lo Consultivo. Abogacía General del Estado. Dirección del Servicio Jurídico del Estado. A.E.H-Patrimonio 9/00.
- Dictamen de la Subdirección General de lo Consultivo. Abogacía General del Estado. Dirección del Servicio Jurídico del Estado. A.E.H-Patrimonio 45/00.
- Dictamen de la Subdirección General de lo Consultivo. Abogacía General del Estado. Dirección del Servicio Jurídico del Estado. A.E.H-Patrimonio 24/02.
- Dictamen de la Subdirección General de lo Consultivo. Abogacía General del Estado. Dirección del Servicio Jurídico del Estado. A.E.H-Patrimonio 37/02.
- Dictamen de la Subdirección General de lo Consultivo. Abogacía General del Estado. Dirección del Servicio Jurídico del Estado. A.E.H-Patrimonio 47/02.
- Dictamen de la Subdirección General de lo Consultivo. Abogacía General del Estado. Dirección del Servicio Jurídico del Estado. A.E.H-Patrimonio 66/02.
- Dictamen de la Subdirección General de lo Consultivo. Abogacía General del Estado. Dirección del Servicio Jurídico del Estado. A.E.H-Patrimonio 24/03.

- Dictamen de la Subdirección General de lo Consultivo. Abogacía General del Estado. Dirección del Servicio Jurídico del Estado. A.E.H-Patrimonio de 3 de abril de 2003.
- Dictamen de la Subdirección General de lo Consultivo. Abogacía General del Estado. Dirección del Servicio Jurídico del Estado. A.E.H-Patrimonio 76/03.
- Dictamen de la Subdirección General de lo Consultivo. Abogacía General del Estado. Dirección del Servicio Jurídico del Estado. A.E.H-Patrimonio 6/04.
- Dictamen de la Subdirección General de lo Consultivo. Abogacía General del Estado. Dirección del Servicio Jurídico del Estado. A.E.H-Patrimonio 25/04.
- Dictamen de la Subdirección General de lo Consultivo. Abogacía General del Estado. Dirección del Servicio Jurídico del Estado. A.E.H-Patrimonio 8/05.
- Dictamen de la Subdirección General de lo Consultivo. Abogacía General del Estado. Dirección del Servicio Jurídico del Estado. A.E.H-Patrimonio 61/05.
- Dictamen de la Subdirección General de lo Consultivo. Abogacía General del Estado. Dirección del Servicio Jurídico del Estado. A.E.H-Patrimonio 39/08.
- Dictamen de la Abogacía del Estado en Sevilla de 3 de abril de 1997.
- Dictamen de 6 de junio de 2006 de la Asesoría jurídica de la Secretaría de Estado de Hacienda y Presupuestos del Ministerio de Economía y Hacienda.
- Dictamen del Comité Económico y Social Europeo sobre la <Propuesta de Reglamento del Parlamento Europeo y del Consejo relativo a la competencia, la ley aplicable, el reconocimiento y la ejecución de las resoluciones y los actos auténticos en materia de sucesiones y a la creación de un certificado sucesorio europeo> COM (2009) 154 final-2009/0157 (COD). Diario Oicial nºC 044 de 11 de febrero de 2011.
- Illanes Ríos, C.: "Informe en Derecho", emitido por el Profesor de Derecho Civil de la Facultad de Derecho de la Universidad de Chile.

COLECCIÓN DE MONOGRAFÍAS DE DERECHO CIVIL

Dirección de D. Mariano Yzquierdo Tolsada

I. PERSONA Y FAMILIA

- I.1. El mantenimiento de la familia en las situaciones de crisis matrimonial (2002). Yolanda B. Bustos Moreno
- I.2. Mediación familiar. Prevención y alternativa al litigio en los conflictos familiares (2003). Lucía García García
- I.3. Aspectos civiles de la sustración internacional de menores. Problemas de aplicación del Convenio de la Haya de 25 de octubre 1980 (2003). Blanca Gómez Bengoechea
- I.4. Masas patrimoniales en la sociedad de gananciales. Transmisión de su titularidad y gestión entre los cónyuges (2004). Montserrat Pereña Vicente
- I.5. La adopción internacional en el derecho español (2004). María Aránzazu Calzadilla Medina
- I.6. Cohabitación y matrimonio (la experiencia escocesa) (2007). Luis Arechederra
- I.7. Derecho a la identidad y filiación: Búsqueda de orígenes en adopción internacional y en otros supuestos de filiación transfronteriza (2007). Blanca Gómez Bengoechea
- I.8. Autonomía, libertad y testamentos vitales (2009). Ana Isabel Berrocal Lanzarot y José Carlos Abellán Salort
- I.9. La protección de los derechos del menor de edad frente a los contenidos discriminatorios por razón de género en los medios de comunicación (2012). M.a Carmen Núñez Zorrilla
- I.10. La autorización al tratamiento de información personal en la contratación de bienes y servicios (2012). M.a Rosa Llácer Matacás
- I.11. Tratamiento legal de las filiaciones no biológicas en el ordenamiento jurídico español: adopción "versus" técnicas de reproducción humana asistida (2013). Daniela Jarufe Contreras
- I.12. La verdad biológica en la determinación de la filiación. Maricela Gonzáles Pérez de Castro

II. OBLIGACIONES Y CONTRATOS

- II.1. La rendición de cuentas en el Código civil con especial examen en la tutela (2003). Eva M.a Martínez Gallego
- II.2. La opción de compra (2003). Camino Sanciñena Asurmendi
- II.3. Evicción parcial en la compraventa en el Código Civil Español (2004). María Martínez Martínez
- II.4. El contrato para persona a designar. Nuevas perspectivas (2004). Mónica Navarro Michel
- II.5. Relajación formal de la donación (2004). Margarita Isabel Poveda Bernal
- II.6. El nuevo regimen legal de saneamiento en la venta de bienes de consumo (2005). Margarita Castilla Barea
- II.7. La cláusula penal ante la armonización del derecho contractual europeo (2009). Germán de Castro Vítores
- II.8. La usura: evolución histórica y patológica de los intereses (2011). Francisco Javier Jiménez Muñoz
- II.9. El contrato para persona por designar y la cláusula de reserva de nombrar (2011). Agustín Luna Serrano
- II.10. La dación en pago en Derecho español y en Derecho comparado (2012). M.a Raquel Belinchón Romo.
- II.11. Cuestiones sobre la compraventa en el Código Civil. Principios europeos y Draft (2012).María del Carmen Gómez Laplaza.
- II.12. El contrato de transporte aéreo de pasajeros: sujetos, estatuto y responsabilidad. Un análisis de la jurisprudencia española (2013). Belén Ferrer Tapia

III. RESPONSABILIDAD CIVIL

- III.1. Sistema de Responsabilidad Civil contractual y extracontractual (2001). Mariano Yzquierdo Tolsada
- III.2. Responsabilidad civil: Los «otros perjudicados» (2002). Miguel Gómez Perals
- III.3. El aseguramiento de la responsabilidad civil por daños al medio ambiente (2002). José Ignacio Hebrero Álvarez

III.4. Daños corporales y Carta Magna. Repercusión de la doctrina constitucional sobre el funcionamiento del sistema valorativo (2003). Mariano Medina Crespo
III.5. La culpa de la víctima en la producción del daño extracontractual (2003). María Medina Alcoz
III.6. La asunción del riesgo por parte de la víctima. Riesgos taurinos y deportivos (2004). María Medina Alcoz
III.7. Nuevas formas de gestión hospitalaria y responsabilidad patrimonial de la Administración (2004). Pedro Rodríguez López
III.8. Responsabilidad del promotor por daños en la edificación (2004). Miguel Gómez Perals
III.9. El riesgo de desarrollo: un supuesto paradójico de la responsabilidad por productos (2005). Ramiro José Prieto Molinero
III.10. La reparación del daño en forma específica. El puesto que ocupa entre los medios de tutela del perjudicado (2013). Paloma Tapia Gutiérrez

IV. PROPIEDAD Y DERECHOS REALES

IV.1. Vías pecuarias y propiedad privada (2002). M.a Ángeles Parra Lucán
IV.2. La posesión mediata e inmediata (2002). Cristina Fuenteseca
IV.3. La división de la cosa común en el Código Civil (3.a ed., 2006). José M.a Abella Rubio
IV.4. La normativa posesoria de la liquidación y su generalización (2005). Miguel L. Lacruz Mantecón
IV.5. Propiedad Horizontal: Sujetos obligados a la contribución de los gastos generales (2006). Carmen Muñoz García
IV.6. El Derecho de propiedad privada en los bienes de interés cultural (2006). Luis A. Anguita Villanueva
IV.7. La inmatriculación por título público (2006). Margarita Herrero Oviedo
IV.8. Aspectos críticos en la estructura de la hipoteca inmobiliaria (2006). Rosa M.a Anguita Ríos
IV.9. La ocupación imposible. Historia y régimen jurídico de los inmuebles mostrencos (2011).Miguel L. Lacruz Mantecón
IV.10. Derechos de vuelo y subsuelo. Doctrina registral y jurisprudencial (2011). José Arturo Matheu Delgado
IV.11. El embargo y la titularidad de los bienes embargados (2012). José Antonio García Vila

V. DERECHO DE SUCESIONES

V.1. El legado alternativo (2003). Carlos Cuadrado Pérez
V.2. El cónyuge supérstite en la sucesión intestada (2003). Marta Pérez Escolar
V.3. La Cautela gualdense o Socini y el artículo 820.3.° del Código Civil (2004). Luis Felipe Ragel Sánchez
V.4. Seguro de vida y derecho de sucesiones (2005). María del Pino Acosta Mérida
V.5. Los derechos sucesorios del cónyuge viudo en la nulidad, la separación y el divorcio (2006). Mª Ángeles Fernández González-Regueral
V.6. El principio *Nemo pro parte testatus pro parte intestatus decedere potest.* Evolución y significado (2006). Esteve Bosch Capdevila
V.7. La Sucesión «Mortis Causa» de los Títulos Nobiliarios. Incluye jurisprudencia actualizada (1978-2006) (2007). Manuel de Peralta y Carrasco
V.8. Ser Heredero. Una defensa del criterio subjetivo (2009). Jesús Ignacio Fernández Domingo
V.9. La sustitución fideocomisaria sobre la legítima estricta en presencia de incapacitados (2010). María Teresa Martín Meléndez
V.10. El derecho de acrecer entre coherededos (2011). Laura Zumaquero Gil
V.11. El legado de la legítma estricta en el derecho común español (2012). Juan C. Menéndez Mato
V.12. El largo camino hacia la libertad de testar (2012). Aurelio Barrio Gallardo
V.13 La sucesión nobiliaria (2013). Marcial Martelo de la Maza García
V.14. La compatibilidad jurídica entre el derecho del estado en la sucesión intestada y como titular de bienes vacantes (2013). Belén del Pozo Sierra

VI. TEORÍA GENERAL DE LA NORMA

VI.1. La irretroactividad: Problemática general (2006). Beatriz Verdera Izquierdo

Made in United States
Orlando, FL
04 November 2026

90218346R00195